湖北民族学院学术出版基金资助

湖北民族学院2010年博士科研启动基金项目

南宋王质研究

Nansong Wangzhi Yanjiu

王三毛 著

凤凰出版社

图书在版编目（CIP）数据

南宋王质研究 / 王三毛著. -- 南京 : 凤凰出版社, 2012.2
ISBN 978-7-5506-1167-2

Ⅰ. ①南… Ⅱ. ①王… Ⅲ. ①王质（1135～1189）－人物研究 Ⅳ. ①K825.6

中国版本图书馆CIP数据核字(2012)第021997号

书　　名	南宋王质研究
著　　者	王三毛
责任编辑	樊　昕
出版发行	凤凰出版传媒集团 凤凰出版传媒股份有限公司 凤凰出版社(原江苏古籍出版社) 发行部电话025-83223462
集团地址	南京市湖南路1号A楼,邮编:210009
集团网址	http://www.ppm.cn
出版社地址	南京市中央路165号,邮编:210009
经　　销	凤凰出版传媒股份有限公司
照　　排	江苏凤凰制版有限公司
印　　刷	江苏凤凰扬州鑫华印刷有限公司 扬州市江阳工业园蜀岗西路9号,邮编:225008
开　　本	880×1230毫米　1/32
印　　张	10
字　　数	269千字
版　　次	2012年2月第1版　2012年2月第1次印刷
标准书号	ISBN 978-7-5506-1167-2
定　　价	35.00元

(本书凡印装错误可向承印厂调换,电话:0514-85868858)

目　录

前　言

南宋孝宗朝名家辈出，理学家有朱熹、张栻、吕祖谦、陆九渊、叶适、陈亮、陈傅良等，史学家有李焘、袁枢等，诗坛有号称“中兴四大诗人”的陆游、杨万里、范成大、尤袤，词坛大家有辛弃疾、张孝祥等，其他著名文人尚有洪迈、周必大等，一时群星灿烂，相互辉映。后人云“乾道、淳熙之盛，俊乂错出”[①]、“乾淳诸老，典型自别”[②]、“乾淳以来，尤、范、杨、陆、萧其尤也”[③]、“乾道、淳熙之盛，无减庆历、嘉祐之时”[④]、“乾道、淳熙间，一时士学之懿、人才之盛，几及嘉祐、庆历之际”[⑤]，都是对此期人才纷出状况的确切描述。“乾淳之盛”甚至成为南宋直至后代对孝宗朝无限怀念的代名词。这一时期的名家中不少人在文学上有相当成就。在一批大家的笼罩下，许多中小文人长期得不到应有的关注。如多种文学史介绍南宋中兴诗坛仅为四大诗人[⑥]。正如星河灿

---

① 魏了翁撰《鹤山集》卷七六《宋故藉田令知信州王公墓志铭》，影印文渊阁《四库全书》本。以下引用影印文渊阁《四库全书》本，皆简称《四库全书》本，不再注明。

② 不著撰人《爱日斋丛抄》卷二，《四库全书》本。

③ 方回撰《桐江续集》卷三二《送罗寿可诗序》，《四库全书》本。

④ 姚勉撰《雪坡集》卷一《丙辰封事》，《四库全书》本。

⑤ 吴澄撰《吴文正集》卷一八《叶氏瞽谭序》，《四库全书》本。

⑥ 如袁行霈主编《中国文学史》第三卷第五编《宋代文学》之第八章《陆游等中兴四大诗人》，仅限四大诗人。游国恩等主编《中国文学史》第三册虽有辛弃疾及辛派词人并胡铨、陈亮、叶适等散文家，但介绍中兴诗坛不出四大诗人范围。再如章培恒、骆玉明主编《中国文学史》中册和郭预衡主编《中国文学史》第三册，虽有辛弃疾及辛派词人并朱熹等章节，对中兴诗坛也未作更多介绍。

烂的夜空既有光彩夺目的亮星，更多隐约闪现的暗星；多姿多彩的春天既有繁花绿叶，更多细草嫩芽，文学文化的发达也是由众多大家和无数中小作家共同造就的。孝宗朝有诗文别集传世的作家，少说也有几十家，其中既有前朝遗老，如孙觌、王庭珪等；有经历南渡者，如王十朋、韩元吉等；也有生长于南渡以后者，如薛季宣、陈造等。至于无别集存世而诗文散见各书的文人，更是难以计数。

王质也是中兴文坛未引起更多关注而创作上有一定个性与成就的作家。当时人对他的评价就已较高。周必大云："忽奉缄书，词源如翻三峡之浪，快读殆不能去手。"①王十朋《题怀坡阁赠王景文国正》云："孝子忠臣公论在，送行诗似少陵章。"②李流谦《送王景文入制幕》云："负排阊阖气，有泣鬼神诗。"③都给予王质的文学创作较高的赞誉。王质《〈退文〉序》也记录了早年所得的好评："其在太学也，得声为多。二十有七而朝野交称，辟召狎至，得声为尤多。"④抗金复国、主战反和是王质一贯坚持的主张，无奈仕宦未显，一生大部分时间蹭蹬幕府及隐居家乡，为官时间较短，也只做到枢密院编修。尽管他生前文名已著，但因才秀人微，故取湮当代。王质死后，其《雪山集》流传至明末而佚。四库馆臣《雪山集》提要云："自明以来，(王)阮《义丰集》尚传，而(王)质集湮没不彰，谈艺家亦罕能称道。"⑤指出了王质少受后代评论者注意的原因。

王质所著《诗总闻》为宋代去毛序研究《诗经》的三家著作之一(另两家是郑樵、朱熹)，因此《宋元学案补遗》列王质入"夹漈

---

①《文忠集》卷一八七《王景文》，《四库全书》本。

②《王十朋全集》，第336页。

③ 李流谦撰《澹斋集》卷五，《四库全书》本。

④《雪山集》卷五，《四库全书》本。下引《雪山集》，如不注明皆影印文渊阁《四库全书》本。本书引王质诗，如不注明皆见北京大学出版社1998年版《全宋诗》第46册。

⑤《雪山集》卷首，《四库全书》本。

同调”[①]。《诗总闻》提要云：“郑、朱之说最著，亦最与当代相辨难。质说不字字诋小序，故攻之者亦稀。然其毅然自用，别出新裁，坚锐之气乃视二家为加倍。……然其冥思研索，务造幽深，穿凿者固多，悬解者亦复不少，故虽不可训，而终不可废焉。”[②]《诗总闻》解诗不循毛序，而“以意逆志”、“因情求意”，能从文学性进行解读，故多独到见解。又因保存大量训诂、音韵等资料，故还有其他研究价值。有学者指出：“在《诗总闻》里，王质参照吴棫《诗补音》的注音方式，对《诗经》用韵都作了叶韵注释。这些音释是我们研究宋代语音史的重要资料。”[③]

《雪山集》辑自《永乐大典》，其中诗文多有可观。《宋史》云：“(王)质博通经史，善属文。”[④]黄震《黄氏日钞》对王质政论文评价颇高：“战国纵横之学，如三条四列，隐见起伏，铮铮于本朝者尚四人：苏老泉其巨擘，其次为李泰伯，其次为王雪山，其后为陈龙川。”[⑤]其奏议有十一篇入选《历代名臣奏议》，后人评为“奏疏通达，似贾长沙、陆敬舆”[⑥]、“质文甚奇”[⑦]、“剀切明快，通达国体”[⑧]等。散文如《游东林山水记》等有一定艺术成就。钱钟书评其诗：“很流畅爽快，有点儿苏轼的气派。”[⑨]《雪山词》今存75首，饶宗颐评为“骏发豪迈”[⑩]。

---

① 王梓材、冯云濠辑《宋元学案补遗》卷四六，《丛书集成续编》史部第33册，第883页。

②《钦定四库全书总目》卷一五，上册，第192页。

③ 张民权《王质〈诗总闻〉叶音性质与宋代语音史问题》摘要，载《语言学论丛》第38辑，商务印书馆2008年版，第245页。

④《宋史》卷三九五，第12055页。

⑤《黄氏日抄》卷八四《回赵知县》，《四库全书》本。

⑥ [明]郭子章《兴国县四贤传序》，[清]蒋叙伦修、萧朗峰纂《兴国县志》卷二四，清道光四年刻本。

⑦ 曹学佺撰《蜀中广记》卷九九“王景文名臣奏议”条，《四库全书》本。

⑧ [清]谢旻等监修《江西通志》卷九四，《四库全书》本。

⑨ 钱钟书选注《宋诗选注》，第235页。

⑩ 饶宗颐著《词集考》，第144页。

《绍陶录》是王质晚年隐居后所作，虽因陶渊明、陶弘景二年谱而著名，内容却主要是咏物诗。陶宗仪《辍耕录》云："(王)质者乃能次第其出处，作为年谱，且以名吾书绍陶之志，是可尚已。"[①]潘景郑《著砚楼读书记》亦云："此编所录，壹皆二贤高迹所系，其能勿咏叹回玩，兴无穷之遐思乎！"[②]皆因其隐逸之情而生共鸣。宋陈思编、元陈世隆补《两宋名贤小集》，摘《绍陶录》卷下各辞，改题《林泉结契》，影响较广。宋荦跋《林泉结契》："有玩物适情之趣。"[③]《四库全书总目》评云："人品既高，神思自别，诵其词者，赏之于酸咸之外可矣。"[④]都从文学角度作了较高评价。该书在后代之影响，可见一斑。

由以上所述，可知王质的文学创作及《诗经》研究有其个性与成就，值得作专题研究。以王质为题的硕士学位论文至今已有六篇，如台湾东海大学陈昀昀《王质〈诗总闻〉研究》(1985 年)、陕西师范大学白海溶《从对〈诗经·国风〉的研究看王质〈诗总闻〉》(1997 年)、北京大学薄茹《王质〈诗总闻〉研究》(2003 年)、新疆师范大学叶洪珍《王质〈诗总闻〉考论》(2007 年)、暨南大学宫洪涛《南宋王质诗词研究》(2007 年)、南京师范大学王三毛《王质研究》(2007 年)。

近年来的研究主要集中于《诗总闻》一书。相关研究专著，如李家树著《王质〈诗总闻〉研究》[⑤]、黄忠慎《范处义〈诗补传〉与王质〈诗总闻〉比较研究》[⑥]及郝桂敏《宋代〈诗经〉文献研究》有关章节[⑦]。相关研究论文，香港台湾学者成果如李家树《王质〈诗总闻〉

① 陶宗仪撰《辍耕录》卷一六，《四库全书》本。

② 潘景郑著《著砚楼读书记》，第 129 页。

③《林泉结契》卷末，《丛书集成初编》本。

④《绍陶录》卷首《提要》，《四库全书》本。下引《绍陶录》，如不注明皆《四库全书》本。

⑤ (台北)文史哲出版社 1996 年版。

⑥ (台北)文津出版社 2009 年版。

⑦ 中国社会科学出版社 2006 年版。

初探》[①]、《王质〈诗总闻〉的文学观》[②]、《欧阳修、王质以“理”、“情”说〈诗〉的历史意义》[③]，陈昀昀《王质诗经学探微》[④]、《王质〈诗总闻〉简介》[⑤]、《王质〈诗总闻〉探微》[⑥]，黄忠慎《王质〈诗总闻〉新论》[⑦]、《范处义〈诗补传〉与王质〈诗总闻〉的解经取向及其在〈诗经〉学史上的定位》[⑧]；日本学者成果如村山吉广《王质〈诗总闻〉考略》[⑨]、江口尚纯《王质的诗序批判》和《王质的〈周南〉、〈召南〉解》[⑩]等。大陆学界计有论文五篇：郝桂敏《王质和他的〈诗总闻〉》[⑪]、徐雁平《王质〈诗总闻〉中的“因情求意”》[⑫]、邹然、贾利芳《苦心立言，自成一家——王质〈诗总闻〉的学术创获》[⑬]、叶洪珍《试论王质〈诗总闻〉的文学观》[⑭]、张民权《王质〈诗总闻〉叶音性质与宋代语音史问题》[⑮]。

关于王质生平、著述及版本的研究。唐圭璋《宋词四考》及饶

---

① 载李家树著《传统以外的诗经学》，香港大学出版社 1994 年版，第 9—26 页。

② 载《人文中国学报》1966 年第 2 期。

③ 载蒋秋华、冯晓庭主编《宋代经学国际研讨会论文集》，台湾“中央研究院”中国文哲研究所，2006 年，第 249—271 页。

④ 载台湾《湖北文献》1996 年第 1 期第 118 卷。

⑤ 载台湾《湖北文献》1995 年第 116 期。

⑥ 分别载台湾《湖北文献》1996 年第 117 期，《湖北文献》1996 年第 118 期。

⑦ 载《国家图书馆馆刊》2008 年第 1 期。

⑧ 载《国文学志》2007 年第 15 期。

⑨ 载《诗经研究》1982 年第 7 号。

⑩ 分别见《中国古典研究》2001 年第 45 期和《诗经研究》2000 年第 25 号。参考徐雁平《王质〈诗总闻〉中的“因情求意”》一文注释，《南京大学学报》2003 年第 2 期；王晓平著《日本诗经学史》，学苑出版社 2009 年版，第 467 页。

⑪ 载《沈阳师范学院学报》2001 年第 4 期。

⑫ 载《南京大学学报》2003 年第 2 期。

⑬ 载《江西师范大学学报》2004 年第 1 期。

⑭ 载《新疆教育学院学报》2007 年第 3 期。

⑮ 载北京大学汉语语言学研究中心编《语言学论丛》第 38 辑，商务印书馆 2008 年版，第 246—260 页。

宗颐《词集考》对王质生平和《雪山词》版本做了相关考述。祝尚书、吴洪泽对《雪山集》版本有详细考论[①]。台湾金镐有《〈四库全书〉本〈雪山集〉》[②]。张东继《王质籍贯考辨》[③]、李剑国《宋代传奇志怪叙录》[④]、王可喜《南宋词人王质、沈瀛、李洪生卒年小考》[⑤]与《南宋词人王质行年考》[⑥]、王三毛《王质籍贯与居住地考证》[⑦]，或考著述，或考行年，或考籍贯与生卒年，推动了关于王质生平的研究。

关于王质诗文创作的研究。王锡九《宋代的七言古诗》有一节专谈王质七古。陶尔夫、刘敬圻《南宋词史》也有一节论及王质词。暨南大学宫洪涛的硕士学位论文《南宋王质诗词研究》(2007 年)以王质诗词为研究对象。梅新林、俞樟华主编《中国游记文学史》论及王质游记。单篇期刊论文，如王可喜《王质词编年考》[⑧]与《寄怀尘外之致——论王质的〈绍陶录〉》[⑨]，宫洪涛《王质〈林泉结契〉浅尝》[⑩]，王三毛《王质雪山词的题材内容》[⑪]、《南宋王质佚著考》[⑫]、《也谈王质〈雪山词〉的编年——兼与王可喜先生商榷》[⑬]、《南宋王质〈绍陶录〉的版本及其他》[⑭]。

---

① 分别见祝尚书著《宋人别集叙录》第 1042—1045 页、四川大学古籍整理研究所编《宋集珍本丛刊》第 61 册影印孔氏微波榭抄本《雪山集》提要。
② 载台湾《中国文学研究》2000 年第 5 期第 14 卷，第 115—131 页。
③ 载《赣南师范学院学报》1994 年第 4 期。
④ 李剑国著《宋代志怪传奇叙录》，第 320 页注释①。
⑤ 载《文学遗产》2005 年第 5 期。
⑥ 载《长江学术》2007 年第 4 期。
⑦ 载《文教资料》2006 年 11 月下旬刊。
⑧ 载《咸宁学院学报》2007 年第 2 期。
⑨ 载《咸宁学院学报》2008 年第 4 期。
⑩ 载《作家》2010 年第 10 期。
⑪ 载《现代语文》2006 年 10 月上旬刊。
⑫ 载《黄冈师范学院学报》2007 年第 1 期。
⑬ 载《黄冈师范学院学报》2008 年第 4 期。
⑭ 载《图书馆杂志》2009 年第 5 期。

总之,关于王质的已有研究,主要集中于其《诗总闻》一书。关于其生平与交游、思想与著述、诗文创作等,虽有一些成果涉及,也还有待全面深入地综合研究。

本书主要有两部分:一、生平及著述考证。第一章对王质生平仕历进行较详尽的考证,包括籍贯、仕隐、思想与人格等。力图再现王质的人生经历,为研究其文学创作提供尽可能真实的生活及历史背景。第二章论述王质现存著述的版本,兼考其佚著,并作《雪山集》校勘记。二、文学创作研究。第三、四、五章分别对其文、诗、词从题材内容及艺术特点等方面进行研究,评述其文学创作的得失。王质的奏议很有特色,是其散文创作中成就突出的部分。其诗如七古、律诗、七绝数量较多,成就也较高。七古多写得奔放豪迈,律绝以隽快蕴藉见长。其骏发豪迈的爱国词,表现隐居生活的闲逸词,充满爱国情怀的咏史怀古词,都有成功之作。最后是"结语"。通过前述诸章的具体探讨,已经大致勾勒王质的生平及创作活动的轮廓,并评述其文学创作的成就与不足,揭示其在南宋文坛的个性与地位。

本书采取的研究方法,主要是程千帆倡导的"资料考证与艺术分析并重,背景探索与作品本身并重"①。钱钟书也说:"清人治学,以'义理、词章、考据'鼎足。窃谓文学即'词章',而自有其考据:版本、生卒、来历是也,亦自有其义理,文艺理论是也。文心诗眼,赏新析异,斯则'词章'之本份。"②可见义理、词章、考据虽各司其职而又密不可分,与程千帆所言相通,实为对作家进行全面研究的可行方法。具体操作中需加说明的是,生平及著述考证,作为对王质进一步研究的基础,是必需的,所以有时甚至不避繁琐与枯燥,如关于王质人格的考论,以及附录《王质年谱》等。

① 程千帆著《闲堂自述》,转引自张宏生著《江湖诗派研究·序》,第6页。

② 钱钟书致黄克信中所言,转引自徐培均笺注《李清照集笺注·自序》,第4页。

第一章　生平研究

《宋史》虽为王质立传，但较简略，以致后人对王质生平多有误解。明代《内阁藏书目录》卷三："《雪山文集》八册全，宋高宗朝东平王质著。"①误认王质为高宗朝人。明胡应麟竟误以为北宋人："景文名质，苏子瞻同时人。"②清周亮工则云："宋末汶阳王质，号雪山先生，著《诗总闻》二十卷。"③又误为宋末人。四库馆臣对《雪山集》诗文系年也时有错误，后人受其影响对王质生平经历多有误解。故宋荦云："(王质)仕迹未详。"④因各种原因，王质生前曾招致多次非议，涉及人格的许多方面，因此对其人格也有进行考辨的必要。

本章对王质籍贯与居住地、生平仕历、幕府经历、思想与人格等进行考证，对其政治思想、哲学思想及人生思想作一梳理，对其文学思想也略作考述。限于材料，有时仅能作一大概勾勒。

第一节　生平简介

王质(1135—1189)，字景文，号雪山。祖籍郓州(今山东

---

① 孙能传、张萱等撰《内阁藏书目录》卷三，《丛书集成续编》第67册，第840页。

② 胡应麟撰《少室山房笔丛》卷三，《四库全书》本。

③ 周亮工著《书影》，第210页。

④《林泉结契》卷末，《丛书集成初编》本。

东平县)。建炎南渡,徙兴国军(今湖北阳新县)。王质十六岁试武昌,二十三岁入太学,“与九江王阮齐名”(《宋史·王质传》)。在太学时与张祁、张孝祥、王阮、李处全、沈长卿、郭世模等交游,皆忠贞爱国之士。深受张祁、张孝祥父子器重,张孝祥曾准备荐其举制科,王质因此作“言历代君臣治乱”(《宋史·王质传》)的《朴论》五十篇。太学时期曾去东林,写下著名的《游东林山水记》。

绍兴三十年(1160)春中进士,授德安府教授。三十一年,叶义问“荐试馆职”[1],因不愿往见权贵,“已降召试馆职指挥,更不施行”[2],初步显露不趋炎附势的个性。适逢汪澈宣谕荆襄,招其入幕。三十二年夏秋间,入张孝祥抚州幕,年底入张祁江州幕。隆兴元年(1163)四、五月至京城,入张浚江淮都督幕。隆兴二年四月幕府解散,又至京城,汤思退荐为国子正。当时主和派占上风,力主和议。王质几次上书反对,“忌者共谗质年少好异论,遂罢去”(《宋史·王质传》)。陆游有诗送行,对其上书言事极表赞叹:“深知万言策,不愧九原人。”(《送王景文》)“九原人”指张浚,卒于隆兴二年八月。乾道二年(1166)七月,罢国子正,“以言者论其为张浚幕属,密疏浚之过,以媚汤思退,思退喜其附己,又畏其倾险,以学官处之,言论反复,行若驵侩”(《宋会要辑稿》职官七一之一六)。此次论罢,身心造成很大伤害,影响及于三、四年后。

乾道三年闰七月,入虞允文川陕幕,其间曾随虞允文至利州、成都等处。五年正月,应四川安抚制置使晁公武请,任四川制干,四月至兴国军。十月,又自兴国出发,次年二月至成都。因晁公武、王炎不协,罢四川制置司归宣抚司。王质失去依靠,六月离成都,八月至兴国。后至京城,丞相梁克家荐任敕令所删定官。乾道七年三月,张说签书枢密院事,当时反对者和不往见者多被逐去朝,王质也因此落职。他寄书友人殿中侍御史李处全,勉励其“以

---

① 王阮《〈雪山集〉序》,载《雪山集》卷首,《四库全书》本。

② 李心传撰《建炎以来系年要录》卷一九一,第四册,第3193页。

道相与，以义相律”（《与李处全殿院书》）。因朝臣竭力反对，张说终被罢职。王质又回京复官。乾道七年前后，作《上皇帝书》（其二）陈述抗战策略。八年九月，虞允文罢相宣抚四川，此前曾荐王质为右正言，不报①。王质于本年任枢密院编修官，直至淳熙二年（1175）正月，但大部分时间闲居家乡兴国军。淳熙二年正月编修期满，遭言者论罢，出通判荆南府。淳熙五年，通判任满至京城，六年曾通判吉州，因向丞相赵雄建言而被罢，未赴任。

以上是王质辗转各地入幕府及为官时期，以儒家积极入世、建功立业思想为主，期望有一番作为。但在朝为官时间甚短，辗转幕府长达六七年，漂泊几千里，诚如王质自己所说：“飞梦风翻絮，浮生浪卷萍。”（《挽虞丞相》）

此后王质一直隐居家乡，未再出仕。淳熙十二年因周必大荐，得祠禄。淳熙十六年正月卒。王质一生困顿，晚年处境尤为凄惨。得祠禄官后，永兴县知县赵伯彬曾“诉（王）质陵铄辱骂”，因而“特降一官”（《宋会要辑稿》职官七二之四二）。此期，王质隐居家乡，从事著述，所著有《诗总闻》、《绍陶录》、《夷坚别志》（佚）、《正法世谱》（佚）、《辍耕子世系谱》（佚）、《云韬堂楚辞》（佚）等。思想则趋于隐退，以佛、道出世思想为主。

第二节　思想考述

王质是坚定的抗战派，多次上书言战。性格“鲠亮不回”（《宋史·王质传》），反对近幸。他思想驳杂，兼取儒、释、道，早期以儒家入世思想为主，隐居后以佛、道出世思想为主。学术上，怀疑与考证并重，重视个人解读，学术研究与文学创作互为影响。

---

① 参见《宋史》卷三八三《虞允文传》、卷三九五《王质传》，请参考附录《王质年谱》相关部分。

一、政治思想

“靖康、建炎之际，宇宙横溃，生灵骇散”(《上皇帝书》其二)。王质生于江南，虽未亲历南渡，但父、祖辈皆经历那仓惶惊惧的一幕，使他从小受到良好的熏陶感染。王质《东平王君锡墓志铭》云：“方秦氏奉金人，凡索无少违，乙叔秀叔与安阳郭氏为倩夫妇皆当行，君玉闻之，亟命君锡自巴陵趣豫章，趣钱塘，祈哀当位者，虽弗谐，殊可壮也。某尚记其从都返命，形枯足裂，固已太息。”这段记述表明，王质从小即感受到家与国血脉相连的关系，父辈们身历颠沛流离、四处逃窜的生活，使他感受到国家分裂的痛苦与屈辱事金的民族耻辱。他表达过收复中原、还归东鲁的愿望：“惟期早定于中原，俾遂生还于东国。白擢朽骨，掩累累先世之阡；红皱晒檐，剥纂纂故园之枣。”(《贺晁侍郎敷文阁直学士启》)思想中故乡情结较重，爱国感情较浓。

王质所交游的也多是抗战派，如张浚、张祁、张孝祥、虞允文等。他的思想无疑受到他们影响，如进幸建康、重淮、重蜀等。张浚即主张孝宗亲临建康：“今日之事非大驾亲临建康，则决不能尽革宿弊，一新令图，鼓军民之气，动中原之心。”[①]王质在奏策中也有相似言论：“陛下既了然见天下之势，则当断然随势而施谋，傥移乘舆，进幸建康，则中原必欢传亲征，彼不得不签刷调发，以为之备，则木末之风渐起，江心之浪随生，中原之情，固已汹汹而不靖，岌岌而不宁，将渐逞前日正隆之态。”(《上皇帝书》其二)此书作于乾道七年(1171)。此前虞允文即建议使金，以陵寝为请，又可见王质受虞允文影响。王质也受到前辈抗战派的影响。如李纲《十议》认为“和、战、守三者一理也”，“以守则国，以战则胜，然后其和可保。不务战守之计，唯信讲和之说，则国势益卑，制命于敌，无以自立矣”。王质《论和战守疏》云：“李牧之在雁门，法主于守，守乃所

① 朱熹《晦庵集》卷九五下《少师保信军节度使魏国公致仕赠太保张公行状》，《四库全书》本。

以为战；祖逖之在河南，法主于战，战乃所以为和；羊祜之在襄阳，法主于和，和乃所以为守。是和战守本殊涂而同归者也。”关于和战守的主张与李纲相近。

偏安一隅的南宋朝廷，在短暂的隆兴北伐后即安于和议，醉生梦死。“绍兴、淳熙之间，颇称康裕。君相纵逸，耽乐湖山，无复新亭之泪。士人林升者题一绝于旅邸云‘山外青山楼外楼，西湖歌舞几时休。暖风薰得游人醉，便把杭州作汴州’”①。王质也未尝忘却家国之痛，他说“痛国威之不振，致边警之多虞”(《代张魏公谢表》)，虽是代言，也是自己心声的自然流露。再如“全无兵火气，不似在淮南”(《题孤山寺》)，对朝廷上下似乎忘了国难家仇的升平气象进行讽谕。“眼看花靥渡，梦想白沟河”、“义士何曾少，谋夫不在多”②，则充满忧时报国的热情，对朝廷用人不当进行反思。“何日投身佐事功”(《别张君玉二首》其二)，更是渴求用行动襄助恢复大业。

他曾多次上书，提出一系列政治主张。抗战方面主张浮言勿摇，小利勿动，重淮，重蜀，民心可用；用人方面主张用贤臣，远小人，宽大臣，制私情，勿穷恩，勿开隙；治民方面主张镇盗，聚财等。

孝宗对和战主张没有一定之见，王质即予以指出：“今陛下之心志未定，规模未立，或告陛下金弱且亡，而吾兵甚振，陛下则勃然有勒燕然之志；或告陛下吾力不足持，而金人且来，陛下即委然有盟平凉之心；或告陛下吾不可进，金不可入，陛下又蹇然有指鸿沟之意。”(《论和战守疏》)隆兴二年，王质上书反对议和：“陛下勿轻信人言，谓无能为。”更反对无条件议和：“能掣之使退而后议和，则辞令有气，而礼节有筋骨，不至于厚币遣使，唾去而弗纳。”(《上皇帝书》其一)对于隆兴和议，多年后他还惋惜：“葛褒鉴岐亮之败，其势不得不归于和，方陛下坚持不和之论，为葛褒者亦罔知攸济。”(《上皇帝书》其二)乾道七年，王质又上书：“葛褒明见此理，坚守此

① 田汝成撰《西湖游览志余》卷二，《四库全书》本。

②《和御制诗五首》其三、其五，《全宋诗》第46册，第28827页、第28828页。

说，故十年而中原无变，葛褒之说终不移，则中原之变终不作，中原之变终不作，则金人之势终不倾，不知我将坐待以至何时也?”又云:“金人常蓄土摧瓦解之势于其腹心，而吾不思所以谋之，亦可谓偷安苟活之计矣！使偷而可安，苟而可活，如是而能久，犹云可也”，“陛下真英主也！可惜蹉跎玩时，将老陛下之齿发；迤逦遗患，将殃陛下之子孙(《上皇帝书》其二)。”对孝宗惑于浮言、丧失机会深为惋惜，对朝廷上下文恬武嬉、安于和议深为不满，言辞也慷慨激烈。

王质主张重淮、重蜀。《论固本疏》云:“有三镇然后能守河，有两淮然后能守江，江之恃两淮如河之恃三镇，皆所以藩篱其外而扃鐍于内。”当时有见识者都看到临近抗金前线的两淮的重要性，如杨万里《论国势》云:“有淮，而后江者吾之江也；无淮，则江者非独吾之江也，亦敌之江也。”[①]胡铨隆兴二年上书亦云:“两淮不保，则大江决不可守。”[②]王质又论重蜀:“蜀之常势，非盗贼窃发、蛮夷侵扰之为可忧，而将帅专制之为可畏。”(《论固本疏》)蜀为宋金对峙的前线，其重要性自不待言。王质以为当虑其将之变，后卒有开禧吴曦之变，足见其见识之深远。

王质注意民心可用，重视少数民族力量。他说:“中原难下当在他时，日愈久而情愈衰，则相视如路人，甚则相疾如仇雠，此则中原难下之时也。”又云:“臣谓今日有事于中原，以十分为率而计之，六分用中原攻金人，一分用诸国攻金人，三分用东南攻金人，若十分尽仰东南，此晋宋所以多无成也。”(《上皇帝书》其二)与之类似，陆游曾作《与夏国主书》，提出申固欢好，永为善邻，以便全力抗金。陆游又作《蜡弹省札》以喻中原人士:“有据以北州郡归命者，即其所得州郡，裂土封建。”[③]实际上是作敌后的分化瓦解工作。可见这是当时有识之士的共识。

---

① 杨士奇等编《历代名臣奏议》卷九三，《四库全书》本。

②《宋史·胡铨传》，第33册，第11586页。

③《陆游集》第五册，第1993页。

当时一般观点认为抗金时机未成熟，王质认为不然："凡今所患兵之未精，财之未裕，陛下试令臣熟数于前，然后知兵非难精，财非难裕。"又云："天下未有变，吾能激之使变生；敌国未有衅，吾能挠之使衅作，使就吾之机以行吾之志，此今日规恢之奇谋也。"（《上皇帝书》其二）提出进幸建康、复请园陵、求减岁币、对金用兵等主张，都是针对苟安形势的计策。

关于练兵，王质提出策略："莫如以御盗之名，而增巡检之土兵、尉司之弓手，小寨土兵二百人，大寨倍之，小县之弓手百人，大县倍之。一路有几州，一州有几县，一县有几寨，诚能皆勇锐悍敏之夫，属之以戈矛弓矢之法，而示之以坐作进退之节，诱之以赏，惩之以罚，不出五年，则精兵可以所在而有。"（《论固本疏》）以御盗为名，有练兵之实而不事张扬，分散于州县城寨而不加重政府负担，比较可行。

关于聚财，王质云："臣愚不知生财大计，独以为禁奸惩慢，谨藏啬出，犹为庶几。且一州之中，奸欺逋慢，渔取有司之利，蚁漏公上之财者，不知其几，精神思虑，一有不到，则财赋随去。"又云："臣愿陛下明诏监司，凡本路守臣，如纲运上供无拖欠，州郡官吏军兵支请无积压，或拖欠积压者，每岁各择其尤一二人以闻，陛下躬出刚断，显行黜陟，能者有以自喜，而愈不惜力；不能者自知其不可为，必求引避，又将有自为量力不敢试郡以谋苟禄者。不待沙汰而庸者去，不劳选举而材者出。"（《论州郡财赋殿最赏罚札子》）是有见于地方政府散漏财赋而提出对策。

用人方面，王质主张远佞幸、宽大臣、举贤任能。宠幸近习，是孝宗朝政治的一大弊端。终孝宗朝，龙大渊、曾觌、张说、王抃、甘昪等都曾备受宠幸，招权纳贿，劣迹斑斑。真德秀说："方乾道、淳熙间，中外既已大治，独近习有窥颦笑、卖福威者，一时端士正人，指陈阙失，必以是为先。"[①]王质《论驭臣疏》云："平居广殖货财，纵享娱乐，穷极滋味，此近习之常态，固无足怪者。臣独虑其争引朝

---

① 真德秀撰《西山文集》卷三五《著作刘公奏稿》，《四库全书》本。

士以为门人，此其渐则不可以不制。且民间之论，以为某人之进、某人主之。臣非举以为信也，而熟察其迹，则不为无证。何者？天子之密旨，或泄而外传，而人臣之私情，或不旋踵而疾应，非此曹而谁为也？”对近习干政的种种弊端多所分析揭露，提醒孝宗注意。他还曾谆谆告诫孝宗：“陛下诚能变风俗，销朋党，使淫辞诐行者举不得作，则出而与陛下同心图事、协力济功者，将患其多，不患其少。”（《上皇帝书》其二）远佞幸的另一面就是宽大臣。《论举能疏》云：“欲使大臣操心不危，临事不忌，则莫若陛下少宽假之，略其小失，而责之以大纲，使大臣稍稍释去负背之芒刺，从容伴奂，措意于法律之外，而专搜天下英伟豪杰之才，必不敢徒为论荐，以虚文而塞上意。臣愚以谓，小有所肆者，乃大有所畏也。”王质曾亲眼看到张浚因北伐失利而遭到主和派的围攻，故而主张对大臣“略其小失，而责之以大纲”，是有感于现实而发。《宋史·张浚传》云：“孝宗复诏杖奏事，浚附奏云：‘自古有为之君，腹心之臣相与协谋同志，以成治功。今臣以孤踪，动辄掣肘，陛下将安用之。’因乞骸骨。”[①]可见自符离之败至恢复张浚都督之号，主和派的攻击与破坏当不少。

王质认为举能之弊在于人情胜法。《论举能疏》云：“非法之有弊也，法为人所胜也；非人之能胜法也，人为情所胜也。”列举“应副”、“准备”、“换易”、“酬劳”四弊，并提出对策：“臣愚欲望陛下明谕：当荐举之人举某人，则列其实曰：‘臣以某事而举某人也。’既以名闻，则京秩而上，付之给舍；京秩而下，付之都司。是其所以然，而驳其所以不然。既定则付之御史，以按其奸。此其事虽繁，然可以制人畏爱之私情，庶几有所惮而不至于大纵。”对于朝廷动辄封赏、滥无节制的现象，王质深为忧虑：“且天下未尝无缓急也，穷之于无事之时，则何以使之于有事之际乎？臣惧其才未尽而爵禄先穷也。”（《论驭臣疏》）

王质也表达过为国培养人才的见解：“人才在乡不若在郡国，

---

①《宋史》卷三六一，第32册，第11309页。

在郡国不若在朝廷”,“学校弗振,则人才弗茂,人才弗茂,则国奚须、君奚赖哉。”(《兴国军大冶县学记》)认为培养人才的根本在学校,目的是为国所用。《周德昭墓志铭》云:“君子不得其位,不可以为大事,非耶? 当是时,君博士弟子也。使君在位,或如君者在位,在位矣,君臣又相得也,则伐燕之举可定,却金之策可遂,立楚之议可格,虽未必能然,其殆庶几乎!”立论虽有偏颇,对于人才不能为国所用则忧心忡忡,感慨良多。

王质还具有爱民思想。他说:“上界雪可饱,下土人稀餐。三春镇长在,九夏何曾残。”①对人民的饥寒甚为忧心。《祈晴文》云:“伏念臣将明失指,感召无方。自知蚁虱之微,盍下雷霆之谴? 委一身而蒙责,冀百姓之蠲灾。”体现了身为地方官体恤百姓的仁政情怀。《论镇盗疏》分析:“盗贼之所出者有三:一曰饥民,二曰愚民,三曰奸民。饥民求生,愚民求福,奸民求利。”并区别对待,认为“可返者饥民,不可返者愚民、奸民也”,进而得出结论:“故饥民可闵而不可疾,可济而不可杀,有所甚扰,亦有所甚不必畏也。”《论庙谋疏》云:“近者括沙田、籍铜器,此其为利亦末矣。臣闻之士大夫沙田之数,租以石计,钱以缗计,殆不过十数万,而淮、浙西之民,咨嗟愤恨有甚不堪者。举天下之铜器而付之炉冶,或者以为风餐土食之余、薪烹火化之后,颇不利于铸钱,而生民器用一扫而空之。此二者皆以豪发之利而召天下之怨,岂非谋利害者不揣轻重、不量多寡之过与?”可见王质能体恤农民甘苦,为其代言心声。《论固本疏》虽是从维护封建统治的角度出发,却也表达了百姓对宽缓政策的要求:“镇静而不惊,宽缓而不迫,久远而有利者,莫若厚恤二川之民。于常赋之外,时有所蠲除其征需;于常佣之外,时有所宽简其力役;间遣使者发德音、下明诏,丁宁委曲,为之训辞而深恤其疾苦。”虽仅是针对重蜀而论,毕竟能提出体恤百姓的政策,实为难能。

①《永兴丞以皓雪鲜梅奇语见示,戏占闲人浪辞酬之》,《全宋诗》第46册,第28810页。

王质是坚定的抗战派，曾多次向孝宗上书，无奈人微言轻，又因主和派总是得势，终其一生未得重用。故《宋史》感叹："庄夏、王阮、王质皆负其有为之才，卒奉祠去国。"①早年游太学的盛名与后来蹭蹬坎坷的一生，恰成鲜明对比。王质之所以一生沉滞于仕途，最根本的原因是生在一个统治者安于和议、因循苟且的时代，当时著名人物如辛弃疾、陆游、朱熹、陈亮等尚且未能为国所用，王质辗转幕府以至隐逸而终，也就是再正常不过的事。

二、人生思想

王质的人生观兼融儒、释、道思想。早年主要是儒家思想，中年接受佛教影响，晚年以佛、道思想为主。

王质自幼接受了良好的教育。《宋史》本传云："（王）质博通经史。"入太学使他开阔了眼界，结识了名流。太学三年，王质声名鹊起。"其在太学也，得声为多。二十有七而朝野交称，辟召狎至，得声为尤多"，他也"以功名为可立就"（《〈退文〉序》），指点江山，激扬文字，颇以天下为己任。

王质早年用世思想比较强烈。《与虞宣机书》云："在出世界法则为报佛恩，在世间法则为报国恩。"认为报国是天经地义的事。他说："一为公歌臣马良，黄尘蔽人声不扬。"（《留别陈阜卿》）虽不满"黄尘蔽人"，却对自己的才能充满自信。在古人中，王质爱自比贾谊："自断我当归吊屈。"（《和陈阜卿》）自比陈琳："中原既传檄，乃更有陈琳。"（《即事》）对诸葛亮、谢安等人也推崇备至②。他说："某赘疣昭代，露电半生。"（《谢四川制干到任启》）未能建功立业的憾恨自然流露。又曾对朱熹迟迟不愿出山有所不满，在友人面前抱怨："徘徊吴楚已多年，晦庵不急苍生急。君行车马衣冠衢，亦有

① 《宋史》卷三九五，第 12063 页。

② 《雪山集》卷一六《八声甘州 · 读诸葛武侯传》："看璀璨、出师一表，照乾坤、牛斗气常冲。"同卷《八声甘州 · 读谢安石传》："自古英雄豪杰，无不待时来。"王质还有《过隆中村》诗。

晦庵相似无。君臣庆会第一格，晦庵何日何时须。”（《赠黄君》）此诗作于淳熙六年，可见其晚年并非真正忘怀世事。他也表达过功成身退的思想：“功成名遂飞翩翩，不作子房作仲连。”（《赠杨溥》）但“身退”的前提是“功成”，故我们仍能从中感受到建功立业的愿望。

他渴望实现人生抱负，但决不降志从俗。因此，从入太学就开始了“精神丧于言语之风波”（《贺晁侍郎敷文阁直学士启》）的仕宦生涯。耿介的性格不仅使他承受流言蜚语的打击，还使他丢官。他曾说：“某之负衅也，则以某人密授之某人，而阴嗾以某人。某人之怒某，则以某为主坐而不往见。某人之怒某，则以某辟属官而不肯行，而某人则奉之行之者也。”（《与汤相书》）不愿媚世从俗，常不容于朝廷，他也有反思：“岁辛巳一触祸，其可以知之矣，而弗知，曰人忌我也。岁丙戌再触祸，其可以知之矣，而又弗知，亦曰人嫉我也。岁辛卯三触祸，其可以知之矣，而又弗知，亦曰人弗容我也。岁乙未得罪，曰如是，曰如是，乃始跃然悔，霍然悟。”（《〈退文〉序》）说“不知”，实是“不顾”，可见其持志之坚毅，性格之耿介。

王质对自己思想的发展变化曾有过描述：“又七八年而后，稍见死生涂穷势竭之地。夫人之心无所往而不可，天下之至难制者，至于途穷势竭，则亦无能为也。如兵戈迫之，遇沮洳则涉沮洳，遇荆棘则践荆棘，避死逃生，其谁肯束手者？至大川巨浸，前无舟楫，旁无町畦，顾刃将及之，则霍然觉性命之轻而身世之虚空矣。况有所谓是非成败、得丧荣辱者哉？故此心必导而致此地，而后能死此心，此心死则死生之路绝矣。”（《大慧禅师〈正法眼藏〉序》）山林正是“涂穷势竭”之后的一个栖身所，一个避风港。王质晚年是有意避世，曾云“不好世音”①、“山林深自引”②、“十难三四好，八九在闲

①《荷柳松竹赠答·竹逊松》，《全宋诗》第46册，第28812页。

②《赠程元鼎二首》其一，《全宋诗》第46册，第28837页。

居”[1]。他还说:“某又有狂病,平生耽江山,悦林泉,有意无传,则寄夫山水之乡。”(《与周枢密益公书》)可见建功立业是意念中不可实现的自许,受排挤与游山水则是现实生活的真实存在。四库馆臣亦云:“盖质以耿直忤时,厄于权幸,晚岁欲绝人逃世,故以鸟兽草木为友。”[2]洵为的论。

穷则独善其身,达则兼善天下。兼济、独善思想本是孟子为解决士人出处穷通的矛盾而提出的立身处事原则,其中独善具有固穷守志、自觉修身的道德因素。王质晚年退隐山林,曾给人“绝人逃世”的印象。其实,这只是问题的一个方面。人们往往只看见他晚年啸傲林泉、风流自赏的闲逸生活,而忽略了这其实是在仕途蹭蹬之后不得已的无奈选择。他身在江湖,仍心存魏阙,用世之心一直伴随着生命旅程。从其晚年著作的零星描述中可见一斑。《绍陶录》自序云:“夫惟忘世,故能济世。”又云:“数内在世,数外在天。”[3]《八声甘州·读谢安石传》云:“自古英雄豪杰,无不待时来”,“商皓亦尝如此,羡苍生皆有,瞻望之怀。”之所以欣赏诸葛亮、谢安,除了同处于南北分裂的时代环境,还可能有内心深处隐以待时的功业愿望。

“仕”与“隐”在王质思想中时有起伏消长。大致是前期以仕为主,后期以隐为主。前期,他不止一次说过要归隐,不久又去为官,除了强烈的功名事业心之外,养家糊口也是一个实际问题。如乾道六年(1170),遭谗受讥的处境:“今某乃独以龃龉而不能有所开拓,取人主之轻,受天下之责。”(《与虞相书》其一)厌倦官场的心态:“某心雕意谢,无意从官。”(《与虞相书》其一)但梁克家推荐他为敕令所删定官,他还是去了,其中重要原因即是经济问题。他虽云“吾生一饱足已矣,岂复过意求膏腴”(《赠沈文伯》其三),却常常连这一点最低生活保障也难以达到。他写到当时家境:“父母既

①《秋兴》,《全宋诗》第46册,第28828页。
②《绍陶录》卷首提要,《四库全书》本。
③ 沈德寿《抱经楼藏书志》卷二一,第229页。

老，兄弟未立，全家所望，惟某而已。今既不能强行其所不欲，则俯仰所以责任者，未有以当之也。伏念家君好学守道，廉介勤畏，两任六年，粗为统莅者所知。今夷陵法掾垂满，若至行在谒铨部，不惟数千里之役，非老者所宜，而三五年之次，亦非穷者所易守也。”（《与虞相书》其一）父亲收入有限而家中人多，他肩负“全家所望”，身上担子较重。但是政治上的打击一个接一个，他的用世之心受到严重挫伤：“有愿投金粟，无情上玉除”（《秋兴》）、“无功生静福，有道正危机。”（《送晁侍郎二首》其一）王质长期辗转于幕府及微官，政治上没有什么作为，常常还要为生计忧愁，始终没有达到“进”、“退”自如的境地，正如他自己所云“自怜憔悴缚江干，去住未能随意耳”（《送赵师耳》）。他一生尊崇苏轼[1]，但未能学到苏轼面对逆境的顽强乐观、超然自适的人生态度。

王质也吸收了佛教识心见性、道家知足保和的思想。在三教关系上，他宣扬儒释道同。《龙珠吟》诗云：“祇园佛，阙里翁，下土虽分两圣域，上天同是一真龙。”这是自南朝梁以来的普遍观点。梁武帝提倡“三教同源”，“把孔子、周公、老子都说成是‘如来弟子’，即意味着儒道二教都来源于佛，并以佛教为中心”[2]。梁代高僧释慧皎《高僧传》卷六“释慧远”说：“如来之与周孔，发致虽殊，潜相影响，出处咸异，终期必同，故虽曰道殊，所归一也。”这也是宋代为人普遍接受的观点。如苏轼《祭龙井辩才文》曾云：“孔老异门，儒释分宫，又于其间，禅律相攻。我见大海，有北南东，江河虽殊，其至则同。”《雪山集》中有多处诗文提到佛经，如《秋夜读书三首》自注引用《楞严》、《圆觉经》等；也有一些与僧道交游酬赠的诗作，如《送空上人归育王》、《赠僧师能》、《赠南道人》、《赠开怀道人》、《银山寺和宗禅师四季诗》、《吊法空》等。他甚至多次表达出家的愿望：“他年拄杖叩泉石，莫认此翁作生客”（《送空上人归育王》）、

---

① 《雪山集》卷一〇《自赞》云：“一百年前，蜀山之下，有苏子瞻，炜炜煌煌，若凤若鸾；一百年后，楚江之滨，有王景文，波波挈挈，半痴半昏。”
② 吴雁南等主编《中国经学史》，第 198 页。

"倘欲见我江淮墺,不在庐山则祖山。"(《赠杨溥》)

王质早年曾援儒反佛,隆兴年间才接受佛教。《雪山集》卷五《大慧禅师〈正法眼藏〉序》有记载:

> 绍兴二十七年,余在杭,遇大慧禅师于户部侍郎荣公茂世之家。余方年少气壮,持先儒故事抵佛甚力,遇其徒辄憎之,于是引却,弗与语。明年,又遇于湖之东林,待之如故。又五年,师终于径山,而《正法眼藏》先行于世,时隆兴元年也。又一年,余夜宿金山之方丈,不得寐,信手而抽几案文书,得此阅之。至洪炉点雪,恍然非平时之境,竟夕危坐,如行曲径斜溪,蒙笼缭绕,忽林断川明,旷然平原巨野之陈前也,眉目周张,莫知其何以致此。

此序记述思想发展的脉络,似乎接受佛教是"信手而抽几案文书"的偶然结果,其实他思想发生改变之时,正是仕途遭受挫折之时。隆兴二年(1164),他上书反对和议不被采纳,反受谗言诽谤而凄然回乡,这是促发他思想转变的真正根源,途径金山时阅《正法眼藏》只是一个契机。他晚年著《正法世谱》,自序云:"盖自《大藏经》之余,诸史诸集、四方图经、诸志铭若近儒释之徒所著未及入藏者,皆裒以为资。大慧以降,方历访其人,续之未艾也,竟余世而已。"①以近乎佛教徒发愿的虔诚来完成这一著作。"《中庸》、《大学》松斋绎几转,《楞严》、《圆觉》竹几翻数卷"(《题俞舜俞墨梅》),似乎正是其晚年生活的夫子自道。

陶渊明有浓郁的道教情结,陶弘景更是道教徒。道家热爱大自然。浓郁的道教情结促使王质向大自然中寻求真味。《绍陶录》的创作体现了这一思想,书中以鸟兽草木为友,歌咏七十多种动植物。道家重视想象,庄子尤多浪漫奇想。《雪山集》中不少诗文也可明显看出道教经典著作《庄子》等书的影响。如卷七《游无穷室

①《文献通考》卷二二七,第二册,第1823页。

记》:"吾将与子袖手相对,近不离几,远不逾阈,而相与神游八极之表,朝发轸于苍梧,夕弭节于昆仑,声气不接,筋力不顿,子能强而从我乎?"这样的境界,如同《庄子》中《逍遥游》、《田子方》诸篇的自由境界①。

王质晚年出世思想较浓:"香山有竞物之心焉,玉川则展转推却,避世而离俗者也。宁为卢,勿为白。"(《荷柳松竹赠答》序)白居易虽爱慕陶渊明,但名利世俗之心使他仅仅停留在口头上,故王质对他有所不满。王质又说:"晋陶元亮、梁陶通明皆弃官遗世者,今济民、伯可宦途方通,年龄未颓,而飘然去之,书之为《绍陶录》。""两君振此风,夫岂无继之者?"②隐然自比于唐济民、鹿伯可。《东南纪闻》卷二所引王质佚文,提到的谯天定、姚平仲、成守祖等人,都是传说中得道之人。《物幻诗》云:"北海鲲从化,南枝蚁战勋。宋龟灵自困,周蝶梦谁分。外物不可必,此形何足云。劳生竟不觉,幻境徒纷纷。"已纯然老庄出世思想。《绍陶录》自序云:"好事功者,事功起而本身沉;好名义者,名义著而真心隐。"又云:"暍箪瓢之所欣回,玩沂雩之所适点,以曲肱会之,则绍陶之录,姑存可也。"③虽述儒家之事,却也融化道家知足保和思想。王阮《〈雪山集〉序》云:"阮之闻此也,以书戏之曰:'名果累人者哉?'景文答曰:'至人无名,此某学道不至也。'"虽是朋友间戏言,也可见其不仅以学道自许,更以达到至高境界自期。

王质思想中谶纬迷信也占据一定分量。其《〈夷坚别志〉序》云:"世以徐铉好志怪,而今存者多其客蒯生欺之,岂可以蒯生尽待天下之士?盖有之矣,亦在夫决择之者审也。传闻云者置之,而余所自遇者小孤梦神君、瞿唐峡梦公孙子阳、云安梦张益德,甚白。

---

① 如《庄子·田子方》中伯昏无人"登高山,履危石,临百仞之渊,背逡巡,足二分垂在外,揖御寇而进之",并说"夫至人者,上窥青天,下潜黄泉,挥斥八极,神气不变"。从形式上看,本篇模拟枚乘《七发》的痕迹很明显。

②《绍陶录》卷下《书鹿伯可事》,第 289 页。

③ 沈德寿撰《抱经楼藏书志》卷二一,第 229 页。

瘖寐云者，亦置之，而余所亲睹者玉渊亭见龙、彭泽舟中见蛤蜊菩萨像、永兴道中见道人嚼草成蜡，甚著。则致诸人者胡可以弗信也？”[①]以亲见为标榜，虽然目的是增加小说可信度，也不能排除思想中迷信鬼神的落后因子。《雪山集》卷五《〈西征丛纪〉序》云：“见异无特于凤凰山之龙。”《挽虞丞相》诗“更生游佛国”句下自注：“有人入冥，见先太师为更生佛。”[②]或记见闻，或述传闻，都以之为真。《雪山集》中有谶纬迷信倾向的，还有卷六《玉渊龙记》、卷七《涪陵谯先生祠记》及卷一六《八声甘州·怀张安国》、《泛兰舟·谯天授画像》等。这种谶纬迷信思想与他从象数角度研究《周易》也相吻合。

三、学术思想

宋代作家普遍重视六经的学习。王禹偁认为“六经”体现了“从政而惠民”、“修身而垂教”(《送谭尧叟序》)之道，提出“今为文而舍六经，又何法焉”(《答张扶书》)。欧阳修《答李诩书》云：“六经之所载，皆人事之切于世者。”认为六经与现实生活密切相关。韩维《饮圣俞西轩》：“予曰吾圣俞，名足通后代。答我文如韩，尚有六经在。”可见梅尧臣也如此主张，且为文具有韩愈“尚有六经在”的特点。黄庭坚《与徐师川书》其一云：“其未至者，探经术未深。”《大雅堂记》云：“夫无意而意已至，非广之以《国风》、《雅》、《颂》，深之以《离骚》、《九歌》，安能咀嚼其意味，闯然入其门耶？”《答洪驹父书》云：“更须治经，深其渊源。”可见黄庭坚首先强调的是阅读儒家经典。宋代理学家也重视六经，程颐《明道先生行状》云：“(程颢)闻汝南周茂叔论道，遂厌科举之业，慨然有求道之志。未知其要，泛滥于诸家，出入于老、释者几十年，返求诸六经而后得之。”张载也是如此：“深研是书(引者按，指《中庸》)，犹以为未足，又遍读佛、老之书，经年累月，穷究其说，仍不得要领，又反而

---

① 林希逸撰《竹溪鬳斋十一稿续集》卷三〇，《四库全书》本。

②《全宋诗》第46册，第28854页。

求之六经。”[1]

在宋代普遍重视六经的风气中，王质着重从六经与文章的关系发表见解，其《〈于湖集〉序》云：“文章之根本皆在六经，非惟义理也，而其机杼物采、规模制度，无不具备者也。”认为六经是文章的根本[2]。儒家六经中，王质对《诗经》、《周易》都有专书进行研究。《雪山集》卷八《与周枢密益公书》云：“又如谈《易》，自知数始。”“以邵意、邵辞、邵数、邵理、邵诀、邵验而为六邵，稍见康节之绪余，而不为艰深，尽属平易。”认为研究《周易》应从象数开始，知王质为象数派，继承邵雍而又主张平易。

王质对《楚辞》也有研究。《雪山集》卷五《〈云韬堂楚辞〉后序》云：“凡寓意于彼，适意于此，所以导人心，茂此种也。孟子曰：‘夫仁亦在乎熟之而已矣。’鸢飞戾天，鱼跃于渊，此虽无补于世，亦岂无益于己也？”可见此书有为而作。又云：“余之本趣，资物态以陶己灵而已。会情于耳目者多，索妙于简策者少。”可见并非进行严格的学术研究，而可能是陶写心灵的个人解读，甚至可能是再创作。他晚年对陶渊明、陶弘景也有研究，不仅作《栗里谱》、《华阳谱》，还“摘其遗文遗事为题，别为词以咏之”[3]，这就是《绍陶录》卷上各诗，其体例与写法正是“资物态以陶己灵”。

王质学术思想主要体现在《诗总闻》一书中。《诗总闻》为宋代去毛序研究《诗经》的三家著作之一，“是宋代现存废序言诗的第一

---

① 吴雁南等主编《中国经学史》，第 356 页。

② 关于其说的渊源，可参看钱钟书著《管锥编》第三册第 1182 页：“‘倾群言之沥液，漱六艺之芳润。’……陆机盖已发《文心雕龙·宗经》之绪。韩愈论文尊《经》，《进学解》曰：‘口不绝吟于六艺之文’；王质《雪山集》卷五《〈于湖集〉序》曰：‘文章之根本皆在《六经》；非惟义理也，而其机杼物采、规模制度，无不具备者。’杜甫自道作诗，《偶题》曰：‘法自儒家有，心从弱岁疲’；辛弃疾《念奴娇·答傅先之提举》曰：‘君诗好处，似邹鲁儒家，还有奇节’；均为词章而发，亦可通消息。”

③《绍陶录》提要，《四库全书》本。

部著作”[①]。《诗总闻》直承北宋以来疑古惑经、凭己意解经的风气，特点是并不处处攻毛序，而是以自己独具特色的理解及实证研究替代毛序的牵强附会之说。因此曾被论者誉为“在宋代甚至整个‘诗经学’的历史上是一本忽略和被低估了的《诗经》专著”，“真正打倒《毛诗序》的，在南宋是郑樵和王质”[②]。《诗总闻》去毛序言《诗》，同时朱熹、郑樵亦去毛序言《诗》。范家相云：“舍序言诗者，始于苏颍滨，甚于郑夹漈、王雪山，而朱子因句诋而字驳之。嗣是以后，或信或否，又分道扬镳，不可胜纪矣。”[③]《宋元学案补遗》将王质归为“夹漈同调”[④]，即主要着眼于《诗总闻》的废序言诗。

郝桂梅云：“王质采用‘六经注我’的方法，将个人因政治上的失意而产生的悲愤情绪写入了《诗总闻》中，这也是后人常说的以己意说诗的一个重要方面。”[⑤]这是《诗总闻》的一个显著特点。王质《墨竹赞》云：“子以意画，吾以意想。”触及到文学艺术欣赏中的再创造问题。正是凭着这种再创造的精神，他在《诗总闻》中“以意逆志”，多作文学性解读，以前人诗文解《诗》，甚至以自己的人生经历解《诗》。“因情求意，皆吾心腹肺肠之事”（《与周枢密益公书》）。可见他非常注重读者个人的情感体验在解读过程中的作用。

《〈诗总闻〉自序》云：

> 穷经一有志，死生祸福不迁，以彻为期，愈疑愈坚，愈滞愈壮，志也。二有识，所见愈卓，所得愈多，当恢崇充羡，常若有所不足，识也。三有才，难探之渊，探之；又有难言之妙，言之；又有难发之微，必心、口、手相应，庶几其可，才也。四有力，博采庶言，自立定制，苟有所见，运斤成风而不疑，力也。予研精

① 郝桂敏著《宋代〈诗经〉文献研究》，第 107 页。

② 李家树著《诗经专题研究》，第 46 页。

③ 范家相撰《诗渖》卷二“诗序四”条，《四库全书》本。

④ 王梓材、冯云濠辑《宋元学案补遗》卷四六，《丛书集成续编》史部第 33 册，第 883 页。

⑤ 郝桂敏著《宋代〈诗经〉文献研究》，第 107 页。

覃思于此，几三十年。[①]

强调“志”、“识”、“才”、“力”，正是王质的夫子自道。“博采庶言，自立定制”，可谓《诗总闻》的创作原则。陈日强《诗总闻原序》许以“以意逆志，自成一家，真能寤寐诗人之意于千载之上”[②]，可谓知音。梅尧臣就曾感叹：“作者得于心，览者会于意，殆难指陈以言也。”[③]故王质云“难探之渊”、“难言之妙”、“难发之微”，“研精覃思于此，几三十年”。

前人有以为朱熹受王质影响的。元梁益云：“雪山王氏质在晦庵前去小序以说诗，其书名曰毛诗总闻。”[④]清范家相云：“朱子以序为卫宏伪作不足信，乃本洪迈、王质、郑樵之说。”[⑤]《诗序》提要云：“以为村野妄人所作，昌言排击而不顾者，则倡之者郑樵、王质，和之者朱子也。”[⑥]都认为朱熹接受王质影响。朱彝尊也如此主张：“废序言诗实自王氏始，既而朱子集传出，尽删诗序，盖本孟子以意逆志之旨，而畅所欲言，后之儒者咸宗之，独王氏之书晦而未显。”[⑦]现存史料不能证明王质与朱熹有交往[⑧]。朱熹《诗集传》首刊于淳熙十四年(1187)，而《诗总闻》在王质生前未刊行，所谓“其家椟藏且五十年，未有发挥之者”[⑨]，所以说朱熹受王质影响是不符合实际的。

学术界一般认为《诗总闻》曾接受郑樵的影响。郑樵卒于绍兴

---

① 陆心源撰《皕宋楼藏书志》卷五，第 52 页。

② 载《诗总闻》卷首，《四库全书》本。

③ 欧阳修《六一诗话》，《历代诗话》上册，第 267 页。

④ 梁益撰《诗传旁通》卷四，《四库全书》本。

⑤ 范家相撰《三家诗拾遗》卷二，《四库全书》本。

⑥《钦定四库全书总目》卷一五《诗序》提要，上册，第 187 页。

⑦《曝书亭集》卷三四“雪山王氏质《诗总闻》序”条，《四库全书》本。

⑧《雪山集》卷一二《赠黄君》云：“君见雪山谭晦庵，晦庵南北隔山川。”诗末自注：“黄君来过，谈士大夫甲乙及晦庵为详。所从之游者如此，不凡可卜也。”据诗中所云“晦庵今年登五十”，朱熹生于 1130 年，知作此诗时(1179 年)王质还未曾与朱熹见面。十年后，王质卒，故很可能二人未见面。

⑨ 陈日强《诗总闻原序》，《诗总闻》卷首，《四库全书》本。

三十二年(1162),时间上早于王质,《诗总闻》的观点受其影响应属可能。《诗总闻提要》云:“废序言诗则郑樵唱,而质和之也。”也有学者指出:“《诗总闻》一书中虽未明言对前人的继承,但从内容上可以看出其对郑樵的诗说有所采纳。”①

也有认为王质受朱熹影响者。如莫伯骥云:

> 前人谓雪山登第后于朱子十二年,其著此书当亦在朱子后,观《鲁颂·閟宫》、《商颂·苞有三蘖》皆引朱子之说可见。而朱子德润序郑夹漈先生《诗传训诂》,引慈溪黄氏,谓文公朱氏、雪山王公质、夹漈郑公樵去美刺以言诗,以朱子废序本之此书。然考之《日钞》,上言去序说诗则兼王、郑,下言晦庵先生因郑公之说,尽去美刺,探求古始,未尝复返雪山,以此可证其误。②

认为“朱子废序本之此书”的观点有误,并列举具体例证,可见王质曾参考过朱熹、郑樵的学说。莫砺锋《论朱熹对〈诗序〉的态度》一文也说:“他(引者按,指王质)年少于朱熹五岁,其《诗总闻》之成书也晚于朱熹《诗集传》,证据是《诗总闻》卷二〇《商颂·长发》‘苞有三蘖’句注云:‘朱氏:“苞,韦也,顾也,昆吾也。”甚善。’今检所引‘朱氏’正与《诗集传》注文合,可见王质著《诗总闻》时得见《诗集传》。”③

---

① 薄茹《王质〈诗总闻〉研究》摘要,北京大学 2003 年硕士学位论文。

② 莫伯骥撰《五十万卷楼群书跋文》经部二,载《国家图书馆藏古籍题跋丛刊》第 27 册,第 311—315 页。按,朱德润,字泽民,元睢阳人,著《存复斋集》十卷。莫伯骥所称“前人”,实指钱仪吉。钱氏《〈诗总闻〉跋后》云:“雪山登第稍后于朱子,著书亦稍后,故如《鲁颂·閟宫》、《商颂·苞有三蘖》,皆引朱子之说,此或同于朱子作奚?然注中何以不言?窃疑是本录自《永乐大典》,或当时专尊朱子之学,胡广等辄依《集传》,径改经文如此邪?皆不可考矣。”(载《丛书集成新编》第 55 辑,第 473 页)

③ 莫砺锋《论朱熹对〈诗序〉的态度》,《文献》2000 年第 1 期,注释 23,第 127—128 页。薄茹《王质〈诗总闻〉研究》以为“不排除引用的是朱熹早年的诗解之作的可能”,见其学位论文第 8 页。

《诗总闻》虽曾采摘郑樵、朱熹书中材料，但在全书结构体例上，在解《诗》方法上，并不相袭，而是毅然自用，别出心裁，有自己独到见解，后人评价还是较高的。朱彝尊记田雯《惠氏诗说序》云："郑夹漈、王雪山各自立说，并传注去之，比朱子则加甚矣。"①《钦定四库全书简明目录》："其说皆毅然自为，不遵小序，亦不字字攻小序，与郑樵同一废序，而门径又殊。"②肯定王质"各自立说"，与郑樵、朱熹观点不同。陈日强《诗总闻》序："其删除诗序，实与文公朱先生合。"③本意可能在于借朱熹以提高《诗总闻》的知名度。他的观点招致王士禛的非难："谓与晦翁合，亦非也。"又云："其书援据，亦博而好，与毛、郑异，亦绝与朱子不合。"④明陆深云："其书颇与朱传不合，亦多前人所未发。"⑤清郑方坤云："中间不甚依朱氏，多得风人之趣。"⑥都较为客观地指出了王质的独创。

关于《诗总闻》的独创，代表性的表述尚有：《钦定四库全书总目》云："南宋之初，废诗序者三家，郑樵、朱子及质也。郑、朱之说最著，亦最与当代相辨难，质说不字字诋小序，故攻之者亦稀。然其毅然自用，别出新裁，坚锐之气乃视二家为加倍。"⑦周中孚云："其书虽与郑渔仲、朱子同一不用小序，然废序而不攻序，其间自抒心得，独辟门径，多精义悬解，而无胶执之见，故为世所称焉。"⑧洪湛侯云："王质作《诗总闻》，虽不轻诋毛、郑，也不曲徇毛、郑之说，毅然自用，别出心裁。他主张'说诗当即辞求事，即事求意'，所以在说解字义的同时，每每能阐发诗篇本身的文学意义，较之汉、唐

① 朱彝尊撰《经义考》卷一一八，《四库全书》本。

② 永瑢、纪昀等撰《钦定四库全书简明目录》卷二经部二，《四库全书》本。

③ 陈日强《诗总闻原序》，载《诗总闻》卷首，《四库全书》本。

④《渔洋书籍跋尾》卷下，《国家图书馆藏古籍题跋丛刊》第二册，第 247—249 页。

⑤ 陆深撰《俨山外集》卷二二，《四库全书》本。

⑥ 郑方坤撰《经稗》卷五"小星驺虞"条，《四库全书》本。

⑦《钦定四库全书总目》卷一五《诗总闻》提要，上册，第 192 页。

⑧ 周中孚撰《郑堂读书记》，下册，第 105—106 页。

有新进展。"[①]莫砺锋也说："王质著《诗总闻》，干脆废弃《诗序》，自出己意来解说诗义，开'去序言诗'之风。"[②]

如果一定要梳理王质学术思想或哲学思想的渊源，其所看重或接受影响较多的还是邵雍、程颐、程颢、谯定、张浚、张栻一脉。这些人在王质的诗文中都有所提及[③]，其中张浚、张栻父子给予王质的影响无疑更多。隆兴元年(1163)至二年王质曾入张浚幕府，其时张栻也在幕府。张浚隆兴二年八月卒后，有证据表明王质与张栻还有多次交往[④]。

"世间富贵应无分，身后文章合有名"(白居易《编成拙诗成一十五卷因题卷末戏赠元九李十二》)，王质晚年隐居家乡，写成多部著作，有《诗总闻》、《绍陶录》、《云韬堂楚辞》(佚)、《正法世谱》(佚)、《夷坚别志》(佚)、《辍耕子世系谱》(佚)以及研究《周易》的著作(佚)，可谓著述宏富，可见其晚年的学术志趣，惜多已不存。

第三节　人格考辨

王质在世时，褒之者目为"天才"[⑤]、"忠臣孝子"[⑥]，比为"贾谊"[⑦]，贬之者讥为"轻儇狡险"、"浮躁不知耻者"、"学术肤浅，日游

①《中国大百科全书·中国文学》"《诗经》研究"词条，第732页。

② 莫砺锋《论朱熹对〈诗序〉的态度》，《文献》2000年第1期。

③ 见《雪山集》卷八《与周枢密益公书》、卷七《涪陵谯先生祠记》等篇章。如程颐说其兄程颢的学术是"泛滥于诸家，出入于老、释者几十年，返求诸六经而后得之。"(《明道先生行状》)王质也认为"文章之根本，皆在六经"。

④《雪山集》卷七《张氏和政堂记》云"广汉张公"，又云："其为荆也，慈温熏恻。"当为张栻而作。张栻淳熙五年(1178)除秘阁修撰、荆湖北路转运副使，改知江陵府。知江陵府刘珙卒于七月，张栻继任应在七月后。而王质其时任荆南府通判。

⑤《宋史·王质传》，第12056页。

⑥《王十朋全集》之《次韵王景文赠行四绝》其四，第337页。

⑦ 张孝祥《于湖居士文集》卷八《和王景文》其二："大臣谗贾谊。"

权门”[1]、“言论反复,行若驵侩”[2]。观点对立,水火不容,其思想与人格确有辨清之必要。

王质人格受到非议,具体说来有以下几次:

一、“学术肤浅,日游权门”辨

绍兴三十一年(1161),王质因叶义问之荐举,被召试馆职。《宋史·王质传》:“用大臣言,召试馆职,不就。”似乎王质不愿赴任,其实不然。《建炎以来系年要录》卷一九一:“绍兴三十有一年秋七月癸酉……诏左迪功郎新德安府府学教授王质已降召试馆职指挥,更不施行。……(王质)始登第即召试,而言者论其学术肤浅,日游权门,乃罢之。”[3]知为言者论罢。王质《与汤相书》披露了一些内幕:“某之负衅也,则以某人密授之某人,而阴嗾以某人。某人之怒某,则以某为主坐而不往见。某人之怒某,则以某辟属官而不肯行,而某人则奉之行之者也。”该书作于隆兴二年六月。知王质七月前曾至京城,因不愿往见权幸而招致论罢。

王质太学期间所交游者有户部侍郎荣嶷、中书舍人张孝祥等,其他皆下层士子,未见多少位居显要者。说王质“日游权门”,与事实并不相符。至于“学术肤浅”,更明显言非其实。陈振孙《直斋书录解题》云:“质游太学,治《诗》有声。”[4]曾协《送王景文教授归江西序》云:“当是时,景文名满天下,要官大人犹忘势愿交。”[5]看来王质所言可信:“某入太学,一年而校外舍,二年而升内舍,三年而中上舍,季考月书,苟以事而不至,盖未有至而弗获者。历数前后,或者以为某积累之颇多,而步骤之最速,且以为其人能自别于其徒,略无场屋销落尘滞之气,而其为文无所大戾于绳检,虽间有所

---

① 林光朝撰《艾轩集》卷二《缴奏沈瀛除知梧州词头》,《四库全书》本。

②《宋会要辑稿》职官七一之一六。

③ 中华书局1956年版,第四册,第3193页。

④ 徐小蛮、顾美华点校《直斋书录解题》卷二〇,第605页。

⑤ 曾协撰《云庄集》卷四,《四库全书》本。此文作于绍兴三十年,请参见附录《王质年谱》。

不与，亦以其取名之太多而躐等之太亟，曳裾其后者不能无不平于其心，至数某不肖之迹，则亦不过布衣平时之常态。”（《与汤相书》）王质又云：“滕甫、冯京反以得声而取重于世者也。”（《与汤相书》）可见他当时对此谣言尚未太在意，没想到打击的浪头会一个接着一个。

二、“年少好异论”辨

《宋史》本传引王质《论和战守疏》，接着说：“天子心知质忠，而忌者共谗质年少好异论，遂罢去。”当在隆兴二年（1164）。

王质上《论和战守疏》，主旨乃在会和战守为一，反对无条件议和，于是遭到主和派打击。陆游《送王景文》：“深知万言策，不愧九泉人。”上句指他上疏论抗战事，下句称赞他无愧张浚。张浚是年八月卒于江西余干。王阮有《次陆务观韵寄王景文一首（原注：时张丞相薨）》：“朔风摇楚水，国步益艰辛。往事忽成梦，逆胡何日臣？凡今天下士，皆昔座中人。尚被中原发，烦君与正巾。”[①]既有对国势的忧虑，也有对王质的期望。王质《和陈阜卿》：“自断我当归吊屈。”《留别陈阜卿》：“今我不乐思还乡。”此两诗作于本年归乡途经建康时，可知王质当时尚未罢国子正，只是迫于形势，自己回乡。

《舟中作二首》当作于十二月前后，诗云：

> 昨日到今日，满江常涌波。山川非不好，风浪抑何多。所愧累公等，固知如我何。柁楼无晚照，高卧一长歌。
>
> 昨夜一叶落，秋风江汉波。晶晶红日淡，惨惨素烟多。世事今如此，吾曹可若何。凄凉聊系棹，一和大风歌。

从诗中可见王质当时的处境：“风浪抑何多”、“所愧累公等”，不仅上书不被采纳，还遭到谗言攻击，故而发出世事无可奈何的感叹。

---

① 朱瑞熙、孙家骅校注《义丰文集校注》，第58页。

张孝祥有《和王景文》三首，所和即《舟中作二首》。《和王景文》其二云："大臣谗贾谊，逆旅欠常何。"[①]《汉书·贾谊传》记周勃、灌婴等人攻击贾谊"年少初学，专欲擅权，纷乱诸事"[②]。《旧唐书·马周传》："（马周）西游长安，宿于新丰逆旅，主人唯供诸商贩而不顾待周。"[③]张孝祥用此二典，可见对王质的器重，也透露当时主和派势力对王质的诬陷与打击。将王质比作贾谊、马周，既赞其才华，也指其受诋毁和遭排挤的处境，与《宋史》本传所云"忌者共谗质年少好异论"相合。

三、"言论反复，行若驵侩"辨

《宋会要辑稿》职官七一之一六："（乾道二年七月十一日）诏新授国子正王质放罢，永不得行在差遣，以言者论其为张浚幕属，密疏浚之过，以媚汤思退，思退喜其附己，又畏其倾险，以学官处之，言论反复，行若驵侩，故有是命。"加王质以"言论反复行若驵侩"的罪名。

隆兴二年（1164），王质曾向汤思退求官。《雪山集》卷八《与汤相书》云："某于四月二十八日，尝以札子诉相公，以家贫亲老之状，乞一官职为养。伺候二十七日不得报，乃五月二十五日，再以札子申前恳益切。伺候又二十日，犹不得报。"知王质此信作于该年六月，此前以两封信致汤思退。《与汤相书》又云："群天下之士而教养之于都，其名曰太学，以博士、正、录五七辈，相与董治乎其事，其名曰学官。其人虽未精选，而间亦颇有所择，故金银伏猎稍不至其间。而某骤出草莱，未尝为朝廷试用，虽以舍选进士发身，又乌知其非金银伏猎之流而遽有所求乎？"知王质所求为学官。《与汤相书》云：

① 徐鹏点校《于湖居士文集》卷八，第69页。

②《汉书》卷四八，第八册，第2222页。

③ 中华书局1975年版，第八册，第2612—2613页。

相公渊博超明，岂不孚乎其心而疑乎其形，察乎其实而牵乎其名？犹宛转迟回于此，非相公有所靳吝而不肯予，特欲矫揉顿挫，使知官爵之不易得，而世事之难期也。相公教诲之情甚至，某感服之心甚深。然而相公所以迁延者至再，而某所以哀鸣者至三，相公矫揉顿挫之功不可以有加，而某急切恳迫之辞亦不可以有进。上之不可以有加，而下之不可以有进，其势皆将穷于此。方其未穷也，犹有所待也。至其穷也而不回，而后可以绝望，而无所待。……伏惟相公推天地造化之心，略去其傲僭之罪，而深察其至切之情，度其势之穷而无使其望之绝也，是用刳心沥辞，重足听命。

虽言辞稍嫌失于"乞怜态"，然通观全文，大体还是不卑不亢，措词得体。

《雪山集》卷八《与虞相书》(其一)云："丞相(引者按，指陈俊卿)之书所谓'江淮幕府之契无如公者'是也，又谓'每得公书辄愧见颜面'，此其心不可谓不知惭矣。使某皮焦肉枯，穷天下辛苦之情；心碎胆裂，受人生危辱之极。何冤何负而至于此？异时丞相将何颜以见天下之士？"据其埋怨的语气推测，论罢他的可能是陈俊卿。

王质当时招致非议而罢国子正，后来也因此不断遭到责难。《与虞相书》(其二)云："某之作蜀，视景偷生，杜门避死之不给，矧敢通宰执之讯，以重危疑之嫌哉？相公可以默喻矣。"李流谦《送王景文入制幕二首》其二云："缱绻联名第，飘零共塞垣。自知此事胜，更觉斯文尊。欲别言尤苦，相期意略存。成都万事好，只合近清樽。"[1]送别王质入晁公武幕府，当作于乾道五年正月。可见王质虽远离京城，仍笼罩在流言蜚语之中。有人认为："王质是自己上门，多次主动给汤思退写信求官的。王质此事，也无人非议。"[2]说主动写信求官，是事实；说无人非议，则失于细考。

---

① 《澹斋集》卷五，《四库全书》本。
② 罗敏中《论张孝祥的爱国诗文》，载《中国文学研究》2002年第2期。

张栻《吏部侍郎李公墓铭》云:“御史尹穑附宰相汤思退,以公(引者按,指李浩)故尝为思退所知,欲扳引共挤忠献,于是荐公。及对,乃明示不同之意。思退、穑皆不乐。逾岁,始正除吏部员外郎兼皇子恭王府直讲。其后,宰相召同为郎者四人,欲有所进用,最属意于公,公不发一语。明日,同舍皆迁,公如故。”[①]《宋史·张浚传》云:“思退乃令王之望盛毁守备,以为不可恃;令尹穑论罢督府参议官冯方;又论浚费国不赀。”[②]知当时汤思退确曾有过拉拢、排挤行为,至少此种观点在士大夫中很盛行。汤思退继承秦桧的和金政策,对抗战进行阻挠,但其人并非大奸大恶,就是多次弹劾他的陈俊卿,在私下也承认“思退未有大罪”[③]。

四库馆臣曾有辨析:“观其初受张浚之知,又以汤思退荐为太学正,而《论和战守疏》中排击二人,皆无所假借,此岂放利偷合者所能为欤?”[④]诚如所言,王质并未因汤思退荐为学官而改变政治立场。隆兴二年十二月前后,在一片和议声中,王质毅然上书反对无条件和议。建议既不被采纳,朝中更无容身之地,于是凄然回乡。《留别陈阜卿》云:“一为公歌臣马良,黄尘蔽人声不扬。”《和陈阜卿》云:“自断我当归吊屈。”即是当时上书不被采纳的心情流露。途经采石,不禁作诗:“山川非不好,风浪抑何多”(《舟中作二首》其一)、“萧条苦斗者,挥泪立江边”(《采石道中》)、“不独别离多慨慷,时事关心神转伤”(《留别陈阜卿》),皆为时事伤心。

虽然王质因汤思退举荐而任国子正,但此事不能完全与其人格挂钩。当时有不少人并未因此而贬低他。陆游《送王景文》诗云:“张公遂如此,海内共悲辛。强敌犹遗种,皇天夺老臣。深知万言策,不愧九原人(原注:君近尝奏策)。风雨津亭暮,辞君泪满

① 张栻《南轩集》卷三七,《四库全书》本。

②《宋史》卷三六一,第32册,第11310页。

③ 王瑞来校补《宋宰辅编年录校补》卷一六“绍兴三十一年十二月乙巳”条,第1136页。参考沈松勤《南宋文人与党争》第76页相关论述。

④《雪山集》卷首《提要》,《四库全书》本。

巾。”[1]张孝祥《和王景文》:“斯文到之子,砥柱阅颓波。致主规模别,伤时疢疢多。大臣谗贾谊,逆旅欠常何。无路排阊阖,聊当扣角歌。”[2]两诗都作于隆兴二年十二月前后,都对王质的人格作了高度评价,陆诗从正面肯定其爱国情怀,张诗则从侧面透露其遭谗背景。

王质《论使材二疏》有一段议论,也许可以表明他的立场与看法:

自雍熙、端拱之后,用法愈详而责人愈密。盖其弊至于今有二:一曰记旧恶而不开其新,二曰录其暂失而不责其后效。且天下之士谁能无援而进者?陛下以天下之权付之宰相,凡取予黜陟皆出其手。而今之议者曰,某人故相党也。臣愚不知谁非其党欤?既斥其尤,则其它自可以淬磨洗濯,而与之更始。故臣以为莫若弃其旧而开其新。夫人一辞令之不当,一措置之不审,虽大智有所不免,而何必铢称寸量于其间?铢称寸量则自公卿大夫以下,至于州县之丞尉,其破碎而不全者甚多,而非可以一二数也。故臣以为,莫若略其暂失而责其后效。故夫天下之势,要使轻重两适其平而已。[3]

《论使材二疏》曾收入《朴论》,为王质早年所作,虽还未凝聚坎坷人生的体验,却可以表明他的立场与看法。

四、“王、沈趋张说”辨

周密《齐东野语》卷一一“王沈趋张说”条记载:

张说之为承旨也,朝士多趋之。王质景文、沈瀛子寿始俱

① 钱仲联《剑南诗稿校注》卷一,第一册,第 77 页。
② 徐鹏点校《于湖居士文集》卷八,第 69 页。
③《历代名臣奏议》卷一四五,《四库全书》本。

在学校有声，既而俱立朝，物誉亦归之，相与言："吾侪当以诣说为戒。"众皆闻其说而壮之。已而质潜往说所，甫入客位，而瀛已先在焉，相视愕然。明日喧传，清议鄙之，久皆不安而去。[1]

此事不可信。四库馆臣已有辨析："与史殊相乖剌，考史称虞允文以质鲠亮不回，荐为右正言，时中贵人用事，多畏惮质，阴沮之云云。则质非附势求进者，殆张说等惧其弹劾，反造蜚语。史所谓阴沮之者，正指此事，密不察而误载也。"[2]结论基本正确，只是推测张说等"惧其弹劾反造蜚语"，误。

尽管该传说目的是针对王、沈人格，但张说同样处于不利地位，所谓"吾侪当以诣说为戒"、"众皆闻其说而壮之"、"久皆不安而去"云云，张说在故事中并非光彩形象。对于不依附他的人，张说确曾有"谋中伤"的想法。《宋史·汪澈传》云："张说入枢府，公议不与，寝命，俄复用。说怒士夫不附己，谋中伤之。克家悉力调护，善类赖之。"[3]张说"惧其弹劾"，要阻止王质任言官，尽可采用其他手段，应无将自己作为反面人物来造谣之理。或者以为张说造谣的最初版本是王质、沈瀛干进，至于传言发生改变，张说自己也成了别人嘲弄的对象，则是后来记载过程中加工的事。既然故事的主干是王、沈二人趋附张说，既然干进的对象是张说，说明张说正是招权植党者[4]。这样无异于将自己置于遭人唾弃的前提下，张说怎会如此造谣？张说"畏惮质，阴沮之"，也许实有其事，但当时反对任用张说的大有其人，无论官职比王质高的，还是言辞激烈的，皆有多人，如刘珙、张栻、李处全、范成大、李衡、王希吕、莫

① 张茂鹏点校《齐东野语》，第 205 页。
②《雪山集》卷首，《四库全书》本。
③《宋史》卷三八四，第 11815 页。
④ 事实也是这样："当时士大夫少有不游曾（觌）、龙（大渊）、张（张说、张抡、张去非及其弟去为）、徐（本中）之门者。"（张端义《贵耳集》卷下）

济等。

《宋史·王质传》云:“(虞)允文当国,孝宗命拟进谏官,允文以质鲠亮不回,且文学推重于时,可右正言。时中贵人用事,多畏惮质,阴沮之,出通判荆南府。”《宋史·虞允文传》:“上命选谏官,允文以李彦颖、林光朝、王质对,三人皆鲠亮,又以文学推重于时,故荐之,久不报。曾觌荐一人,赐第,擢谏议大夫。允文、克家争之,不从。允文力求去,授少保武安军节度使四川宣抚使,进封雍国公。”①乾道八年九月,虞允文宣抚四川,其荐王质当在此前。“阴沮之”的“中贵人”,当是曾觌。馆臣将此事与张说弥缝捏合,难免牵强之嫌。

但《齐东野语》的记载颇有影响,人多信之。今考王质不可能趋附张说,理由如下:

一、沈瀛官称不符。《贵耳集》云:“孝庙欲除张说签书枢密事,在廷诸儒力争。孝庙一日盛怒,与周益公言:朕将用花臂膊者为枢密使。益公答云:臣敢为天下倡。秘书省正字沈瀛当轮对,一奏札荐张说,反不称旨,即自免。周益公后至宰辅,沈正字止如此,识见浅深,亦足以卜前程远近。”②王可喜、王兆鹏《南宋词人沈瀛、李处全生平考略》云:“宋陈骙《南宋馆阁录》卷八详细记载有乾道年间任秘书省正字的名单,其中并无沈瀛。也许是张端义误记,或是《南宋馆阁录》漏记。而张端义误记的可能性更大,因为《南宋馆阁录》是据当时任职官员题名著录,一般不会有遗漏。”③沈瀛任秘书省正字一职都有问题,至于荐张说,就更有疑问了。“一奏札荐张说,反不称旨”的说法,与史实不符,孝宗宠幸近习是公开的事实,荐张说怎会“反不称旨”?

二、王质、沈瀛与张说同时在朝的时间不符。据王质《〈退文〉序》,乾道三年(1167)闰七月随虞允文至蜀,六年八月尚在兴国军,

---

①《宋史》卷三八三,第 11799 页。

② 张端义《贵耳集》卷中,《宋元笔记小说大观》第四册,第 4284 页。

③ 王可喜、王兆鹏《南宋词人沈瀛、李处全生平考略》,《文史》2006 年第 1 辑。

此期间未至朝廷。沈瀛乾道元年至三年任太平州教授，乾道六年任常州教授，乾道三年至六年仕宦不清楚[1]。但可以肯定，乾道初至乾道七年，王质并未与沈瀛同时在朝，趋附张说之事也就不可能发生。

三、张说官称不符。既然王质、沈瀛趋附张说，则时间必在张说朝中为官时。考张说为承旨时间，《宋史》云："都承旨：乾道初再用武臣自张说。"[2]《宋史·孝宗纪》："（乾道七年三月己卯）以明州观察使知阁门事兼枢密都承旨张说签书枢密院事。"[3]《宋史·张说传》："说受父任为右职，娶寿圣皇后女弟，由是累迁知阁门事。隆兴初兼枢密副都承旨。乾道初为都承旨，加明州观察使。七年三月，除签书枢密院事。"[4]乾道七年三月始除签书枢密院事，则张说为都承旨是乾道初至乾道七年，这期间王质、沈瀛并未同时在朝。王质与沈瀛同时在朝任枢密院编修，自乾道八年（1172）至淳熙元年（1174），而乾道七年后张说未再任承旨一职。乾道七年三月，张说除签书枢密院事，同月罢为安庆军节度使，提举万寿观。乾道八年二月复为签书枢密院事，九年正月同知枢密院事。淳熙元年八月罢为太尉，提举隆兴府玉隆观。《齐东野语》虽可补正史之阙，但所记多为传闻，不可靠之处亦复不少。如卷一云："淳熙中，张说颇用事，为都承旨。"与史实明显不符。

四、张说签书枢密院事，王质曾强烈反对。乾道七年三月，张说签书枢密院事，多人因反对而离朝，如张栻出知袁州、范成大出帅静江府等。《雪山集》卷五《〈退文〉序》云："岁辛卯三触祸。"知王质此年"触祸"离朝，时间当在三、四月。《雪山集》卷八《与李处全殿院书》云："某抱影荒寒，绝意休显，好不必己出，殿院能不负所学，以济斯民，在晋犹在楚也。"勉励李处全"不负所学，以济斯民"，

---

① 王可喜、王兆鹏《南宋词人沈瀛、李处全生平考略》，《文史》2006 年第 1 辑。

②《宋史》卷一六二，第 12 册，第 3801 页。

③《宋史》卷三四，第 3 册，第 651 页。

④《宋史》卷四七〇，第 39 册，第 13692 页。

盖因张说而发。据“某抱影荒寒，绝意休显”，王质此时当已去官。《与李处全殿院书》又云：“近者发运之事，似闻正衙露章甚切，既朝廷讲解乃已，其事微损，而其章卒不出。”《宋史·孝宗纪》：“（乾道六年十二月）癸酉，罢发运司。”[1]可证《与李处全殿院书》作于乾道七年。

《宋史·孝宗纪》载：“（乾道七年三月丙戌）殿中侍御史李处全乞遣张说按行边戍，以息众论。中书舍人范成大乞不草词。戊子，说罢为安庆军节度使提举万寿观。”[2]正义最终战胜了邪恶。众论难息的背后，有王质正义感所起的作用在。《与李处全殿院书》语言激烈，词气激愤，对“君子小人易位”的现象扼腕痛恨，劝李处全不要放过，“开小人所窥之路”（《与李处全殿院书》）。对李处全以意气相期，以道义相求，当非势利求合的小人。

五、“轻儇狡险”、“惟知干进”辨

《宋会要辑稿》职官七二之一七：“（淳熙四年）三月二十三日，新知梧州沈瀛罢新任，以臣僚言瀛昨为枢密院编修朋附干进故也。”言者为林光朝，他的《缴奏沈瀛除知梧州词头》云：“（淳熙四年）三月二十一日，三省同奉圣旨，沈瀛差知梧州替张积躬。臣窃见沈瀛昨为枢密院编修官，懦而无立，惟知干进，为王质所摇动，王质唱之，沈瀛从而和之，此亦公论之所不容。前日沈瀛无故复来，见者切齿，谓如此等人，幸而得祠禄，闭门自讼，岂应更求进？今若与之州郡，何以示劝惩？沈瀛得郡，则王质之轻儇狡险，且将攀缘而至矣。臣恐公论自此不立，为害甚大。欲乞睿断将沈瀛差知梧州指挥特赐寝罢，以为浮躁不知耻者之戒，所有录黄，臣未敢书行。”[3]淳熙四年是公元 1177 年。

王可喜、王兆鹏《南宋词人沈瀛、李处全生平考略》引林光朝此

---

① 《宋史》卷三四，第 3 册，第 650 页。

② 《宋史》卷三四，第 3 册，第 651 页。

③ 林光朝撰《艾轩集》卷二，《四库全书》本。

文后，认为《雪山集》提要“所辨甚确”，并分析林光朝弹劾沈瀛的原因：“可见，沈瀛知梧州放罢实为权力斗争的结果。”今细味林光朝所云，奏罢沈瀛的目的其实在于王质，“沈瀛得郡，则王质之轻儇狡险，且将攀缘而至矣”云云，意图甚为明显。他说王质“惟知干进”、“轻儇狡险”、“浮躁不知耻者”，未提供具体事例，可能为个人之间恩怨。

考王质的几次干谒经历，除隆兴二年向汤思退求官外，尚有乾道六年向虞允文求官、淳熙六年向赵雄求官。淳熙六年向赵雄求官而作《与赵丞相书》，那是后话，姑且不谈。且看《雪山集》卷八《与虞相书》（其一）：

> 某省罢，固法之所优，而同列已各有处，又以例之所当得者，愿以此移之于亲，惟相公哀之。祖宗之朝有乞以己官予父者，有司以法而格，祖宗以情而从，著在昭陵之录，可覆视也。伏望相公考祖宗之宪，推父子之情，且念某既不能立身行道以显亲，又不能腼容就录以养亲，将无所容于天地之间矣！相公傥从此请，则某虽死之日，犹生之年，虽不仕犹仕也。窃度相公之心，亦未能于某忘怀，或有耿焉。故岁所赐诲言，所谓如坐针毡之上者，意可知也。是举可以释相公之恨，而满某之愿，今而后相公可以恝然，而某无所望矣。某宦情既销，归志已决，山林之士固不当与宰物者相通，此刘器之所以绝书于司马文正，而文正重之者也。然不及己而及亲，虽私犹公也，相公虽携而白之上，出而示之朝，议者亦无以罪某矣。

《雪山集》卷八《与虞相书》（其二）云：

> 愿相公勿以于我有毁誉而为去取，则天下之贤归心矣。今某乃独以龃龉而不能有所开拓，取人主之轻，受天下之责，则相公可不辟至公之路，开众正之门，上广天子搜揽贤豪之心，下恢士大夫驰骛当世之气哉？某此生永已，无路报恩。惟

望相公以道事君，以德泽民，以公纳士，以正保身。若乃势位极乎钧鼎，勋业溢乎旂常，此自所当有而未足道者也，不敢摭以为献云。

此两书虽不无自我标榜，但言辞之间有乞怜意而无乞怜态，且是为父乞官，披上一层外衣，多少掩盖了一些单纯歌颂的成分。有不少文字还是动之以情，写来也较感人。其中以“辟至公之路，开众正之门”相期，可见并非一味摇尾乞怜者，与依草附木、攀援门户者有所不同。

王质“近于自鬻”的诗文也有不少，如《雪山集》卷八《与虞宣机书》：

某于恩门委身投诚，如须弥山，永无退转，如恒河沙，永无穷竭。于是，恩门于某，未知肯与一指头禅、三顿棒法否？若谓果然，则“野水无人渡，孤舟空自横”，又未知其说也。老子问于常枞曰：“何以教我？”常枞曰：“过故乡而下车，子知之乎？”“非谓其不忘故耶？”常枞曰：“是已。”人情远则疏，疏则忘。今某远矣，疏矣，愿毋相忘而已。

其中引“野水无人渡，孤舟空自横”，联系下文“毋相忘”，可知是在自我推荐。王十朋《寇忠愍公巴东祠记》：“诗言志，非谓其必出于作者之手而后见其志也，后之人有取于古诗一章一句而赋咏之，亦足以见焉。国朝太平兴国中，寇莱公为巴东令，有‘野水无人渡，孤舟尽日横’之句，识者知其必大用。然世知诵公诗，而不知是诗本出于韦应物，公取其七字析而增之。应物虽能道是语，而官止郡刺史，不见于施设，殆不过为诗人之诗而已。及公取而用之，则果能舟楫巨川，是岂后人因其已试之效而为是附会之说耶？”[1]知韦应物这两句诗经寇准引用后流传甚广，影响很大，或者已经成为官运

①《王十朋全集》，第951页。

亨通的代指语,也未可知。王质诗文中多次出现类似诗意,如"元戎十乘公先启,野渡孤舟我自横"(《余过荆州张安国已请祠先行》)、"某随缘林下,绝意世间。野渡舟横,屈指数济江之日;公家事了,放怀为同社之游"(《回李知录启》)。但我们同时也应注意到,虞宣机(虞允文之子)、张安国(孝祥)以及李知录并非达官贵人,与其看作汲汲求进,不如看作朋友交情。

细观以上各封书信,或为父求官,或畅叙友情,其中虽有谀颂过当的言辞,似亦不能据以定为"惟知干进"、"轻儇狡险"、"浮躁不知耻者"。王质诗文中表达洁身自好、自甘贫贱志趣的例证也很多,如"尚书击鼓群龙趋,我岂不解吹笙竽"(《送施丙卿》)、"吾生一饱足已矣,岂复过意求膏腴"(《又次韵》)[①]、"平生不能曲随簧鼓,以唇吻为公论;旁联钩锁,以党援为良朋"(《与周枢密益公书》)。其《论举能疏》更云:"进退之势初未尝均,非法之有弊也,法为人所胜也;非人之能胜法也,人为情所胜也。"并列举"应副"、"准备"、"换易"、"酬劳"四弊,提出制私情的策略,可见王质反对干进的思想。周必大云:"近者王景文起倅庐陵,尝为丞相言朝廷无弃才之理,使诚有过,犹当计岁月乘除之,况本无过乎?"[②]他冒着丢官的风险而进言,也可证王质言行的一致。

六、"陵铄辱骂"辨

《宋会要辑稿》职官七二之四二:"(淳熙十二年)七月八日,主管成都府玉局观王质特降一官。质寄居兴国军,永兴县知县赵伯彬诉质陵铄辱骂,乞寻医回避。至是,帅臣备奏上之,故有是命。"云王质"陵铄辱骂"。王阮《〈雪山集〉序》亦有说明:"亦以是数致言者,而景文退居其里矣。守郡者亦其学校旧怨,中以流言,孝宗皇帝盛明,即疑佳士不应有此,而景文之冤不辩而自

①《全宋诗》第46册,第28818页。
②《文忠集》卷一九三《沈编修瀛》,《四库全书》本。

直。”[①]王阮所言“景文之冤不辩而自直”，与《宋会要辑稿》所记不符，当有所讳避。

差不多同时，周必大对王质评价颇高：“读名章俊语，愿结交之日久矣。”又云：“忽奉缄书，辞源如翻三峡之浪，快读殆不能去手，何感如之！何慰如之！”[②]此文作于淳熙十二年春。《雪山集》卷八《与周枢密益公书》云：“既老且衰，卒有不胜洒扫之职，不得谢一语之恩于数仞之下，生有余辜，死有遗恨，是以言此。”知此年王质始得宫观，且因周必大之荐举。如果人品有污，其文章怎会得到如此高的评价？周必大又怎会荐举其得祠禄官？

七、“不敬父母”辨

《朱子语类》记载：“王质不敬其父母，曰：‘自有物无始以来，自家是换了几个父母了。’其不孝莫大于是，以此知佛法之无父，其祸乃至于此。使更有几个如王质，则虽杀其父母，亦以为常。”[③]朱熹与王质未曾谋面。王质《赠黄君》云：“君见雪山谭晦庵，晦庵南北隔山川。”自注：“黄君来过，谈士大夫甲乙及晦庵为详。所从之游者如此，不凡可卜也。”[④]既云“不凡可卜”，应未见面。王质对朱熹评价很高：“有命归来如二老，不然隐去自三贤。晦庵今年登五十，鬓华未改目光力。徘徊吴楚已多年，晦庵不急苍生急。君行车马衣冠衢，亦有晦庵相似无。君臣庆会第一格，晦庵何日何时须。横渠虽没尚可作，平生此事喜商略。君当长跪问横渠，子细平章句教错。”（《赠黄君》）诗中对朱熹迟迟不愿出山略有微词，当不致构成嫌隙。朱熹论及王质不孝，当是听信传言。

从朱熹的话可知，对王质不利的言论已经扩大影响，不再仅仅

---

①《雪山集》卷首，《四库全书》本。

②《文忠集》卷一八七《王景文》，《四库全书》本。

③《朱子语类》卷一二六，第八册，第3034—3035页。北宋及以前有多人名为王质，未见有不敬父母言论的记载，细揣文意，当指同时代的王质。

④《全宋诗》第46册，第28820页。

限于仕宦经历中的几次论罢。就可考知的材料看，理学家或与理学家交往密切者，有不少人对王质有过非议，如陈俊卿、林光朝、朱熹、吕祖谦。陈俊卿可能因王质向汤思退求官而弹劾他；林光朝所论并未明言事实证据，可能是个人间恩怨。王质与吕祖谦有过交往，曾云："言语淡而雅，则有吕公伯恭。"(《与周枢密益公书》)而吕祖谦对王质也最为宽容："沈子寿缴章乃谦之第一义，折其萌芽，亦不为无益也。"[①]"沈子寿缴章"指林光朝《缴奏沈瀛除知梧州词头》，林光朝字谦之，沈瀛字子寿。云"折其萌芽"，固然因为吕祖谦为人谦和，也可能在吕祖谦看来尚未有"轻儇狡险"等既成事实。可见道学家对王质的非议，并不仅仅是党争的表现，还可能有个人恩怨或传闻等因素。

王十朋《次韵王景文赠行四绝》诗曾为王质辩护："孝子忠臣公论在，送行诗似少陵章。"[②]既为其辩云"公论在"，可见曾有"不忠不孝"之诬。王十朋乾道元年(1165)赴夔州任经兴国军时作此诗，表明王质虽蒙受不孝之恶名，但公论还是向着他的。王十朋《题怀坡阁赠王景文国正》对王质期许甚高："自是玉堂挥翰手，不应此处久怀坡。"[③]

八、余论

当时质疑王质人格的，除以上几次，尚有未能详考者。据《雪山集》卷五《〈退文〉序》，还有"岁乙未得罪"，已无法确知言者所论的具体内容。

王阮《〈雪山集〉序》云：

> 惟庐陵欧阳公序苏子美集，有曰：斯文金玉也，弃掷埋没，粪土不能蚀，必有收而宝之于后世者。又谓子美摈斥摧挫之

---

①《东莱别集》卷一〇《答潘叔度》，《四库全书》本。

②《王十朋全集》，第337页。

③《王十朋全集》，第336页。

时，文章已自行于天下，虽其怨家仇人尝出力挤之死地者，至其文章则不能少毁而掩蔽之。而后山先生赞刘道原，亦谓当道原时，识与不识，相随诋之，如复仇施，其逝未几，念慕歌咏，恨其生之晚，以为前私而后公。又曰：孰屈不伸，有亡有存，有一其得，曷较后前。噫！景文得之矣。①

以为王质像苏舜钦、刘道原一样，在世时屡遭摈挫，死后“其文章则不能少毁而掩蔽之”，高度评价的同时，也表明王质所受打击还是比较严厉的。

王质所处时代，论罢某人，常极言其罪大恶极，这是时代风气使然。王质受到多次论罢，也是正常现象。不过，后代读者往往据以品评其人格，容易造成对历史人物的误解。如《宋稗类钞》卷五引《齐东野语》的记载，并评云：“然则士何贵于文藻宦声也。”②也有人据《齐东野语》对王质人格进行评议：“最可鄙的，是那种表面上豪情万丈骨子里却龌龊不堪的人。张说当权的时候，王质和沈瀛很看不惯朝士们的媚态。这两位是名流，当学者的时候已经名气在外，‘既而俱立朝，物誉亦归之’。二人相互勉励曰：‘吾侪当以诣（张）说为戒。’他们依附他们的，我们两个要把握好自己。‘众皆闻其说而壮之’，很感钦佩。然而没过多久，王质就偷偷地溜进了张说的家，刚要落座，发现沈瀛已经先来了。二人‘相视愕然’，弄了个大眼瞪小眼。”③

王质多次受到论罢，究其原因，主要有：一、政治斗争的影响。王质无党派意识，既投主战派张浚幕府，又投汤思退之门而遭主战派弹劾，已详见上论。另一主和者尹穑，王质也与其交游，甚至对其评价颇高：“言语严而健，则有尹公少稷。”（《与周枢密益公书》）对此，似不能苛求古人，大诗人陆游也与尹穑关系较

① 《雪山集》卷首，《四库全书》本。

② 潘永因编《宋稗类钞》卷五，《四库全书》本。

③ 田东江《“平生要识琼崖面”》，《南方日报》2000 年 6 月 12 日。

近,而王质在主战立场上同陆游一样毫不妥协。和战之争以外,近习主政对王质影响尤大。王质一直反对近幸,隆兴间龙大渊知阁门事、曾觌同知阁门事,乾道间张说签书枢密院事,他都持反对意见,因此受到近幸排挤也有可能。《宋史·王质传》云:“允文当国,孝宗命拟进谏官,允文以质鲠亮不回,且文学推重于时,可右正言。时中贵人用事,多畏惮质,阴沮之。”即是一例。诚如于北山所言:“诸人均系孝宗亲信,手握实权,暗操政柄。依附者立登要近,反对者永斥班行。”[①]二、个人恩怨。如“道学派”林光朝非议,永兴知县赵伯彬投诉,可能是因才高性傲受忌。王质耿介的性格、好议论的作风是招致谗毁的重要原因。王质曾说:“平生不能曲随簧鼓,以唇吻为公论;旁联钩锁,以党援为良朋。以为男子不能自立门庭而依人藩篱,不能自守魂魄而附野草木。每见古人特立独行、不为路人移转脚根者,明目张胆慕之”,“平时闭门却扫,佛来不著,祖来推出,虽未为息交绝游,然宾朋亦稀轮鞅,亦寡书疏,不能为苛谨。礼重必简,情真必切,如是而已。故人以某为轻物。”(《与周枢密益公书》)这种性格必然招致权幸的畏惮仇恨,也容易得罪人,可能无形中增加一些冤家,如早期不愿往见权贵而罢召试馆职。王质太学时已形成好议论、善议论的性格,这可能受其父辈影响,如“君玉(引者按,王质叔父)资豪爽,妙言语,不屑措意生理”(《东平王君锡墓志铭》),“(家君)居家临官,介然自守,其勤畏廉纯异常”(《与虞相书》其二),受之于父辈们的这种介然自守、豪爽好议论的性格,后来表现在为官时,就是嫉恶如仇、视同水火。周必大云:“近者王景文起倅庐陵,尝为丞相言朝廷无弃才之理,使诚有过,犹当计岁月乘除之,况本无过乎?”[②]就是因耿直敢言获罪的一例。使他官场屡遭挫折,使人认为他无行,乃至以众恶归之,这一切不能说与其耿介的个性无关。

---

① 于北山《陆游年谱》之《再版后记》第七条,第648页。

②《文忠集》卷一九三《沈编修瀛》,《四库全书》本。

但王质也非常重视个人的道德修养，以气节自高。他说："道德贵崇，卑则寖微。"(《沈氏胜栖堂记》)无论出世还是入世，他未尝改变自己的操守。王质曾悲他人之不得世用，"道与位相依，有道而无位，则不堪其悲"，"生民赖贤以济，有贤于此而厄穷，使利泽不见于世，则为世悲"(《柴君益深哀辞》)，实则亦悲自己命运。王质又云："昔者赵广汉以击断死，盖宽饶以亢直诛，李德裕、郭崇韬以果敢毙，裕于才者凶其家，足于能者殃其身，不亦悲乎！优哉游哉，聊以卒岁，此不亦无咎无忧，康宁而考终命耶？然立志之大，不以彼而易此者，不肯自欺其心也。"(《王仲说哀辞》)又云："虽进退岂不在己，但当师心以行。"(《贺晁侍郎敷文阁直学士启》)表明出仕退居皆出于任真自适，不勉强自己的性情。他对自己的操守也非常自信："尝于杭州遇异人焉，以为可与语也，予问其故，曰：'世人委顺流靡者，最害于道。何者？见物则迁，中无定操也。子刚猛而果锐，有所不为，世外之欲鲜焉，其庶几乎！'兹龙之出，岂不以吾偶有自脱于世尘而近道也？"(《玉渊龙记》)宣称"自脱于世尘而近道"，其自信可见。这正如陆游《上辛给事书》所云："人之邪正，至观其文，则尽矣决矣，不可复隐矣。"①

王质所交游者多为爱国志士或持身守正的学者，著名的如张浚、张栻父子，张祁、张孝祥父子，还有虞允文、晁公武、王阮、陈从古、沈长卿、李流谦、李石、曾协等。其中，沈长卿"尝与李光启云：'缙绅竞守和亲，甘出娄钦之下策，夷狄难以结信，孰虞吐蕃之绐盟，与其竭四海以奉豺狼之欢，何至辱万乘而下穹庐之拜？'秦桧恶之，又与芮烨同赋牡丹诗，有'宁令汉社稷，变作莽乾坤'之句，为邻舍人所告，以为讥讪"②，可知是富有爱国激情的正义人士。至于李石，"赵雄，其乡人也，骤贵，石以晚辈视之，不与通书，久之，起守眉州，除成都路转运判官，十日而罢。赵雄秉政，石遂不复出"③，也是不愿曲阿附势之人。王质早年交往者中有一沈继祖，后曾攻

① 《陆游集》第五册，第 2087 页。
② 陆心源辑《宋史翼》卷一一，第 120 页。
③ 《宋史翼》卷二八，第 302 页。

击道学,卖身求荣,但那是王质死后的事了。况且沈继祖其人“值得表彰之处很多。其中最为突出的,是反对和议,积极主张恢复”①。《雪山集》卷七《张氏和政堂记》云:“识有显晦,趋有邪正,则父祖所陶,师友所渐,风俗所染,又皆得而移之。”从王质所交往的人物也能看出其性格渊源有自。

王质身后也受到不少赞誉,可谓盖棺论定。如杨万里《宋故左丞相节度使雍国公赠太师谥忠肃虞公神道碑》:“及(虞允文)为相,首用胡铨、张震、洪适、梁克家、留正、郑闻、周执羔、王希吕、韩元吉、林光朝、林抚、丘崈、晁公武、吕祖谦、张珖、杨甲、王质、辛弃疾、汤邦彦、王之奇、尤袤、王佐、王公衮,又用吕原明、司马康故事荐张栻入经筵,又荐布衣李垕制科,一时得人之盛,廪廪有庆历、元祐之风。”②岳珂《桯史》云:“自唐白乐天始为《何处难忘酒》诗,其后诗人多效之,独近世王景文质所作,隽放豪逸,如其为人。”③都肯定王质的为人。

廓清历史的迷雾,可知王质人格未有污点,当时与其交往者皆交口称赞,即是有力的证据。而议其人格者,既有近习相谤、个人恩怨等情况,也多有听信传言的因素。王质一生的行为也印证了他言行一致的人格,表明了自己的清白。那些诽谤和流言,虽使他“精神丧于言语之风波”(《贺晁侍郎敷文阁直学士启》),却不应使历史长久地蒙上灰尘。

第四节　文学思想

王质无专门论文学的著作,其文学思想散见于《雪山集》、《诗

---

①《孔凡礼古典文学论集》,第 83 页。

② 见《诚斋集》卷一二〇。该文云:“诸孤以某年月日葬公于其所,后二十八年不远八千里,遣一介行李来庐陵请铭。”知作于王质死后。

③ 吴企明点校《桯史》卷五“何处难忘酒”条,第 57 页。

总闻》、《绍陶录》及其他零散篇章中，如吉光片羽，弥足珍贵。有些文学思想对后代有一定影响，如“文章之根本皆在六经”及《〈于湖集〉序》中关于文体学的观点等[①]。我们结合王质的文学创作实际，对其文学思想作一梳理。

王质的文学思想，主要体现在如下几方面：

一、文学的本质论

王质自幼受到较好的教育。《〈退文〉序》云：“王子少而为学问文章，年十有六而贡于里。”由于史料欠缺，其自幼所学何书已不能确考，但可以肯定，他的家族有一定文化修养。他曾云：“王氏去山东，来江南，自甲叔君玉发科，始更为儒家。”（《东平王君锡墓志铭》）又云：“家君好学守道，廉介勤畏”（《与虞相书》其一），“家君好古专经，老犹不倦。”（《与虞相书》其二）王质父亲所好之“经”，应是儒家经典。父辈们的儒家传统当会给王质以不小的影响，最明显的就是《诗总闻》的撰写。《〈诗总闻〉自序》云：“予研精覃思于此，几三十年。”又云：“庚寅（1170）再入蜀至梁……又十八年，自度可书，乃书。”[②]自序当作于淳熙十五年（1188），知王质入太学即研究《诗经》。陈振孙《直斋书录解题》亦云：“（王）质游太学，治《诗》有声。”[③]既然太学期间（1157—1160）已经“治《诗》有声”，如果不是从小受到良好的文化熏陶，则很难想象。

王质曾入程颐再传弟子、爱国将领张浚的幕府。交契较深的如张孝祥、王阮、虞允文、晁公武等，都是富有爱国情感的志士或重臣。故而王质立身行事以儒家理想人格为准绳，有较高的社会责任感和使命感。因仕途屡经挫折，又因宋代好道之风甚浓，他也接受道教一定影响。“中国的文学思潮以儒道两家为主，儒家注重文

---

① 王质《〈于湖集〉序》中将文章分为叙事、论谏、谕众、析理四种，真德秀《文章正宗纲目》分为辞命、议论、叙事、诗赋四种。

② 陆心源撰《皕宋楼藏书志》卷五“诗类”，第 52 页。

③ 徐小蛮、顾美华点校《直斋书录解题》，第 605 页。

学的社会功能，道家注重文学的审美价值”[①]。因此，他比较全面地继承了儒家关于文学本质的一些观点，同时又不忽视文学本身的审美性。

王质入朝为官时间很短，多次受打击，多次入幕府，可谓一生坎壈。不幸的人生遭遇，为他提供了巨大的创作动力。今存《诗总闻》、《绍陶录》成书于晚年，可考知作于晚年的还有佚著《正法世谱》、《辍耕子世系谱》、《夷坚别志》及研究《周易》的著作等，其中《绍陶录》主要是诗歌，《夷坚别志》是小说，知其晚年学术研究与诗文创作都很可观。从另一意义上说，王质赢得了人生的成功，尽管这些著述大多不存。但王质的本意并非在此，他是在报国无门的情况下才转向文学与学术的。姜夔所说“文章信美知何用，漫赢得、天涯羁旅”(《玲珑四犯·越中岁暮闻箫鼓感怀》)，也许正道出了王质内心深处难言的失落。

《〈于湖集〉序》比较完整地记载了王质关于文学本质的见解：

往会于荆州之杞梓堂，公(引者按，指张孝祥)曰：“世之文，秦降于三代，汉降于秦，唐又降焉，何也?”某曰：“文章非人之所为，天地之气发露而为英华，而人随其浅深能否得之。世运风俗，转移迁流，愈降而愈薄，此可以观气之盈亏。自混沦以前，其略见于释氏之《长含经》；而开辟以后，其详见于邵氏之《皇极经世》。此文章所以有高下，而亦奚独文章也？司马子长、班孟坚，世以为匹，观张骞之赞子长、孟坚增损之语，可以见人情之广狭。枚乘汉之劣，而柳子厚雄于唐者也。观乘之《七发》与子厚之《八问》，可以见物态之厚薄。顾第弗深考。”

公益叩曰：“然则何如?”某曰：“世之风俗与天地之气，俱为消息盈虚，而吾之心未尝有所亏盈也。自三代而降，《中庸》、《大学》之旨不传，而危微精一之学遂废。世徒以智力精

① 袁行霈主编《中国文学史》第一卷，第13页。

神与万物相抗，而夺其情状为吾之文章。不知吾之智力精神，与气运风俗同流，而我弗能制也。若是，何怪？道愈降，文益衰。夫惟至诚不息之功全，而克己复礼之力厚，自为主宰，不为气运风俗所迁。吾之智力精神返，而与泰定之光相合，不随古今之变，而常新无穷，则三代之文章居然可致也。林间之夫，汉上之女，与今之学士大夫，其贤愚工拙宜至相绝矣。而《兔罝》、《汉广》之声，非后世可吐。此惟其有莫不好德之心，故其音纯；有无思犯礼之念，故其音正。世溺于势利声名，而方寸之地为万物往来驰骋之涂，蹂践吾之精灵，其力至浅鲜矣。叙事而有《大禹》、《皋陶》、《益稷》之谟，论谏而有《说命》、《旅獒》、《立政》之书，谕众而有《梓材》、《多方》之训，析理而有《洪范》之文。此非可以取必于其辞，而其存诸中者，如玉在石、珠在渊，温纯明湛之辉，因物显容，而自莫知。此天下之至文也。"①

认为文学是世运风俗所关，故而作家应"自为主宰，不为气运风俗所迁"，"不随古今之变，而常新无穷"，"其存诸中者，如玉在石，珠在渊，温纯明湛之辉，因物显容，而自莫知"。其实，这是继承韩愈以来的文道观。韩愈《答李翊书》云："行之乎仁义之途，游之乎诗书之源。"又云："根之茂者其实遂，膏之沃者其光烨。"欧阳修也云："大抵道胜者文不难而自至也。"(《答吴充秀才书》)苏轼也有类似表述："山川之有云，草木之有华实，充满勃郁，而见于外，夫虽欲无有，其可得耶？自少闻家君之论文，以为古之圣人有所不能自已而作者。故轼与弟辙为文至多，而未尝敢有作文之意。"(《南行前集叙》)只有道德修养深厚，发乎文章，才能应用无穷。

传统儒家的文学观点重事功、重教化、重实用，强调文学的社会功能。王质关心社会现实，具有强烈的社会责任感和使命感。《雪山集》卷七《兴国军大冶县学记》通过大冶县令潘子韶之口表达

① 《雪山集》卷五《〈于湖集〉序》，《四库全书》本。

了这样的观点:“学也者,为国养才,非虚拘夫士也。士也者,为国养德,非空廪夫官也。德足矣,位及之,所以训治汝等既富且良,而为美俗也”,“学也者,非徒其文也,学之本在道。士也者,非徒其貌也,士之实在心。所以推之治国平天下,惟公所学是资也。”体现了经世致用思想。

因此,他认为文学创作既要歌颂大贤大美、社稷大事,更要对政治黑暗、世风浇薄等社会问题进行揭露。许总认为:“宋人大多不是在穷愁中倚借诗的抚慰,而是努力在政治上寻求诗的价值。”[①]王质也是如此。《倦寻芳·试墨》词云:“第一君门通表,书囊谏草。第二文章扬事业,第三编简摅怀抱。”“君门通表,书囊谏草”最被王质看重,正是事功思想的体现,因而“摅怀抱”的文学被排在第三位。《雪山集》卷六《汪参政生祠堂记》云:“以告其客汶阳王质,求文以列实。质不敢辞,不独以彰天子之圣,著公之贤,凡志士仁人,皆可以动心焉。”以天下之人“动心”为终极指归,可见其心目中文学是要有为而作。卷九《贺晁侍郎敷文阁直学士启》云:“把命珪,兼相印,胡可无桃林贺捷之诗;蹑区落,焚龙庭,胡可无燕然勒功之颂。自量不敏,未敢轻辞。”自觉地以收复山河、庆功贺捷的文学创作自任。

王质不随波逐流,具有独立不迁、自拔流俗的棱棱气骨。他曾自称著《夷坚别志》“不为无补于世”[②]。《夷坚别志》自序曰:“丑而不欲著姓名者婉见之,如夷坚碓梦之类是也;丑而姓名不可不著者显揭之,如夷坚人牛之类是也。”[③]可见其用世之心。乾道七年(1171),近习张说签书枢密院事,王质致书友人李处全,勉之以大义:“某与殿院陈义定交,非苟然者,平时无所可为,或放怀写意于诗酒之间。今殿院立于国家命脉、生民咽喉之上,当以道相与,以义相律,非泛舟焦山、凭栏需亭无与于世者之时也。某抱影荒寒,

① 许总著《宋诗史》,第107页。

②《文献通考》卷二一七,第二册,第1771页。

③《文献通考》卷二一七,第二册,第1771页。

绝意休显，好不必己出，殿院能不负所学，以济斯民，在晋犹在楚也。”（《与李处全殿院书》）以国家生民为念，并提出“不负所学，以济斯民”的口号。

重视文学的社会功用之外，王质也非常强调文学的自我抒情的功能。他说：“余之本趣，资物态以陶己灵而已”，“鸢飞戾天，鱼跃于渊，此虽无补于世，亦岂无益于己也？”（《〈云韬堂楚辞〉后序》）《和陶渊明归去来辞》自序云：“居闲，无以自娱，随意属辞，姑陶写而已。”通过自然万物抒写自我情怀，通过文学创作安顿心灵，这是王质后期文学思想发展的趋向。晚年咏物之作《绍陶录》，正是这种思想的体现。

二、文学的创作论

文学创作过程是创作主体能动地反映现实世界的过程。文学创作是微妙的，有时能产生强烈的创作冲动，甚至产生创作灵感。作家过去的经历，创作时的身心状况，所受的心理激发，都可能对创作产生很大影响。

王质已经注意到创作动机的重要性。他特别强调作家的积累、兴趣和创作欲望。“平生嗜古过于嗜刍豢，好书甚于好颜色，才遇得意，忘饥忘渴，而身世兼忘。或经月，或经年，亦有经月经年不事此者”（《与周枢密益公书》）。经年累月沉浸于书本之中，有了大量积累，正是创作不衰的原因之一。“平日诗从天外得，只今天外总无诗”（《和李无变求诗》）。心情的好坏会直接影响创作。他说：“某又有狂病，平生耽江山，悦林泉，有意无传，则寄夫山水之乡。常绕湖百匝，自卷雪至灵仙，一夕而成百咏。尝榜江千里，自兴国至池阳，顺流而不知。”（《与周枢密益公书》）这种近似迷狂的创作状态，王质称为“狂病”，正是创作动机形成、创作欲望旺盛的时期，如果不能抓住，则转瞬即逝。

王质自己的创作过程常常出现创作灵感，如他自云“平日诗从天外得”。《贵耳集》记载：“一日试《文帝道德为丽论》，终日阁笔，欲袖卷出。方拟议间，忽有人曰：‘天下之至美，吾心之至乐，景文得之，一笔而就，果为魁首！'"[1]《宋史·王质传》也记载："虞允文宣抚川陕，辟质偕行。一日，令草檄契丹文，援毫立就，辞气激壮，允文起执其手曰：'景文天才也！'"周必大说："忽奉缄书，辞源如翻三峡之浪，快读殆不能去手。"[2]都是就王质创作中隽快一面而言，也可见王质的才气与灵感。

王质强调诗歌应有感而发，有强烈的创作冲动。这种创作冲动来自现实生活的阅历，自然万物的感受。仅靠闭门觅句，从书本中寻找诗料，路会越走越窄，创作终会枯竭。作家只有积极投身现实，开拓生活面，创作才会光景常新。《压波亭记》云："公于文，万人之敌而有余者也。初定交于后湖，春秋甚富也。周行天下，熟阅世故，自芽蘖拱把而干霄梢云，后湖不及见也。"其中"周行天下，熟阅世故"八个字，应从两方面理解：既有自然界的山水草木、虫鱼鸟兽，更有现实生活中的人事历练、兴会穷通。自然与生活是诗人创作热情生生不息的动力。王质曾说："风石之力亦大矣。而骚人墨客，一觞一咏，可使妥伏安帖，文章之力滋大矣。韩退之于南山，杜子美于洞庭，玩名山大川于股掌之上，推此类具言之，岂足以当文章之锋哉？"(《压波亭记》)还提到"文人笔力转嵩华，坐抚吴山毫发轻"、"参差万象罗双目，奔走文场供约束"(《登张安国右司官舍后阁》)等，所强调的"文章之锋"、"文人笔力"，都是在"周行天下，熟阅世故"以后，才体现出强大的表现力量。

宋代诗人关于江山之助的议论很多。黄庭坚《忆邢惇夫》："诗到随州更老成，江山为助笔纵横。"王庭珪云"拟就江山觅佳句"，(《清辉亭》)"气接混茫藏句法"(《建炎己酉十二月五日避乱鸽湖山》)。杨万里也多处谈到江山之助："山中物物是诗题"(《寒食雨中同舍人约游天竺得十六绝句呈陆务观》之九)、"卷舒江山在怀袖。"(《题金山妙高台》)陆游则云："君诗妙处吾能识，尽在山程水驿中。"(《题庐陵萧彦毓秀才诗卷后》其二)王质也有所认识。《雪

---

①《贵耳集》卷中，《宋元笔记小说大观》第四册，第 4296 页。

②《文忠集》卷一八七《王景文》，《四库全书》本。

山集》卷五《〈西征丛纪〉序》曰:“自古经行天下,其著者惟司马子长、杜子美为广,其文若诗,皆宏伟洪博称之,岂不有所助哉?余所历非浅鲜矣,顾未见有所超者,所谓降才之殊非耶?虽然,其亦异夫昔矣。”对自己的西征经历,能自觉上升到“江山之助”的认识高度。其《效竹枝体有感四首》虽受白居易、刘禹锡《竹枝词》的启发,也可见民歌及入蜀经历对文学创作的影响。王十朋《题怀坡阁赠王景文国正》:“眼中十里是烟波,天遣江山助子多。”①曾协《送王景文教授归江西序》云:“尝与之上危亭,抚江山,豁然以惊,怡然而嬉,曰:‘天下壮观尽在是矣。’酒酣起舞,回立四顾,则又悠然以思,愀然以悲,曰:‘古今一山川也。曩之陈迹,了然在吾目中,而其人不可得而见。’景文者,岂若夫骚人墨客,悲伤憔悴而为是言也哉?”②都可见自然环境及登览游历对王质创作的影响。

唐代诗人朱庆余说“东湖发诗意”(《送吴秀才之山西》),强调自然意象对诗人的感发作用。王质《题俞舜俞墨梅》序云:“俞子充浣濯襟次,周行薄海,多识伟人,如此而后艺进于道有日也。郭恕先云:‘吾威当山下见一峰,始大悟,又陈图南曾同吾渡水,顾影忽有觉。吾山水盖得妙于此。’俞子与梅花有良缘,试用吾言推之。”诗云:“真梅蕴在磊块胸,幻梅流出精明瞳。溟蒙摸索未有睹,惨淡经营何所从。”③虽是针对绘画而言,强调要有生活素材,要有“成竹在胸”,但诗画相通,也可理解为作诗须触物感兴。其他如“物与心相依,故想生”(《文石赞》)、“观是举审,纪是迹实”(《三圣坛龙祠记》)等说法,都可视为这种文学观点的体现。《绍陶录》卷下各辞“以鸟兽草木为友”④,所咏有75种动植物⑤,正是隐居生活感发的结果。

---

①《王十朋全集》,第336页。

② 曾协《云庄集》卷四,《四库全书》本。

③《全宋诗》第46册,第28896—28897页。

④《绍陶录》提要,《四库全书》本。

⑤ 罗桂环以为73种,可能是误计。见罗桂环《宋代的“鸟兽草木之学”》,《自然科学史研究》2001年第2期。

王质认识到生活对创作的重要作用，也认识到生活并不等于文学，真正好的成功的作品，需要经过蒸馏、提炼的过程。他说“十年惨淡经营处，一点青荧灯火知”（《和李无变求诗》），表达了对诗歌创作惨淡经营的态度，可见其创作态度之严肃，提炼过程之艰辛。他对提炼过程中想象的作用有过描述：“望之森然，剑戟拥林；听之萧然，风雨作声；闻之郁然，粉箨吹馨；按之隐然，枝节生棱。虽然，子以意画，吾以意想。夫天地万物同归，是本无实相。而况以假托真，以形传神，以死寄生，以有色见无色，以有心出无心者耶？”（《墨竹赞》）虽谈作画道理，施之于文学创作也是相通的，“以假托真，以形传神”，其间起作用的就是想象。

三、文学的风格论

王质生在江西诗派盛行之时，因此他的文学观在许多方面受到影响。黄庭坚曾说：“其兴托高远，则附于《国风》；其忿世疾邪，则附于《楚辞》。”（《胡宗元诗集序》）即是“主张诗歌要有所寄托，要批判现实”[①]。王质推崇苏轼、黄庭坚。《问王稚川借其父承可诗二首》其二云：“百代风流集豫章，娟娟各自作时妆。谁知索虎钩鲸手，传到黄家便到王。”对黄庭坚深致仰慕。《寄题陆务观渔隐》云：“秀似黄家双井塘，雄如苏老峨嵋江。”虽以苏、黄所居比拟陆游“渔隐”，也可见对苏、黄的推重。曾季狸《艇斋诗话》云：“后山论诗说换骨，东湖论诗说中的，东莱论诗说活法，子苍论诗说饱参。入处虽不同，然其实皆一关捩，要知非悟入不可。”王质诗文中多次提到吕本中、韩子苍、曾几等江西诗派重要作家。如《送施丙卿》诗云：“元丰欧阳元祐苏，黄晁张秦皆其徒。子所标准前规摹，策勋岂不真良图。”又云：“居仁宝玦敲珊瑚，吉甫金碗倾醍醐。”“吕本中和曾几都是江西诗派诗风转变的关键人物，南宋的其他诗人受到江西诗派的影响，大多是以他们二人为中介的。”[②]王质也是通过吕本

① 袁行霈主编《中国文学史》第三卷，第 93 页。

② 袁行霈主编《中国文学史》第三卷，第 101 页。

中和曾几而接受江西诗派影响的。

但王质的文学思想并不局限于江西诗派的理论框架中。继吕本中等人之后较早意识到江西诗论之弊并提出补救之法的，如陆游、黄彻、杨万里等。陆游云："造物有意娱诗人，供与诗材次第新。"(《冬夜吟》)黄彻曾评价唐代张说贬官湖南之后的作品为"得助于江山"，"发挥屈原以至刘勰的'江山之助'的理论，大略近似杨万里，但偏于自然景物，没有像杨万里那样提到'造物'高度来认识"①。杨万里云："闭门觅句非诗法，只是征行自有诗。"(《下横山滩头望金华山》其二)他不满江西末流的固守绳墨、闭门造车，而开创以诙谐幽默、生动活泼为特征的诚斋体诗。王质也从自己的生活经历中自觉到"江山之助"，其时间稍后于杨万里②。王质《题俞舜俞墨梅》云："真梅蕴在磊块胸，幻梅流出精明瞳。溟蒙摸索未有睹，惨淡经营何所从。"与元好问所强调的都是诗画创作应源自现实。王质《荷柳松竹赠答》自序云："戏效其体为之，然不全规摹，亦在我者。咸随人焉难也，小异何伤乎？"可见其创作中已具备活法思想。王质既能吸收江西派吕本中等人的"悟入"和"活法"，也能有所创新。即以《何处难忘酒》为例，虽仿白居易同题之作，抒发的感情却全是自己的。

王质重视诗的韵味，曾云："(扬)无咎不惟笔端梅格绝伦，其诗清婉堪咀嚼。"③可见他论诗比较欣赏"清婉堪咀嚼"的风格，推崇凝练概括、内涵丰富、言简意深的诗歌。要达到委婉含蓄、言简意

---

① 孙望、常国武主编《宋代文学史》，下册，第 394 页。

② 杨万里《诚斋江湖集序》云："予少作有诗千余篇，至绍兴壬午七月皆焚之，大概江西体也。"壬午是绍兴三十二年(1162)。此后杨万里开始自觉地摆脱江西体。参看张瑞君《杨万里评传》第四章《杨万里诗歌渊源与发展历程》。王质《〈西征丛纪〉序》已自觉意识到经行天下对文学创作的影响："自古经行天下，其著者惟司马子长、杜子美为广，其文若诗，皆宏伟洪博称之，岂不有所助哉？余所历非浅鲜矣，顾未见有所超者，所谓降才之殊非耶？"此序应作于"西征"后，即乾道六年(1170)后，但不会太迟。

③《永乐大典》卷二八一二引《雪山集》，第二册，第 1497 页。

深的境界，在表现方法上，王质提倡遗貌取神："君子大其意，而不否其辞。"(《枢密宣抚相公乐府序》)

《墨梅》诗系统地表达了他关于艺术风格的见解：

贵简不贵繁，妙在有无间。满眼寻不见，约略见纤纤。
贵老不贵稚，妙在荣枯际。芳态减初年，其中寓幽意。
贵瘠不贵肥，愈瘦愈清奇。瘦到无何有，政好玩空枝。
贵含不贵开，风度韬胚胎。游蜂啅不得，乃始抱全才。
宜在幽且邃，终日无人至。水绕山重重，隔树令人嚏。
宜在平且阔，大江惊涛泼。泼上稍连颠，半蓦忽冲脱。
宜夜不宜昼，更宜月波溜。崖净涧淙淙，渔子推篷嗅。
宜阴不宜晴，更宜雪花凝。五七点未足，封枝要全扃。
宜与竹相邻，白白参青青。所恨花无音，间借竹为声。
宜与松相伴，扶疏交凌乱。松香粗则粗，亦能佐一半。
其鸟宜翠羽，否则碧蒿侣。山雀仍山鸦，速去切勿驻。
其人宜野僧，否则闲道民。宜疏绮纨客，公子共王孙。
吾非僧，又非道。两眼贮五湖，两肩负三岛。相烦健笔凌风扫，梅子王子成二老。

诗中对如何画墨梅有多方面的设计，所宗主的原则是简、老、瘠、含，幽且邃、平且阔，宜夜、宜阴，竹松为邻，翠羽、碧蒿、野僧、闲道民为伴，概括言之，无非是清幽疏峭、含蕴雅洁。"宋人赏梅至南宋始盛，并逐渐形成了'梅以韵胜，以格高，故以横斜疏瘦与老枝奇怪为贵'的审美情趣"，"与林逋笔下的清幽疏秀有所不同"①。王质的审美主张也是时代风气的反映。

王质还强调文如其人："元丰矫揉琢磨先生于江湖之间五年，不如是，奚以为先生？"(《东坡先生祠堂记》)认为独特的人生经历成就了苏轼这一时期的文学。

① 程杰先生著《宋诗学导论》，第 272 页。

王质现存文学作品，比较完整地表现出由早年的积极进取转向中晚年的矛盾苦闷，从而追求以著述传之后代的名山事业。早年入世精神的最大影响，就是创作出不少论事剀切的奏议。早年诗作，尤其是七古，豪迈奔放的气势，与诗人的进取倾向相得益彰。晚年创作大量咏物诗，似乎游心于世事之外，其实不然。南朝文学中有“振衣千仞冈，濯足万里流”（左思《咏史》之五）、“非必丝与竹，山水有清音”（左思《招隐》）的寒士不平，山水成为对抗门阀的一种依据和标志。在王质，《绍陶录》中“山友”、“水友”之称，有愤世情绪的流露，从另一面表明他并非忘怀世事，而是力图以诗歌倾泻满腹愤懑。《青玉案·池亭》词云：“一寸江湖无可付。渚兰汀草，卧烟欹雨，荒了垂纶处。”隐隐传达出对于建功立业理想的失望。《绍陶录》中歌咏陶渊明、陶弘景的高风亮节，并为“二陶”作年谱，隐逸志趣也很明显。

《诗总闻》是一部体大思精的《诗经》研究著作，其中也有不少关于文学的独到见解，往往体现在解经训诂的行文中。

第二章　佚著与版本、校勘

王质有多方面才能，诗经研究著作《诗总闻》及诗文集《雪山集》、《绍陶录》外，还有佚著多种，下面将进行详细考论。《诗总闻》曾于南宋淳祐间刊刻，《雪山集》及《绍陶录》皆主要靠抄本流传，《绍陶录》卷下因曾摘出为《林泉结契》，又因《绍陶录》的性质后人多有歧见，也一并进行论述。本章还将《雪山集》孔氏微波榭本、《丛书集成初编》本与《四库全书》本进行校勘，作校勘记。

第一节　王质佚著考

王质长于经学，工于诗文，著述极富。除《诗总闻》二十卷、《雪山集》四十卷（今存《永乐大典》辑本十六卷）、《绍陶录》二卷外，另有佚著《朴论》五十篇、《退文》十二篇、《夷坚别志》二十四卷、《西征丛纪》（以下皆卷数不详）、《正法世谱》、《云韬堂楚辞》、《辍耕子世系谱》以及研究《周易》的著作等，涉及诗文创作以及佛教、《楚辞》、《周易》研究。下面逐一考其大致写作时间、体例、内容、作意等。

一、"言历代君臣治乱"的史论著作：《朴论》

见于《宋史》卷三九五《王质传》、王阮《〈雪山集〉序》、章如愚《群书考索续集》卷三〇。

《宋史·王质传》云：

> 质博通经史，善属文。游太学，与九江王阮齐名。阮每云："听景文论古，如读郦道元《水经》，名川支川，贯穿周匝，无有间断，咳唾皆成珠玑。"质与张孝祥父子游，深见器重。孝祥为中书舍人，将荐质举制科，会去国，不果。著论五十篇，言历代君臣治乱，谓之《朴论》。①

知王质在太学时已形成好议论、善议论的风格。据《宋史》语意，先言王阮赞赏与张孝祥器重，继写王质著《朴论》，似乎《朴论》著于早年在太学时。作此推论有两点理由：一是张孝祥将要荐王质"举制科"，王质为了准备，因作《朴论》。王阮《〈雪山集〉序》也云："中书舍人张公孝祥使备制举策略，并论历代君臣治乱，盖将举焉，会去国，不果上。"②二是据王质生平，经过许多挫折，中晚年已逐渐消磨掉早年的锐气，而倾向于隐居、修道、学佛。心态不同，必然导致著作内容不一样。晚年既有遗世之心，当不会对世事有如许高论。

《雪山集》提要云："史称其尝著论五十篇，言历代君臣治乱，谓之《朴论》。今止存汉高帝、文帝、五代梁末帝、周世宗四篇。"③如果详加考察就会发现，并非仅此四篇。章如愚《群书考索续集》卷三〇"三公九卿"条引王质《论使材二疏》，注出处云："王景文《朴论》。"④所引《论使材二疏》，四库本《雪山集》不载，清孔氏微波榭抄本载之⑤，又见于杨士奇《历代名臣奏议》卷一四五⑥。章如愚既注明此文属《朴论》，据其内容及体例可大概推知《雪山集》奏议是否属于《朴论》。《论使材二疏》内容并非言"历代君臣"，倒确实论

① 《宋史》卷三九五，第12055页。
② 《雪山集》卷首，《四库全书》本。
③ 《雪山集》卷首，《四库全书》本。
④ 章如愚撰《群书考索续集》卷三〇，《四库全书》本。
⑤ 《宋籍珍本丛刊》第61册，第559—561页。下引此本皆简称"孔本"。
⑥ 按，《群书考索续集》所引，文字与《历代名臣奏议》稍有不同。

"君臣治乱",其要点有二:"一曰:无责全材。""二曰:无拘定制。"[①]《雪山集》中似此体例者,有卷二《论庙谋疏》、《论举能疏》、《论驭臣疏》,卷三《论固本疏》、《论镇盗疏》,计五篇,且内容皆关于"君臣治乱"。故辛更儒云:"今《大典》本《雪山集》卷二、卷三尚存论七篇,其首篇《论庙谋》有'闻北朝欲迁汴京之都'诸语,显指今年金主亮营造汴京宫殿事,则此七篇必皆本年应制举所作,四库所辑本列为奏议,已误。"[②]辛先生所指"七篇"包括《论州郡财赋殿最赏罚札子》及《论吏民札子》,此两篇与其他各篇体例明显不同,又都题为"札子",前一篇甚至提到"臣所管州"、"臣二年之间",显系作者通判荆南府任满所奏,不应曾入《朴论》。

魏天应《论学绳尺》卷三有王质《尧仁如天》一文[③],各本《雪山集》皆不载[④]。《论学绳尺》提要曰:"当日省试中选之文多见于此。"故此文可能为王质早年太学时"省试中选之文"。从文题及内容看,此文"言历代君臣",也可能曾编入《朴论》。《贵耳集》记载:"王景文质,兴国人,在上庠,公私试必魁。一日试《文帝道德为丽论》,终日阁笔,欲袖卷出,方拟议间,忽有人曰:'天下之至美,吾心之至乐,景文得之,一笔而就,果为魁首。'"[⑤]知王质曾作《文帝道德为丽论》,惜已不存。王质曾云:"某入太学,一年而校外舍,二年而升内舍,三年而中上舍,季考月书,苟以事而不至,盖未有至而弗获者。"(《与汤相书》)知其早年太学时公私试文章当不少,惜皆不传。

---

①《历代名臣奏议》卷一四五,《四库全书》本。

② 辛更儒著《张孝祥于湖先生年谱》,第 84 页。

③《论学绳尺》卷三"就题发明格"条,《四库全书》本。

④《四库全书》本《雪山集》卷首载乾隆四十年十一月十七日上谕,称:"时文为举业所习,自前明以来,通人擅长者甚多,然亦只可听其另集专行,不宜并登文集。"《雪山集》不收《尧仁如天》,可能因为这个缘故。但《钦定四库全书总目》卷一五九云:"谨钦遵谕旨,于缮录之本姑仍其旧,于刊刻之本则概予芟除。"今观抄自"缮录之本"的孔本,亦不收此文,当是馆臣失收。

⑤《贵耳集》卷中,《宋元笔记小说大观》第四册,第 4296 页。

综上所论,知今存《朴论》十一篇,外加《文帝道德为丽论》有目无文。《朴论》一书可能即是这些单篇文章的合集,大致是关于和战、驭臣、治民、用人等内容的史论和政论。其中有些是一组专论,这从今存几篇文章题目即可看出,如《汉高帝论》、《汉文帝论》、《梁末帝论》、《周世宗论》等,是关于古代皇帝的史论;再如《论庙谋疏》、《论举能疏》、《论驭臣疏》、《论固本疏》、《论镇盗疏》等,是专论治国治民的政论。

二、记录入蜀经历的诗文小集:《西征丛纪》

见于《雪山集》卷五《〈西征丛纪〉序》。据序,"西征"时间自乾道三年(1167)闰七月至六年八月,先后入虞允文、晁公武幕府。

《西征丛纪》应是诗文小集。谢巍《中国历代人物年谱考录》云:"据书名则为笔记。据'事系日,日系月,月系年',则属日札。然'其文随事系之',有诗、词、记、序、铭,又非日记,显系年谱长编体例。但年谱所记自生至终,此记仅叙四年事,且作年谱片断观。"①虽把《西征丛纪》看作年谱片断,对其分类亦感不易。《〈西征丛纪〉序》云:"诗一百三十有九,词五十有一,记十,序六,铭二,他文皆非相关者弗载。"可见《西征丛纪》由成篇独立的诗文作品构成,只不过在时间、体例上按年月日编排,故应是编年的诗文小集。据《〈西征丛纪〉序》所云,合计 208 篇(首)。虽不言卷数,至少应有三四卷。此书内容丰富,沿路所见所闻皆有记述,举凡州县市集、山水湖滩、石室古碑、鸟兽花树等等,无不记之。

此序反映了王质文学思想的一个清晰认识,即行万里路对诗歌创作的积极影响。《〈西征丛纪〉序》云:"余之悲歌,舒惨丰悴,皆可以追见,而耳目所增益,心志所开广,自知之而弗能言之。"又云:"自古经行天下,其著者惟司马子长、杜子美为广,其文若诗,皆宏伟洪博称之,岂不有所助哉?余所历非浅鲜矣,顾未见有所超者,所谓降才之殊非耶?虽然,其亦异夫昔矣。"肯定"经行天下"对文

① 谢巍著《中国历代人物年谱考录》,第 192 页。

学创作有所助。正是有这种自觉的创作意识，王质才于此三年间创作了大量诗文。

陈新说："日记体的游记，始于宋代。最早的是北宋欧阳修的《于役志》，继之而起的有南宋陆游的《入蜀记》和范成大的《吴船录》。三书都记长江航行，彼此互有影响。一般说，《于役志》十分简朴，《入蜀记》较多的注意了景物描写，而《吴船录》才真正成为日记体的游记文学。"①陆游乾道五年(1169)授夔州通判，次年闰六月十八日自山阴启行，十月二十七日抵夔州，述其道路见闻为《入蜀记》。范成大淳熙四年(1177)自四川制置使召还，取水程赴临安，随日记述而成《吴船录》。王质与他们同时代，《西征丛纪》在时间上还要稍早，在内容体例上稍有差异，陆、范之作是日记体，《西征丛纪》为编年的诗文小集。

根据此序，《雪山集》中可考见的作于西征期间的作品，有如下：

卷四《代虞丞相冬雷待罪表》、《代虞枢密谢赐腊药表》；

卷五《枢密宣抚相公乐府序》、《书〈张魏公祠堂记〉后》；

卷七《涪陵谯先生祠记》、《白帝庙记》、《张翼德庙记》；

卷八《与虞宣机书》、《与虞相书》(一)、《与虞相书》(二)；

卷九《上晁制置启》、《谢四川制干到任启》、《贺晁侍郎敷文阁直学士启》、《上王参政启》；

卷一〇《章德茂破砚铭》；

卷一二《枢相宣抚虞公寿雅(并序)》、《题观政池桥》、《游杨氏园》；

卷一三《送晁侍郎二首》、《上王公明寿四首》、《和御制诗五首》、《次虞枢密九日登高韵》、《送韩总二首》、《魏城道中》、《代李叔介挽杨参政》、《代虞相挽杨参政二首》；

卷一四《留别虞丞相二首》、《代虞枢密宴晁制置口号二首》、《和李平仲出郊》、《余过荆州，张安国已请祠先行》；

---

① 陈新译注《宋人长江游记》，第312页。

卷一五《问查元章觅龙团茶诗》、《用前韵谢元章惠茶二首》、《月下看古碑唐正元间物也》、《次虞枢密九日登高韵》、《和李无变与诸公出郊访王彦博》、《和李无变求诗》；

卷一六《浣溪沙·和王通一韵简虞祖予》三首、《水调歌头·饶风岭上见梅》、《水调歌头·寿查郎中》。

以上诗三十四首、词五首、记三篇、序一篇、铭一篇，只有《序》中所提到的五分之一。据《序》所言，编入《西征丛纪》的尚不包括今存《雪山集》卷八、卷九的书启。

三、人生转折期的著作：《退文》

见于《雪山集》卷五《〈退文〉序》。序云："《退文》者，王子悔过之书也。"表明写作意图是"悔过"。文中回顾自己的人生经历，归结为心燥、轻、急、猛、侈，将这次大变看作人生转折点："岁乙未得罪，曰如是，曰如是，乃始跃然悔，霍然悟，平生诸非参然毕陈于前，凛然惧，惨然悲，大变于顷刻之间。于是王子年四十有一，而始造端为人。"序末署"淳熙二年(1175)二月"，知《退文》一书的创作动因是罢枢密院编修。《〈退文〉序》云："未悔则务进，既悔则务退。"又曰："今将何以持之？使坚，曰畏。何以养之？使熟，曰缓。"总之是"务退"。序又云："作《六悔》，著其昔之非；作《六变》，著其今之是。总而谓之《退书》。"可见《退文》由十二篇文章组成，且又名为《退书》。王质前期积极入世，后期遁世隐居，此书是其人生思想转折时期的著作。

以上三书，内容皆是诗文，可能都曾编入《雪山集》。王阮《〈雪山集〉序》云："其家勒以遗稿见属，乃为搜罗删次，厘为四十卷，名曰雪山，本其旧也。"《雪山集》提要据此推论："质初有小集三卷，自题曰雪山，迨阮编次全集，篇帙虽增而标目如故，故三卷之本与四十卷之本诸书互见也。"可见王阮云"本其旧"是指书名而言。三卷本《雪山集》当是王质早年所作，后王阮编定文集时，与《朴论》、《西征丛纪》、《退文》等书合为四十卷，而总名之曰《雪山集》。

四、最早的《夷坚志》续书:《夷坚别志》

最早提到《夷坚别志》的当推洪迈《夷坚志》,由《宾退录》的记述可知:“壬志全取王景文《〈夷坚别志〉序》,表以数语。”[①]王质此序现有三处被引用:一是林希逸《竹溪鬳斋十一稿续集》卷三〇,二是马端临《文献通考》卷二一七,三是胡应麟《少室山房笔丛》卷一三,三处文字稍有不同。根据这三篇保存王质原序的短文及《雪山集》等著作中相关内容,并参考今人的研究,我们能获得如下信息:

一、存佚情况。

胡应麟云:“王质景文《夷坚别志》世不传。”[②]李剑国《宋代志怪传奇叙录》亦云:“此书早已失传,较为完整的佚文亦不存。”[③]朱一玄等编著《中国古代小说总目提要》亦云:“原书已佚,未见佚文。”[④]今考《东南纪闻》卷二、卷三各有一篇转述的记异之作。卷二提到明月先生成守祖,末云:“雪山王景文为之传,且谥之曰明月先生云。”[⑤]卷三记道:“雪山王景文尝游东林,有导以访古冢于西山之阿者,入而观之。”[⑥]关于《东南纪闻》一书的材料来源,四库馆臣认为:“疑亦杂采说部为之。”[⑦]则《东南纪闻》录入《夷坚别志》亦有可能。

据李剑国考证:“(王质)序中提到的《更生佛》见于《夷坚乙志》卷一,黄元道见于《乙志》卷一二《王晌恶谶》、《秦昌诗》、卷一五《鱼肉道人》、《丁志》卷六《茅山道人》,《碓梦》见于《丙志》卷一六,人牛见于《甲志》卷一七《人死为牛》,而洪迈在《夷坚壬志序》中录入《〈夷坚别志〉序》。考《甲志》成于绍兴末,《乙志》成于乾道二年,

---

① 赵与时撰《宾退录》卷八,《四库全书》本。

②《少室山房集》卷一〇四“读夷坚志”条,《四库全书》本。

③ 李剑国著《宋代志怪传奇叙录》,第321页。

④ 朱一玄等编著《中国古代小说总目提要》,第205页“夷坚别志”条。

⑤ 不著撰人《东南纪闻》卷二,《四库全书》本。

⑥《东南纪闻》卷三,《四库全书》本。

⑦《东南纪闻》卷首,《四库全书》本。

《丙志》成于乾道七年，《丁志》成于淳熙五年，而《壬志》成于绍熙四年，由此来判断，本书当作于淳熙间，大约在淳熙五年后、十五年前，是作者奉祠山居后所作。”[①]故此书当是《夷坚志》最早的续书[②]。

《东南纪闻》云：“明月先生成守祖，家鄂州。淳熙间，由鹖弁任某处巡检，忽解官弃妻子，从庐山李麻鞋为师。至富川居西山道堂之左，遍行通衢为乞士，凡十余年。”[③]既然成守祖淳熙间还任巡检，又行乞十余年，考淳熙为孝宗年号（1174—1189），前后计十六年，而王质卒于淳熙十六年正月，则此文作于王质临终前不久，《夷坚别志》当成书于晚年。《玉渊龙记》可能是《夷坚别志》佚文，因《〈夷坚别志〉序》提到“余所亲睹者王渊亭见龙”[④]，而此文也记述“玉渊亭见龙”。

二、内容体例。

《〈夷坚别志〉序》云：“所书鬼神之事为主，非是弗书，名实相称也。”[⑤]以鬼神之事为主，是志怪之作。书中体例模仿《夷坚志》，所谓“于夷坚之规皆仍之”[⑥]。但仍仿中有补，尤其是内容的安排与取舍上。《〈夷坚别志〉序》云：“事五百七十，卷二四，今书之目也。余心尚未艾，书当如之，则将浸及于夷坚矣。”[⑦]表明王质期望在数量上达到《夷坚志》的规模。《山东通志》卷三四云：“王质《夷坚别录》二十四卷，自序云：《夷坚志》出自鄱阳朱氏，增辑未备，

① 李剑国著《宋代志怪传奇叙录》，第 320—321 页。

② 学术界一般都这样认为，如王旭川《中国小说续书研究》第 40 页：“以宋洪迈《夷坚志》为续作对象的续书系列，有宋王质《夷坚别志》、宋陈星《夷坚志类编》等。”

③《东南纪闻》卷二，《四库全书》本。

④ 林希逸撰《竹溪鬳斋十一槁续集》卷三〇，《四库全书》本。

⑤《文献通考》卷二一七，第二册，第 1771 页。

⑥ 同上，第二册，第 1771 页。

⑦ 同上，第二册，第 1770 页。

故曰别志。”[①]所谓“增辑未备”，不仅指数量，更指内容质量。《〈夷坚别志〉序》云：“凡夷坚所有而涔见者删之，更生佛之类是也；凡夷坚所有而未备者补之，黄元道之类是也；其名仍为夷坚而别志之，辨于鄱阳也。”[②]则王质有意在内容上补《夷坚志》之“未备”。既以《夷坚志》为参照对象，未尝没有超越洪迈而胜之的意图。

三、创作手法。

用史传笔法志怪。《〈夷坚别志〉序》云：“余平生所嗜略类洪公，始读《左传》、《史记》、《汉书》，稍得其记事之法，而无所施，因志怪发之。久之，习熟调利，滋耽玩不能释。”[③]李剑国认为：“观其《雪山集》卷一〇《承元居士传》、《平舒侯传》、《曲生传》、《玉女传》四传，皆仿韩愈《毛颖传》，笔近传奇，确实是有意为文的。”[④]程毅中亦云：“从《夷坚别志》的体例，可以推见洪迈《夷坚志》最初确定的成规就是如此。他们采用的是《左传》、《史记》的记事之法，因而在小说写作上引起了一些新的变化。”[⑤]

四、写作意图。

务求有补于世。洪迈《夷坚丙志序》云：“颛以鸠异崇怪，本无意于述人事及称人之恶。”[⑥]而王质则大胆而直接地宣称：“丑而不欲著姓名者婉见之，如夷坚碓梦之类是也；丑而姓名不可不著者显揭之，如夷坚人牛之类是也。”又云：“间自观览，要不为无补于世。”[⑦]可见此书现实针对性很强。正如后人评岳珂《桯史》所云：“乃图谶、神怪、街衢琐屑之类，都率笔书之，正欲后之读是

---

① 《山东通志》卷三四《经籍志》，《四库全书》本。按，多种著作都引为“夷坚别志”，此处云“夷坚别录”，“录”字疑是误抄。

② 《文献通考》卷二一七，第二册，第1770页。

③ 同上，第二册，第1770页。

④ 李剑国著《宋代志怪传奇叙录》，第321页。

⑤ 程毅中著《宋元小说研究》，第160页。

⑥ 赵与时撰《宾退录》卷八，《四库全书》本。

⑦ 《文献通考》卷二一七引王质《〈夷坚别志〉序》，第二册，第1771页、第1770页。

书者，于游戏谑浪时，不忘忠孝本性。其一种深情妙手可以意逆而不忍明言者，意或有在矣。”①王质《夷坚别志》亦可谓别有深意在焉。

关于《夷坚别志》的艺术成就，因并无完整作品流传，故不好判断。林希逸曾评云：“景文之书谓之《夷坚别志》，笔力如此，信不减洪公，宜乎公得之而喜也，洪公记此时景文已没，臭味之相契，亦如欧公之得廖生矣。”②

五、方外人士的“灯录”著作：《正法世谱》

见于马端临《文献通考》卷二二七所录王质自序。原文如下：

> 《正法世谱》，王质景文撰，自序略曰：其书始周昭王二十四年甲寅释迦佛生，至隆兴元年癸未大慧卒，得二千二百八十五年，以《史记》、《通鉴》及《皇极经世》相参以为正。其间诸宗师出某乡，姓某氏，舍某家，所从师某人受具，所游方某所，出世某所，得法某人，授法某人，其平生所可见某事，终某所，塔某所，寿若干，腊若干，仿《史记》年表列之，此世谱大略也。盖自《大藏经》之余，诸史诸集、四方图经、诸志铭若近儒释之徒所著未及入藏者，皆裒以为资。大慧以降，方历访其人，续之未艾也，竟余世而已。③

可知《正法世谱》的一些情况：记述从释迦牟尼至大慧禅师“二千二百八十五年”间佛门诸宗师，可能不是传记，而仅仅是将诸宗师的生平出处诸事列出年表。既采自史书及佛典，又搜罗各种图经墓志，更“历访其人”，可见王质作此书不是一时兴到，而是有意为之，且作为终身写作计划。

---

① 毛晋《津逮秘书》本《桯史》跋，吴企明点校《桯史》，第184页。

② 林希逸撰《竹溪鬳斋十一槁续集》卷三〇，《四库全书》本。

③《文献通考》卷二二七，第二册，第1823页。

在宋代，佛教界盛行编撰史书，尤以禅宗的佛教史著作最为发达。如北宋禅僧契嵩作《传法正统记》、《传法正宗论》等，创立二十八祖之说。景德年间道原的《景德传灯录》，记禅宗传承五十二世，一千七百余人。此后"灯录"的编撰不断，有《天圣广灯录》、《建中靖国续灯录》等相继问世。王质此书叙传法世系，按法嗣世数载入，是灯录体写法，但又并非以记言为主，在体例上"仿《史记》年表"。王质与佛门僧徒颇多唱和，与大慧宗杲禅师(1089—1163)及其弟子多有交往[①]，受佛教思想影响较大，创作此书是其晚年思想发展与身世经历的结果。

此书当成于晚年，但开始写作可能较早。《雪山集》卷五《大慧禅师〈正法眼藏〉序》云："绍兴二十七年，余在杭，遇大慧禅师于户部侍郎荣公茂世之家。余方年少气壮，持先儒故事抵佛甚力，遇其徒辄憎之，于是引却，弗与语。"可见王质早年援儒抵佛，后来思想才发生变化。《大慧禅师〈正法眼藏〉序》又云："(隆兴二年)余夜宿金山之方丈，不得寤，信手而抽几案文书，得此(引者按，指大慧禅师所著《正法眼藏》)阅之，至洪炉点雪，恍然非平时之境，竟夕危坐，如行曲径斜溪，蒙笼缭绕，忽林断川明，旷然平原巨野之陈前也，眉目周张，莫知其何以致此。"则王质接受佛教思想自隆兴二年始。《大慧禅师〈正法眼藏〉序》云："时隆兴元年也。又一年……又一年……又七八年而后……。"可推知作于乾道九年(1173)以后。作于乾道五年的《与虞宣机书》云："盖记录可见其详者，一佛，三十三祖，五十二世，一千七百余尊宿，无他事业，止是岸岸相济，舟舟相渡，到岸自已事了，度人佛法事了。"也许其时王质思想中已有关于《正法世谱》的雏形。

① 与僧人交往的诗作，如《雪山集》卷一二《用和游次公韵赠慧琏》、《再和示琏》、《赠僧师能》，卷一四《吊法空》等，这还不包括数量不少的题寺庙诗。《雪山集》卷五《大慧禅师〈正法眼藏〉序》提到"大慧之徒德洪来请序于余"，卷六《玉渊龙记》记述与庐山栖贤寺僧智通交往，卷七《达磨大师行龛记》为佛门信徒张孝芳而作。

六、为隐者而作的谱系:《辍耕子世系谱》

余寅《同姓名录》云:“宋王质,泰山处士,著《云韬堂绍陶录》,是有《辍耕子世系谱》。”①此处所言模糊,如果指《绍陶录》中有《辍耕子世系谱》,今存《绍陶录》仅陶渊明、陶弘景二年谱,不相符合。既云“世系”,当非一两篇年谱,故王质可能曾著《辍耕子世系谱》一书。王质的著作在明代可能尚有存世,余寅所云,当有所据。

王质晚年“深有慕于靖节、贞白之高风”(宋荦《林泉结契》跋)②,“以陶潜、陶弘景皆弃官遗世,其同时唐汝舟、鹿伯可继其风,因作《绍陶录》,上卷载栗里、华阳二谱,各摘其遗文遗事为题,别为之词,下卷记唐、鹿事,而附以林居咏物之诗”③。此书题名《绍陶录》,“那是表示他羡慕陶潜那样的隐逸生活,并非效法陶潜的诗歌,而且‘陶’字指陶潜、陶弘景两个人,所谓‘渊乎栗里,谧哉华阳’”④。宋代编修道教类书的风气盛行,如北宋张君房编有《大宋天宫宝藏》(已佚)、《云笈七签》等。王质晚年好佛好道,佛教方面著有《正法世谱》,道教方面著《辍耕子世系谱》,似亦顺理成章。唯《辍耕子世系谱》仅此一条记录,别无他证,颇可疑。

七、“资物态以陶己灵”的著作:《云韬堂楚辞》

见于《雪山集》卷五《〈云韬堂楚辞〉后序》。《辍耕录》云:“宋泰山王质所著《云韬堂绍陶录》。”⑤余寅《同姓名录》亦云:“宋王质泰山处士,著《云韬堂绍陶录》。”⑥知“云韬堂”是王质堂号,且以之名其书,今四库本《绍陶录》书名已去“云韬堂”三字。王质取名“云韬堂”,含意与《〈退文〉序》所云“既悔则务退”,在大方向上都表示

①《同姓名录》卷四,《四库全书》本。
②《林泉结契》卷末,《丛书集成初编》本。
③《钦定四库全书简明目录》卷六,《四库全书》本。
④ 钱钟书选注《宋诗选注》,第 235 页。
⑤《辍耕录》卷一六,《四库全书》本。
⑥《同姓名录》卷四,《四库全书》本。

隐退。

《〈云韬堂楚辞〉后序》提到陆佃的《物性门类》与《埤雅》："陆氏《埤雅》，比《物性》倍蓰增明。初，神宗以对时，育物宅心，陆氏推此类具言之。造根于《物性》，纪实于《埤雅》。上迪君师，下训学士。"可见《云韬堂楚辞》受陆佃著作的启发并有所借鉴。耿文光《万卷精华楼藏书记》云："《〈云韬堂楚辞〉后序》，前半言陆氏《埤雅》，后半引《论语》、《孟子》，无一语及楚词者，不知何故。"①虽未明言《楚辞》，还是有所涉及。《〈云韬堂楚辞〉后序》云："余之本趣，资物态以陶己灵而已。会情于耳目者多，索妙于简策者少。以熟故精，非以博故详也。"又云："鸢飞戾天，鱼跃于渊，此虽无补于世，亦岂无益于己也?"可见其内容及创作意图并非严格意义上的《楚辞》研究，而是借以陶写心灵、自娱自乐，所以多重个人感受而少作精详考证。从序中所言仁者智者之乐、曾点言志之境以及鸢飞鱼跃之境等来看，王质看重的无非是遗世之情，故此书可能作于晚年。

王质熟读《楚辞》，对屈原的遭遇也深有同感。他曾在《祭梓潼神文》中说："某有沈冤，无与控言。神如暾日，为某一暾。某有窃愤，无与摅发。神如震雷，为某一泄。某有愚忠，无路可通。神其介之，上达帝聪。某有朴学，无地可廓。神其道之，下及民瘼。司命东皇，灵均所些。已矣无人，非神孰可?"此文可能作于入蜀期间，当时曾遭流言蜚语，所以既是祭神之语，也充满了牢骚。《雪山集》卷五有《题〈九歌图〉》一文。文题虽云《题〈九歌图〉》，其实内容为论《九歌》主旨并同情屈原遭遇。其中云：蔡京当国时，神尚为之设一异己者，而屈原至于去国殒身，神竟漠然。王质不由发出呼喊："司命湘君之流，其有负于兹贤哉!"观此文主旨及写法，与《〈云韬堂楚辞〉后序》所言有相符合之处，也许是《云韬堂楚辞》佚文。

八、研究《周易》的著作

见于《雪山集》卷八《与周枢密益公书》。《与周枢密益公书》

---

① 耿文光著《万卷精华楼藏书记》，第四册，第 3205 页。

云："又如谈《易》，自知数始。世之知数者少，惟康节以此遗后人，为入易之门，而人多因辞生理，惟其意之所欲，不知圣人一字不虚发，寓理于数，寓数于理，旁通曲贯，数理并行，所谓吉凶悔咎，皆有自而生。故以邵意、邵辞、邵数、邵理、邵诀、邵验而为六部，稍见康节之绪余，而不为艰深，尽属平易，非如张公文饶之有所泥而不导当世以通津。"此文中，王质还讲到《诗总闻》的体例："姑且正音、正训、正章、正句、正字、正物、正用、正迹、正事、正人，而为十正。"《诗总闻》有"十正"，此书有"六部"，知此书体例上与《诗总闻》有相似之处。云"寓理于数，寓数于理"，知王质主张象数派与易理派的调和统一。云"不为艰深，尽属平易"，知其创作意图在于使《周易》易于为人接受。周必大在致王质的信中亦云："留意《诗》、《易》，当益见圣人之用心妙。"[①]《与周枢密益公书》作于淳熙十二年(1185)，则此研究《周易》的著作亦成于晚年。

以上诸书皆已亡佚，有的尚存残篇。通过王质本人及后人一鳞半爪的记述，仍可窥豹一斑，这对深入了解王质的创作及思想，从而知人论世或有所助。

第二节　《雪山集》版本考补

关于《雪山集》版本，四库馆臣及祝尚书、吴洪泽、陈乐素等先生都有论述，其中祝先生论述最为详尽准确。各位先生已述，本文则从略；未论及，或观点与我有异，本文则尝试论之。

一、《雪山集》版本源流考

陈振孙《直斋书录解题》"诗集类"著录《雪山集》三卷[②]，马端

① 《文忠集》卷一八七《王景文质》，《四库全书》本。
② 徐小蛮、顾美华点校《直斋书录解题》，第605页。

临《文献通考》从之[①]。《宋史·艺文志》著录《雪山集》三卷，又《王景文集》四十卷[②]。明代《文渊阁书目》载《雪山文集》八册[③]。原本盖传至明末而亡[④]，今存乃辑自《永乐大典》本。

王阮《〈雪山集〉序》云："其家勒以遗稿见属，乃为搜罗删次，厘为四十卷，名曰雪山，本其旧也。"该序作于庆元四年(1198)。《雪山集》提要云："然则质初有小集三卷，自题雪山之名，迨阮删定遗稿，编为全集，而其名如故，故三卷之本与四十卷之本诸书互见也。"祝尚书《宋人别集叙录》进一步推测："参诸王阮序，则诗集《雪山集》必当先刻，故有'本其旧'之说，即全集四十卷亦称《雪山集》，而诸论、记当已收入全集。"[⑤]所论甚是，但未言"诸论、记"所指。既然全集仍称《雪山集》，当是三卷本诗集《雪山集》与《朴论》五十篇、《西征丛纪》(二百多篇以上)、《退文》十二篇等合为四十卷，而总名之曰《雪山集》。祝先生又云："盖庆元间或稍后有刻本。"[⑥]也仅是推测之词。开禧元年(1205)，陆游作《忆昔(自注：偶见张安国、周子充、刘韶美、王景文、陈德召、任元受遗集，为之感怆，作长句纾悲，不知涕泗之集也)》诗："忆昔高皇绌柄臣，招徕贤隽聚朝绅。宁知遗恨忽千载，追数同时无一人。藴骨九原应已朽，残书数帙尚如新。此身露电那堪说，也复灯前默怆神。"[⑦]不知是否王阮编定的本子。今观王质《诗总闻》有淳祐癸卯(1243)刻本，宋、元、明三代尚仅黄震等寥寥几人述及。《雪山集》如有刻本，当不会无人注意，不致宋、元、明、清几百年间记载甚少。明代谢诏曾述及王

---

①《文献通考》卷二四五，下册，第1939页。

②《宋史》卷二〇八《艺文志》第一六一云："《王景文集》四十卷。"又云："王质《雪山集》三卷。"(第5379页、第5384页)

③ 杨士奇等撰《文渊阁书目》卷九(《丛书集成初编》第29册，第110页)："王质《雪山文集》一部八册，全。"

④ 参见祝尚书著《宋人别集叙录》，第1042—1045页。

⑤ 祝尚书著《宋人别集叙录》，第1043页。

⑥ 祝尚书著《宋人别集叙录》，第1043页。

⑦ 参见于北山《陆游年谱》，第512页。

质诗文："州之政和堂、恩波亭、银山寺、福星寺、大浩院，皆有质诗，富池口吴将军甘宁庙有质记。"[①]杨士奇编《历代名臣奏议》，曾选王质奏议十一篇。明代郭子章《兴国县四贤传序》云："王编修质，侃侃言金人事于孝、光二朝，奏疏通达，似贾长沙、陆敬舆。唐荆川太史右编收之甚富。"[②]云王质在"孝、光二朝"，不确，应是高宗、孝宗朝。唐荆川（1507—1561），明代武进（常州）人，原名唐顺之，字应德。因爱好荆溪山川，故号荆川。著有《荆川集》等。既云唐顺之"收之甚富"，可见王质奏疏在明代尚较多地流传于世，他可能见过《雪山集》。谢诏、杨士奇、唐顺之有可能得见《雪山集》全本，但相关记载都未涉及版本，未能提供更多线索。

陈乐素《宋史艺文志考证》云："朱彝尊《曝书亭集》卷三四《雪山王氏诗总闻序》云：'有集四十卷。'然《宋志》'《王景文集》四十卷'，在同类上文苏元老、刘安上等之间。《宋诗纪事补正》有王景，江西庐陵人，嘉祐三年解试。王质虽字景文，但南宋人。此既置北宋人之间，且下文刘安上、刘安节均曰文集，未必非庐陵王景之文集也。特亦云四十卷为可疑矣。"[③]对于王质文集与他人文集传写过程中的混淆，陈先生表示质疑，惜乎未能详考。

今考北宋有两王景。王景（889—963）字象珍，掖人。少倜傥，善骑射，仕唐及晋，累破契丹，官至平章事。周太祖即位，加侍中。宋初镇凤翔。《宋史》卷二五二有传。此王景有二不合：一、王景为行伍出身，著书四十卷的可能性不大。二、王景为宋初人，《宋史·艺文志》列在苏元老、刘安上之间，于理不合。另一北宋王景，号野民，吉水人。视安石为从祖，教授于吉，从者倾一州，著书数百卷，号《野民集》[④]。陈乐素云"江西庐陵人"，当指"号野民"者。此王

---

① [明]余文龙修、[明]谢诏纂《赣州府志》之《凡例》，清顺治十七年汤斌重刻本。
② [明]郭子章《兴国县四贤传序》，[清]蒋叙伦修、萧朗峰纂《兴国县志》卷二四，清道光四年刻本。
③ 陈乐素著《宋史艺文志考证》，第515页。
④ 此两个王景的生平资料，参见昌彼得等编《宋人传记资料索引》第一册，第182页。

景时代、身份符合，但所著为《野民集》，也不可能是《王景文集》作者。

明代《内阁藏书目录》卷三："《雪山文集》八册全，宋高宗朝东平王质著，凡四十卷。"[①]误认王质为高宗朝人，可能受《宋史·艺文志》著录"《王景文集》"排列顺序的影响。

四库馆臣从大典辑成《雪山集》十六卷，由此初钞大典本出，有三个抄本：傅增湘跋李文藻旧抄本残帙（存卷五至十二，今藏国家图书馆）、乾隆四十一年（1776）孔继涵微波榭抄本（今藏国家图书馆）、嘉庆十三年（1808）秦恩复石研斋抄本（存卷一、卷三至十二，今藏国家图书馆）。

《四库全书》本《雪山集》将初辑本中青词十二篇删去，十六卷改为十二卷，各卷篇目略有调整。后来武英殿聚珍本《雪山集》即从库本出。武英殿聚珍版又有木活字本、福建本（清光绪二十一年，1895 年）、广雅书局本（清光绪二十五年，1899 年）。民国十二年（1923）卢靖《湖北先正遗书》据聚珍本影印。《丛书集成初编》据聚珍本排印。邵懿辰撰、邵章续录《增订四库简明目录标注》还记载"学海类编本"[②]。张之洞著《书目答问》，虽于"集部"著录《雪山集》，但因见闻不广及体例所限，仅列"聚珍版辑本，福本"，范希曾补正也仅及"广州局重刻聚珍本"[③]。

《雪山集》传本，按时间先后，可作示意图如下：

《雪山集》三卷
《朴论》50 篇
《西征丛纪》
《退文》
→《雪山集》四十卷→《大典》初辑本《雪山集》

① 孙能传、张萱等撰《内阁藏书目录》卷三，《丛书集成续编》第 67 册，第 840 页。

② 邵懿辰撰、邵章续录《增订四库简明目录标注》，第 736 页。

③ 张之洞撰、范希曾补正《书目答问补正》，第 208 页。

十六卷→{傅增湘跋李文藻旧抄本；孔氏微波榭抄本；秦氏石研斋抄本；《四库全书》本十二卷}→乾隆武英殿聚珍版十二卷→{《湖北先正遗书》本；《丛书集成初编》本}

二、《雪山集》讹为《雪斋集》考

《桯史》云："景文它文极多，号《雪斋集》，大略似是。"[①]《贵耳集》云："（王质）曾入张魏公幕，有《雪斋集》。"[②]四库馆臣曰："至张端义《贵耳集》载其《何处难忘酒》诗，称所撰有《雪斋集》，则又刊本流传，讹'山'为'斋'耳。"[③]吴企明在点校《桯史》时沿袭馆臣的观点："岳珂或即承张端义之误。"[④]其实《桯史》成书早于《贵耳集》，当是《贵耳集》承袭《桯史》之误。《贵耳集》云："思陵偶持一扇，乃祐陵御笔画林檎花上一鹳鸽，令曾觌进诗，云：'玉辇神游事已空，尚余奎藻写春风。年年花鸟无穷意，尽在苍梧落照中。'思陵感动出涕。《桯史》所载康与之，非也。"[⑤]已经引用《桯史》，可证《贵耳集》晚于《桯史》。

再者，《雪山集》在王质生前只有三卷本，尚不知是否刊本。如是刊本，将"山"错刊为"斋"的可能性也很小。"山"与"斋"，笔画一简一繁，字形也相差极大。古人刊书，书名重复出现于书页版心。南宋后期刻书，"版心有鱼尾，上下鱼尾之间，多刻书名、卷次、页码"[⑥]，如此明显的失误，如此多的发现机会，应无疏忽之理。

《桯史》既云"景文它文极多，号《雪斋集》，大略似是"，则岳珂

---

① 吴企明点校《桯史》卷五，第 57 页。

②《贵耳集》卷中，《宋元笔记小说大观》第四册，第 4296 页。

③《雪山集》卷首《提要》，《四库全书》本。

④ 吴企明点校《桯史》，第 58 页注释⑦。

⑤《贵耳集》卷上，《宋元笔记小说大观》第四册，第 4260 页。

⑥ 牟玉亭著《中国古典文献学》，第 83 页。

曾阅王质文集，其失误原因可能是记忆模糊或笔误。我们还应考虑到与王质同时或稍早号雪斋者的干扰。《宋诗纪事》卷八五："子觉字彦先，号雪斋，太祖六世孙，令衿之子，为严倅时，放翁为郡守，诚斋以诗寄放翁，有'幕中何幸有诗人'之句，谓子觉也，有《雪斋集》。"①当时号雪斋的还有孙应时。《宋史翼》卷二九："孙应时，字季和，余姚人，父介，躬行古道，训授闾里，乡人尊之，号雪斋先生。"②当时既有多人号雪斋，如果读书时不是随手记下，凭记忆很可能与"雪山"混淆。又《文渊阁书目》卷九著录："王咨《雪斋文集》一部五册，全。"③陈乐素《宋史艺文志考证》亦云："王咨《雪斋文集》四十卷，《郡斋读书志附志》别集类《雪斋居士文集》二十卷。"④且"王咨"与王质字形、字音都相近，产生混淆的可能性当更大。

第三节 《绍陶录》的版本及其他

《绍陶录》因《栗里谱》、《华阳谱》而著名。袁行霈云："编纂陶渊明年谱，盖始于南宋，李焘有《陶潜新传》并《诗谱》各三卷，见《宋史》卷三八八《李焘传》，已佚。今存最早者为王质所编《栗里谱》，署'癸卯二月泰山王质谱'。癸卯为淳熙十年。此谱见其《云韬堂绍陶录》，元陶宗仪《南村辍耕录》卷一六备载之，又见清陆心源《十万卷楼丛书》。"⑤阐述了《栗里谱》历史地位及后人著录情况，可见该书影响之一斑。《华阳谱》则是今存最早的陶弘景年谱。

《栗里谱》、《华阳谱》多受学者关注，但《绍陶录》少有人研究，以致许多问题至今尚未弄清，如：《绍陶录》是否成于王质"奉祠"

① 厉鹗撰《宋诗纪事》卷八五，第四册，第 2036 页。
② 《宋史翼》卷二九，第 308 页。
③ 杨士奇等撰《文渊阁书目》卷九，《丛书集成初编》第 29 册，第 110 页。
④ 陈乐素著《宋史艺文志考证》，第 513 页。
⑤ 袁行霈著《陶渊明研究》，第 243 页。

后？《绍陶录》与《林泉结契》是什么性质的著作？两书的关系如何？版本情况又如何？下面试作考述。

一、《绍陶录》成书时间与创作意图

四库馆臣云："质于淳熙中奉祠山居，以陶潜、陶弘景皆弃官遗世，其同时唐汝舟、鹿伯可继其风，因作此书。"①推测王质先奉祠山居，后成《绍陶录》。《钦定续文献通考》从之②。

馆臣此说不妥。王质应是先作《绍陶录》，后得祠禄。《雪山集》卷八《与周枢密益公书》云："某伏以季春之月……钧侯起居万福。"又云："既老且衰，卒有不胜洒扫之职，不得谢一语之恩于数仞之下。"此书作于淳熙十二年春③，知此年春王质始得宫观，且因周必大之荐举。王质闲居家乡较早，至少从淳熙七年(1180)开始。周必大淳熙七年曾云："近者王景文起倅庐陵，尝为丞相言朝廷无弃才之理，使诚有过，犹当计岁月乘除之，况本无过乎？"④知王质未赴吉州通判任，此后他未再出仕。

《绍陶录》卷下《书鹿伯可事》之下有两段话：

> 本自山野，无关世资，其阔疏固宜。周旋簪绂之间，拔出亦难。晋陶元亮、梁陶通明皆弃官遗世者，今济民、伯可宦途方通，年龄未颓，而飘然去之，书之为《绍陶录》云，王质题。
>
> 两同年为余兴起山林之心至切矣，既书其事，已涉闲趣者，他辞今附于后。⑤

---

①《绍陶录》提要，《四库全书》本。

②《钦定续文献通考》卷一六四云："王质于淳熙中奉祠山居，作此书。"

③ 周必大《王景文质》(题下原注作于淳熙十二年)，其中所云"忽奉缄书辞"即指王质《与周枢密益公书》，所云"留意《诗》、《易》"，"夫惟病，病是以不病"，在《与周枢密益公书》中都能找到相应的话，应是《与周枢密益公书》在前，周必大回复《王景文质》在后。

④《文忠集》卷一九三《沈编修瀛》，《四库全书》本。该文题下注："淳熙七年。"

⑤《绍陶录》卷下，《四库全书》本。

云“书之为《绍陶录》”，指书唐、鹿事入《绍陶录》，可见其时书名已经拟定。所谓“既书其事，已涉闲趣者，他辞今附于后”，卷下应已写成，至少是初具规模。《绍陶录》卷下《书唐济民事》、《书鹿伯可事》末署“癸卯正月”，卷上《栗里谱》、《华阳谱》末署“癸卯二月”，一般据此确定《绍陶录》成于淳熙十年（1183，癸卯）。其实王质此后仍有修改，最后定稿当更迟，详见以下论述。

《绍陶录》卷下各辞多达85首，且体例形式相近，应非短期所可写成，开始创作应该较早。当是王质退居其里，闲时作两谱并《栗里华阳窝辞》及卷下各辞，唐、鹿归隐事，只是促使他最终编定《绍陶录》的契机。《雪山集》卷一二有《荷柳松竹赠答》组诗，其中以荷、柳、竹、松为友，长短句相间，形式很像《林泉结契》各诗。诗前序云：“权舆起辛巳，推迁至辛丑。”知作于淳熙八年（1181，辛丑），距两谱写成之淳熙十年仅两年。此诗已具备《绍陶录》卷下各诗的韵味，可视作《绍陶录》卷下各诗的前导或“预演”，也可佐证《山友辞》等各辞开始创作可能较早。

至于此书创作意图，吴焯《绣谷亭薰习录》认为：“慕陶靖节，故所著名《绍陶录》。”[①]仅云王质“慕陶靖节”，已失其指。四库馆臣云：“以陶潜、陶弘景皆弃官遗世，其同时唐汝舟、鹿伯可继其风，因作此书。”（《绍陶录》提要）较为客观全面。丁丙曰：“实则借以自寓也。”[②]指出此书深意是“自寓”。袁行霈云：“王质，节义之士，故特标举渊明。其《栗里谱》开首曰：‘元亮高风，发于宋、晋去就之际。’知是谱有为而作也。”[③]认为《栗里谱》“有为而作”，也是指这一点而言。钱钟书云：“至于他的《绍陶录》，那是表示他羡慕陶潜那样的隐逸生活，并非效法陶潜的诗歌，而且‘陶’字指陶潜、陶弘景两个人，所谓‘渊乎栗里，谧哉华阳。’”[④]既指出“陶”字所指，更标明

① 吴焯撰《绣谷亭薰习录》，《丛书集成续编》第68册，第961页。
② 丁丙撰《善本书室藏书志》卷九史部，第502页。
③ 袁行霈著《陶渊明研究》，第243页。
④ 钱钟书选注《宋诗选注》，第235页。

“绍”字内涵，很有见地。王质云“两同年为余兴起山林之心至切矣”，可知他近绍唐、鹿，远绍陶潜、陶弘景①。

二、《绍陶录》版本

最早著录《绍陶录》的，是宋陈思编、元陈世隆补《两宋名贤小集》：“（王质）有《雪山集》、《绍陶录》。”②其后著录的，如陶宗仪《辍耕录》云：“宋泰山王质所著《云韬堂绍陶录》，录中首载栗里、华阳二谱。”③明余寅《同姓名录》云：“宋王质，泰山处士，著《云韬堂绍陶录》，是有《辍耕子世系谱》。”④清黄虞稷《千顷堂书目》：“王质《绍陶录》二卷。”⑤可见《绍陶录》流传脉络。不过，或云《绍陶录》，或作《云韬堂绍陶录》，可能是因为流传过程中的不同版本。

《中国图书综录》著录的版本有《四库全书》本、《十万卷楼丛书》本、《湖北先正遗书》本等常见版本⑥。《增订四库简明目录标注》著录有学海类编本及抄本：“路有钞本。振绮堂有钞本。张目有旧钞本。”⑦《中国古籍善本总目》史部著录六个抄本：“清康熙三十年翁炳、翁掞抄本。清翁栻校并跋。清乾隆四十一年孔继涵家抄本，清孔继涵校并跋。清抄本，清吴骞、鲍廷博校。清王氏十万卷楼抄本。清全氏含清书屋抄本。清抄本，缪荃孙校。”⑧

清代抄本较多，有两个系统：

---

①《宋史》卷二〇五载：“冯安世《林泉备》五卷。”在窦苹下、吕惠卿上，似为北宋人。以理论之，王质可能得见此书，但没有任何线索表明王质受其影响。

②《两宋名贤小集》卷一九六，《四库全书》本。

③《辍耕录》卷一六，《四库全书》本。

④《同姓名录》卷四，《四库全书》本。

⑤《千顷堂书目》卷一二小说类，《四库全书》本。

⑥ 上海图书馆编《中国图书综录》，第 441 页。

⑦ 邵懿辰撰，邵章续录《增订四库简明目录标注》，第 736 页。

⑧ 翁连溪编校《中国古籍善本总目》史部，第 397 页。

一、鲍廷博抄本系统。凡此系统抄本皆不全，上卷缺七首，下卷缺十首。

1. 鲍廷博知不足斋抄本。张元济《涵芬楼烬余书录》："清鲍氏知不足斋钞本，一册，鲍以文、孔荭谷旧藏。"[①]鲍廷博（1728—1814），清安徽歙县人，字以文，号渌钦。孔继涵（1739—1784），清山东曲阜人，号荭谷。《涵芬楼烬余书录》："陆心源亦以旧钞本刊入《十万卷楼丛书》，章节全与是本合。"[②]又据缪荃孙《艺风藏书记》："《绍陶录》二卷，旧抄本，鲍渌钦藏书，有'老屋三间'、'赐书万卷'、'歙西长塘鲍氏知不足斋藏书'印，两朱文方印。陆存斋刻入十万卷楼丛书，缺十一叶。"[③]可确知陆心源《十万卷楼丛书》所用底本即此本。《藏园订补郘亭知见传本书目》卷五上："《绍陶录》二卷，宋王质撰。昭文张氏有旧抄本《云韬堂绍陶录》二卷。补：清写本，版心下方有'知不足斋正本'六字。孔继涵手抄序并校跋。蒋汝藻密韵楼藏。"[④]所述应即鲍氏藏本。《著砚楼读书记》："《绍陶录》明以前刊本无传，鲍氏知不足斋藏旧钞本，未经刊行。其后陆氏皕宋楼据以重梓，入《十万卷楼丛书》中。今陆刻缺十一叶，盖所据旧钞如是，无从勘补也。"[⑤]清以前的各种公私书目皆不载刊本，可能最早的刊本即是《十万卷楼丛书》本。

2. 金氏含清书屋抄本。潘景郑《著砚楼读书记》："此金氏含清书屋钞本一册，盖数年前得诸小绿天孙氏者。经前人据知不足斋勘过，是正亦至寥寥。其《栗里谱》阙文，亦无从取补，岂传本沿

① 张元济著《涵芬楼烬余书录·史部》，张元济著、张人凤编《张元济古籍书目序跋汇编》中册，第 498 页。

②《张元济古籍书目序跋汇编》中册，第 498 页。

③ 缪荃孙撰《艺风藏书记》卷四史学第五，第 196 页。

④ 莫友芝著、傅增湘订补《藏园订补郘亭知见传本书目》卷五上，第 24 页。按，原作"云韩堂绍陶录"，当是因"韬"、"韩"字形相近而误。

⑤ 潘景郑著《著砚楼读书记》，第 129 页。

袭至今，无一完善者耶？”[1]知金氏含清书屋抄本与《十万卷楼丛书》本当同出一源。此本现藏上海图书馆。孙毓修(约 1869—1939)，江苏无锡人，版本目录学家。字星如、恂如，号留庵、绿天翁，别署小绿天主人，小绿天为其别室名。

3.《四库全书》本。

文渊阁《四库全书》本《绍陶录》，卷上缺诗七首，卷下缺诗十首。《著砚楼读书记》：“《四库》著录斯书，不言有阙疑，馆臣任意增损，特讳言之耳。”[2]仅据四库馆臣“不言有阙疑”，就断言其“任意增损”，未免冤枉。据吴慰祖校订《四库采进书目》，当时各省采进的《绍陶录》抄本多达六个。《四库全书》所采用的应是各本中最好的，尚无佚诗及序，可见当时所进各本皆是与翁本不同的本子。今观王质自序，并无涉及违碍之处，馆臣应无删除之理。

二、足本系统。

1. 翁栻校跋抄本。张元济《涵芬楼烬余书录》云：“常熟瞿氏有旧钞本，为翁又张录自徐健庵修志局者。因借以对勘。于此上卷《栗里锄》下，多《栗里香》、《栗里扇》各一首；又《栗里花药梅桃李菊兰》二首，《栗里卉木竹松柏桑榆槐》二首，《栗里翼彼新苗禾麻麦》一首。下卷《蒌蒿》下，多《茭白》、《黄花菜》，又《山水友别辞》《茯苓酥》、《地黄糖》、《薏苡饭》、《松粉》、《芭蕉脯》、《檐蔔鲊》、《榆酱》、《苍耳酒》十首。”[3]翁栻字犹(一作又)张。

2. 丁丙《善本书室藏书志》：“《云韬堂绍陶录》二卷，钞本。……是录有质自序。……此传录洞庭翁氏栻藏本。”[4]当是翁

① 潘景郑著《著砚楼读书记》，第 129 页。按，“金氏”，《中国古籍善本总目》作“全氏”。

② 潘景郑著《著砚楼读书记》，第 129 页。

③《张元济古籍书目序跋汇编》中册，第 498 页。按，原文标点稍有误，如“《松粉芭蕉脯》、《檐蔔》、《鲊榆酱》”，今据《全宋诗》第 46 册第 2498 卷第 28892—28893 页，作“《松粉》、《芭蕉脯》、《檐蔔鲊》、《榆酱》”。

④ 丁丙撰《善本书室藏书志》卷九史部，第 502 页。

本的过录本。清沈德寿《抱经楼藏书志》卷二一著录《云韬堂绍陶录》二卷，并录有王质自序，所据当是翁本系统。

《四库全书》所据底本卷下各辞与《两宋名贤小集》本《林泉结契》篇目相合，都无《葵白》、《黄花菜》二首，亦无《山水友别辞》八首。《两宋名贤小集》摘《绍陶录》卷下各辞，题曰《林泉结契》，分为四卷，见该书卷一九六至一九九。以陈思、陈世隆时间接近王质时代，所见《绍陶录》当更接近原貌，为何少诗十首，可能是所据底本不同。与《四库全书》本相比，翁本卷上多诗七首，卷下多诗十首。翁本既多诗十七首，前又有自序，可证清代以前《绍陶录》仅有抄本流传，且两个系统的抄本当成于不同时期。

翁本时间较早，为康熙三十年(1691)翁炳、翁掞抄本。而《四库全书》本于乾隆四十一年(1776)十一月校毕呈上[①]。就时间而言，翁本在四库本之前，早于今存他本，也可能较多地保存了原貌，如题名为《云韬堂绍陶录》，“云韬堂”三字即为他本所无。考王质另著《云韬堂楚辞》一书(已佚)，也以“云韬堂”为书名，“云韬堂”之名标榜隐逸，可能是其晚年所取堂名。《绍陶录》可能是较早的书名，《云韬堂绍陶录》则可能晚出。《四库全书》本多有佚去或失收诗文的情况，也有所据版本并非善本的情况。在无确凿证据时，不应仅相信《四库全书》本，而怀疑翁本。从多出的十七首诗看，风格及用语皆与《绍陶录》中其他诗文相近。

三、《林泉结契》版本

《林泉结契》摘自《绍陶录》卷下各辞。四库馆臣以为是宋荦首先摘出：“是编乃商邱宋荦摘《绍陶录》中《山友辞》、《山友续辞》、《水友辞》、《水友续辞》、《山水友续辞》，各为一卷，谓其有玩物适情之趣，改题此名，其文则无所增损也。”[②]后人多有沿

① 《绍陶录》卷首《提要》，《四库全书》本。
② 《钦定四库全书总目》卷一七四《林泉结契》提要，下册，第2368页。

其误者[①]。馆臣可能是根据宋荦《林泉结契》跋而作此判断的，跋云："此集即在《绍陶录》中，惜辞调不甚高雅，余以其有玩物适情之趣，特手录之，名之曰《林泉结契》。"[②]

其实最早摘出者不是宋荦，而是宋陈思编、元陈世隆补《两宋名贤小集》，同样摘《绍陶录》卷下各辞，同样改题《林泉结契》，同样是《山友辞》、《山友续辞》、《水友辞》、《水友续辞》、《山水友续辞》各为一卷。观宋荦言之凿凿，似不曾知有《两宋名贤小集》收《林泉结契》事。可能的解释是，《林泉结契》"以鸟兽草木为友"[③]，"有玩物适情之趣"[④]、"寄怀尘外之致"[⑤]，古人虽相隔千载，但心有灵犀，遂致同赏其尘外逸致，而有此巧合。

《中国图书综录》著录《林泉结契》版本：学海类编本、《两宋名贤小集》本、《丛书集成初编》本[⑥]。《增订四库简明目录标注》又著录抄本："许氏有钞本《林泉结契》五卷，王质撰，吴尺凫跋三通。"[⑦]莫友芝《藏园订补郘亭知见传本书目》云："《林泉结契》五卷，宋王质撰。清写本。……钤汪文柏古香楼印记。卷中夹一纸笺，鲍廷博朱笔手书'乾隆辛卯九月廿三日知不足斋收藏'。"[⑧]因《林泉结契》摘自《绍陶录》，故版本情况并不复杂。

四、《绍陶录》体例

王质著《诗总闻》，"取《诗》三百篇，每章说其大义，复有闻音、闻训、闻章、闻句、闻字、闻物、闻用、闻迹、闻事、闻人之别，又间为

① 如谢巍编撰《中国历代人物年谱考录》云："此（引者按，指《林泉结契》）为宋荦节录《绍陶录》刊之。"第 192 页。

②《林泉结契》卷末，《丛书集成初编》本。

③《绍陶录》提要，《四库全书》本。

④《林泉结契》卷末，《丛书集成初编》本。

⑤《绍陶录》提要，《四库全书》本。

⑥ 上海图书馆编《中国图书综录》，第 794 页。

⑦ 邵懿辰撰，邵章续录《增订四库简明目录标注》，第 736 页。

⑧《藏园订补郘亭知见传本书目》卷一三下，第 62 页。

总闻，而闻南、闻风、闻雅、闻颂冠于四始之首”①，特点是对《诗经》每首诗从闻音等十方面进行细致深入的解读研究。《绍陶录》的体例表明它与《诗总闻》有一定联系，并曾受前代类书影响。《绍陶录》沿袭《艺文类聚》以来的体例：“事居其前，列文于后。”（欧阳询《艺文类聚序》）“事前、文后，便是《艺文类聚》每一个子目的体例”②。“《初学记》每一子目内均分‘叙事’、‘事对’、‘诗文’三部分”③。《绍陶录》有卷上《栗里华阳窝辞》及卷下《山友辞》、《水友辞》、《山友续辞》、《水友续辞》、《山水友余辞》、《山水友别辞》等类目的设置。每类目下先言“事”，卷上考陶渊明、陶弘景遗文遗事，卷下则述动植物形状、情态、功用等；后赋“诗”，各诗皆仅对各物作形象化描述，不涉及比兴寄托，也很少越入社会人事。四库馆臣云：“（类书）唐以来诸本骈青妃白，排比对偶者，自徐坚《初学记》始；镕铸故实、谐以声律者，自李峤《单题诗》始；其联而为赋者，则自（吴）淑始。”④王质与他们不同的是，并非“镕铸故实”，而是直接放眼大自然；所相同的是，“谐以声律”，排比成诗。《雪山集》卷五《〈云韬堂楚辞〉后序》提到陆佃的《物性门类》与《埤雅》：“陆氏《埤雅》，比《物性》倍蓰增明。初，神宗以对时，育物宅心，陆氏推此类具言之。造根于《物性》，纪实于《埤雅》。上迪君师，下训学士。”可见《云韬堂楚辞》受陆佃著作的启发并有所借鉴。《绍陶录》与《云韬堂楚辞》都成于晚年，故也可能受《埤雅》影响。

《绍陶录》提要云：“其曰《山友词》者，皆咏山鸟；曰《水友词》者，皆咏水鸟；曰《山友续词》者，皆咏山草；曰《水友续词》者，皆咏水草；曰《山水友续词》者，则杂咏禽虫诸物。”⑤可见《绍陶录》是有意创作的成系统的咏物组诗。

---

①《诗总闻》卷首《提要》语，《四库全书》本。

② 胡道静著《中国古代的类书》，第 80 页。

③ 胡道静著《中国古代的类书》，第 96 页。

④《钦定四库全书总目》卷一三五《事类赋》提要，下册，第 1776 页。

⑤《绍陶录》卷首《提要》，《四库全书》本。

五、《绍陶录》、《林泉结契》的性质与归类

《钦定四库全书简明目录》卷六云："上卷载栗里、华阳二谱，各摘其遗文遗事为题，别为之词。下卷记唐、鹿事，而附以林居咏物之诗。"已经概括《绍陶录》主要内容为诗文。却又云："此书非史非子非集，无类可归，以其上卷冠以二陶谱，下卷冠以唐、鹿事，姑附之传记类中。"①《钦定四库全书总目》即收入"史部传记类"。《钦定续通志》卷一五九、《钦定续文献通考》卷一六四从之。《湖北先正遗书》、《增订四库简明目录标注》、《中国图书综录》等皆入史部传记类。

陶宗仪《说郛》卷三二下收《绍陶录》中《书唐济民事》，可见是将《绍陶录》当作小说。黄虞稷《千顷堂书目》卷一二"小说类"著录《绍陶录》二卷，与洪迈《夷坚支志》、王明清《玉照新志》、王楙《野客丛书》等并列，卷一五"又广说郛八十卷"下之"十九卷"条，又著录《胜国纪异录》、《绍陶录》，注云"俱陶九成"②。"陶九成"即陶宗仪。此云《绍陶录》作者为陶宗仪，当是因其《说郛》曾录《绍陶录》中《书唐济民事》一文，黄虞稷不察，遂致既误书作者，又误入小说类。

前人觉得此书"无类可归"，主要原因即是两篇年谱。四库馆臣说："唐宋诸集有兼收杂著例。"③曾枣庄说："由于分类标准不一，各自所择之'善'不同，有些书现在虽列入子、史部中，实际可视为别集。"④其实《绍陶录》即是如此，其主体是诗作，卷上《栗里华阳窝辞》32 首，卷下《山友辞》19 首，《水友辞》19 首，《山友续辞》10 首，《水友续辞》9 首，《山水友余辞》20 首，《山水友别辞》8 首，合计有诗 117 首。上卷有文《书陶元亮谱》、《书陶通明谱》、《书栗里华

---

①《钦定四库全书简明目录》卷六，《四库全书》本。

②《千顷堂书目》卷一五类书类，《四库全书》本。

③《钦定四库全书总目》卷一五二《宋元宪集》提要，下册，第 2039 页。

④ 曾枣庄著《宋代文学与宋代文化》，第 381 页。

阳闲窝辞》，再加《栗里谱》、《华阳谱》，下卷有文《书唐济民事》、《书鹿伯可事》，计五篇文二篇年谱。除两篇年谱史学色彩很强外，其他文都可以看作序或“写作缘起”之类。《钦定四库全书总目》云：“上卷载栗里、华阳二谱，而各摘其遗文遗事为题，别为词以咏之。”①即指出卷上主要是诗歌。《绍陶录》卷上各文其实就是《栗里华阳窝辞》32 首诗写作的依据或纲领；而卷下两篇文，也可视为写作缘起，所谓“两同年为余兴起山林之心至切矣，既书其事，已涉闲趣者，他辞今附于后”②。据笔者统计，按所占篇幅计算，卷上及卷下七篇文(含两篇年谱)，约 4870 字，总字数约 14320 字，约占 34%。故无论在全书中所占篇幅，还是在书中所起作用，这七篇文都不应影响到《绍陶录》的性质及分类。故《绍陶录》应是王质的一部诗文别集。

《林泉结契》的归类也多歧说。《钦定四库全书总目》入集部别集存目，《丛书集成初编》入“文学类”。《中国古籍善本总目》集部著录。而《中国丛书综录》入《子部·农家类·生物之属》，刘琳、沈治宏编著《现存宋人著述总录》从之。罗桂环《宋代的“鸟兽草木之学”》云：“书中每一种生物都配有一首诗歌，是一部很具有当时文化特色的动植物专著。”③视为“动植物专著”。吴焯《绣谷亭薰习录》：“此编亦见录中，凡禽虫草木，并有笺释，系以诗。”④指出体例，但未明言归类。体例上“有笺释，系以诗”，很像类书，这也许是后人误为“动植物专著”的原因。

我们以为，判定一部书的性质，固然有不同的标准，古人著书时也并未按固定体例与模式来写作，一本书既可入此类，又可入彼类，分类上的不易，也许正说明该书内容的丰富驳杂。对于《绍陶录》及从中摘出的《林泉结契》，无论后人从传记、咏物诗集、动植物

---

①《绍陶录》提要，《四库全书》本。
②《绍陶录》卷下，《四库全书》本。
③ 罗桂环《宋代的“鸟兽草木之学”》，《自然科学史研究》2001 年第 2 期。
④ 吴焯撰《绣谷亭薰习录》，《丛书集成续编》第 68 册，第 961 页。

专著或其他角度进行研究，都有其特定视角，也可见此书内容丰富与价值所在。

第四节 《诗总闻》版本考

《诗总闻》是《诗经》研究著作，因去毛序言诗而著名，为宋代三家去序言《诗》者之一。学者多有研究。但《诗总闻》的价值并不仅限于《诗经》研究领域，还具有语音史料价值。刘咸炘指出："书诚有名亡而实不亡者，有二类焉。一则它书中全载之。如吕祖谦《古周易音训》之在朱氏《本义》中，吴棫《诗补音》之在王质《诗总闻》中是也。"[①]张民权等学者有相关研究成果[②]。

《直斋书录解题》卷二〇著录："《雪山集》三卷，富川王质景文撰，质游太学，治诗有声，仕为枢属，尝著《诗解》三十卷，未之见也。"[③]卷二又云：

> 王氏《诗总闻》三卷。不知名氏及时代，其自序言丁丑(1157)入吴见谢君士燮，丙戌(1166)入蜀见陈君彦深，庚寅(1170)再入蜀见杨君左车，所称甲子不著年号，而谢陈杨三君亦竟莫详为何人也，当俟知者问之。其书有闻音、闻训、闻章、闻句、闻字、闻物、闻用、闻迹、闻事、闻人凡十闻，每篇为总闻，又有闻风、闻雅、闻颂等，其说多出新意，不循旧传。[④]

---

① 刘咸炘著《刘咸炘论目录学》，第17页。

② 见张民权《王质〈诗总闻〉叶音性质与宋代语音史问题》，《语言学论丛》第38辑，商务印书馆2008年版。

③ 徐小蛮、顾美华点校《直斋书录解题》，第605页。

④ 徐小蛮、顾美华点校《直斋书录解题》，第40页。

其所著录王质《〈诗总闻〉自序》，虽只是撮其大意，但与今存者内容符合①。莫伯骥《五十万卷楼群书跋文》："直斋已编王氏《诗总闻》于诗类，而不知即王氏之《诗解》，转谓未见，则不免讹误。"②对其致误之因未作说明。张宗泰《跋陈振孙书录解题》："直斋编王氏《诗总闻》于'诗类'，而不知其即王氏之《诗解》，转云未见，亦失之眉睫也。但《诗总闻》二十卷，而'诗类'作三卷，不知何以悬殊至此，而此作三十卷，疑亦二十之误也。"③对于著录卷数的不一致，以为是误写；对于不知《诗解》、《诗总闻》同为一书，以为是"失之眉睫"。对此推测，笔者不敢苟同。王质此序当成于定稿时，陈振孙既著录自序，又提到"闻音"等"十闻"，所见当是晚年定稿④，但又云"王氏《诗总闻》三卷"，所见应是残本。陈振孙又不知《诗解》其实就是《诗总闻》，对书名、卷数都未能准确著录，可能因为他见到的是"王氏《诗总闻》三卷"残本，而"《诗解》三十卷"没有亲见，仅得自道听途说，所谓"未之见也"。刘毓庆说："盖陈氏据传闻记述，未敢确信必然，故不别立标目。"⑤是很有见地的。从陈振孙的失误，

① 王质《〈诗总闻〉自序》又见于[清]沈德寿《抱经楼藏书志》卷四、[清]陆心源《皕宋楼藏书志》卷五、[清]张金吾《爱日精庐藏书志》卷三，皆为全文。

②《国家图书馆藏古籍题跋丛刊》第27册，第314页。

③ 徐小蛮、顾美华点校《直斋书录解题》，第40—41页。

④《雪山集》卷八《与周枢密益公书》云："姑且正音、正训、正章、正句、正字、正物、正用、正迹、正事、正人，而为十正。"该《书》作于淳熙十二年(1185)。今本《诗总闻》作"闻音"等"十闻"，知淳熙十二年《诗总闻》尚未最后定稿。《〈诗总闻〉自序》云："庚寅(1170)再入蜀……又十八年，自度可书，乃书，今具左方。"知自序作于淳熙十五年(1188)。或谓可能有三卷本《诗总闻》的早期版本，误。因陈振孙《直斋书录解题》卷二已引《〈诗总闻〉自序》，知此序确为王质所作。陈振孙所引序称"闻音"等十闻，故陈氏所见应是最后定本。唯《〈诗总闻〉自序》云"丙戌入蜀"，考王质行踪，相差一年(应是丁亥年)，当是晚年记忆稍有误。

⑤ 刘毓庆著《历代诗经著述考(先秦—元代)》，第221页。

可见《诗总闻》在宋代流传极其有限，而不是“传习者众”[①]。

陈振孙的失误，通过马端临传递到了明清。马端临《文献通考》引录陈氏之语：“王景文《诗总闻》三卷，陈氏曰：‘自序云研精覃思于此，几三十年。’”[②]从马氏也著录“三卷”来看，他似乎也未亲见原书，之所以改云“王景文《诗总闻》”，只不过纠正了陈氏“不知名氏”之误而已。胡应麟《少室山房笔丛》也曾记下疑惑：“陆子渊云，宋王景文有《诗总闻》，尝借钞于李伯华家，其说诗颇与文公异。按景文名质，苏子瞻同时人，而此书端临通考亦载，第卷数不同，恐赝作也。”[③]赝作倒未必，可能马端临没有亲见《诗总闻》，只是转引《直斋书录解题》。胡应麟说王质是“苏子瞻同时人”，则失于细察。又提到“借钞”，知明代学者已不易见到该书。《山东通志》载：“王质《毛诗总闻》二十卷，又《诗解》三十卷。”[④]云“《诗解》三十卷”，可能受陈振孙影响。

学者们的这些失误相沿承续，可见《诗总闻》流传不广，陈振孙、马端临及明人不易见到，宋以后至明代又无翻刻本。周中孚《郑堂读书记》云：“宋以后，惜未有为之重梓者。”[⑤]这种推测应是可信的。但是，明代仍有不少学者读过《诗总闻》。如季本撰《诗说解颐字义》卷一解释《芣苢》、季本撰《诗说解颐正释》卷二解释《行露》、朱朝瑛撰《读诗略记》卷二《蜉蝣》、杨慎撰《升庵集》卷六三解

---

① 钱仪吉《〈诗总闻〉跋后》，《丛书集成新编》第55辑，第473页。钱仪吉《〈诗总闻〉跋后》云：“昔黄东发说《诗》，朱、吕二家外，惟取雪山王氏，知其书在宋时传习者众。”宋代读过《诗总闻》并作记录的，据今存文献看，也许只有陈振孙与黄震二人。陈振孙（1179—1262），字伯玉，号直斋，安吉（今浙江安吉）人，撰《直斋书录解题》等。黄震（1213—1280），字东发，慈溪（今浙江慈溪东南）人，著《黄氏日钞》等。二人都著录《诗总闻》，尤其《黄氏日钞》多次引述，故钱氏有此错觉。

②《文献通考》卷一七九，下册，第1548页。

③ 胡应麟撰《少室山房笔丛》卷三，《四库全书》本。

④《山东通志》卷三四，《四库全书》本。

⑤ 周中孚撰《郑堂读书记》下册，第105—106页。

释《鲦蚕》、杨慎撰《丹铅总录》卷一八"王雪山论诗"条，都曾引用王质《诗总闻》的观点。

其实《诗总闻》在南宋淳祐间就有刻本。《诗总闻》卷首载陈日强序云：

> 宋雪山王先生《诗说》二十卷，其家椟藏且五十年，未有发挥之者。临川贰车国正韩公摄守是邦，慨念前辈著述不可湮没，乃从其孙宗旦求此书锓梓，以广其传，命工经始，而日强分符来此，公余因取读之，其删除诗序，实与文公朱先生合，至于以意逆志，自成一家，真能寤寐诗人之意于千载之上，斯可谓之穷经矣！趣使镵刻，凡三阅月而后竣事。使斯文显行于世，后学之幸也。淳祐癸卯季冬，上澣吴兴陈日强书于富川郡斋。"

知《诗总闻》于1243年首刻于王质家乡。有不少学者对此有误解。如有人认为："《诗总闻》写出五十年后，因为朱熹的支持才能付刊，这时朱熹已经取得了学术上的权威地位。"①其实朱熹卒于公元1200年，并未看到《诗总闻》出版。也有人误以"临川贰车国正韩公"为元代人，而将《诗总闻》的出版归入元代②。

《诗总闻》明清抄本较多。有两个系统：

一、文渊阁《四库全书》本系统

此传抄本系统都缺王质自序，主要有谢肇淛抄本、澹生堂抄本、赵琦美抄本等。

谢肇淛抄本。周亮工《书影》云："宋末汶阳王质，号雪山先生，著《诗总闻》二十卷，其家椟藏五十年。淳祐中，吴兴陈日强守汶阳，刻之郡斋，始行于世，后又无传矣。谢在杭录之秘府，诸子尽卖

---

① 夏传才著《诗经研究史概要》，第138页。

② 李致忠著《中国出版通史·宋辽西夏金元卷》，第400页。

藏书，近为陈开仲购得之，归之予。”[①]谢肇淛（1567—1624）字在杭，号武林、小草斋主人，晚号山水劳人。在京为官时，无事即到内府抄阅古籍，是明末著名学者与藏书家。周亮工（1612—1672），字元亮，又有陶庵、减斋、缄斋、适园、栎园等别号。著有《赖古堂集》、《读画录》等。此本未见著录收藏，不知所终。

澹生堂抄本。丁丙《丰顺丁氏持静斋书目》：“宋王质《诗总闻》二十卷，明澹生堂据宋刻富川本过抄，与聚珍版本微有异同。何义门旧藏。”[②]缪荃孙等《嘉业堂藏书志》：“《诗总闻》二十卷，抄本。……此为澹生堂抄本。卷首有‘闻音’等十例，而缺自序，当与谢氏本同出一源。有‘何焯之印’、‘屺瞻尔玉’、‘吴下程大味书轩’诸记。”[③]祁承爜（1563—1628），字尔光，号夷度，又称旷翁、密士老人，山阴（今绍兴）人。明藏书家，在绍兴梅里建“澹生堂”，编有《澹生堂藏书目》。何焯（1661—1722），字润千，因早年丧母，改字屺瞻，晚号茶仙。苏州人，寄籍崇明，为官后迁居长洲（苏州）。先世曾以“义门”旌，学者称义门先生。《持静斋书目》称“何义门旧藏”，《嘉业堂藏书志》称有“何焯之印”，故知二者为同一本书。祁氏澹生堂抄本今藏上海图书馆。

赵琦美抄本。周中孚《郑堂读书记》云：“《诗总闻》二十卷，赵清常传写本。……周栎园《因树屋书影》，称是书世久无传，谢肇淛始录本于秘府。钱曾王《读书敏求记》所载，则云赵清常从阁宋本钞录，惜缺二十余叶，藏书家无从借补，俟更觅之。此本末有万历四十年清常跋，记其缺叶甚详，与敏求记合。盖即赵藏本也。卷末有淳祐吴兴陈日强初刻时跋。”[④]赵琦美（1563—1624），字元度，号清常道人，常熟（今江苏常熟）人。赵用贤子。以父荫，官至刑部郎

---

① 周亮工著《书影》，第 210 页。

② 丁丙撰《丰顺丁氏持静斋书目》，载贾荣贵、王冠辑《宋元版书目题跋辑刊》第二册，第 77 页。

③ 复旦大学出版社 1997 年版，第 1204 页。

④ 周中孚撰《郑堂读书记》下册，第 105—106 页。

中。其藏书之室曰脉望馆。编有《脉望馆书目》等。钱曾(1629—1701),字遵王,号也是翁,又号贯花道人、述古主人。虞山(今江苏常熟)人。编有《述古堂藏书书目》、《也是园书目》和《读书敏求记》。钱氏《述古堂藏书书目》著录此本为"六本、阁宋本抄",《读书敏求记》所云见上引《郑堂读书记》。知钱氏此本为赵琦美传写本。管庭芬、章钰《钱遵王读书敏求记校证》以为"阁宋本"是"宋阁本"之误①。恐误。窃以为"阁宋本"即"内阁所藏宋本"之省称,而"宋阁本"却没有根据。周中孚(1768—1831),字信之,别字郑堂,乌程(今湖州)人。曾就学阮元,入诂经精舍,参与修辑《经籍籑诂》。晚居上海,替李筠嘉编《慈云楼藏书志》,别录副本为《郑堂读书记》。赵琦美万历四十年(1612年)作跋,又"从阁宋本钞录",可确定该本与谢肇淛抄本、澹生堂抄本为三种不同的早期抄本,其底本可能都是淳祐宋刻本。"清常殁后,其书尽归钱谦益;钱谦益绛云楼失火之后,幸存的清常所校书悉归钱曾"②。此本未见他处著录,周中孚可能是其最后读者。

明清还有一些抄本。如陆深曾说:"闻共十闻,每篇为总闻,又有闻风、闻雅、闻颂等,观其命名,已得古意,惜未得其书而读之也(自注:戊戌岁借录于李文选开先,其书颇与朱传不合,亦多前人所未发云)。"③陆深(1477—1544),初名荣,字子渊,号俨山,南直隶松江府上海(今上海)人。李开先(1502—1568),字伯华,号中麓子、中麓山人及中麓放客,山东章丘人。明代文学家、戏曲作家。陆深未细说李开先所藏是抄本还是刻本,陆深抄本后代未见流传。王士禛也提到一种抄本:"同年梁溪秦宫谕留仙松龄以写本《诗总

① 《钱遵王读书敏求记校证》卷一:"刊本误作阁宋本,今从吴校。[补]阮本同误。"据同书卷一"《周易》十卷"条,知刊本指沈尚杰重修赵孟升本,阮本为阮氏小琅環仙馆刊本。据"《乾坤凿度》二卷"条,知吴校本为吴骞校本。

② 钟东《清常道人赵琦美之戏曲文献整理》,肖永英、潘燕桃、陈定权等编著《资讯管理研究》,中山大学出版社2009年版,第400页。

③ 陆深撰《俨山外集》卷二二,《四库全书》本。

闻》相寄，宋人汶阳王质撰。”[①]此写本可能是秦松龄所抄。因为王士禛曾说：“同年秦谕德留仙（松龄）书来，亦许钞宋王质《诗总闻》及王舍人《孟端集》相寄。”[②]秦松龄（1637？—1714），字汉石，又字次椒，号留仙，又号对岩，江苏无锡人，清初诗人、经学家。此本也不知下落[③]。除澹生堂抄本外，中国国家图书馆、上海图书馆、台湾“国家图书馆”等都藏有抄本，未知其中是否有上述见于记载的抄本。

学者多以为《四库全书》本《诗总闻》源自周亮工家藏本。如莫友芝《藏园订补郘亭知见传本书目》卷二云：“四库依周亮工家抄。”[④]缪荃孙等《嘉业堂藏书志》：“其书久无传本。修四库时，始据周亮工所抄谢肇淛传抄秘府本，梓入《聚珍版丛书》。”[⑤]《增订四库简明目录标注》：“四库著录系周亮工家钞本。”[⑥]上述诸家以为《四库全书》本源自周亮工家藏本，都未说明理由，其根据可能来自《钦定四库全书总目》。《总目》卷一五《诗总闻》提要云：“周亮工《书影》以为宋末人，盖考之未审也。亮工又称是书世久无传，谢肇淛始录本于秘府，后肇淛诸子尽卖藏书，为陈开仲购得，乃归诸亮工，则其不佚者仅矣。”[⑦]由末句“其不佚者仅矣”判断，四库馆臣所见似乎就是周亮工家藏本，而且未见其他抄本，或者以为其他抄本都源自谢肇淛传抄本。

但是，据《钦定四库全书总目》，所采用的是“内府藏本”[⑧]。根据吴慰祖校订《四库采进书目》，四库馆采进《诗总闻》共有四种，

① 《渔洋书籍跋尾》卷下，载《国家图书馆藏古籍题跋丛刊》第二册，第247页。
② 王士禛撰《居易录》卷二三，《四库全书》本。
③ 关于王士禛的藏书下落，今人蒋寅有搜辑考证。见蒋寅《作为藏书家的王渔洋》，载汪晖等主编《学人》第15辑，江苏文艺出版社2000年版。
④ 《藏园订补郘亭知见传本书目》卷二，第7页。
⑤ 复旦大学出版社1997年版，第1204页。
⑥ 上海古籍出版社1979年版，第59页。
⑦ 《钦定四库全书总目》上册，第192页。
⑧ 《钦定四库全书总目》上册，第192页。

如下：

> 《两淮商人马裕家呈送书目》:《诗总闻》二十卷，宋王质，四本。
>
> 《浙江省第四次鲍士恭呈送书目》:《诗(总)闻》二十卷，宋王质著，八本。
>
> 《山东巡抚呈送第一次书目》:《诗总闻》二十卷，宋王质著，三本。
>
> 《浙江采集遗书总录简目》:《诗总闻》二十卷(写本)，宋枢密院编修官汶阳王质撰。[①]

以上四种，馆臣也应目睹。至于云"内府藏本"，是因内府别有藏本，还是指内府所藏周亮工传本，抑或指上述四种采进书目，抑或兼指所有这些藏本，无从得知。由于体例所限，《四库全书》"每书提要，仅序作者姓氏出处及书中大义。至据何刻本、钞本，不尽道及，使后人不知其来源"[②]。

自《四库全书》聚珍版以活字本印行，流传较广，传刻较多。上海图书馆编《中国图书综录》著录武英殿聚珍本、经苑本、湖北先正遗书本、丛书集成初编本等[③]，其实皆以聚珍版为源头。莫伯骥《五十万卷楼群书跋文》谓"钱氏衎石尝校此书"[④]。钱仪吉(1782—1850)，初名逵吉，字蔼人，号衎石，又号新梧。浙江嘉兴人。著有《衎石斋纪事稿》等。莫伯骥所指应是刊于"新镌经苑二十五种"的所谓"经苑本"。但是钱氏曾说"是书又更无他本可校"[⑤]。《丛书集成初编》本即排印经苑本，卷首云："经苑虽覆刻聚

① 吴慰祖校订《四库采进书目》，第67页、88页、149页、239页。

② 张宗祥遗稿《铁如意馆随笔》，《中华文史论丛》第29辑，上海古籍出版社1984年版，第221页。

③ 上海图书馆编《中国图书综录》，第52页右栏。

④《国家图书馆藏古籍题跋丛刊》第27册，第312页。

⑤ 钱仪吉《〈诗总闻〉跋后》，《丛书集成新编》第55辑，第473页。

珍，然经钱仪吉校雠，间有伪误，皆详注句下。”可知钱氏无他本可校，遂致因妄改而多讹误。

二、皕宋楼所传旧抄本

凡此本系统皆有王质自序。王质自序又见于清张金吾《爱日精庐藏书志》卷三。莫友芝《藏园订补郘亭知见传本书目》卷二云：“张金吾有旧抄，自序后十闻例。”[①]张金吾（1787—1829）字慎旃，别字月宵，清常熟人。编《爱日精庐藏书志》三十六卷、《续编》四卷。又陆心源《皕宋楼藏书志》卷五“诗类”著录王质《诗总闻》，并录其自序。陆心源《仪顾堂题跋》：“《诗总闻》二十卷……旧抄本。惟质自序及闻音至闻人十条，约千余字，活字本全缺。”[②]陆心源（1834—1894），字刚甫，号存斋，晚号潜园老人，浙江归安人。其皕宋楼藏宋刊本二百余种（俞樾撰《陆心源墓志铭》）。清沈德寿《抱经楼藏书志》卷四亦载王质自序。沈德寿（1862—?），字长龄，号药庵，别号窳民，慈溪人。

第五节　《雪山集》校勘记

经《雪山集》孔氏微波榭抄本（以下简称“孔本”）[③]、《丛书集成初编》本（以下简称“初编本”）与《四库全书》本（以下简称“库本”）校勘，作此校勘记。傅增湘跋李文藻旧抄本及秦氏石研斋抄本藏于国家图书馆，限于条件，暂时无法得见，全面彻底的校勘记，俟诸他日。

孔本从《永乐大典》初抄本出，与库本同源而早于库本。四库馆臣任意删改《雪山集》中触及忌讳之处，又删去其中青词，还有漏抄、误抄等处，孔本因保存原貌而有较高的校勘价值。初编本据聚

---

① 《藏园订补郘亭知见传本书目》卷二，第 7 页。

② 陆心源撰《仪顾堂题跋》，第 219 页。

③ 见《宋集珍本丛刊》第 61 册。下引此本，仅注《雪山集》孔本。

珍本排印[①],而聚珍本是最早的排印本,曾据《永乐大典》初抄本进行校勘,因而也有一定的校勘价值。

今述四库本如下:

一、触犯忌讳处多作改动。如《何处难忘酒》组诗,馆臣采自《贵耳集》,而不及《程史》,且四首仅采其一。傅增湘云:"此诗见张端义《贵耳集》,本为四首,馆臣只取其第三首,殊不可解。"[②]涂小马《笔记研究二题》认为:"观诗意,不难发现四库馆臣为何录一而遗三,盖因诗中有触及违碍之处。"[③]也还没有明言有何"违碍之处"。今观失选的其余三首,当是因其"公是公非,昭人文,予忠节,诛乱贼,明尊主攘夷之义"[④],民族情感激烈而触及违碍。如第一首"蛮夷太不庭"句、第二首"好汉总无张"句以及第四首"人说天方解"等句,都有涉及民族情感与天下一统的忌讳字眼。再如《雪山集》卷一《上皇帝书》(其二),孔本皆作"诸戎",而库本作"诸国",等等,也是因为触及民族忌讳而遭删改。详见下表:

孔本	库本	初编本
今乃坐困于二伪帅而不能抗	今乃坐困于二渠帅而不能抗	同库本
葛褒篡立,为葛褒者,其守国盖亦得策	葛褒自立,其守国盖亦得策	同库本
未抵江而葛褒已叛,中原大乱,数年而后定,此葛褒覆车之鉴也	未抵江而中原大乱,数年而后定,此覆车之鉴也	同库本

① 《丛书集成初编》本《雪山集》扉页云:"此据聚珍版丛书本排印。"

② 傅增湘撰《藏园群书题记》,《国家图书馆藏古籍题跋丛刊》第 25 册,第 117 页。

③ 涂小马《笔记研究二题》,《文教资料》1991 年第 1 期。

④ [明]潘旦《书〈程史〉后》,吴企明点校《程史》,第 183 页。

续表

孔本	库本	初编本
葛褒初年，金人已有亡徵，其能存立渐致康强者，和之效也。故葛褒欲保今日之和，犹秦桧欲保前日之和也	葛褒初年，金人已有亡徵，其能存立渐致康强者，和之效也	同库本
尼堪乌珠之徒善观天下之势，而疾徐操纵，不失其节，以是能成其强。然号为相属，而实未尝相安，尼堪乌珠之徒，能变其外而不能变其中，天意留此与我	彼之善观天下情势而疾徐操纵，不失其节，以是能成其强。然号为相属而实未尝相安，天意留此与我	同库本
盖彼务为销变，而吾当挠之使衅作。如人经病后，务为调适安和，惟虑病之复至，则当劳动其精神，耗散其气血，不当养之使其安坐而少病	盖彼务为销变，而吾当激之使变生；彼务为省衅，而吾当挠之使衅作	同库本
以与我并争于中原也。诸戎与中原相错，世俗所谓猫鼠相乱、蜈蚣蛙蛇之同穴者也，乌能久而相安？	苟其不然，则亦自相鱼肉，决不能相守不贰以与我并争于中原也	同库本

二、其他改动处。如《论和战守疏》，库本作："李牧之在雁门，法主于守，守乃所以为战；祖逖之在河南，法主于战，战乃所以为和；羊祜之在襄阳，法主于和，和乃所以为守，是和战守本殊涂而同归者也。"孔本作"李牧在雁门"，无"之"字，下文作"祖逖在河南"、"羊祜在襄阳"，也无"之"字，应非漏抄①。如《上皇帝书》（其二），库本作："弋者取禽，猎者取兽，方其栖深林、伏丰草，偶然自堕网罗而后取之。"孔本作"待其偶然自堕于网罗而后取之"②，有"待其"二字，文章意脉更顺畅，当是原貌。可见，库本有时妄加改动，看似

①《雪山集》卷一，孔本第538页。《宋史·王质传》这三句也无"之"字。

②《雪山集》卷一，孔本第540页。

字数减少，实则文气不畅。

库本也有文字优于孔本之处的。如《上皇帝书》(其二)，库本作：“彼不如此则无以动中原，中原动则彼覆亡之萌而吾恢复之资。”孔本作：“彼不如此则无以动中原，动则彼覆，彼覆亡之萌而吾恢复之资。”[①]此处库本文字胜于孔本。

三、漏抄、衍文及颠倒的情况。库本常有读不通或文气不顺的地方。

篇目	库本	孔本	初编本	备注
《上皇帝书》(一)	重失海泗，必欲得而后和。	轻削臣礼，重失淮泗，必欲得而后和，其意在此。	同库本	库本当是漏抄
《游无穷室记》	泝汧渭，略咸阳	西泝汧渭，略咸阳	同孔本	“西”字与上文“东绝大河”之“东”字相应。以有“西”字为是
同上	而而想象夫阿房	而想象夫阿房	同孔本	库本衍一“而”字
《映带亭铭并序》	略与山阴兰相符焉	略与山阴兰亭相符	同孔本	库本漏“亭”字，衍“焉”字
《麴生传》	于是，即居石泉为绿氏，号石泉子；麦城为居白氏，号麦城子	于是，即居石泉为绿氏，号石泉子；居麦城为白氏，号麦城子	同孔本	库本文气不顺，以孔本、初编本为佳
《祈晴文》	妄希一得，已十失全	妄希一得，已失十全	同孔本	库本误倒顺序

① 《雪山集》卷一，孔本第542页。

续表

篇目	库本	孔本	初编本	备注
《绮川亭赋》	客与夷犹而戏虎狼	容与夷犹而戏虎狼	同孔本	“容与夷犹”与下文“禹行舜趋”构成对仗，库本误
《雨花台》	江阔渡惟风	江阔渡淮风	同孔本	作“淮”字为是，库本误
《送酒与胡倅》	家酿今朝养圣贤	家酿今朝赏圣贤	同孔本	据诗意，应以“赏”字为好

以上说库本有三方面缺点，而孔本、初编本则较多地保存了原貌。正如傅增湘所说：“此本之佳处在尚是自大典初辑出时之本，未改忌讳之处也。”[①]一般而言，库本抄写校勘还是较为精审的。如《游东林山水记》：“香气勃郁，冲怀罥袖。”孔本、初编本皆作“冒”字，显然没有“罥”字生动妥帖，当是因字形相近而误。

但孔本误抄漏抄的情况也不少，如《上皇帝书》(其二)作“立为齐而复废”，“为”字当是误抄，库本即作“伪”。孔本作：“中原既不能以抗金人，而又无所望于东西。”[②]作“东西”，显系误抄，库本作“东南”，正确。《上皇帝书》(其二)结尾，库本作：“故臣敢谓与陛下画策，与陛下任事，足以取效而无难，恃陛下之为英主也！惟陛下图之！”而孔本在“恃陛下之为英主也”后作“如臣区区，何惜为斤斧之所伤残，风波之所覆溺，生无所成，死有遗恨。实惟陛下图之”[③]。两者相差较大，到底是库本还是孔本保存了原貌？所幸《历代名臣奏议》卷九五也录有类似孔本的这一段话。孔本作“何惜”，于上下文义难通，应是误抄，《历代名臣奏议》作“可惜”。“如

① 《藏园订补郘亭知见传本书目》卷一三下，第 61 页。傅增湘所说“此本”，为李文藻校本，今藏国家图书馆，也是从大典初抄本出。

② 《雪山集》卷一，孔本第 541 页。

③ 《雪山集》卷一，孔本第 545 页。

臣区区”以下一段话，是王质迭遭流言打击的真实写照，如删去则有损文章的情感力量。

初编本与库本格式相同，文题及题下考证、文中考证基本相同，唯个别地方经过校勘，而这经校勘之处，常与孔本相同，故初编本可能曾经利用过采自《永乐大典》的初抄本。因而初编本也有一定校勘价值，可与孔本相互参证。如《赵信臣子名字序》，库本作："子如不言，视此古书。"孔本、初编本作"子如不信"①，句意豁然贯通，可从。《大慧禅师〈正法眼藏〉序》，库本作"此书岂不可传"，孔本、初编本作"此书岂可不传"②。作"岂可不传"，强调传者责任，应是王质原意。作"岂不可传"，强调此书价值，在此处问得突然，与上下文衔接不上。《王稚川真赞》，库本作"万人鼓簧，不如金口而木石"，孔本、初编本作"不如金口而木舌"③，"木舌"与"金口"句中对仗，当以作"舌"字为是。《周德昭墓志铭》，库本作："曰昱、曰景、曰三俊、曰三省、曰三益、田佃、曰僖、曰僎，其子若孙也。"其中"田佃"之"田"应是误抄，孔本、初编本即作"曰佃"④。

《雪山集》中还有个别抄写错误，因沿袭已久，各本相同，仅凭文字上的校勘，已经难于发现其误，只有通过其他材料的考证才能纠正其谬误。如卷七《濠州双穗堂记》云："淳熙元年夏四月，得麦于濠梁之郊，一本而二岐。"记为淳熙元年，误，应为淳熙五年。周必大《乾道壬辰南归录》云："（乾道壬辰二月）庚申，雨止。早行过崇德县。又十八里，至石门，登新创东岳庙，颇雄壮，傍有接待院。道遇安丰守张士元直阁入觐来谒，辞以疾，晚宿永乐铺。"⑤周必大《文忠集》卷一〇〇有《直秘阁知安丰军张士元职事修举特转一官令再任（原注：十二月三日）》。知乾道八年（1172，壬辰）张士元由

①《雪山集》卷五，孔本第589页。初编本《雪山集》卷五，第46页。
②《雪山集》卷五，孔本第591页。初编本《雪山集》卷五，第46页。
③《雪山集》卷八，孔本第618页。初编本《雪山集》卷一〇，第117页。
④《雪山集》卷八，孔本第620页。初编本《雪山集》卷一一，第132页。
⑤《文忠集》卷一七一，《四库全书》本。

安丰守任满至京城，十二月因职事修举特转一官再任。宋代知军任期一般为两年或三年，淳熙元年(1174)四月张士元当在安丰军任，故不可能又知濠州。王阮《义丰集》中《瑞麦谣》诗序云："淮海宜麦旧矣，瑞我圣世，叠出濠梁。淳熙戊戌(1178)得两岐者一，守臣张士元记其异。"①可见张士元知濠州在淳熙五年前后，故"元年"应是"五年"之误。

① 朱瑞熙、孙家骅校注《义丰文集校注》，第12页。

第三章　王质文研究

王质今存文139篇[1]，大致可分为论说文、抒情文、记叙文三类。题材较为开阔，反映现实具有一定的深度与广度，凡治国用人、聚财练兵等军国大事，以及游览山水、交游题记、投献书启等日常个人之事，无不具备。

政论、史论是王质散文中成就较高的部分，内容较为丰富，他的政治见解都包含其中。文章现实性强，旁征博引，说理透彻，体现了好议论、善议论的个性。抒情文有表、启、铭、赞、墓志、祭文、赋等，不全是套话空话，多有个人情感的抒发。披沙拣金，也有一些佳作。记叙文有序跋、记、书、传等，文学价值较高。游记、小说间有成功之作。

第一节　论说文

王质的论说文主要有政论和史论。《宋史·王质传》云："（王）质与张孝祥父子游，深见器重。孝祥为中书舍人，将荐质举制科，会去国，不果。著论五十篇，言历代君臣治乱，谓之《朴论》。"知《朴论》是早年在太学时准备参加制科所作，内容主要是"言历代君臣治乱"。

王质今存政论有《雪山集》卷一《论和战守疏》、《上皇帝书》

---

① 包括《雪山集》、《绍陶录》中文章，以及佚文20篇（段）。如果除去《绍陶录》中学术性很强的《栗里谱》、《华阳谱》，则存文137篇（段）。

(一)、《上皇帝书》(二),卷二《论庙谋疏》、《论举能疏》、《论驭臣疏》,卷三《论固本疏》、《论镇盗疏》、《论使材二疏》[①]、《论州郡财赋殿最赏罚札子》、《论吏民札子》,共十一篇。可确定为史论的有《尧仁如天论》及《雪山集》卷四《汉高帝论》、《汉文帝论》、《梁末帝论》、《周世宗论》,共五篇。其论说文共十六篇。

一、题材内容

王质虽未如南渡士人那样身历靖康之变、目睹社稷丘墟,也不像辛弃疾等人那样亲身参加过抗金斗争,但祖籍山东、迁徙南方的漂泊之感未尝忘却,恢复江山、还家东鲁的愿望未曾淡薄。几次幕府经历,与抗战派的交往,往来各地的见闻,博通经史的才识,使王质具备一定的军事、政治才能。

王质曾说:"第一君门通表,书囊谏草。第二文章扬事业,第三编简摅怀抱。"(《倦寻芳·试墨》)可见奏议等文章在其心目中占有重要位置。考王质上书及奏议主要在四十岁前,分别在隆兴二年、乾道六年至八年及淳熙五年前后。可确定作于四十岁以后的只有《论州郡财赋殿最赏罚札子》一篇。

王质政论文的内容涉及和战、军事、内政、用人、财赋等方面,本书第一章第二节的"政治思想"部分有详细论述,此不赘言。其史论仅存五篇,内容多有现实针对性。

二、艺术成就

王质政治上虽一生不得用,但他多次上书,并留下成就较高的奏议及史论,故时论重之,后人评价也较高,甚至有人将他与贾谊、苏洵等相提并论[②]。下面将王质的论说文放到南宋的时代环境中

① 此文四库本《雪山集》不载,见孔本《雪山集》及《历代名臣奏议》卷一四五。

② 张孝祥《和王景文》其二云:"大臣谗贾谊,逆旅欠常何。"黄震《黄氏日抄》卷八四《回赵知县》:"战国纵横之学,如三条四列,隐见起伏,铮铮于本朝者尚四人:苏老泉其巨擘,其次为李泰伯,其次为王雪山,其后为陈龙川。"

去考察其中思想，又从文本出发，考察王质论说文的艺术特点。

一、“忧时折寸心”①：现实针对性强

王质的奏议不是为文而文，而是根据当时的历史现实而作。隆兴元年(1163)五月，张浚北伐失败，投降派积极求和，他有多篇奏议反对无条件议和。《论和战守疏》云：“今陛下之心志未定，规模未立，或告陛下金弱且亡，而吾兵甚振，陛下则勃然有勒燕然之志；或告陛下吾力不足持，而金人且来，陛下即委然有盟平凉之心；或告陛下吾不可进，金不可入，陛下又蹇然有指鸿沟之意。臣今为陛下谋，会三者为一，天下乌有不定哉?”对孝宗的“心志未定”提出批评。《上皇帝书》(其一)云：“今吾荆襄之众不下万人，用吾全策，乘彼惮意，留三分之一以备诸要，其余径捣直驱，设使未有大功，能掣之使退而后议和，则辞令有气，而礼节有筋骨，不至于厚币遣使，唾去而弗纳。”提出即使议和也应有条件，体现了一个有良知的臣民对国家利益、生民前途的关心。此两文是隆兴二年和议前所上，鉴于朝廷上下一派主和之声，王质力斥和议。当时上书反对者寥寥无几，王质与胡铨等是其中屈指可数的几人。由于秦桧余党汤思退自坏边备，金人重占海、泗、唐、邓等州，以后双方达成和议，仍每年贡银、绢各二十万两、匹。几年后王质还深为遗憾：“葛褒鉴岐亮之败，其势不得不归于和，方陛下坚持不和之论，为葛褒者亦罔知攸济。”②

孝宗的用人政策，一方面宠幸近习，另一方面又频繁更换丞相，没有一定主张。王质曾在《论和战守疏》中指出：“陛下即位以来，慨然起乘时有为之志，而陈康伯、叶义问、汪澈在廷，陛下皆不以为才，于是先逐义问，次逐澈，独徘徊于康伯，不遽黜逐而意终鄙之。遂决意用史浩，而浩亦不称陛下意。于是决用张浚，而浚又无成。于是决用汤思退，今思退专任国政又且数月，臣度其终无益于

---

① 王质《即事》，《全宋诗》第46册，第28829页。

② 《雪山集》卷一《上皇帝书》(其二)，《四库全书》本。此文作于乾道七年(1171)。

陛下。"批评较为恳切直截。

对百姓利益，王质也发表过见解。《论固本疏》云："臣愚以为，镇静而不惊，宽缓而不迫，久远而有利者，莫若厚恤二川之民。于常赋之外，时有所蠲除其征需，于常佣之外，时有所宽简其力役。间遣使者发德音、下明诏，丁宁委曲，为之训辞而深恤其疾苦。"虽是从维护封建统治的角度提出重蜀之论，毕竟能体恤百姓，实为难能。

儒家传统，不尚空谈。王质的史论能援古讽今，也体现了这一特点。《宋史》本传说王质"博通经史，善属文"，曾因张孝祥将荐其举制科，而"著论五十篇，言历代君臣治乱，谓之《朴论》"。王阮《〈雪山集〉序》云："听其论古，如读郦道元《水经》，名川支川，贯穿周匝，无有间断。"(《雪山集》卷首)可知他早年即已博通经史、善于论古。《汉高帝论》之论汉高祖疑大臣，《汉文帝论》之论汉文帝识人才，《梁末帝论》之主张利用地利而重河北，《周世宗论》之主张智谋而言先后缓急。这些结论有其现实意义，如孝宗之疑大臣、用近习，是其政治的一大弊端，而《汉高帝论》论汉高祖疑大臣，可见其现实针对性。

王质政论文还能做到论古与述今交相结合，浑然一体。如《雪山集》卷一《上皇帝书》(其二)："大抵东南本非久立国之地，民力尽则国从之。汉自灵帝以后而南北分，在南为孙氏；晋自愍帝以后而南北分，在南犹为司马氏，已而为刘氏，为两萧氏，为陈氏；唐自昭宗以后而南北分，在南为杨氏，已而为李氏，其间拥虚器徒有名号者居多，亦可谓国非其国也。故在今日不得不注意中原，以纾东南迫切之势，以图宗社坚长之策。西晋凡五十二年，武帝粗安者二十余年，而惠帝怀愍极乱者三十余年，至元帝中兴而中原已无情于司马氏矣，何者？相恩之日少，相毒之日多也。故晋人恢复为难。然桓温至灞上，刘裕入长安，中原犹有恋恋之情，所谓'长安十陵是公家坟墓，咸阳宫殿是公家室宅'，舍此何之？是时关中相继为苻、姚割据将八十年，与刘裕初漠然也，而苦邀其留，痛恨其返，盖虑北有拓跋、西有赫连也。我自太祖造邦，德泽洽于中原者二百年。今相离虽渐久,而其情未泯也。为我毁族、为我杀身者,不可胜数,而终不悔,岂可使之帖然受制于人而无所泄其愤,阔然相疏于我而无所效其情哉?”此段文字,忽而论古,忽而言今,总是围绕“注意中原”的论点展开,不枝不蔓。

引用史实的目的在于论今,如《上皇帝书》(其二),先叙述历史上少数民族政权的更迭:“五姓之乱,刘氏为匈奴而羯灭之,石氏为羯而冉闵灭之,鲜卑又灭之,慕容氏为鲜卑而氐灭之,复兴而晋又灭之,苻氏为氐而羌灭之,复兴而羌又灭之,姚氏为羌而晋灭之。金人残灭诸国,蹂躏中原,假合而为一家。”而后得出结论:“凡今相处者,非其不共戴天之雠,则其不反兵之雠也,故不独中原与金人不相安,而诸国亦与金人不相安也。金人常蓄土摧瓦解之势于其腹心,而吾不思所以谋之,亦可谓偷安苟活之计矣!使偷而可安,苟而可活,如是而能久,犹云可也。”语言极沉痛而尖锐,而又具有很强的说服力。由于上文对史实的叙述奠定了坚实的基础,尖锐之词最后才道出,责之愈切,言之愈缓,其语愈缓,其意愈切。

王质为使孝宗“奋起”,在文中引用历史人物时可谓煞费苦心。《上皇帝书》(其二)有一段:“宋文帝谓佛狸曰:河南旧是我地,今当修复,不干河北。不知中原已无情于司马氏,而安得有情于刘氏也?故檀道济、王玄谟之力易穷,佛狸之势难遏。盖专取力于东南,而无所借助于中原,此元嘉所以再举而再屈,非今日事势之比也。今日事势大略与东汉相同。西汉自高祖以至平帝二百年,而夺于王氏十五年,光阴未远,风声相闻,故人情思汉为深。光武起于中原,其势为便。陛下兴于东南,其势为不甚便。然光武极其力,坚其志,而期于必成。陛下容有所疑、容有所惮者,必有一掷之语、孤注之言以动摇陛下之心,而不知天下有全策如臣之谋也。光武至不乐兵,尝言每一发兵,头须为白,关东初旱,不堪兵间之积苦,且欲置隗嚣、公孙述二子于度外,然终不能自已者,虑后患之难图也。况陛下守东南难久立之地,对女真不并存之敌,未易可以安枕高卧,置此于度外,以隗季孟、公孙子阳待之也。”此段议论将南宋国势与刘宋、东汉进行比较,将孝宗与宋文帝、光武帝相提并论,都是想让孝宗在比较中设身处地意识到历史的责任与机遇。

王质的论说文锋芒所向，无所忌避。我们可将其与陈亮的论说文作一比较，以见一斑：

> 夫宰相之任一不称，则陛下之意一沮。前日康伯持陛下以和，和不成；浚持陛下以战，战不验；浚又持陛下以守，守既困；思退又持陛下以和。陛下亦尝深察和战守之事乎？李牧之在雁门，法主于守，守乃所以为战；祖逖之在河南，法主于战，战乃所以为和；羊祜之在襄阳，法主于和，和乃所以为守。是和战守本殊涂而同归者也。（王质《论和战守疏》）
>
> 自故相虞允文再抚西师，风饕学虐，经理兵事，不幸而薨于汉中。相曾怀，怀以理财进；相叶衡，衡以诞谩进；相史浩，浩主和议，犹若也；相赵雄，能如虞允文以恢复为念否？（陈亮《淳熙戊午上孝宗皇帝书》）①

陈亮“此一段上书文字所以不见于今陈亮集中淳熙戊午上孝宗皇帝书中者，显因其直言无忌呵责宰辅之故”②。王质此文得到四库馆臣高度赞扬：“观其初受张浚之知，又以汤思退荐为太学正，而《论和战守疏》中排击二人，皆无所假借，此岂放利偷合者所能为欤？”③观此两段文字直言说论，锋芒毕露，甚至句式的安排也有相近之处。后人将王质与陈亮相提并论④，并非偶然。

二、咳唾随风生珠玉：议论精辟

王质好议论、善议论，时人皆有称誉（详见下文）。论据充分，说理透彻，是王质论说文的一大特色。他注意到民心可用，重视其

---

① 转引自束景南《陈亮佚文证误辑补》，《文献》1992 年第 3 期，第 284 页。

② 束景南《陈亮佚文证误辑补》，《文献》1992 年第 3 期，第 284 页。

③《雪山集》卷首《提要》，《四库全书》本。

④ 如黄震撰《黄氏日抄》卷八四《回赵知县》：“战国纵横之学，如三条四列，隐见起伏，铮铮于本朝者尚四人：苏老泉其巨擘，其次为李泰伯，其次为王雪山，其后为陈龙川。”

他少数民族的离心力量。《上皇帝书》(其二)云:“凡今相处者,非其不共戴天之仇,则其不反兵之仇也,故不独中原与金人不相安,而诸国亦与金人不相安也。金人常蓄土摧瓦解之势于其腹心,而吾不思所以谋之,亦可谓偷安苟活之计矣!”“为我毁族、为我杀身者,不可胜数,而终不悔,岂可使之帖然受制于人而无所泄其愤,阔然相疏于我而无所效其情哉?绍兴、隆兴屡欲恢复而不就,盖谋国大臣、握兵诸将之过,而非中原之难下也!中原难下当在他时,日愈久而情愈衰,则相视如路人,甚则相疾如仇雠,此则中原难下之时也。”对中原民心归向的剖析,对北伐失利原因的论述,对未来形势的预测,都依据事实进行说理,使人信服。

常用类比论证、正反论证、排比论证、比喻论证等,富有雄辩色彩和逻辑力量,也是王质论说文的特点。他在奏议中议论纵横,层层推进,尖锐有力。

有时在对比中加强论述的力度,如《论庙谋疏》云:“近者括沙田、籍铜器,此其为利亦末矣。臣闻之士大夫沙田之数,租以石计,钱以缗计,殆不过十数万,而淮浙西之民,咨嗟愤恨有甚不堪者,举天下之铜器而付之炉冶,或者以为风餐土食之余、薪烹火化之后,颇不利于铸钱,而生民器用一扫而空之。此二者皆以豪发(孔本作“毫发”)之利,而召天下之怨,岂非谋利害者不揣轻重、不量多寡之过与?臣闻天下之人谁能皆有以顺适其意,苟使吾事举而有功,功成而有利,则虽朝谤夕诽,固有不必问者。今之所图者,百分之劳曾未有一分之获,而天下已纷纭议论而不可禁,臣窃以为善计利害者不为也。”将“毫发之利”与“天下之怨”对比,将功成受谤与无功受谤对比,则“括沙田、籍铜器”的利害如何,不言自明。

政论文中运用排比论证,既体现作者强烈的感情色彩,又可以增强不容置疑的论证效果。如《论和战守疏》云:“陛下亦尝深察和战守之事乎?李牧之在雁门,法主于守,守乃所以为战;祖逖之在河南,法主于战,战乃所以为和;羊祜之在襄阳,法主于和,和乃所以为守。是和战守本殊涂而同归者也。”“和战守本殊涂而同归”的道理寓于一气贯注的排比之中。《上皇帝书》(其一)一开始就用排比，产生一种天风海雨般逼人的效果："臣观陛下即位以来，初欲系单于而献之庙社，今乃坐困于二渠帅而不能抗；初欲焚庭犁漠复秦汉全盛之幅员，今乃并淮南而失之；初欲骤奋雄张立乎汉武帝唐太宗之上，今乃国势有南唐之蹙。陛下试迁虑回思，则平日施设举措为是、为非、为当、为否？至此可见富国有捷法，强兵有要术。"以孝宗前后的不同态度作对比，以如今的国势与历史上的英雄人物并提，在排比中产生排山倒海之势，既让孝宗警醒，又促其寻找富国强兵之"捷法"。

有时综合运用各种论证方法，达到自如的境地。针对孝宗的滥赏，王质举唐明皇为例进行论述："唐明皇宠一安禄山，自营州都督十迁而至宰相，自平卢一军五增而兼三道之兵，禄山之才未尽而爵禄已穷矣。臣闻之习鹰者，搏击之权在鹰，而饮食之权在人，故鹰之于人，常不惜其搏击之力，以易其饮食之资，而人之于鹰，常重惜其饮食之资，以邀其搏击之力，而后能用鹰。有浅丈夫者，惴惴然惟恐其不可使也，则雉兔鸡鼠日陈于前，其不扬去者鲜矣，尚安能为我尽力于搏击哉？明皇之于禄山，是养鹰而饱者也。臣尝论禄山逆计萌于天宝之中年，然而隐忍涵养，以爵禄之穷而后发，是故役使天下豪杰之士，必使彼之才有尽而我之爵禄不可穷。"（《论驭臣疏》）在举例中又引入比喻论证，使道理更形象，增强了说服力。"今之大臣，何其甚谨也！平日之论荐者，才气雄浑足以任重而道远者，何人也？议论慷慨足以筹安而虑危者，何人也？干局明练足以刬繁而解纷者，何人也？以臣观之，非雕章绘句而取科第，则守己畏事而省过失者也。"（《论举能疏》）反问与排比结合，产生勿庸置疑的说服力。

王质常能寥寥数语，分析深透，析理入微。如《论固本疏》云："国家渡江之初，迹未著而心未安，是故有两淮而不能守。和亲之后，誓已定而约已明，是故有两淮而不敢守。然不能蔽淮，终不可蔽江。"先言"渡江之初"与"和亲之后"久已不重两淮，可见今日重淮已成必然之势；又抖落不能蔽淮的后果，终将连东南一隅亦不能自保，益发见出重淮之急迫。再如《论使材二疏》："今将致其力者，则先令之曰:行百里予百金,而未至于百里,百金固不可得也,至于百里,虽跛躄者亦无以却之矣。其初欲以致有力者,而其终不能却跛躄,此必然者之过。为今日之计,莫若参其才之优劣,揆其绩之高下,废置予夺杂出于必然之间,使天下之人知之而不能名,名之而不能议,然后有以深服天下之心,而致天下之力。夫使天子之爵禄,而日月可以驯致,资序可以必得,虽童子皆能逆计之矣,而乌能以鼓舞天下哉?"[①]先反面举例,以类比今日使材之过失在于有定规,接着正面论述,提出对策,然后反问作结,用人"无拘定制"的论点不待和盘托出就已深入人心。

三、"表里交珊珊"[②]:结构与语言精练

王质政论文的结构艺术水平较高,变化繁富,随文生变,不拘故常。如《论和战守疏》,列举孝宗用人之失误,进而论及其和战政策的进退无据,再举李牧、祖逖、羊祜作正面事例,以反衬孝宗在和战问题上"心志未定"的表现,最后归结到"会和战守为一"的论点。正反结合,以古鉴今。全文仅 337 字,而理正意明,结构上的匠心独运,助益不少。此文《宋史》本传全文引用,乾隆评以"词旨剀切,颇当事理"[③],不是偶然。

再如《论庙谋疏》之论"小利勿动",先泛言利害轻重,再"以铢、两、钧、石而视衡","以龠、合、升、斗、斛而观量",申明"深明于毫忽之间,曲辨于勺撮之际"的重要,再略举晁错等"利一而害百"的反面事例,又详举李德裕"揣轻重者甚明,而量多寡者甚精"的正面例证,道理已昭然若揭,最后才引出"近者括沙田、籍铜器"之事。前面的大部分篇幅,似乎与最后的主题关系不大,但作者论述时紧扣主题,层层推进,渐行渐近,最终"图穷匕现",直击要害。

---

①《历代名臣奏议》卷一四五,《四库全书》本。

② 王质《永兴丞以皓雪鲜梅奇语见示,戏占闲人浪辞酬之》,《全宋诗》第 46 册,第 28810 页。

③《雪山集》卷首,《四库全书》本。

王质也注意锤炼语言。王阮《〈雪山集〉序》云："咳唾随风，皆成珠玑，使读之者如嚼蜜雪，齿颊有味。"[①]周必大亦云："忽奉缄书，辞源如翻三峡之浪，快读殆不能去手。"[②]并非虚言。为了形成感情充沛、气势非凡的说服力，王质极尽文章之能事，其中比喻、排比、重复、设问、反问等修辞比比皆是。

奏议中有大量比喻，使道理通俗易懂，使论述形象生动。如《上皇帝书》(其二)："夫天下之势至此，不变则不解，气候烦蒸，非疾雷迅雨则郁滞之气不散，清明之气不回，当是之时，惟英主能与世为雷雨。"以雷雨前的"气候烦蒸"比喻当时局促窘迫的南宋朝廷的处境，呼唤一场雷雨改变当前的国势对比。为了说明"重淮"的重要性，王质这样设喻："盖军旅之中，一夫被重铠，一夫被单铠，被重铠者，一铠洞则一铠存，而被单铠者，一铠洞则肌肤切矣。"(《论固本疏》)比喻使道理立时变得简洁易明。再如："或者不能闭其寻之之路，而开其入之之门，喜惧之情洋溢于内，表著于外，故堕其计而不知，此何异搏人而授之以手足，盗在门而自启其键也?"(《论庙谋疏》)"且一州之中，奸欺逋慢，渔取有司之利，蚁漏公上之财者，不知其几，精神思虑，一有不到，则财赋随去。臣尝窃喻，如手中抟沙，放手即散；隙中观骋，转眼即失。"(《论州郡财赋殿最赏罚札子》)比喻纷至沓来，精妙纷呈。再如《论驭臣疏》云："臣尝密察天下之患，其状如长江大河，方其激然若有所泄而不能溃，凝然若有所郁而不得发，回旋曲折，阴蓄其怒于其心，而朝搜暮求，以寻其驰骋奔冲之路。于此之时，而不为之高其堤防以杀其暴，导其支派以泄其溃，其势必咆哮腾踊，荡然而四出，壤城郭，包陵谷，而不可治。然天下之人不能曲尽水之情状，狎其安流而忽其无事，以为无足畏者，则是引水而横流于天下也。"天下的矛盾本是无形的，作者以水喻之，既源于"载舟覆舟"之喻，又完全是自己的创造，根据行文的需要，突出水"阴蓄其怒"的特点及"咆哮腾踊，荡然而四出"的发展

① 《雪山集》卷首，《四库全书》本。

② 《文忠集》卷一八七《王景文》，《四库全书》本。

趋势，最后落脚于天下人“狎其安流而忽其无事”，已经扣合了“勿开隙”的主题。道理包含在形象的比喻中，强大的说服力就蕴蓄其中。

王质论说文中排比的运用也较多。如“见其微而不察其著，见其小而不极其大，见其所出而不推原其所穷。夫三者，是拱手而待变也。盖臣思之，苻坚之宠鲜卑，李林甫之任边将，仆固怀恩之裂河北，杜元颖、崔植之纵朱克融，皆熟视其隙而不为弥缝补苴，以塞其变，近者至于陷国忘身，而远者至于遗害数百年而不息。”（《论驭臣疏》）先用一组排比句，分析“世之君子”不知杜隙的原因，接着铺排一系列事例，指出小患不察的后果，令人惊心。再如设问的运用：“夫人之为国，利之不能不喜，害之不能不惧。惟其当利害之际，喜而不示其喜之之形，惧而不露其惧之之迹，故其虚实不可得而窥，而浅深不可得而测。何者？虑之素定故不摇，养之素厚故不惊。”（《论庙谋疏》）运用设问，起到提请注意、突出下文的作用。

王质还善于运用重复字词、重复句子。如“有人然后有政事，有政事然后有财赋。人废而政事弛，政事弛而财赋始不可见矣”（《论州郡财赋殿最赏罚札子》），词语重复安排，间错杂陈，读起来回环荡气。

王质政论文的语言随文生变，富有感情，有时甚至很激切。如《上皇帝书》（其二）作于乾道七年，当时天下久安和议，几乎忘了“靖康耻，犹未雪”（岳飞《满江红》）。王质提出进幸建康、复请园陵、求减岁币、对金用兵等主张之后，云：“葛褒明见此理，坚守此说，故十年而中原无变。葛褒之说终不移，则中原之变终不作，中原之变终不作，则金人之势终不倾，不知我将坐待以至何时也？”以反问句加强了对朝廷上下文恬武嬉、安于和议的不满。又云：“金人常蓄土摧瓦解之势于其腹心，而吾不思所以谋之，亦可谓偷安苟活之计矣！使偷而可安，苟而可活，如是而能久，犹云可也。”运用感叹，语言沉痛而尖锐。又云：“陛下真英主也！可惜蹉跎玩时，将老陛下之齿发；迤逦遗患，将殃陛下之子孙。”指出孝宗优柔寡断、因循蹉跎的后果，期望中满含失望。措辞忠恳，层层推进，语言虽尖锐一点，也不致于使龙颜大怒，这样才能达到奏议的效果。王质虽终身不遇，但还是让孝宗留下了深刻印象，多年后还记得[①]，这不能不归功于他奏议的语言艺术魅力。

王质论说文的缺点是有时立论稍嫌偏颇，语言有欠锤炼。他自己也有表白："臣非不能缘饰巧语，铺张繁文，陛下何所用此？且心危情迫，有所不暇，惟陛下怜其忠而赦其简陋。"（《上皇帝书》其一）虽是自谦，也道出"心危情迫"情况下不暇精雕细琢的实情。

三、后人评价

王质《与周枢密益公书》云："某戴天不知天之恩，惟知其一曰：予我以善根。戴相公亦不知相公之恩，惟知其一曰：举我以言语妙天下。"可见其自视甚高。张端义《贵耳集》卷中云："王景文质，兴国人，在上庠，公私试必魁。一日试《文帝道德为丽论》，终日阁笔，欲袖卷出，方拟议间，忽有人曰：'天下之至美，吾心之至乐，景文得之，一笔而就，果为魁首！'"[②]《宋史》本传记载："虞允文宣抚川陕，辟质偕行。一日，令草檄契丹文，援毫立就，辞气激壮，允文起执其手曰：'景文天才也。'"皆是就其捷才而言。

当时与王质交往者莫不佩服其善议论。曾协《送王景文教授归江西序》云："记景文初相过时，微有酒，所议论逸发，粲然成文章，迈往之气，郁郁出眉宇间。"[③]虽不是直接品评王质奏议，从中可见其善议论。王阮《〈雪山集〉序》云："听其论古，如读郦道元《水经》，名川支川，贯穿周匝，无有间断。间语世务，计后成否，又如孟子言，历千载日至无毫厘差，咳唾随风，皆成珠玑，使读之者如嚼蜜雪，齿颊有味。其施之场屋，如拾芥，如破竹，而为世所贵重者，特

① 周必大《文忠集》卷一四六《奏知王濆》云："臣早来，恭闻圣旨：新利路运判王濆，是经屡曾言章者否？继宣谕所问乃曾为编修官不？连点水，臣窃恐是王质。"可见孝宗是想到了曾上书的王质，才有此二问。周必大的怀疑正印证了孝宗的心理活动。《奏知王濆》作于淳熙八年（1181）年八月十四日。

②《贵耳集》卷中，《宋元笔记小说大观》第四册，第 4296 页。

③ 曾协撰《云庄集》卷四，《四库全书》本。

其余事耳，未足以论景文也。”[①]既赞其语言俊爽有味，更高度评价其议论精辟。陆游《送王景文》云：“深知万言策，不愧九原人。”虞允文评曰：“景文之身可以升沈，而文章不与时高下。”[②]都是就其文章品格而言。

王质论说文当时即已好评如潮，后人也较为看重。历代选本都有所关注。现列表如下：

书名	卷数	所选篇名	备注
[宋]魏天应编选、林子长笺解《论学绳尺》	卷三“就题发明格”下	《尧仁如天论》	太学时所作时文，四库本《雪山集》未收。
[明]杨士奇《历代名臣奏议》	卷九五	《上皇帝书》其二、《论庙谟疏》、《论固本疏》	
同上	卷一〇八	《论吏民札子》	
同上	卷一四五	《论使材二疏》、《论驭臣勿穷恩疏》	《论驭臣勿穷恩疏》即四库本《雪山集》卷二《论驭臣疏》的前半。《论使材二疏》四库本未收。
同上	卷一七〇	《论举能疏》	
同上	卷一九六	《论驭臣勿开隙疏》	即四库本《雪山集》卷二《论驭臣疏》的后半
同上	卷二三四	《上皇帝书》(一)	

①《雪山集》卷首，《四库全书》本。

②《挽虞丞相》诗“一从云隔汉，两见水漫汀”句下自注，《全宋诗》第46册，第28854页。

续表

书名	卷数	所选篇名	备注
同上	卷二七二	《论州郡财赋殿最赏罚札子》	
同上	卷三一九	《论镇盗疏》	
[清]庄仲方编《南宋文范》	卷一八	《驭臣勿穷恩疏》、《上皇帝书》(一)	

选本之外,历代对王质奏议也赞誉颇多。黄震《黄氏日钞》云:"战国纵横之学,如三条四列,隐见起伏,铮铮于本朝者尚四人:苏老泉其巨擘,其次为李泰伯,其次为王雪山,其后为陈龙川。"①将王质列入纵横家,评价很高。就其所列宋朝苏洵、李觏、陈亮而言,对后代的影响都在王质之上。王质奏议散佚很多,现已无法一睹全貌。黄震作此评价,当是有所见。

明代对王质奏议的评价也较高。郭子章《兴国县四贤传序》云:"王编修质,侃侃言金人事于孝、光二朝,奏疏通达,似贾长沙、陆敬舆。唐荆川太史右编收之甚富。"②郭子章,明泰和人。字相奎,号青螺,自号蠙衣生。他将王质与贾谊、陆贽相比拟,确有溢美之嫌。既云唐顺之"收之甚富",可见其对王质奏议的喜爱程度。《江西通志》卷九四:"王质奏疏,剀切明快,通达国体,郭青螺称其文不下贾谊、陆贽,为豫章第一,今其集世不传。"③言语之间以其集不传为可惜。曹学佺《蜀中广记》也评曰:"所著奏议质文甚奇。"④《楚纪》卷四三:"臣考《宋史》,见王质徙居兴国,上书论天下

① 《黄氏日抄》卷八四《回赵知县》,《四库全书》本。

② [明]郭子章《兴国县四贤传序》,[清]蒋叙伦修、萧朗峰纂《兴国县志》卷二四,清道光四年刻本。

③ [清]谢旻等监修《江西通志》卷九四,《四库全书》本。

④ 曹学佺撰《蜀中广记》卷九九"王景文名臣奏议"条,《四库全书》本。

事而卒不见售，岂权臣当国，匿不以闻？史又称天子心知质忠，为谗者所沮。《诗》有之：谗人罔极，交乱四国。可畏也哉！”又赞曰：“得庸才易，得奇才难；保初节易，保晚节难。景文国士，目击时难，拼云叫阍，虎豹守关，栖霞入谷，松菊怡颜。嗟乎！”[①]也主要是就其上书论事而评及其才，既赏其才之奇，又深惜其才之不得世用。

王质奏议在清代获得乾隆好评：“如《论和战守疏》及上宋孝宗书诸篇，词旨剀切，颇当事理。”[②]四库馆臣云：“自明以来，(王)阮《义丰集》尚传而质集湮没不彰，谈艺家亦罕能称道。今仰蒙睿鉴，取其《论和战守疏》及上宋孝宗疏诸篇，词旨剀切，颇当事理，特命校正剞劂，以发幽光，洵为千载之一遇。”[③]馆臣所云并未夸张，一方面《雪山集》辑自《永乐大典》得以刊行流布，一方面其奏疏得乾隆赞誉，确实在很大程度上改变了“湮没不彰”、“罕能称道”的命运。《钦定四库全书简明目录》亦云：“盖学博而才赡也。至其奏札诸篇，详明剀切，特邀睿赏，亦非偶然焉。”[④]肯定言词恳切的特点之外，又指出其学博才赡的根源。庄仲方编《南宋文范》云：“(王)质立朝有气节，为中贵所沮，外迁。遂绝意仕禄，立品亦高，文章雅健，长于论古。”[⑤]肯定其人品的同时，对其文亦深表赞赏，并选入《驭臣勿穷恩疏》、《上皇帝书》(其一)两篇。

论说文是王质文学创作中最受后人关注的部分，从其在世直至清朝，无论从选本看，还是从评论看，都受到较多关注。原因在于其政论文析理缜密，辞喻丰博，兼取前人之长，议论通贯，放言直陈，有补时弊。王质的论说文大多都值得一读，只有极少数篇章枯燥乏味，文学性差些，如《尧仁如天论》等。

---

① 廖道南撰《楚纪》卷四三，《北京图书馆古籍珍本丛刊》第七册，第691—692页。

②《雪山集》卷首《乾隆四十年十一月十七日奉上谕》，《四库全书》本。

③《雪山集》卷首，《四库全书》本。

④《钦定四库全书简明目录》卷一六，《四库全书》本。

⑤《南宋文范》卷首《作者考》，清光绪十四年江苏书局刻本。

第二节　抒情文

《雪山集》中表、启、铭、赞、墓志、祭文、赋等，可归为此类。《绍陶录》中有《书陶元亮谱》、《书陶通明谱》、《书栗里华阳闲窝辞》、《栗里谱》、《华阳谱》五篇，其中《栗里谱》、《华阳谱》属学术性著作。加上孔氏微波榭抄本《雪山集》中《天申节开启疏》、《天申节满散疏》、《会庆节开启疏》、《会庆节功德疏》、《荐李平仲水陆疏》、《荐孺人周年水陆疏》、《李平仲忏经疏》、《真如修御书阁疏》、《福胜缘化疏》、《真如修御书阁榜文》、《兴国凤栖岩化缘修造榜文》等十一篇青词，还有王应麟《困学纪闻》卷七所引短文，合计约 67 篇。

一、题材内容

王质的抒情文，按内容大致可分为以下几类：

一、个人抒情的文章及交往应酬的应用文。包括启、铭、赞、赋、祭文等。《雪山集》卷四有《谢赐御书经解表》、《天申节贺表》、《会庆节贺表》三篇。卷九收启八篇，主要是谢启、贺启及通问干谒之启。卷一〇有铭四篇，虽因友人之请而作，却能自抒胸臆，如《章德茂破砚铭》："虽有眼，弗能鉴，欲避不能婴此憾。虽有趾，弗能履，欲去不能蒙此耻。"表达人才遭埋没而又隐居不能的处境。

《雪山集》卷一〇有赞十三篇。其中《自赞》一篇，在与苏轼的个性对比中有自附，于自我贬抑中寄寓身世感慨。《李平仲真赞》，为至交李平仲而作，其中写到李平仲逢时不偶的遭际，也含有自己的共鸣在内。《王稚川真赞》可能作于晚年，其中"绝人逃世"的思想隐约可见。

《雪山集》卷一一《祈晴文》云："伏念臣将明失指，感召无方。自知蚊虻之微，盍下雷霆之谴？委一身而蒙责，冀百姓之蠲灾。"当是荆南府通判时作，愿身受其责，代百姓"蠲灾"，体现了关心民瘼的情怀。《雪山集》卷一二《问北雁赋》通过与北雁的问答，寄托关心沦陷区“故老遗民”的忧国情怀。

《雪山集》卷一—《和陶渊明归去来辞》自序云:“居闲,无以自娱,随意属辞,姑陶写而已。”平淡的叙述中有满腹牢骚,“居闲”二字稍露端倪。王质羡慕陶渊明、陶弘景的隐逸生活,为作年谱,并撰《绍陶录》。《绍陶录》卷上《书栗里华阳窝辞》说:“渊乎栗里,谧哉华阳。当时所历,异代所伤。”可见是有为而作。《绍陶录》中《书陶元亮谱》、《书陶通明谱》、《书栗里华阳窝辞》三篇,皆抒发异代同悲之感。

二、代人所作的应用文。包括表、启、墓志、哀辞、祭文、青词等。《雪山集》卷四有表七篇,大多陈言套语,仅《代张江州谢到任表》、《代张魏公谢表》两篇,脱弃俗套,写出真感情,稍具文学价值。卷九有启六篇,其中代张祁作《代通王制置启》、《代张守谢张都督启》、《代通邓安抚启》、《代回钟知府启》四篇。代张祁所作,某些篇章能写出个性与特色。还有哀辞及墓志铭各两篇。

孔本《雪山集》比库本多青词十一篇。《雪山集》卷首载乾隆上谕云:“其中亦有青词一种,并当一律从删。”[①]《雪山集》提要云:“至集中青词一体,本非文章之正轨,今钦遵谕旨,概予芟除,又如《会庆节功德疏》、《福胜化缘疏》、《真如修御书门疏》、《天申节开启疏》、《满散疏》、《水陆修斋忏经疏》及《修造榜文》诸篇,皆语涉异教,亦并为刊削,以示别裁。”[②]这些青词主要用骈文写成,内容多是祭享鬼蜮、虔祷神灵、祈祥佑福,没有多少文学价值,唯个别篇章可资考证其交游与生平。

二、艺术特点

王质奏议,自宋至清,好评不断。其抒情文,则少有人关注。唯今人多推赏《游东林山水记》一篇而已。虽整体成就不如奏议,但披沙拣金,还是能发现不少优秀篇章。抒情文的特点,有两个主

---

①《雪山集》卷首《乾隆四十年十一月十七日奉上谕》,《四库全书》本。
②《雪山集》卷首,《四库全书》本。

要方面：

一是社会性与个人情感的融合。除少数表、启之外，多为个人抒情之作。王质多能融合时代感与社会性，使文中的情感具有普遍意义。如“哀辞”这一文体要求略述逝者生平，表达哀思。《文心雕龙·哀吊》说：“赋宪之谥，短折曰哀。哀者，依也。悲实依心，故曰哀也。以辞遣哀。”王质却跳出传统悲死者的狭隘陈套，将死者置于时代大环境下，引出自己的见解。如《柴君益深哀辞》、《王仲说哀辞》。前篇标明孔子的主张：“士之仕也，犹农夫之耕，行其义也。故植芸耦耕，孔子弗与同其群。”接着生发议论：“道与位相依，有道而无位，则不堪其悲。”又云：“生民赖贤以济，有贤于此而厄穷，使利泽不见于世，则为世悲一也；王公倚贤以荣，有贤于此而槁死，使羞及于在位之公卿，则为世悲又一也；士君子资贤以益，有贤于此而先逝，共域而不得见，同时而不及识，则我悲何有穷极也？”对贤者不用于世，从多方面深致感慨。既悲柴渊，亦以自悲，更悲天下士子。《王仲说哀辞》则表达了对“裕于才者凶其家，足于能者殃其身”的社会不平现象的悲慨。

墓志铭由两部分构成：志相当于散文传记，铭相当于韵文赞诗。墓志铭要求历叙传主家世，概括生平。《文心雕龙·诔碑》说：“夫属碑之体，资乎史才。其序则传，其文则铭。”传主的生平已是既成事实，可能限制作者艺术才能的发挥。传主的人生经历可能很多，又容易写成流水账。《周德昭墓志铭》、《东平王君锡墓志铭》，皆能略述墓志主人生平，但又紧扣一点展开议论。前篇云：“使君在位，或如君者在位，在位矣，君臣又相得也，则伐燕之举可定，却金之策可遂，立楚之议可格，虽未必能然，其殆庶几乎！”又云：“其阅世之长如此，事业不著于时，德泽不加于民，然而以善药救人命，以善言救人心，盖三十余年于其乡，又延及比境，其功亦岂少哉？”虽未明言，对当政者失于用人的婉讽，已充溢字里行间。后篇叙述王君锡事其兄“惟谨”，引出对“今世兄弟之风衰薄”的议论，可见其闵时病俗之心、陈善闭邪之意。

二是能打破应用文的固定写法，借以抒写心中块垒。墓志、祭文等，能继承韩愈的传统，其中有细节描写，较为真实地再现了文中主人公的个性遭遇，间有自己感慨的抒发。如《柴君益深哀辞》、《王仲说哀辞》都是由主人公宕开一笔，生发议论，表达自己心中所想，但又扣住题旨，似离实合，似合实离。《和张总得弥勒赞》："捧腹周游四百州，得抽头处且抽头。莫欺肩上三升袋，盛了人间万古愁。"一般的写法是赞弥勒大度，而作者从"愁"的角度赞弥勒之抽身退步，颇能发前人所未发。

宋代，骈文在应用文中是一大宗，很有市场。《四六标准》提要云："自六代以来，笺启即多骈偶。然其时文体皆然，非以是别为一格也。至宋而岁时通候、仕宦迁除、吉凶庆吊，无一事不用启，无一人不用启，其启必以四六，遂于四六之内，别有专门。南渡之始，古法犹存。孙觌、汪藻诸人，名篇不乏。迨刘晚出，惟以流丽稳贴为宗，无复前人之典重。沿波不返，遂变为类书之外编，公牍之副本，而冗滥极矣。"[①]《橘山四六》提要亦云："北宋四六大都以典重渊雅为宗，南渡末流渐流纤弱。"[②]都指出南宋的骈文创作趋于冗滥、纤弱。

王质的骈文，大多是应景的套语，少数篇章则能写出自己的人生经历，倾泻胸中块垒，较有感染力。如"自怜牛马走之微，谁念虮虱臣之意"(《通司马守启》)，表明人微言轻的处境。如"虽衔去国之哀，未替忧时之虑。每切缨冠而往救，何曾袖手以旁观"(《通司马守启》)、"某随缘林下，绝意世间。野渡舟横，屈指数济江之日；公家事了，放怀为同社之游"(《回李知录启》)，我们既能从中感受到作者去国时忧谗畏讥的心态，也能体会到他关心国事、期复江山的爱国情怀。如"十年而受坎壈，殊无宦情；一旦而得依归，顿有生意"(《上晁制置启》)、"方四顾动泣岐之悲，忽三匝得依枝之所"(《谢四川制干到任启》)，我们又仿佛看到作者初入晁公武幕府时的喜悦之情。作者的悲伤憔悴与喜怒哀乐在不少骈文中都有较为丰满的表现。

三是运用多种艺术手法。《雪山集》卷一二的两篇抒情小赋，

---

①《钦定四库全书总目》卷一六三李刘《四六标准》提要，下册，第 2165 页。
②《钦定四库全书总目》卷一六一李廷忠《橘山四六》提要，下册，第 2152 页。

采用问答体，融情于景，议论的文字不多，但画龙点睛，深化了感情。其中《问北雁赋》是一篇优秀的作品，采用主客问答、抑客伸主的传统写法。全篇通过作者与北雁的问答，寄寓了关心沦陷区故老遗民的忧国忧民情怀，而北雁的“垂吐复吞”、“哀鸣咿嘤，若避若趋”，似乎象征着北方来归者的不忍述说[①]。《绮川亭赋》也很成功，采用问答体，表述了远离绮靡生活的思想：“今夫洪震纤响，销神夺精，命之曰伐命之兵；丰颊长眉，秀骨鲜肤，命之曰销躯之炉。非独声色而已，美酒甘餐，温醇浓渥，命之曰腐肠之药；缛衣沓裳，縻曼繁鲜，命之曰沈躬之渊。”继承《吕氏春秋》及枚乘《七发》的写法[②]，运用了对比、排比、比喻等多种修辞。文中最精彩的是关于绮川周围景物的描写：“绮川之上，岩穹谷渊，青松魁奇，翠竹净娟，络以苍藤，激以飞泉，声如应和，上彻云天，百鸟吟呼，或高或低，或僄疾而激烈，或清深而逶迤，如天球大镛，并作于庭。笙以《小雅》之《南陔》，歌以《召南》之《采蘋》。绮川之下，洲渚参差，绿水红莲，泛兮相依。露濯而清，风摇而馡，月丽而皎，烟蒙而奇。白蘋青藻，前导后随，属玉鸡鹕，恋不忍飞。如洛水之浦，巫山之阳，戴金摇兮熠耀，振文佩兮飘扬。”运用排比、拟人等修辞，以明白简洁的语言，写景如画，很有层次。

《自赞》是一篇精妙的小品文。全文云：“一百年前，蜀山之下，

---

① 《雪山集》卷一二《闻雁》一诗，可与此相参，结尾相似，也以景结情。但艺术内涵以此篇为胜。朱敦儒《卜算子》：“旅雁向南飞，风雨群初失。饥渴辛勤两翅垂，独下寒汀立。鸥鹭苦难亲，矰缴忧相逼。云海茫茫无处归，谁听哀鸣急。”袁行霈主编《中国文学史》第三卷第 129 页：“词中南飞孤雁的意象是时代苦难的象征。”王质此赋继承并丰富了朱敦儒以来“南飞孤雁”意象的时代意蕴。

② 《吕氏春秋·本生》：“出则以车，入则以辇，务以自佚，命之曰招蹷之机；肥肉厚酒，务以自强，命之曰烂肠之食；靡曼皓齿，郑卫之音，务以自乐，命之曰伐性之斧。”枚乘《七发》：“且夫出舆入辇，命曰蹷痿之机；洞房清宫，命曰寒热之媒；皓齿蛾眉，命曰伐性之斧；甘脆肥醲，命曰腐肠之药。今太子肤色靡曼，四支委随，筋骨挺解，越女侍前，齐姬奉后，往来游宴，纵恣乎曲房隐闲之中，此甘餐毒药，戏猛兽之爪牙也。”

有苏子瞻，炜炜煌煌，若风若鸾；一百年后，楚江之滨，有王景文，波波挈挈，半痴半昏。横筇踞石，风标则一；英气蹴天，嗟哉难及。赞者子由，画者伯时，今则渺然，我皆无之。吁！”有比喻，有夸张，有对比，有感慨，有对自己品格的自信，也有世无知音之叹。

王质抒情文的语言也简洁而富于表现力。如《王稚川真赞》云：“静渊不波，玉沉其底，清而彻；太空无云，月行其中，明而洁。劲弩骇机，鼓以疾风，刚而烈；落花游丝，熙以阳春，和而悦。”文采清丽，意境明晰。骈文也有用典少而写得优秀的对句，如：“寄百指梦魂之外，山川修阻而音希；过平生道路之间，风雪创残而力竭”、“白擢朽骨，掩累累先世之阡；红皱晒檐，剥纂纂故园之枣”（《贺晁侍郎敷文阁直学士启》）、“虽衔去国之哀，未替忧时之虑”（《通司马守启》）等。

王质抒情文的不足是，有些篇章套话多，真情实感少，如一些表、启、赞及绝大多数青词。

第三节　记叙文

《雪山集》中序跋、记、书、传等约 46 篇，加上《绍陶录》中《书唐济民事》、《书鹿伯可事》两篇，还有辑佚的《〈正法世谱〉自序》、《〈夷坚别志〉序》、《〈诗总闻〉自序》、《〈云韬堂绍陶录〉自序》及《东南纪闻》2 篇，合计 55 篇。

一、题材内容

王质的记叙文，主要可分三类：一、序跋，计 17 篇。二、记事记人之文及书信，计 34 篇。三、小说创作，计 6 篇。

王质的记叙文主要有以下内容：

一、表达对文学及学术的见解。《〈西征丛纪〉序》表达文学创作得江山之助的观点，《〈于湖集〉序》提出“文章之根本皆在六经”的文学思想，《〈云韬堂楚辞〉后序》揭出“资物态以陶己灵”的创作意图。《〈诗总闻〉自序》认为“穷经”应具备“志”、“识”、“才”、“力”

四种素质。《〈复斋铭〉跋》则发表对“仁”、“礼”的见解。再如《〈正法世谱〉自序》、《〈夷坚别志〉序》、《〈云韬堂绍陶录〉自序》,我们既能从中考知王质佚著,也能看到王质务求有补于世的文学思想。

二、记述自己及他人经历的文字,表达对社会时事的看法。序跋是研究王质经历与思想的重要载体。如《〈西征丛纪〉序》记述随虞允文入蜀、后又入晁公武幕府的经历。《〈于湖集〉序》记述与张孝祥的几次交往。《〈退文〉序》作于淳熙二年(1175),记述前半生迭遭打击的仕途经历。《大慧禅师〈正法眼藏〉序》记述与大慧生前的几次交往,着重再现自己接受佛教的思想历程。《书〈张魏公祠堂记〉后》记述蜀中所闻所见对张浚的历史评价。《跋文与可墨竹》虽言文同的生平与画作,却流露自己的去国之悲。文中云:“此与可将去国时画及帖也,故余言云然。”看似淡笔一带而过,实则蕴意甚深。他可能感慨文同的遭遇,也可能想到自己的去国,都蕴蓄于这轻描淡写的一句。《题王承可文集后》对秦桧当政时朝中无人发表了见解。《题〈九歌图〉》中写到蔡京当国时“神为之目张”,而“屈子之诉切矣,顾神漠焉”,王质不禁感慨:“至使抱石投沙,以殒其躯,独无力援之欤?司命湘君之流,其有负于兹贤哉!”对“湘君”的指斥,看似无理,而作者对不公平社会的强烈控诉已呈露无遗。

《游东林山水记》记述绍兴二十八年(1158)八月游东林的一次经历。《玉渊龙记》记述绍兴三十二年三月与王阮于玉渊亭见“龙”的经历,穿插异闻传说,结尾说“兹龙之出,岂不以吾偶有自脱于世尘而近道也”,反映了王质自我期许甚高,不可全以荒诞视之。《沈氏胜栖堂记》记叙几次来东林与沈氏兄弟交往的经过。这些游记除了主要记述自己的经历,多有写景抒情的文字,因此文学性较高。

《雪山集》卷六《兴国太守题名记》、《汪参政生祠堂记》、《去思楼记》、《兴国军学记》、《兴国四营记》以及卷七《兴国军大冶县学记》、《平政堂记》、《三圣坛龙祠记》、《富池昭勇庙记》,皆是在兴国军因当地县令、太守等人所请而作,主要价值在于保存了地方史料,多数篇章也借以表达对地方军政的看法。卷七《涪陵谯先生祠记》、《白帝庙记》、《张益德庙记》皆出入蜀途中所作,对几位历史人物进行了评述。《东坡先生祠堂记》考述苏轼在黄州的经历及逸闻，保存了苏轼佚诗。《濠州双穗堂记》、《张氏和政堂记》、《压波亭记》、《游无穷室记》、《达磨大师行龛记》等，皆是为友人而作，同时表达了自己的思想，前两篇关于为政，后三篇关于佛道。

《雪山集》卷八《与张都督书》、《与汤相书》、《与虞宣机书》、《与虞相书》两篇、《与李处全殿院书》、《与赵丞相书》、《与周枢密益公书》八篇书信，或干谒官职，或畅叙友情，或砥砺道义，皆能出之以真情，千载而下读之，仿佛仍能亲睹其悲愁欢愉之情于字里行间。

投献、交往的篇章，有的记叙交游情况，如卷五《枢密宣抚相公乐府序》、卷一二《枢相宣抚虞公寿雅并序》。有的保存了珍贵史料，如卷五《跋〈苏给事放白鹇帖〉》记载苏昭广"今为徽猷阁待制，镇当涂，太师文忠公之曾孙"，保存了苏轼后代的重要资料。

三、小说创作。今仅存四篇完整的传奇，即《雪山集》卷一〇《承元居士传》、《平舒侯传》、《麴生传》、《玉女传》，都以咏物为戏，采用史传写法，托以前朝之事，寄寓讽时之意，能看出韩愈《毛颖传》的影响[①]。此外，还有《东南纪闻》以撮其大要的形式所载两篇小说。

① 同时人多有仿韩愈《毛颖传》之作，如周必大《省斋文稿》卷二八《即墨侯传》。这类文章的源流，学界一般以为较早的有南朝宋袁淑《鸡九锡文》、《驴山公九锡文》，梁王琳《䱉表》、梁沈约《修竹弹甘蔗文》等，唐代除韩愈《毛颖传》外，尚有萧颖士《伐樱桃树赋》，宋代有苏轼《黄甘陆吉传》等。《四库全书总目提要》卷一四四"《文章善戏》一卷"条指出该书"仿韩愈《毛颖传》例，于笔墨纸砚悉加封号，而拟为制、表之词。又益以宋无《文房十八学士制》、吴必大《岁寒三友》、无肠公子《除授集》、郑楷《拟封花王册》。而张敏头《责子羽文》、沈约《修竹弹甘蔗文》诸篇，亦附载焉"。关于《文章善戏》一书，今人多以为"未见传本及佚文"(如宁稼雨，参考石昌渝主编《中国古代小说总目·文言卷》，山西教育出版社 2004 年版，第 488 页"《文章善戏》一卷"条)。金程宇有论文《静嘉堂文库所藏〈文章善戏〉及其价值》，并附录《静嘉堂文库所藏〈文章善戏〉中的宋元俳谐佚文辑存》(见《域外汉籍研究集刊》第四辑，中华书局 2008 年版，又见氏著《稀见唐宋文献丛考》，中华书局 2009 年版)，可知俳谐佚文的源流及王质创作的文化渊源。

二、艺术特点

王质记叙文，主要有以下特点：

一、痛快淋漓的议论。记是以叙述描写见长的体裁，王质却常能独出心裁地发议论。如《沈氏胜栖堂记》记叙三过东林见“堂之事三变”，以“他日屡见子，而子之能屡更”相期。《涪陵谯先生祠记》、《白帝庙记》、《张翼德庙记》皆是有识之作，其议论识度能令人耳目一新。如《白帝庙记》篇末议论：“白帝死而为神，据江山之会而护持往来于险阻之中，丰功茂泽，咸交赞以为归，则泥首衔玉、畏死偷生之流，何以得此也？”矛头隐指最高统治者。此记当是作者乾道三年(1167)至七年入蜀期间所作。稍后陆游入蜀也曾发表相似议论，认为公孙述“力战死社稷，宜享庙貌尊”，愿伐石作碑，“上陈跃马壮，下斥乘骡昏”，将公孙述与刘禅对比，而本意也在指责现实[①]。记类散文，传统以日常生活、山水游历为主，但作者常能借题发挥，别出新意，如《张氏和政堂记》盛赞张栻为政之和；《兴国军大冶县学记》提出“为国养才”、“为国养德”的论点；《压波亭记》就题生发，主张“与物无竞”，“无所压，亦无无所压，万物之自然而相为徜徉”的逍遥境界。

王质的一些书启，也不仅限于个人之间的交往，常议论社会时事等。如《与周枢密益公书》自述平生数病，议论学术，能于狂放中见真性情。《与张都督书》评议近习，忧心国事。《与虞相书》(其二)对虞允文以“搜揽贤豪”相期。《与李处全殿院书》更是激烈反对张说签书枢密院事，云：“嗟夫！廉耻道丧，未有甚于此时者也。诞慢之风盛，佞谀之俗昌，而廉耻扫地，狂生孺子敢窃借韩信、诸葛亮以干时，庸夫腐儒敢假托管仲、范蠡以欺世。执事者公受其欺，莫能以理正之。及其败也，又为之持调护之说，下分解之令。小人何惮而不为欺乎？”已不仅是反对张说，更是对执政者的抗议。结

① 陆游诗见《剑南诗稿》卷二《入瞿唐登白帝庙》，参考朱东润《陆游传》第122—123页。

尾云:“某与殿院陈义定交,非苟然者,平时无所可为,或放怀写意于诗酒之间。今殿院立于国家命脉、生民咽喉之上,当以道相与,以义相律,非泛舟焦山、凭栏需亭无与于世者之时也。某抱影荒寒,绝意休显,好不必己出,殿院能不负所学,以济斯民,在晋犹在楚也。”以道义相期,体现了正直的士人品格。

序跋也有议论出众之作。如《跋〈苏给事放白鹇帖〉》通过放白鹇一事,扩而论述恻隐之心,并及仁政。《〈西征丛纪〉序》全篇以叙为主,结尾的议论见识不凡,云:“自古经行天下,其著者惟司马子长、杜子美为广,其文若诗,皆宏伟洪博称之,岂不有所助哉?余所历非浅鲜矣,顾未见有所超者,所谓降才之殊非耶?虽然,其亦异夫昔矣。”对这一段人生经历,从文学创作方面上升到“江山之助”的认识高度,实为难得。再如《题王承可文集后》:“秦桧之轻天下,以为无人。时无豪杰,纵使至此。方靖康士大夫垂头摇尾时,桧之精神勃发,敢与尼堪等抗争是非。绍兴讲和,无贤不肖,皆以为不可,桧之独保无后患,虽其变在二十年之后,而当时料者率不验。卧虎三邮,举国洒淅,莫敢有编头撩须者,桧之单力攻坚,立挫其锋,罄天下而屈于桧之前,则养成其威,乌可以胜言哉?”①对统治者只谋一己私利而不顾国家民族大义予以愤怒谴责。议论同于陆游《追感往事》之五:“诸公可叹善谋身,误国当时岂一秦?不望夷吾出江左,新亭对泣亦无人!”

二、变化层出的结构。或全篇以议论为主,思出常格,如《张氏和政堂记》、《压波亭记》;或以叙述见长,杂以议论,如《平政堂记》;或记议结合,相得益彰,如《濠州双穗堂记》;或以考述为主,如《东坡先生祠堂记》;或全为想象之词,如《游无穷室记》。序跋如《〈于湖集〉序》叙议结合,《〈退文〉序》全篇议论为主。《兴国太守题名记》叙事结束即戛然而止,笔墨省净。《汪参政生祠堂记》先叙汪澈政绩,再叙太守及民众敬仰之情,文章主旨不待议论而明。

游记名篇《游东林山水记》的结构,有人这样评述:“王质《游东

①《雪山集》卷五,孔本第 592 页。

林山水记》、邓牧《雪窦游志》都是依次记述两三日游程的完整游记。这类游记以及朱熹《百丈山记》、谢翱《月泉游记》等，都以游程为结构，具体记述名胜古迹和游者活动，作者的思想情怀、感慨议论大多随时结合具体见闻而抒写出来。”①全文主体为两段景物描写，其他少量叙述为串起两段的线索与背景。作者的意图并不仅仅在于纯粹写景，结尾点出“积岁忧患”，与“开口一笑”形成对比，使文章主旨得到深化，内涵得到丰富，显得如此忧患乱世能得赏此美景，已属不易，也见得大段的景物描写，是全身心感受景物的状态，正是平时不易得见如此美景，不能如此开心，可见此文目的不仅在模山范水。

三、小说传奇采用史传写法。王质《〈夷坚别志〉序》：“余平生所嗜略类洪公，始读《左传》、《史记》、《汉书》，稍得其记事之法，而无所施，因志怪发之。久之，习熟调利，滋耽玩不能释。”②可见《史记》等书对其小说创作的影响。《平舒侯传》末称“太史公曰”，其他三篇末称“赞曰”，让人想到《左传》“以‘君子曰’、‘君子是以知’、‘孔子曰’等来对事件或人物作出道德伦理评价”③，想到《史记》“太史公曰”的写法，可见王质在体例上有所借鉴。

四、精致清丽的语言。王质记叙文的语言看似浅显，实则经过锤炼。成语“洪炉点雪”最早出处为《雪山集》卷五《大慧禅师〈正法眼藏〉序》：“余夜宿金山之方丈，不得寤，信手而抽几案文书，得此阅之，至洪炉点雪，恍然非平时之境。”大火炉里放进一点雪，立时融化无踪，比喻对问题领会极快。再如《游东林山水记》，没有华丽词藻，也很少生僻词语，却能写景如画。形容山峰：“锐者如簪，缺者如玦，隆者如髻，圜者如璧。”每种山峰的喻体简洁到仅用一个字，而能达到读者如见不同山峰的妙境。形容劳动场面：“摘翠者菱，挽红者莲，举白者鱼。”颜色字的使用与倒置句法，都增强了视

① 倪其心、费振刚等选注《中国古代游记选》，前言第20页。

②《文献通考》卷二一七，第二册，第1770页。

③ 袁行霈主编《中国文学史》第一卷，第90页。

觉效果。写夜景:“小驻古柳根,得酒两罂,菱芡数种,复引舟入荷花中。歌豪笑剧,响震溪谷,风起水面,细生鳞甲,流萤班班,若骇若惊,奄忽去来。夜既深,山益高且近,森森欲下搏人,天无一点云,星斗张明,错落水中,如珠走镜,不可收拾。隶而从者,曰学童,能嘲哳为百鸟音,如行空山深树间,春禽一两声,倏然使人怅而惊也;曰沈庆,能为歌声,回曲宛转,嘹亮激越,风露助之,其声愈清,凄然使人感而悲也。”能写出远近景物的不同以及夜色的变化,人的心态随景而生变,乐极而生悲,情与景达到了高度的交融。《去思楼记》云:“穷其微眇而塞其漏,钳其变态而销其奸,析其奇赢而啬其出,严其开阖而谨其藏,如苦儒专经,穷昼夜之力,争尺寸之功;如枯僧缚禅,弃形体寝食于寒暑之外,拾遗腐于粪壤之聚,夺掩匿于盗贼之怀,故财纾于上而赋不及于下,劳切于身而扰不至于民。”借苦儒专经、枯僧缚禅来形容知兴国军张采的政绩,可谓得形容之妙。

王质记叙文的不足是,有不少篇章较为枯燥,缺乏文学趣味。序跋如《枢密宣抚相公乐府序》,记如《富池昭勇庙记》等,书信如《与汤相书》、《与赵丞相书》,都是议论凡庸之作,无甚特色。记类散文如《兴国四营记》等,限于琐碎题材,以枯燥的数字为主,虽有一定史料价值,而文学性不足。

第四章　王质诗研究

《雪山集》有诗294首，《绍陶录》有诗117首，《全宋诗》补遗19首，合计430首。体裁以七古、七绝、五律、七律为主。《绍陶录》为杂言诗。诗歌题材包括忧国忧时、酬唱赠答、怀亲别友、题画论文、游宦纪闻、闲居幽情、咏物托兴等。艺术上，七古写得奔放，律绝写得深沉。《绍陶录》中诗作则继承骚体及民歌体，而得其风味。一般而言，王质的诗关心现实，有感而发，多清新自然的作品，这是王质诗的主流。其缺点是，有些诗过于单薄味淡。

第一节　《雪山集》诗研究

《雪山集》及《全宋诗》补遗，共有诗313首。其中雅2首、五古13首、七古40首、五律80首、七律72首、五言排律1首、五言绝句4首、七言绝句84首、回文联句1首。虽然王质诗作散佚较多，仍可见其主要精力及成就所在。

一、题材内容

《雪山集》诗歌内容丰富，反映的生活面较广，同时展现了自己的遭遇与人格，以及复杂的内心世界。其题材内容如下：

一、“虽衔去国之哀，未替忧时之虑”[①]：爱国政治诗

宋人所谓“文者，礼教治政云尔”、“辞者，犹器之有刻镂绘画也”（王安石《上人书》），其实是将文学形式视为政治意识的外化。道学家邵雍亦云：“无雅岂明王教化，有风方识国兴衰。”（《观诗吟》）王质很好地继承了这一传统。他忠贞耿直，渴望恢复，对南宋的政治腐败有清醒的认识，除多次上疏陈述政见外，还借诗作表达爱国情感，揭露社会丑恶。王质虽未经历建炎南渡，但秉承于父辈的爱国思乡之情，至老不衰。如“自从南渡为生理，惭见东人说故乡”[②]、“眼看花靥渡，梦想白沟河”[③]等诗句，表达了思念家园、渴望恢复的愿望。《雪山集》中此类诗所在多有。

王质还多次表达抗战愿望：“须从夜碛度阴山”（《送钮子明》）、“淝水何时战一场”（《赠刘遂良》）、“恋阙穿双眼，忧时折寸心。中原既传檄，乃更有陈琳”（《即事》），随时准备奔赴抗战第一线。再如“他日中原公事了，磨崖千丈要丰碑”（《别张君玉二首》其一）、“今朝侧耳听奇伟，何日投身佐事功”（《别张君玉二首》其二），都期望收复中原。《上王公明寿四首》其二云：“指日恢中土，何时过故乡。”对王炎的期许中流露爱国之情。

王质对朝廷上下因循守旧、安于和议的现状，也深表不满，如《题孤山寺诗》：“窈窕孤山寺，光明大士龛。佛香时缥缈，茶味亦清甘。竹挺森千百，僧房并两三。全无兵火气，不似在淮南。”结句讽刺意味很浓。对朝廷用人不当进行反思，如“义士何曾少，谋夫不在多”（《和御制诗五首》其五）、“宇宙横挥麈，乾坤落转蓬。浩歌聊

① 《雪山集》卷九《通司马守启》，《四库全书》本。

② 《老人尝馔北食，儿女辈不能，过芜湖，多鱼且美，仆生长泽国，不可一日无此》，《全宋诗》第46册，第28844页。

③ 《和御制诗》其三，《全宋诗》第46册，第28827页。花靥渡，北宋置，在今安徽寿县西北淮河南岸，当时实际已是抗金前线。白沟河，本指今河北新城县东北南流向的白沟河，五代后泛指西东流向的巨马河。故道自今河北雄县西北白沟河镇北，东流经霸州市及其以东信安镇，达于今天津市。宋、辽以此为界，故又名界河。

举酒，无泪哭英雄”（《有感》）、“寡祐良臣死，钟情志士忧。惊心波浪里，不见济川舟”（《代李叔介挽杨参政》）等，“对那些清谈误国的人进行嘲讽，对报国无路的英雄深表同情”①，为人才遭埋没而忧虑，为国家前途而“惊心”。王质还将笔触深入到朝廷赏罚的不公。绍兴三十一年采石大捷，王质禁不住喜悦之情：“宣德楼前清御道，明年元会纳群工。”（《和张安国闻捷》）可是功高者不一定厚赏，《采石道中》对此有所反映：“萧条苦斗者，挥泪立江边。”孝宗宠幸近习，王质也有揭露和讽刺，如《送赵希鄜》云：“吾宗乃有此豚犬，掩鼻急趋风露中。老兄久厌臭来逐，此行不复尘相蒙。”云“吾宗”，可能指王抃。此诗形象地写出近习秽行丑迹的恶劣影响，表达了厌恶之情。

他还把爱国情感渗入到其他题材诗作，如写景诗、咏史诗。《山行即事》其二：“浮云在空碧，来往议阴晴。荷雨洒衣湿，蘋风吹袖清。鹊声喧日出，鸥性狎波平。山色不言语，唤醒三日酲。”首句平淡无特色，第二句则境界全出，精妙百倍。浮云“来往”忙碌、奔波商“议”，是“阴”好还是“晴”好，用象征手法写出南宋朝廷的“议和”态度。《雨花台》：“乱草踏秋碧，斜阳立晚红。天低昏海雾，江阔渡淮风。台有余基壮，碑无旧观丰。愁人惜倦眼，不敢送归鸿。”②结尾两句在前面写景的基础上，暗示“归鸿”所去之地正是金人占领之地。无限江山之恨，通过“愁人惜倦眼”的动作表现出来。《芜湖道中》：“扰扰千支水，攒攒一簇村。牛羊纷下括，鹅鸭闹争门。晚径飘松子，秋田长稻孙。霜天好风日，壮士铁衣温。”前六句全为写景，一派宁静祥和的农村景象。末二句写得含蓄，秋冬季节，正是北伐的好时候。再如《上亭》：“雨色昏何在，铃声怨阿谁。一朝人世改，万事帝心知。西去身虽脱，东边势更危。秖应南内里，不似上亭时。”此为咏史诗。唐玄宗身处深宫，沉湎歌乐，不知

① 殷光熹著《宋诗名篇赏析》，第 260 页。

②《全宋诗》第 46 册，第 28832 页。《四库全书》本《雪山集》作“渡惟风”，作“惟”字，于语意难通。孔本、秦本作“渡淮风”，作“淮”字，可从。

将有“上亭”之日，故而导致安史之乱爆发。“西去身虽脱，东边势更危”，“铃声怨阿谁”，自己造成如此结局，你又能怨谁？结合《上皇帝书》(其二)所言：“金人常蓄土摧瓦解之势于其腹心，而吾不思所以谋之，亦可谓偷安苟活之计矣！使偷而可安，苟而可活，如是而能久，犹云可也。”可见此诗虽为咏史，现实针对性也很强[①]。

王质爱国爱民的情感，也表现在交游之作中。如《留别虞丞相二首》其一：

> 太仓宇宙久陈陈，合与英豪共作新。修造凤楼须有手，住持乌寺可无人？千官礼绝三司贵，一士心归万国春。藉与八风吹六翮，飞腾意度不无神。

乾道七年(1171)，近习张说除签书枢密院事，激起朝中大臣的强烈反对，多人因此被迫离朝，如张栻、范成大等。此诗提醒丞相虞允文，现在正是应该有一番作为的好时机，怎能不注意搜揽贤才？如“乐善稻粱熟，忧民江海深”(《挽吴节夫》)，对爱民的官员深致敬意；“上界雪可饱，下土人希餐。三春镇长在，九夏何曾残”[②]，与王令《暑旱苦热》诗同一情怀[③]。再如《青阳道中二首》其一：“今日青阳路，行行不忍过。人家茅屋少，原野稻田多。树木连苍色，陂塘湛碧波。斜阳敧半岭，将奈镜亭何。”《效竹枝体有感四首》其四：“江南烟雨梅子肥，稻针刺水青离离。江南风物亦如此，所恨情怀非昔时。”都在写景中蕴含国事日非之感。

---

①《宋史》卷一五四《舆服志》：“宫室，汴宋之制，侈而不可以训，中兴服御，惟务简省，宫殿尤朴，皇帝之居曰殿，总曰大内，又曰南内，本杭州治也。”可见诗中“南内”一词是有所指的。

②《永兴丞以皓雪鲜梅奇语见示，戏占闲人浪辞酬之》，《全宋诗》第46册，第28810页。

③ 王令《暑旱苦热》诗云：“昆仑之高有积雪，蓬莱之远常遗寒。不能手提天下往，何忍身去游其间？”

二、“乾坤虽大不能宽”[①]:自我抒情诗

王质前半生有丰富的人生经历,曾入汪澈荆襄幕、张祁江州幕、张浚江淮幕、虞允文宣抚四川幕、晁公武四川制置幕,又曾为德安府教授、国子正、敕令所删定官、枢密院编修官、荆南府通判,虽辗转下僚,却“所历殆遍东南”(《去思楼记》)。除曾入蜀外,主要是多次往来于兴国军与临安之间,以兴国军一带为中心,以长江沿途为主,东至都城临安及其附近区域,西至四川,北至淮南。所谓“吾生浪走逾千里”(《送空上人归育王》),并非虚言。王质又曾迭遭精神打击,不仅仕途受沮,而且人格受到中伤。个人悲欢愉戚的感受、遭谗畏讥的心态在诗歌中反映出来,人格与志趣也随之呈现。反映生活经历和人生感慨的诗作,真挚有个性,能见出其士人气节。如表现游历四方的生活,透露坎壈不偶的情怀:“游子无故乡,去住总为客。平生不如意,江阔见面窄”(《和张晋彦》)、“苍莽家千里,飘零酒一觥”(《和姚明之》)、“霜树柯茎少,江湖洲渚多”(《挽李平仲二首》其二)、“去来等是一孤篷”(《林溪中阻风》),既有江湖漂泊的心酸,更有人心惟危的感慨。再如《郊居》:“不著乌纱帽,自开青竹篱。雁号残月渚,猿挂冷霜枝。有泪不知落,无心空自悲。人情正翻覆,去住总难期。”意境清冷,感慨自伤,情溢于诗。

王质早年以儒家思想为主,渴望建功立业。《〈退文〉序》曾自道肺腑:“实浅而声盈,于是以功名为可立就。”早年好论古,是其积极入世思想的反映。“一路皆平坦,今朝稍屈盘”(《青阳道中二首》其二),后来渐渐受挫,思想趋于消沉,接受佛、道二教影响。这种命运的期待与现实的反差,在诗歌中多有反映。对宦海风波的感叹、对命运蹇促的解嘲,如“我不疏君君自疏”(《新竹》)、“乾坤虽大不能宽”(《寄题挹翠楼》)、“烟尘齐鲁今何在,下雉阳新有两生”(《题窦伯山小隐诗六首》其三)、“我亦自笑骨迍邅,有时挥麈敲哀弦”(《赠杨溥》)等。有时甚至觉得孤独无依,如“自怜憔悴缚江干,去住未能随意耳”(《送赵师耳》)、“不知分此袂,还更蹑谁门”(《送

①《寄题挹翠楼》,《全宋诗》第 46 册,第 28843 页。

陶茂安赴湖南二首》其二)、“侧身江汉归无所,开眼乾坤见有公”(《留别虞丞相二首》其二)、“北窗睡起复西窗,心事悠悠付枕囊”(《和郭子应二首》其二)等。也有看破世事的心态,如“人生起灭半天云,世事浮沉一江水”(《送张监税归去来歌》)、“愿向笔端求蒻笠,桃花春水把渔竿”(《赠画工》)、“他年拄杖叩泉石,莫认此翁作生客”(《送空上人归育王》)、“但有菜根随粥饭,老夫请作住持僧”(《题大浩寺》)等。看破人生,无意于仕途进取,便转而向往隐居出世的生活。

王质诗中一个重要的主题就是吟咏隐逸。晚年在家乡兴国军闭门著述的生活,在诗中也有反映:

二年不下竹匡床,枕损茅斋小米囊。吹起江风渡刘子,踏开荒草见王郎。胡湾此际谈三命,淝水何时战一场。他日中原公事了,与君同话此荒凉。

——《赠刘遂良》

春跗秋萼以时开,尔自野生吾懒栽。有饭故须间菘韭,无羹安用著盐梅。云苍云白变复变,雨旧雨今来不来。杉露松霜皆我酒,竹根木瘿尽吾杯。

——《幽居》

北窗睡起复西窗,心事悠悠付枕囊。日静无人惊燕雀,野青随意卧牛羊。愁中故自伤游子,别后还应忆漫郎。万里梅边寻斗米,夫君身世亦遑遑。

——《和郭子应二首》其一

五曜循环十二宫,乾坤尽落往来中。竹罗书在人安在,姑射山空道不空。畴昔未能知本末,从今不复问穷通。东楼恣享湖山乐,三尺阑干万里风。

——《赠徐辉》

从诗中可见,王质隐居家乡,不是一味“绝人逃世”,他既安于“东楼恣享湖山乐”,也不忘“雨旧雨今”的新朋旧友,更不忘“中原公事”。

这就是王质晚年的生活。

“胸中磊魄但江山”(《寄题挹翠楼诗》),王质的人格与感情也常常通过写景咏物的方式表现出来,如写爱竹:“我性爱风竹,历耳如管弦。两日偶不闻,但见青摩烟。”(《闻雁》)写爱梅:“断桥流水袖香归。”(《题龚嘉谋墨梅》)

三、“从今竹枕蓬窗梦,不梦悬刀只梦君”[①]:酬赠与写景诗

宋代唱和诗风盛行。帝王于处理朝政之余,吟诗作赋,点缀升平;于庆赏宴会之时,更宣示御诗,命群臣唱和。风动于上,波震于下。流风所被,酬唱之风愈演愈炽。文人之间更是“闻说优游多唱和,新篇何惜尽看传”(欧阳修《借观五老诗次韵为谢》)。朝野上下,互为影响,已蔚为一代之风尚,甚至成为一种重要的交际方式。严羽曾指出:“和韵最害人诗。古人酬唱不次韵,此风始盛于元白、皮陆。本朝诸贤,乃以此而斗工,遂至往复有八、九和者。”[②]洪迈亦云:“古人酬和诗,必答其来意,非若今人为次韵所局也。”[③]写作优秀和韵诗不当仅和其韵,更应遵循“和诗当和意”的原则。

王质交往唱酬诗较多。无论是太学期间,还是入幕府时,无论是朝中为官,还是隐居家乡,其交往对象从官场到民间,从高踞要津的达官显贵,到遁迹山林的僧侣贫士。其中在虞允文幕府时间最长,达一年半,交往唱酬的人也较多,后来又入朝为敕令所删定官、枢密院编修官,与虞允文等继续交游唱和。交游者多数是中下层官吏及下层士人,其中许多人的生平已经无法考知。诗题标明“寄”、“寿”、“呈”、“送”、“赠”、“和”、“次韵”等占多数,还有诗题未标明者,合计近二百首,约占《雪山集》全部诗作的三分之二。王质和韵诗大多平平,也有少量佳作。

王质曾对友人说:“青山绿水逢迎时,亟来相报令吾知。”(《赠南道人》)可见对山水的喜爱。除《绍陶录》中林居咏物之诗外,《雪

---

①《送王充老归盱江》,《全宋诗》第46册,第28846页。

② 郭绍虞校释《沧浪诗话校释 · 诗评》,第193—194页。

③《容斋随笔》卷一六“和诗当和意”条,上册,第210页。

山集》中有一些流连山水、逍遥泉石之作。如《晚泊东流》、《秀野亭观雪》、《渡湖过大浩寺》、《江西道中》、《林中阻风》、《银山寺和宗禅师四季诗》等。王质写景诗，常能景中含情，写出个性。如“明朝大江送吾去，万里天风吹客衣”(《晚泊东流》)，豪迈俊爽的情态跃然纸上。如“清风蓑笠明月棹，为我洗濯尘埃裾”(《赠沈文伯》其二)、“东君怜我太萧条，啼损黄鹂留不得”(《送赵师耳》)，都显露独特的性格与情感。再如《夜泊荻港二首》：

> 落日人家已半扉，隔篱问答语声微。桑枝亚路蝉争噪，一似南村割稻归。
>
> 野火参差度暗光，萧萧蒲稗自生凉。夜深云上无星斗，古树阴沈觉许长。

反映农村生活，写景如画，不应以未能触及农民疾苦病之。

王质诗歌题材较为丰富，上至国家大事，下至日常生活，甚至连觅茶(《问查元章觅龙团茶诗》)、觅酒(《问王稚川觅酒》)、借诗(《问王稚川借其父承可诗二首》)等都写进诗中。王质还有《与张安国围棋，胜者命题，负者赋诗，作藤枕歌》，又有《登张安国右司官舍后阁》[①]，都记载了下棋经历。多方面的文人生活也开拓了其诗歌题材。

二、艺术特点

王质的诗在当时就曾得到赞誉。陆游云：“吾登孺子亭，见子以诗道南州高士之神情，奇哉。”[②]曾协云：“时为某出诗骚古文，虽体裁之不齐，而位置施设各当机杼，每愧叹弥日。”[③]李流谦云：“负

---

①《登张安国右司官舍后阁》诗云：“向来妩媚玉局老，对公谈罢犹纵横。”

②《雪山集》卷一二《寄题陆务观渔隐》序所引陆游寄王质书信内容，该信不见于今本陆游集，为其佚文。

③《云庄集》卷四《送王景文教授归江西序》，《四库全书》本。

排阊阖气，有泣鬼神诗。”[①]王十朋《次韵王景文赠行四绝》其四云：“孝子忠臣公论在，送行诗似少陵章。”[②]或仅评其诗，或兼评其人。明、清两代几乎无人评论王质诗作，这当然与其成就不够高，在后代影响太小有关，但主要是因为其文集没有刻本，流传不广。自从《雪山集》编入《四库全书》，王质渐受注意，各种宋诗选本多选入其诗。

《钦定四库全书总目》云：“宋代诗派凡数变，西昆伤于雕琢，一变而为元祐之朴雅，元祐伤于平易，一变而为江西之生新。南渡以后，江西宗派盛极而衰，江湖诸人欲变之，而力不胜，于是仄径旁行，相率而为琐屑寒陋，宋诗于是扫地矣。”[③]描述了宋代诗史上诸多流派因革变化的轨迹，也只是粗具轮廓。南宋中兴诗坛，以陆游、范成大、杨万里、尤袤四大家为代表，“都体现了出自江西的艺术渊源，但他们创作的最终成就与实质精神，无论是慷慨激昂的爱国情怀，还是清丽自然的田园山水，都以走向外界现实的共同特征显示了与江西派主调的根本差异”[④]。除中兴四大家外，继承江西又变革江西的诗人，还有不少。王质即是其中之一，只因成就有限，未引起更多注意。

《雪山集》诗歌在艺术上主要有以下特点：

一、语言形象精炼

王质化用前人语句较多，同时能自具面目。如《和陈阜卿》：“雨花台下晚江秋，曾对斜阳倒玉舟。自断我当归吊屈，不应君亦未封留。异时兵里同悲喜，今日樽前再劝酬。怅望佳人云暮合，空遗别恨与汤休。”作于隆兴二年(1164)上书反对和议无成之后。他空有爱国之心，难遂报国之愿。自比贾谊，是比其处境，非比其才华，惆怅不遇之情可见，胸襟抱负自然流露。“怅望”两句，虽用江

---

①《潏斋集》卷五《送王景文入制幕二首》其一，《四库全书》本。

②《王十朋全集》，第 337 页。

③《钦定四库全书总目》卷一六七《杨仲宏集》提要，第 2228 页。

④ 许总著《宋诗史》，第 7—8 页。

淹诗句[①],也可见《离骚》的影响。

《荷柳松竹赠答》仿白居易《鸡鹤赠答》、卢仝《石竹赠答》。诗前序云:“然不全规摹,亦在我者,咸随人焉难也,小异何伤乎?”可见江西诗派“夺胎换骨”说,尤其是吕本中“活法”理论的影响。惠洪《冷斋夜话》记载黄庭坚的“夺胎换骨”说:“山谷言:诗意无穷而人才有限;以有限之才追无穷之意,虽渊明、少陵不得工也。不易其意而造其语,谓之换骨法;规摹其意形容之,谓之夺胎法。”[②]王质诗《登张安国右司官舍后阁》:“参差万象罗双目,奔走文场供约束。”意思同于王羲之《兰亭诗》“群籁虽参差,适我无非新”。王羲之从创新的角度立论,王质更强调“笔力”的作用,这是黄庭坚所说的“换骨法”。再如“浓疏变庭树”(《和郭从范》其二),化用谢灵运“园柳变鸣禽”(《登池上楼》),但写出季节变更,自成新的意境,这是所谓的“夺胎法”。

王质化用前人诗句较多,但诗歌的整体格局还是自己的,格调和口吻也是自己的,因此其诗歌的独创性及个性依然较强。韩愈诗句“上界真人足官府,岂如散仙鞭笞鸾凤终日相追陪”(《奉酬卢给事云夫四兄曲江荷花行见寄并呈上钱七兄阁老张十八助教》),本指天上仙人犹多官府之事,不如云夫为地上散仙而能终日嬉游。王质多处化用均能切合特定情境,如“长安贵人足官府,不似育王山色高”(《送空上人归育王》),表达对无官身轻的佛教生活的向往,“天上足官府,舍人何处归”(《忆张安国》),表达对英年早逝的友人张孝祥的怀念。再如《秀野亭观雪》:“不见湘娥十二鬟,谁移白发上青山。”湘娥十二鬟,以女子发髻喻山,语出黄庭坚《雨中登岳阳楼望君山二首》其二“满川风雨独凭栏,绾结湘娥十二鬟”。王质此处以黄诗引出山上“白发”,在对比中突出“雪意”。

佛教、道教对王质诗歌的影响也随处可见。佛教典故词汇的运用,如“半夜妙心花忽发,十方一刹现浑银”(《秋夜读书三首》其

---

① 化用江淹《休上人怨别》中“日暮碧云合,佳人殊未来”。

② 廖德明校点《苕溪渔隐丛话》前集卷三五,第235页。

三)、“临济一击雷横撞，德山一喝龙腾骧”(《赠僧师能》)等。道教传说及《老子》、《庄子》中典故词语的运用，如《观政堂成上黄少誉二首》:“暂离方丈群仙侣，独抱黄庭一卷经。十顷玻璃能几许，看公击水渡南溟。”《题张君量恩波寺》:“濠梁此日堪同乐，文沼何时共效灵。人意亦随鱼意好，一舭相对万荷青。”《赠徐辉》:“五曜循环十二宫，乾坤尽落往来中。竹罗书在人安在，姑射山空道不空。”《和张君玉》:“未暇洞天寻小有，尽将世界付南无。不知南北东西后，肯寄书来问老夫。”王质对佛道二教曾有研究，但诗中并不用生僻词汇及典故，因而对诗歌形象性的伤害较小。

诗中用典有直用、反用、明用、暗用之分。所谓直用，即正面运用典故的意义，反用，即从反面运用典故的意义。关于反用典故，胡仔云:“太白云:‘解道澄江静如练，令人还忆谢玄晖。’至鲁直则云:‘凭谁说与谢玄晖，休道澄江静如练。’王文海云:‘鸟鸣山更幽。’至介甫则云:‘茅檐相对坐终日，一鸟不鸣山更幽。’皆反其意而用之，盖不欲沿袭之耳。”[①]用典的最高境界是融化无迹。北宋蔡絛《西清诗话》中推崇杜甫的“水中着盐”说，云:“杜少陵云:‘作诗用事，要如禅家语:水中着盐，饮水乃知盐味。’”[②]王质诗中穿插若干历史典故，虽还当不得盐溶于水的境界，但是这些典故并不生僻，因此使人感到清平流畅，较为通泰。如:“从今竹枕蓬窗梦，不梦悬刀只梦君。”(《送王充老归盱江》)“梦悬刀”是用典。《晋书·王浚传》:“浚夜梦悬三刀于卧室梁上，须臾又益一刀，浚惊觉，意甚恶之。主簿李毅再拜贺曰:‘三刀为州字，又益一者，明府其临益州乎?’……果迁浚为益州刺史。”[③]后因以“悬刀梦”为升任州官的梦兆。此典在诗中表现了王质珍重友情，卑视富贵宦达的情操。此处用典是反用。

王质受韩愈、苏轼等人影响，多用散文句法入诗。如“如公第

---

① 廖德明校点《苕溪渔隐丛话》后集卷四，第 25 页。

② 廖德明校点《苕溪渔隐丛话》前集卷一〇，第 66 页。

③ 中华书局 1974 年版，第 4 册，第 1208 页。

一等人物，故应策辔飞云衢”(《赠沈文伯》其二)、“静听犹闻唤回也，惊起忽觉呼参乎”、“一点外皆闲事业，三声中有大功夫”(皆见《赠戴渔》)、“吾尝袖手江之旁”、“欲往从之道阻长”、“安得与之俱颉颃”(皆见《寄题陆务观渔隐》)，采用流畅的散文句法，多用虚字衬字，有助于表现豪迈奔放的情感。

王质运用叠词也较成功。如《游杨氏园》:“萧萧骚骚诗韵寒，膈膈膊膊棋声干。澎澎湃湃酒波卷，便便旋旋茶眼翻。”动态地构画出文人生活的各个侧面。再如《问王稚川觅酒》:“胶胶扰扰谁能问，兀兀陶陶得即休。”也较生动地写出愁绪之深长与酒后之陶然。

王质律诗中间两联也多工稳的对句。如“雁号残月渚，猿挂冷霜枝”(《郊居》)、“浥浥云生屋，涓涓水到渠”(《秋兴》)、“天高千障立，月静一江空”(《有感》)、“有时柏子捎衣落，无数松枝刺眼频”(《渡湖过大浩寺》)、“冬青匝路野蜂乱，荞麦满园山鹊飞”(《晚泊东流》)、“月在澄潭心共白，山围宴坐眼同青”(《观政堂成上黄少誉二首》其二)、“寡祐良臣死，钟情志士忧”(《代李叔介挽杨参政》)、“恋阙穿双眼，忧时折寸心”(《即事》)，都对仗工整，平仄谐调，而又意境丰满，感情真挚。有不少流水对，如“颇知君笔力，能嗣我宗风”[①]、“见说堂前竹，胜如屋角花”(《发家书》)、“想子归家急，如吾舍世忙”(《送虞丞相孙运干诗三首》其三)、“不知分此袂，还更蹑谁门”(《送陶茂安赴湖南二首》其二)、“倒引归心缠客病，欲随飞鸟渡平川”(《江西道中》)、“自从南渡为生理，惭见东人说故乡”[②]，也都简易中见工稳，对仗中有流动感。

王质对音韵也颇有研究，《诗总闻》“十闻”的体例中设有“闻音”，保存大量宋代音韵资料。王质曾云:“且如谈《诗》，自知音始。”(《与周枢密益公书》)认为研究《诗经》的前提是“歌某诗，和某

① 《李南卿西归，求语以赠行，山谷偈云:八万四千关捩子，与君一个锁匙开，仆亦有一个锁匙，谨以奉赠》，《全宋诗》第 46 册，第 28837 页。

② 《老人尝馔北食，儿女辈不能，过芜湖，多鱼且美，仆生长泽国，不可一日无此》，《全宋诗》第 46 册，第 28844 页。

诗"、"以诗入律"(《与周枢密益公书》)。《后村诗话》云:"史相力荐放翁,赐第。其去国自是台评,然王景文乃云:'直翁自了平生事,不了山阴陆务观。'放翁见诗亦笑云:'我字务观,乃去声,如何把作平声押了?'"①观此记载,似乎是开玩笑的成分为多,从陆游"笑云"可知。但后人有误以为王质不懂音韵者②。王质有诗云:"老人日日惟须此,长笑儿郎太楚伧(原注:借韵)。"③既然自注"借韵",也可证王质诗中对音韵还是讲究的。他有时采取"柏梁体",如《留别陈阜卿》、《寄题陆务观渔隐》、《送施丙卿》、《赠杨溥》及《赠沈文伯》三首,都全诗句句押韵,"响亮朗畅"④,因难见巧。

王质诗歌的语言也富于变化,尽量力避其同,如"海中蛟蜃恶,吾不问蓬莱"⑤、"霜树柯茎少,江湖洲渚多"(《挽李平仲二首》其二)、"山川非不好,风浪抑何多"(《舟中作二首》其一),词中也有类似表述,如"江湖飘泊鸿雁,洲渚肯相容"(《水调歌头·游银山寺和壁间张安国作》其二),都是对宦海风波的反映,而措辞不同。

二、想象丰富奇妙

具有丰富的想象,是王质诗歌个性的一个重要方面。如《和张安国闻捷》:"两京乔木久秋风,甘露棠梨非汉宫。铁凤雕零周庙古,玉鱼流落汉陵空。朝催战鼓云埋阵,夜发戈船月照篷。宣德楼前清御道,明年元会纳群工。"前四句所写"久秋风"、"非汉宫"、"雕零"、"流落",见出此次大捷乃渴望已久。颈联剪取战争的两个场

---

① 王秀梅点校《后村诗话》,第 30 页。

② 如有人认为:"王质与陆游是同时代的人。可见,陆游生时便有人误读其字了。"(见刘黎明著《陆游悬案揭秘》第 6 页)[清]王士禛撰《池北偶谈》卷一四"人名字音"条:"此虽谑语,亦可为用字不详出处者戒。"评价较为客观。据今人欧明俊研究结论,"观"应读平声。说见氏著《陆游研究》第 17 页。

③《老人尝馔北食,儿女辈不能,过芜湖,多鱼且美,仆生长泽国,不可一日无此》,《全宋诗》第 46 册,第 28844 页。

④ 王锡九著《宋代的七言古诗》(南宋卷),第 143 页。

⑤《见九华峰,有四十余,其最秀者不知孰为九也,因作是诗》,《全宋诗》第 46 册,第 28832—28833 页。

景,以见我军胜券在握的气势。尾联甚至设想明年还都汴京的情景,以景结情,余蕴悠长。此诗全是想象之词,深得杜诗旨趣,可见《闻官军收河南河北》的影响。再如《千叶梅》:“一枝独立众芳先,小翠长红一任妍。缟袂仙人来阅世,向来手眼故千千。”将千叶梅想象成仙人,以表现梅格不凡。

司空图曾感叹:“离形得似,庶几斯人。”(《二十四诗品·形容》)清代吴乔《答万季野诗问》云:“又问‘诗与文之辨?’答曰:‘二者意岂有异,唯是体裁词语不同耳。意喻之米,文喻之炊而为饭,诗喻之酿而为酒,饭不变米形,酒形质尽变。’”[①]可见真正的好诗,并不拘拘于形似,而是需要通过想象写其神似。王质也善于拟神,如《起伏龙行呈张元亮》:“使君寸丹通九渊,冷彻龙胆惊不眠。掣关稽首玉帝前,青霓影里一粲鲜。群龙下走如奔泉,电旗掀舞雷车旋。怒蛟腾起缠阴涎,四海五湖归一髯。黄尘白沙飞满川,顷刻变作声潺湲。何人此手有此拳,敛散风雨麾云烟。一州千里十万廛,翻覆歉岁为丰年。云花缭绕金连钱,使君倚鞚将朝天。千珠万玉倾箱圆,夕阳扪腹秋风边。此时可怀不可瞻,何不留取黄金鞭。”在飞腾的想象中,太守化“歉岁为丰年”的过程省略了,而突出太守上任前后的不同场景,在对比中达到突出其政绩的目的。

精通绘画,与画家交往,也可能促使王质在诗歌创作中重视想象的作用。王质善绘画,《寄题陆务观渔隐》序云:“仆未尝渡浙江,安得识渔隐,且久不见务观,弗克问其何如。故寓诸梦以为之辞,然心目皆往来于此,常弗忘也。写真小轴偕之,置在渔隐之旁,与观溪谷云月之奇。所怍其语鄙、其容陋,尘埃名胜之区,为山川之神所却;或使周旋其间,亦未可知也。昔寄语他壤多矣,未有以传神俱者也。此段风规,自王景文始。”可知王质是作诗并画一道寄给陆游的。东晋孙绰自诩为“掷地作金石声”[②]的《游天台山赋》是

① 吴乔《围炉诗话》,《清诗话》上册,第 27 页。

② 《晋书·孙绰传》:“(孙绰)尝作《天台山赋》,辞致甚工。初成,以示友人范荣期(启)云:‘卿试掷地,当作金石声也。’”

观图神往的卧游，而王质毫无依据，仅凭想象，作成此诗，并绘图附载诗后。

王质与画家俞舜俞、龚嘉谋等有交游，有《题俞舜俞墨梅》等诗①。《西江月·和王道一韵促画屏》云："蹙蹙红中烟润，梢梢翠尾风斜。闲轩幽树少啼鸦。此处最宜君画。　望眼不知天阔，归心常恨山遮。见君江浦到芦花。意在琵琶亭下（原注：轩外有石榴、芭蕉。壁间有所画江浦、芦雁）。"②对友人绘画的指点，可见王质对绘画布局的理解。《雪山集》中还有不少题画诗、题扇诗。成功之作，如《倦绣图》："短屏小鸭眠枯苇，徘徊略住西风指。佳人手闲心不闲，肠断吴江烟水寒。凄凄空庭晚苔湿，冷篆青烟半丝直。卷帘寂寞满天秋，惟见孤楠一株碧。"画幅是静止的瞬间，而这首诗凭借想象，展示了"佳人"一系列的动作与心理："她正停下了针线，眼望空庭，心怀吴江而思绪纷纭。接着，她走向窗口，卷起帘子，只见一株孤零零的碧楠，在满天秋风下摇曳着。"③结句以景结情，充满生意的碧楠与秋意的天空形成对比，在寂寞的女主人公心中激起丰富的心理活动，但这一切心理活动在诗中都省略了，让读者自己领会。

再如《题龚嘉谋墨梅》：

梅花一枝复一枝，是耶非耶吾不知。空堂惨淡寒寂寞，安得璀璨生光辉。今朝朔云覆江野，无乃雪花冲屋楣。少定徐观元不尔，壁上横陈皆不飞。摩挲零乱争欲动，亟避又不来沾衣。稍悟寒英着明缟，已信未信犹衔疑。虽然是梅不是雪，亦岂人力攘天机。伸脚欲下俄复缩，泠泠亦似奔湍溪。忽听檐

① 《全宋诗》第 46 册，第 28896—28897 页。王质好友李石也精绘画。[元]夏文彦撰《图绘宝鉴》卷三："李石字知几，资州人，醉吟之余，时作小笔，风调远俗。"

② 《全宋词》第三册第 1638 页作"山遮"，《四库全书》本《雪山集》作"天遮"。

③ 金性尧选注《宋诗三百首》，第 309 页。

牙啅林雀，纷纷惊下玉葳蕤。鼻端三嗅定何有，萧骚若有霜风吹。乃是瀼溪小龚子，搦笔泛翰生清奇。老杜见松被松吓，王子见梅遭梅欺。却忆西湖疏影里，断桥流水袖香归。

对龚嘉谋墨梅的赞赏，全凭想象。面对《墨梅》画幅，诗人觉得画上的雪"争欲动"，但又不沾衣，如闻湍溪奔流，禁不住伸脚又缩，仿佛林雀惊洒雪落，隐约花香扑鼻。这些错觉终于真相大白，原来是"遭梅欺"，这就突出了龚嘉谋墨梅逼真的效果，可见其画艺之高超。

三、议论逸发迈往

刘克庄《吴恕斋诗稿跋》指出："近世贵理学而贱诗，间有篇咏，率是语录讲义之押韵者耳。"宋代理学家喜欢用语录表达自己的思想。讲义是宋人讲经的稿本。语录和讲义都是议论文，与诗歌是不同体裁。以语录讲义来比拟诗歌，实是对诗中多议论的讥评。钱钟书也有精辟论述："宋诗还有个缺陷，爱讲道理，发议论；道理往往粗浅，议论往往陈旧，也煞费笔墨去发挥申说。"①但也不能一概而论，正如翁方纲在《石洲诗话》中所指出的："谈理至宋人而精，说部至宋人而富，诗则至宋而益加细密。盖抉刻入理，实非唐人所能囿也。"②大量的说理与议论进入宋诗，虽然失去唐诗的情韵风味，却也是对唐诗的变化与突破。故吴之振《宋诗钞·序》云："宋人之诗，变化于唐，而出其所得，皮毛落尽，精神独存。"

好议论是宋诗的共同特点，王质诗也不例外。王阮《〈雪山集〉序》云："听其论古，如读郦道元《水经》，名川支川，贯穿周匝，无有间断。间语世务，计后成否，又如孟子言，历千载日，至无毫厘差。咳唾随风，皆成珠玑，使读之者如嚼蜜雪，齿颊有味。"③曾协云：

---

① 钱钟书选注《宋诗选注》，《序》第 9 页。

② 陈迩冬校点《石洲诗话》卷四，第 119 页。

③《雪山集》卷首，《四库全书》本。

“所议论逸发，粲然成文章，迈往之气，郁郁出眉宇间。”[①]可见王质早年即已好议论、善议论。王质与理学家张栻、吕祖谦都有交往，其好友王阮曾从朱熹求学，故王质受理学影响较多，可能熏陶接受格物穷理、凡事究其本源的思维特性，反映到诗歌创作中，就形成了以理趣取胜的特色。加上身兼学者、诗人的双重身份，作为学者那严密细致的理性思维，也会对其诗作产生影响。

王质诗中散见精彩的议论，既有个人郁郁不得志的愤激慨叹，也有议古论今、关怀时事、寓理深挚的作品。如《张元亮见访留和坐客》：“杯盘仓卒但随家，所赖龙山得孟嘉。略以诗声知律吕，敢于学海望津涯。精神霜后千头橘，风味新时一颗瓜。发白未应余子识，汗青当有后人夸。”诗中议论是对个人遭际的感慨，对文学学术的自信。《赠黄君》云：“君臣庆会第一格，晦庵何日何时须。”又云：“徘徊吴楚已多年，晦庵不急苍生急。”关注的是天下苍生的命运，而不是个人出处行藏的操守。《留别虞丞相二首》其一：“太仓宇宙久陈陈，合与英豪共作新。修造凤楼须有手，住持乌寺可无人？千官礼绝三司贵，一士心归万国春。藉与八风吹六翮，飞腾意度不无神。”[②]首二句赞同虞允文对金遣使用兵[③]，中四句对身为丞相的虞允文以搜揽人才相期，末二句则构想了一幅飞翔自如的成功境界。明陆贻典云：“太仓之粟，陈陈相因，如何介‘宇宙’二字？”[④]清纪昀亦云：“首句言宇宙如太仓之陈陈相因，殊不妥。”[⑤]其实首二句是作者对久已安于和议、因循苟且的现状表示强烈不满，期望“激之使变生”，并提出进幸建康、复请园陵、求减岁币等主张，都是针对“久陈陈”形势的计策。刘克庄评颔联云：“‘修造凤楼须

① 曾协撰《云庄集》卷四《送王景文教授归江西序》，《四库全书》本。此文作于绍兴三十年夏。

②《全宋诗》第46册，第28842页。“作新”，《瀛奎律髓》卷四二作“挽新”。

③《雪山集》卷一《上皇帝书》(二)作于乾道七年，其中主张遣使求陵寝，观点正与虞允文合。

④《瀛奎律髓》卷四二，第1514页。

⑤《瀛奎律髓》卷四二，第1514页。

有手，住持乌寺可无人’，几于自鬻矣。”[①]所见不够准确。王质《与虞相书》(其二)云：“愿相公勿以于我有毁誉而为去取，则天下之贤归心矣。今某乃独以龌龊而不能有所开拓，取人主之轻，受天下之责。则相公可不辟至公之路，开众正之门，上广天子搜揽贤豪之心，下恢士大夫驰骛当世之气哉？”如解诗时联系此文，当能加深对诗的理解。

沈德潜云：“议论须带情韵以行，勿近伧父面目耳。”[②]王质诗中有不少成功的议论，不是抽象地说理，而是寓议论于形象之中。《送施丙卿》云：“尚书击鼓群龙趋，我岂不解吹笙竽。”持节自守的个性，在与趋炎附势之徒的对比中表现出来，而且以“群龙趋”、“吹笙竽”等形象来表现。《与张安国围棋，胜者命题，负者赋诗，作藤枕歌》：“观君眉宇含风霜，岂肯展转蛾眉床。”对友人操守的评价，寓含在对藤枕的绘貌写形之中。《有感》：“宇宙横挥麈，乾坤落转蓬。浩歌聊举酒，无泪哭英雄。”对国家命运的深深关切与思考，在“横挥麈”与“落转蓬”的形象对比中展露无遗，讽刺了无济时之才而高谈阔论的人物。《赠沈文伯》三首也是叙事与议论结合较好的作品。这些诗既说理透彻，而不生硬。

王质诗中多次表达向往渔隐的生活，其实是一种牢骚语。如《赠画工》和《题李白笠钓图》两诗：

> 我无头上进贤冠，只带儒生一味酸。愿向笔端求蒻笠，桃花春水把渔竿。
>
> 龙子梅妆钓笠前，脱靴豪气总萧然。一丝来往茫茫碧，不记开元后几年。[③]

此两诗，一赠画工，一题画，共同点是对隐居的渔夫生活的向往，表

---

① 王秀梅点校《后村诗话》后集卷一，第57页。

② 沈德潜撰《说诗晬语》卷下，《清诗话》下册，第553页。

③ 分别见《全宋诗》第46册，第28858页、28859页。

现了对尘世的逃避与对隐逸生活的追求。

好议论有时也伤害了王质诗歌的整体美和形象美。如《听谭师弹琴》，描写谭师弹琴的一段比较精彩："风颠雨急倏来往，雨收风定游丝飞。欲下不下窥鱼鸥，忽前忽后回波舟。恍惚浮云卷天宇，错落万点飞星流。"以风雨、游丝、窥鱼鸥、回波舟、浮云、飞星等意象，生动地再现了琴声所营造的意境：由风狂雨急到雨收风住，静中仍有动，有游丝轻轻飘飞。窥鱼鸥欲下不下，是以静为主，静中有动；回波舟忽前忽后，是以动为主，动中有静。"恍惚"两句又一变，境界阔大而变动。接下来的一段议论，占了相当篇幅："世间万法总非真，况此假合非天成。匣琴不出手无声，袖手不弹琴不鸣。此琴此手两无与，问君广陵贺若从何去。王子有琴谁复传，无徽无轸亦无弦。若人解得非耳听，为君试作无手弹。"由苏轼的《琴诗》发展而来[①]，可谓袭陈言而无新意，而且破坏了诗歌所构造的整体意境。

四、风格隽快豪放而又含蓄蕴藉

王质喜欢尝试不同的形式，《雪山集》中有五古、七古、五律、七律、五言排律、五绝、七绝，还有模仿《诗经》而作的四言诗，又有回文联句一首，《绍陶录》中则有模仿《离骚》的骚体，可见王质是有意尝试各种形式。曾协说："（王质）时为某出诗骚古文，虽体裁之不齐，而位置施设各当机杼，每愧叹弥日。"[②]曾协此文作于绍兴三十年(1160)，可见王质早年即已尝试模仿《诗》、《骚》。

宋代诗人普遍工于七绝。近体中七律最难作，古体中七古最难作。王质在律诗与七古方面都下过功夫，取得一定成就。七古所需要的是奔放的情感和狂放的豪气。王质曾作《赠沈文伯》七古，又和作二首，都写得奔放流利。再如《送张监税归去来歌》：

君不见义熙元年陶彭泽，偶缠秃绶称长官，俄扬轻舟作归

① 苏轼《琴诗》曰："若言琴上有琴声，放在匣中何不鸣？若言声在指头上，何不于君指上听？"

② 曾协撰《云庄集》卷四《送王景文教授归江西序》，《四库全书》本。

客。萧萧五十年，衮衮八十日。县令虽为百里君，不似斜川临流玩泉石。公田虽收半顷税，不似东皋种禾满阡陌。后园之柳为我贮清阴，东篱之菊为我发佳色。浊醪妙理汝不知，素琴真趣吾能识。陶隐君，张公子。千二百年同一轨，丈夫意气当如此。亦不挂冠神武门，亦不还笏蓬莱陛。尽展平生履历书，凌乱云烟飞满纸。归去来，归去来，二君觉处真奇哉。孔宾半夜呼将去，李愿终身唤不回。子休矣，子休矣，取舍行藏都在己，一往一来聊尔耳。人生起灭半天云，世事浮沉一江水。腰间带，不须束，头上巾，还可漉。南山荷锄夕露晞，北窗支枕凉风足。酒具遮留栗里墟，篮舆轻适庐山隅。行将过，且踌躇。溪山云月无今古，试访渊明旧隐居。

此诗写得自然洒脱，语言也较浅近流畅，有李白歌行的风味，是《雪山集》七古中较好的篇章之一。长短句式相间，也使诗中语势安排整体上张弛有度。

再如《送赵师耳》：

东风吹了落花天，芍药酴醾晚更妍。典衣换酒正吾事，不辞颠倒春风前。胡为便作轻离别，再拜忽成千里隔。东君怜我太萧条，啼损黄鹂留不得。我欲拖筇随马尾，饱看庐陵好山水。自怜憔悴缚江干，去住未能随意耳。

此诗疏朗流畅，写出自己处境艰难，而不失于枯涩。王质许多诗都是报国无门、坎壈失意的情绪宣泄，这也是其诗歌形成豪宕中有悲壮、隽快中见思致的原因。

王质的七古追求的是一种“豪健跌宕、气势鼓荡、疏畅通达、浑灏流转的诗风”，“在保持豪健奔放的气势和骨力的基础上，追求流转自如、畅达疏朗的风尚”①，如《赠沈文伯》、《寄题陆务观渔隐》等

① 王锡九著《宋代的七言古诗》(南宋卷)，第140页、144页。

诗，再如“相烦健笔凌风扫”（《墨梅》）、“高谈雄辩波潺湲”（《赠杨溥》）、“谈端天地不支吾，笔下龙蛇争撇捩”（《游杨氏园》）等诗句。王质律诗常常写得隽快豪放、含蓄蕴藉。如《闻雁》：“未能叫云月，而我独不眠。抱被夜徙榻，空堂秋山连。”《即事》：“竹色交檐暗，苔痕拥舍深。群鷹无定响，断雁有孤音。恋阙穿双眼，忧时折寸心。中原既传檄，乃更有陈琳。”《送钮子明》：“大夫离别莫心酸，痛饮长歌作壮颜。勿羡春江烧赤壁，须从夜碛度阴山。精神勃郁双眉上，功业轮困十指间。看罢吴钩腾上马，临分小试出三关。”都以天下国家为念，情怀豪宕悲壮。如《留别虞丞相二首》（其二），刘克庄评颔联“甚隽快”①。

再如《山行即事》：

> 浮云在空碧，来往议阴晴。荷雨洒衣湿，蘋风吹袖清。鹊声喧日出，鸥性狎波平。山色不言语，唤醒三日酲。

无论晴雨风波，所至一派欢欣。“诗中的景物意象都充满动态，染上诗人的主观感情色彩，呼之欲出，活灵活现。这种主体和客体充分交融的愉快画面，同苏轼的《新城道中》一诗十分相似”②。《晚泊东流》：“山高树多日出迟，食时雾露且雰霏。马蹄已踏两邮舍，人家渐开双竹扉。冬青匝路野蜂乱，荞麦满园山鹊飞。明朝大江送吾去，万里天风吹客衣。”方回评曰：“此诗乃吴体而遒美。”③末二句写得豪迈健爽。

寻常的题材，在王质笔下常能写出新意。如《灯花》：“造化管不得，要开时便开。洗天风雨夜，春色满银台。”灯花是微弱的象征，人们常说“一灯如豆”，但在王质笔下，小小灯花与“洗天风雨”的自然造化相对立，别创温馨境界。全诗脱去俗套，立意新颖，写

① 王秀梅点校《后村诗话》后集卷一，第 57 页。

② 陶文鹏、韦凤娟主编《灵境诗心——中国古代山水诗史》，第 521 页。

③《瀛奎律髓》卷一四，上册，第 525 页。

得气势非凡。《题大浩寺》:“漫山竹树结清深,古殿荒寒一两灯。但有菜根随粥饭,老夫请作住持僧。”诙谐的调侃中,表达了对大浩寺周围景色的喜爱,对物质生活的易于满足。再如《林溪中阻风》:“扁舟西去苦匆匆,底事天回梅尾风。仓卒未应旗转脚,殷勤聊借浦栖鸿。半山烟雨骎骎暗,两岸霜林故故红。得意轻帆休笑我,去来等是一孤篷。”与轻帆的调侃中,诗人对人生的思考也尽现其中:人生来来去去,难免顺风逆风,你只不过是暂时顺风罢了①。清人赵翼指出:“争新,在意不在词,往往以俚为雅,以稚为老。”②王质这一类诗都看似俚俗与稚拙,而常能写出新意。

王质诗中人文意象较多。如围棋、竹夫人、藤枕、灯花等物。在这些诗中,王质常能别具手眼,写出新境。《竹夫人二首》其二:“洞房暗薰结,谁作双蝴蝶?夫人独自梦,清露泣寒月。”薰草成双蝴蝶形,引起“夫人”愁思。日有所思,夜有所梦。而“独自梦”,更见形单影孤。“清露”语带双关,未尝不是“夫人”之泪。而寒月的冷光,不也像所思之人发出的吗?全诗虽以“夫人”的心理活动与景物描写相结合,但景中含情,耐人寻味。

王质曾说:“(扬)无咎不惟笔端梅格绝伦,其诗清婉堪咀嚼。”③“清婉堪咀嚼”也可移评王质诗作。程杰先生评王质:“他的诗风隽快爽健,颇近于苏轼;其稳练和峭拔之处,也自成一格。”④

① 洪迈《容斋三笔》卷五《缚鸡行》:“老杜《缚鸡行》一篇……予友李德远尝赋《东西船行》,全拟其意。举以相示云:‘东船得风帆席高,千里瞬息轻鸿毛。西船见笑苦迟钝,汗流撑折百张篙。明日风翻波浪异,西笑东船却如此。东西相笑无已时,我但行藏任天理。’是时,德远诵至三过,颇自喜。予曰:‘语意绝工,几于得夺胎法,只恐“行藏任理”与“注目寒江”之句,似不可同日语。’德远以为知言,锐欲易之,终不能满意也。”李浩字德远。王质也许受其诗影响,但“去来等是一孤篷”显然比“我但行藏任天理”更富于形象性,也更有哲理。

② 赵翼序徐山民刻《诚斋诗集》,转引自张瑞君《杨万里评传》,第 101 页。

③《永乐大典》卷二八一二引《雪山集》,第二册,第 1497 页。

④ 程杰先生著《宋诗学导论》,第 276 页。

《雪山集》诗歌风格比较一致，看不出前后有太大不同。至于《绍陶录》中诗作，不仅形式与《雪山集》诗不同，多采用杂言及骚体，风格也大异其趣。《雪山集》中诗作语言平易晓畅，七古豪迈奔放，律绝则多数清新自然，艺术成就较高，诗风的个性则不够鲜明突出。

三、艺术渊源

从王质的文学创作实际来看，很难说他受某一个作家影响较大，他确实是转益多师的，其中受江西诗派沾溉最多。

王质一生致力于《诗经》研究，晚年成《诗总闻》一书。故其诗歌创作受到《诗经》一定影响。他模仿创作了几首四言诗。如《雪山集》卷一二《枢相宣抚虞公寿雅》等。诗作中运用《诗经》语汇意象的也有一些。如《送虞丞相孙运干诗三首》其二云："父祖有家法，典型如老人。"即用《诗经·大雅·荡》："虽无老成人，尚有典刑。"①

王质也受《楚辞》影响。曾协《送王景文教授归江西序》云："又时为某出诗骚古文，虽体裁之不齐，而位置施设各当机杼，每愧叹弥日。"②此文作于绍兴三十年。可见王质早年即已喜好《楚辞》，并模拟创作。王质受屈原的影响，不仅体现在采用骚体形式来创作，更在于其遭受谗言而去国，对家国故园始终怀着极其深厚的情感，与屈原的遭遇和情感相近，屈原精神成了其痛苦心灵的家园。《谢四川制干到任启》中大段化用《楚辞》：

> 念平昔艰难之多阻，坐此生偃蹇之好修。荃不察兮余忠，荪何似兮愁苦。登白蘋而骋望，则袅袅秋风之不可禁；搴素华而习芳，则迟迟春日之不可度。倚结軨而太息，揽骈辔以徜徉。方四顾动泣岐之悲，忽三匝得依枝之所。蜀道有时而或易，岂复兴青天之嗟？王孙何事而不归，未能忘萋草之恨。暂

①《诗总闻》卷一八，第690页。
② 曾协撰《云庄集》卷四，《四库全书》本。

> 违幕府，往访庭帏。乐莫乐于新相知，虽于义颇伤于去速；怨复怨兮远山曲，然所亲久念于来迟。尽家室以相携，托门阑而终老。成都万事之好，未免吾庐之少归；巴东三峡之长，谁劝北人之莫上。

不仅字词沿袭模拟，爱国忧时、遭谗畏讥的情怀也很相似。《上晁制置启》云："某之平素，公所照知。无内美与修能，有灵均与正则。日遒尽，而羲和不容于弭节；路曼修，而望舒不亟于先驱。"既化用《离骚》词句，也自比屈原的才能与遭遇。"无内美与修能"是谦辞。

唐代诗人中对王质影响较大的是杜甫、李白、韩愈、白居易、李贺等。王质受李白影响主要在七古，有些写得豪迈奔放，如：

> 紫霄峰头云破涌明月，翠华洞里烟冷生清风。水光上下相映碧，小舟飞入玻璃中。荷露白凝珠，蓼花红缀米。沉沉水晶宫，金波几千里。君不见风流太守醉似泥，倒著接䍦骑马归。南湖风月君不知，问君何似高阳池。翡翠杓，金叵罗，劝君一杯酒，听我南湖歌。清风明月万古长如此，有酒不乐将奈何。——《陪林守游南湖月下歌》
>
> 君不见黄金屋里贮阿娇，咳唾随风飞九霄。宠极妒深恩爱绝，长门毕竟成萧条。又不见明妃千载居深苑，年年不识春风面。一朝上马出君门，万里关山紫台远。来来去去春空丝，莺莺燕燕能几时。百年不办专房计，万事翻覆仍难期。岂如道人青奴元不恶，金蚕玉燕慵梳掠。眼眼相看似有情，谁念佳人翠袖薄。迢迢良夜款相亲，玉窗冰簟梦无尘。西风索索暂别去，一岁一回重见君。重见君，犹胜姮娥不嫁人。——《竹夫人歌》

《陪林守游南湖月下歌》语言清丽畅达，音律流转自如，表现寄情山水、痛饮狂歌的颓放情感与及时行乐的思想，风神逼肖李白《襄阳歌》、《将进酒》等。《竹夫人歌》也有李白歌行体的风格，表达了"万事翻覆仍难期”的主题。其中“咳唾随风飞九霄”化用李白诗句①。这两首诗畅快淋漓，不假雕饰，很有李白诗歌奔放流走的气势。

再如《寄题陆务观渔隐》：

渔隐渔隐在何方，海门潮白江沙黄。吾尝袖手江之旁，西兴草树烟苍苍。欲往从之道阻长，波涛澎湃不敢航。仰观河汉翔鹔鹴，安得与之俱颉颃。得非兰亭会诸王，清湍茂竹联崇冈。无乃镜湖留知章，兰蘅风露生寒凉。不然此地何铿锵，宿昔名胜沈光芒。俟今焜耀名方昌，恨不登时到侯乡。循墙三匝徐升堂，观山观水观松篁。以及鱼鸟同徜徉，而俟南益仍西凉。青霄空阔横参商，无繇交臂咨其详。鸿雁同天不同行，爱而不见魂飞扬。梦从县圃周扶桑，逢迎跪揖如平常。齿牙砰磕摇风霜，秦汉魏晋周隋唐。江河滚滚倾兴亡，指画所隐声琅琅。欢喜奇特不可当，继以惊愕怀慞惶。倏忽烟雾轻腾骧，径跨越峤超吴泷。秦碑禹穴稽山阳，隐约中有神仙庄。申椒菌桂连沙棠，江蓠薜芷多同芳。春风瀸淹秋风香，木兰冠佩芙蓉裳。杉烟竹月无时荒，白蒲青荇春悠扬。秀似黄家双井塘，雄如苏老峨嵋江。冰壶雪瓮涵瑶浆，梦回空阔嘹天篁。缥缈羽客搴云纕，清都飞露寒侵肠。涕唾尘窟掀翻床，俟其与世毋相忘。且为清明开吉祥，苍生环堵栖平康。是时桐渚寻严光，否则孺缨濯沧浪。不然楚竹然清湘，下乃汀花静鸣榔。间骑麒麟翳凤凰，玉京群帝参翱翔。吾在风埃渺相望，大千世界空茫茫。

全诗富有奇幻的想象，令人想到李白《梦游天姥吟留别》。作者未曾见过陆游在会稽的“渔隐”，甚至不曾去过会稽，诗中全凭想象构

① 李白《妾薄命》云：“咳唾落九天，随风生珠玉。”后代以“咳唾”称美他人的言语、诗文等，始于庄子。《庄子·渔父》：“窃待于下风，幸闻咳唾之音以卒相丘也。”《庄子·秋水》：“子不见夫唾者乎？喷则大者如珠，小者如雾。”

思，使人如身临其境。王质的七古歌行体有李白、苏轼的流动奔放，而无韩愈的晦涩奇僻。所以，王锡九在《宋代的七言古诗》中说："不仅学太白句法，用太白诗语，其情怀、风韵也大似太白。"[①]

韩愈对王质的影响，主要在七言古体诗及散文创作上。《雪山集》卷一〇《承元居士传》、《平舒侯传》、《曲生传》、《玉女传》四篇传奇，受韩愈影响比较明显。《留别陈阜卿》诗云："大儿太史公子长，小儿元和韩侍郎。"[②]以司马迁、韩愈赞美陈阜卿二子，可见司马迁、韩愈之受王质推重。《含山寺》诗："一僧庞眉拄杖扶，自汲石泉浇茗盂。山深松树须髯古，寺老木鱼鳞甲枯。心闲逢人谢礼乐，身倦到枕即江湖。梦回石壁半斜照，蝙蝠打人山鸟呼。"措辞及意境都有模仿韩愈《山石》的痕迹，且得其神韵。

王质还受白居易影响。《荷柳松竹赠答》仿白居易《鸡鹤赠答》、卢仝《石竹赠答》，自序云："一日偃仰竹榻，酬酢湖风意，取故书翻之，见香山《鸡鹤赠答》凡二，玉川客《石竹赠答》又加逊，章凡三。香山有竞物之心焉，玉川则展转推却、避世而离俗者也。宁为卢，勿为白。"[③]按，所指即白居易《池鹤八绝句》和卢仝《萧宅二三子赠答诗二十首》。此诗为晚年所作，思想趋于消沉，故云"宁为卢，勿为白"。诗中以荷、柳、竹、松为友，写荷如"为我生凉飙，寒辉相荡摩"，写柳如"焉如子妙密，腾起敷层阴"，写竹如"戛玉仍铿金，难攀子清绝"，写松如"铁石作风骨，可以班主贤"，虽是仿白居易、卢仝而作，但更在表现个人气格。其后方岳亦作《闲居无与酬答因假庭下三物作讽答》，由《桃讽梅》、《梅谢桃》、《梅问竹》、《竹答梅》

---

① 王锡九著《宋代的七言古诗》(南宋卷)，第 141 页。

②《全宋诗》第 46 册，第 28813 页。杜甫《徐卿二子歌》："大儿九龄色清澈，秋水为神玉为骨。小儿五岁气食牛，满堂宾客皆回头。"杜甫《奉先刘少府新画山水障歌》："大儿聪明到，能添老树巅崖里。小儿心孔开，貌得山僧及童子。"苏轼《书丹元子所示李太白真》："大儿汾阳中令君，小儿天台贺季真。"王质此诗句式从杜甫、苏轼来，只不过拈出司马迁、韩愈。

③《全宋诗》第 46 册，第 28811 页。自序云："权舆起辛巳，推迁至辛丑。"当作于淳熙八年(1181)。

构成组诗，云“但守平生一点酸”、“要看晚节玉璘珣”，也是重视个人品格。

王质学习白诗并不囿于闲适诗，也学其讽喻诗，最有名的是《何处难忘酒》四首，仿白居易之作。白居易《劝酒十四首》序云："予分秩东都，居多暇日，闲来辄饮，醉后辄吟，苦无词章，不成谣咏，每发一意，则成一篇，凡十四篇，皆主于酒，聊以自劝，故以《何处难忘酒不如来饮酒》命篇。"白居易主要写个人荣辱升迁、感时离别。王质袭用诗题及“皆主于酒”的体例，而表达新的意思。四首诗有感于“蛮夷太不庭”、“奸邪太陆梁”、“英雄太屈蟠”、“生民太困穷”的现实，“历陈时政及生民疾苦，抒心中郁结”①，充溢着爱国爱民的情怀。岳珂评云：“自唐白乐天始为《何处难忘酒》诗，其后诗人多效之，独近世王景文质所作隽放豪逸，如其为人。”②因为此诗敢怒敢言，多有触及违碍之处，故四库馆臣辑《雪山集》时只选录一首。

王质有几首模仿“长吉体”的诗作。如《和游子明效李长吉体二首》，能得李贺诗的韵味。也有不标明学李贺而似李贺的，如《故事三公皆黄阁，作黄阁辞》：

> 文章开紫垣，委耀照黄扉。崇雉抱高墉，长虹曳华榱。浮阑翼交楯，戟衣摇缥粉。石纹浪花碎，紫光射金鼎。珠蘂明黼领，剑镖玉螭冷。槐香吹鬓影，相对青炯炯。

词语意象的选择颇似李贺，其中更有直接采自李贺诗句者，如“槐香吹鬓影，相对青炯炯”，源自李贺“弹琴看文君，春风吹鬓影”（《咏怀二首》其一）。再如“世间无可似君诗，兔杵声寒露脚飞”（《谢范西叔惠诗》），直接挪用李贺诗《李凭箜篌引》“露脚斜飞湿寒兔”的

---

① 傅璇琮等主编《中国诗学大辞典》“王质”条，第 436 页。

② 吴企明点校《桯史》卷五，第 57 页。按，宋代诗人王安石、王令、郑侠、李处权、胡寅等多有仿作。

意象,充其量也仅是“长吉体”,独创性不够。

宋人多推崇杜甫。自王禹偁“为杜诗于人所不为之时”[①],至北宋中叶,诗坛已形成“学诗者非子美不道,虽武夫女子皆知尊异之”[②]的局面。到南宋,崇杜的风气更甚。王质受杜甫的影响,在早年即已明显。如《和郭从范二首》:

羽檄传岁月,走马不当疾。我家在江南,时节阻会集。东皋冗不治,杜老趣归急。何时秉犁锄,夜翻陇头湿。

萱草摇清风,榴英焰方午。新燕披紫茸,低昂子随母。暄寒换时节,浓疏变庭树。杜老痴不归,空怜小儿女。

王质绍兴二十七年(1157)秋至京城入太学,此诗当作于二十八年或次年暮春。诗中“杜老”两次出现,杜诗词语意象多次出现[③],学杜的痕迹非常明显。诗中以“杜老”自比,表达的感情却是自己的。其中“新燕披紫茸,低昂子随母”两句,绘景如生,景中含情,意蕴丰富。

王质化用杜甫诗句较多,如《赠杨溥》“沙头静鹭清联拳,松梢野鹤飘孤搴”,化用杜甫《漫成》“沙头宿鹭联拳静,船尾跳鱼拨刺鸣”;《赠开怀道人》“水流云在俱迟迟”,化用杜甫《江亭》“水流心不竞,云在意俱迟”;《题窦伯山小隐诗六首》其五“王杨卢骆青冥上,不废江河废尔曹”,化用杜甫《戏为六绝句》其二“杨王卢骆当时体,轻薄为文哂未休。尔曹身与名俱灭,不废江河万古流”。《秋夜读

① 吴之振等编选《宋诗钞·骑省集钞序》,第一册,第68页。

② 廖德明校点《苕溪渔隐丛话》前集卷二二引《蔡宽夫诗话》,第145页。

③ 如杜甫《春日梓州登楼二首》其一:“行路难如此,登楼望欲迷。身无却少壮,迹有但羁栖。江水流城郭,春风入鼓鞞。双双新燕子,依旧已衔泥。”宋黄希原本、黄鹤补注《补注杜诗》卷二四:“甫言久客,一身羁栖,今日登楼所见景物如此,不无所感。”可见此诗表达思乡之情。王质诗中“新燕”已经幻化为子女的形象。“空怜小儿女”,化用杜甫《月夜》“遥怜小儿女,未解忆长安”。

书三首》"口但轻轻吹鸟毳"句自注:"杜子美诗'见轻吹鸟毳'。"[①]还有集杜诗《集杜子美句赋所居二首》、《集少陵佳句题和政堂呈使君》。构思上模仿杜甫的,如《题龚嘉谋墨梅》形容墨梅画得逼真,仿杜甫《画鹘行》写法。诗中提到杜甫的,还有"丰城何以多英贤,老杜曩有浮云篇"(《赠杨溥》)、"少陵醉卧元不死,强请起来殊更佳"(《游杨氏园》)等。

宋代作家如苏轼、黄庭坚等人对王质的影响,也较为明显。一般根据《雪山集》卷一〇《自赞》认为王质的文学创作受苏轼影响很大,该文云:"一百年前,蜀山之下,有苏子瞻,炜炜煌煌,若凤若鸾;一百年后,楚江之滨,有王景文,波波挈挈,半痴半昏。横筇踞石,风标则一;英气蹴天,嗟哉难及。赞者子由,画者伯时,今则渺然,我皆无之。吁!"其实此文主要说明自己与苏轼在人格精神上的默契,表述世无知音之憾,在与苏轼的自比中有自赏,更多的则是自伤。王质还作有《东坡先生祠堂记》,记述苏轼在黄州的行踪及传闻等。再如"元丰欧阳元祐苏,黄晁张秦皆其徒。子所标准前规摹,策勋岂不真良图"(《送施丙卿》),虽是陈述友人的诗歌渊源,他自己其实也是如此。王质《初春》诗,"对初春景象的描写刻画,情致风韵,可与东坡同类诗作乱真"[②]。《和袁丞海棠》为集句诗,全诗共八句,就用了苏轼两句诗:"雪堂乃与同春风"、"露霏风袅非人为。"[③]《雪山集》中还有多处提到苏轼,如《秋夜读书三首》中"却于草木见先惊"句下注云:"见苏子瞻《琴操》:'秋风动而草木先惊。'""霜沫全如漱玉清"句下注云:"见苏子瞻《漱玉亭》诗:'乱沫散霜雪,古潭摇清空。'"[④]《赠沈文伯》其一、其三也多次提到苏轼,如"两星荧煌耀南海,化州老沈儋州苏"、"溪山洗断鸳鸯梦,犀篦不忆

---

① 《全宋诗》第 46 册,第 28840 页。杜甫《陪李金吾花下饮》:"见轻吹鸟毳,随意数花须。"

② 王锡九著《宋代的七言古诗》(南宋卷),第 141 页。

③ 《全宋诗》第 46 册,第 28814 页。此两句为苏轼佚诗,不见于今本苏轼诗集。

④ 《全宋诗》第 46 册,第 28839 页。

钱塘苏”。王质学苏轼，主要是继承其反映现实的优良传统，以诗作干预现实，抒发政治感慨。如《赠沈文伯》三首、《留别陈阜卿》等诗。

王质对黄庭坚的推重，第一章第四节《文学思想》已有论述。王质化用黄庭坚诗句，如“沈公顶踵皆诗书，如大国楚吞江湖”（《赠沈文伯》），即化用黄庭坚“公如大国楚，吞五湖三江”（《子瞻诗句妙一世，乃云效庭坚体，盖退之戏效孟郊、樊宗师之比，以文滑稽耳，恐后生不解，故以韵道之》）。苏轼和黄庭坚，“一个意在陶趣，一个志在杜学”[①]，王质之慕陶好杜，除了时代风气和个人志趣的因素，与他接受苏、黄的影响也有很大关系。

程杰先生对南宋诗坛“中兴期”（约当宋孝宗、光宗两朝）有一段论述：

> 他们出生于“靖康之难”前后，是在南宋社会、文化环境里，在江西宗风与走出江西两种诗歌思潮对立嬗变的背景下成长起来的全新一代。他们受到诗人吕本中、曾几、王庭珪等南渡前辈理论和创作上的直接指导。他们的诗论中有两个思想最鲜明，一是重视诗人胸襟修养、“诗外功夫”；一是主张师法自然，诗须兴味灵感，诗在山水日常。这正是江西前辈主观自立精神的继承，同时又包含了对诗歌创作的新体验、新认识。他们的实际创作都从学习江西诗法开始，在此基础上，大胆寻求新路，力求写出个性，有所发明，有所成就。[②]

此段论述对于把握王质的诗学思想渊源及时代背景提供了一个准确的描述，王质与同时其他诗人一样，既接受江西诗法的深刻影响，又力图有所突破。

---

① 程杰先生著《宋诗学导论》，第 178 页。

② 程杰先生著《宋诗学导论》，第 375—376 页。

四、艺术缺陷

我们肯定王质诗歌的个性与特点，也应看到他毕竟才力有限，成就有限，因而缺陷和不足也很明显。上自《论语》、《诗经》、《楚辞》及《庄子》，下至宋代作家苏轼、黄庭坚等，都对王质的诗歌创作有一定影响。他模拟、学习前人之作很多，也有不少质量较高的作品，但主要还是句摩字袭，未能形成鲜明的特色，自身的风格还不明显，以气格为主的作品还不多见，其通变之功较为有限。

字句和诗意的重复出现是王质诗歌缺点的重要方面。语言的重复运用，如"的皪"、"翩翩"、"历历"、"急急"、"娟娟"、"茫茫"、"奎娄"、"桂术参芝"等，都多次出现。句式也有重复出现的，如"将奈晚寒何"(《次青渠》)、"将奈镜亭何"(《青阳道中》其一)。有时才力不足，语意的变化创新不够，如"兔杵声寒露脚飞"(《谢范西叔惠诗》)，源自李贺《李凭箜篌引》"吴质不眠倚桂树，露脚斜飞湿寒兔"；"且伴寒泉荐秋菊"(《题窦伯山小隐诗六首》其二)，化用苏轼《书林逋诗后》"一盏寒泉荐秋菊"；"弓刀陌上起征尘"(《送陶茂安知永州》)，化用黄庭坚《寄上叔父夷仲三首》其三"弓刀陌上望行色，儿女灯前语夜深"；"吾与若曹都眼明"(《送罗君》)，采自杜甫《春水生二绝》其一"吾与汝曹俱眼明"。这些诗句近乎直接挪用，可见王质诗歌语言创造性的不足。

诗意的重复出现，如"鸿雁同天不同行"(《寄题陆务观渔隐》)、"隔天鸿雁难同飞"(《游杨氏园》)与"鸿雁同天不同侣"(《送刘子开二首》其二)，"宜春宣曲骖皇舆"(《送施丙卿》)与"宣曲宜春骖辇路"(《次通守韵题和政堂》)，相同的意思与相似的表述，表明其变化创新能力的有限。

典故也有较为偏僻的，如《和李无变与诸公出郊访王彦博》："病来无力胜鞍马，不得兰亭共一觞。射雉如皋犹不笑，散花方丈锦千张。"此诗当作于乾道三年(1167)或四年。第三句用典较为隐晦，且是反用。《左传》记载：

> 昔贾大夫恶，娶妻而美，三年不言不笑。御以如皋，射雉，获之，其妻始笑而言。贾大夫曰："才之不可以已。我不能射，女遂不言不笑夫?"[①]

王质用此典故，意谓有才不得赏识。但是在诗中使意思晦而不彰，伤害了诗意。

第二节 《绍陶录》诗研究

《绍陶录》内容及艺术别具一格，故另节分析。《绍陶录》有诗117首，卷上32首，卷下85首，其中有17首据翁本补入。"上卷《栗里锄》下，多《栗里香》、《栗里扇》各一首；又《栗里花药梅桃李菊兰》二首，《栗里卉木竹松柏桑榆槐》二首，《栗里翼彼新苗禾麻麦》一首。"[②]下卷《蒌蒿》下，多《茭白》、《黄花菜》，又《山水友别辞》、《茯苓酥》、《地黄糖》、《薏苡饭》、《松粉》、《芭蕉脯》、《檐蔔鲊》、《榆酱》、《苍耳酒》十首。

一、题材内容

《绍陶录》卷上《栗里谱》、《华阳谱》二谱末署"癸卯二月"，卷下《书唐济民事》、《书鹿伯可事》末皆云"癸卯正月"，知成于晚年。对于《绍陶录》的创作意图与题材内容，四库馆臣作了很好的概括："(王)质于淳熙中奉祠山居，以陶潜、陶弘景皆弃官遗世，其同时唐汝舟、鹿伯可继其风，因作此书。上卷载栗里、华阳二谱，而各摘其遗文遗事为题，别为词以咏之。下卷纪唐、鹿事，而附以林居咏物之诗。其曰《山友词》者，皆咏山鸟；曰《水友词》者，皆咏水鸟；曰《山友续词》者，皆咏山草；曰《水友续词》者，皆咏水草；曰《山水友

① 杨伯峻注《春秋左传注》第四册，第1496页。

②《张元济古籍书目序跋汇编》中册，第498页。

续词》者，则杂咏禽虫诸物。”[1]相对于《雪山集》，《绍陶录》是自成体系的一部诗文集。《绍陶录》卷上的题材意象来源于陶渊明和陶弘景的生活，题下略作考证和描述，诗歌则以想象之词叙写陶渊明、陶弘景的生活，抒写他们的怀抱，兼自我抒情。

《绍陶录》是宋代尊崇陶渊明的时代风气的产物。沈松勤在《南宋文人与党争》中说：“南渡以后，在士人群中出现令人瞩目的现象：一是在品评人物时，习于追拟晋宋间人物。一是在创作上形成了几乎无人不追和追拟陶渊明的局面；同时又出现了大量和陶专集。”[2]宋人和陶始于苏轼，他晚年遍和陶诗，“欲以晚节师范其万一”（苏辙《子瞻和陶渊明诗集引》）。

沈松勤在《南宋文人与党争》一书中又说：

> 在南宋文坛上，拟陶学陶成了普泛化的一种走向。不过形成这一走向的原因，首先不在于或停留在包括遣词造句、风格意趣在内的审美层面上，而是以思想层面上的“独与渊明亲”、“古今虽隔意常亲”或“归去来兮，斯言可师”为原动力的。不妨说，亲近渊明，追拟陶“意”，是南宋文人在“朋党之恶”的作用下掀起的一场经久不衰的思想运动。[3]

袁行霈《论和陶诗及其文化意蕴》一文认为：

> 隐士、遗民和那些有气节的士人，他们心仪渊明，追和陶诗，是寻找同调并有借以自励的意味。而那些并无节操的人追和陶诗，在一定程度上则是弥补和疗救自己心灵的缺憾，或者借以粉饰自己。这两种情况恰好从正反两个方面显示出陶渊明巨大的影响。从这个意义上说陶渊明好

---

①《绍陶录》卷首提要，《四库全书》本。

② 沈松勤著《南宋文人与党争》，第493页。

③ 沈松勤著《南宋文人与党争》，第504页。

> 像是一面镜子映照出那些追和者各自的精神面目、人格情趣和生命的价值。①

对待陶渊明的归隐,不同的人有不同的认识。如白居易就很推崇陶渊明遗世弃物的高节,但名利之心使他的效法只停留在口头上。朱熹曾一针见血地指出其表面清高下“其实爱官职”②的本心。王质坚守自己的人生准则,不肯同流合污,也不肯屈己干人,性格十分倔强。他的诗便是这种性格的真实体现。因此,他对白居易颇有微辞③。

宋代羡慕陶弘景的生活也成为一种风气。如郑樵曾云:

> 臣少好读书,无涉世意;又好泉石,有慕弘景心。结茅夹漈山中,与田夫野老往来,与夜鹤晓猿杂处,不问飞潜动植,皆欲究其情性。④

因慕陶弘景而隐居山中,因山中多暇而究心学问。王质晚年退隐林泉,作《绍陶录》,应也是如此想。慕陶渊明、陶弘景的人格,故为作年谱与歌咏;闲居多暇,于动植物情性多有会心,遂形于吟咏。

王质诗学苏轼,变和陶为咏陶。“苏轼之大量赞陶和陶,提倡‘平淡’,是在带罪出贬黄州之后,‘平淡’之与生命历程的逆折密切相关,因而包含着人生境况和人生态度转变的深刻内涵”⑤,王质在人生境况和人生态度转变方面和苏轼非常相似。基于退隐的人生经历,又接受前辈时贤的影响,这就是《绍陶录》的创作动因。

---

① 袁行霈《论和陶诗及其文化意蕴》,《中国社会科学》2003年第6期。

②《朱子语类》第一四〇卷,第3328页。

③《雪山集》卷一二《荷柳松竹赠答》,序云:“香山有竞物之心焉,玉川则展转推却、避世而离俗者也。宁为卢,勿为白。”

④《通志》卷七五《昆虫草木略·序》,转引自徐有富《郑樵评传》,第23页。

⑤ 程杰先生著《宋诗学导论》,第98页。

王质虽是咏陶，而且是咏陶渊明和陶弘景两人，但我们同样可以通过《绍陶录》看到晚年王质的内心世界及其人格操守。冯尔康说：

> 南宋王质、吴仁杰分别编写陶渊明年谱，吕大防、程俱、洪兴祖、樊汝霖、方崧卿五人各自纂写韩愈年谱，文安理作柳宗元年谱，詹大和编王安石年谱，都是后人为前人写作。他们之所以动笔，大多是仰慕前人（原注：具体地说是谱主）的风范、气节，以之作为楷模，表示学习和传扬的愿望。如王质，据《宋史》卷三九五他的传记记载，他任职枢密院编修，著有《朴论》50卷（引者按，应是50篇），后来不愿做官，“山居，绝意禄仕”，这不就是陶渊明一类人物吗？因之为陶潜作年谱就不是偶然的了。①

冯先生所言极是，王质确实因羡慕而有自比之意。其《〈云韬堂绍陶录〉自序》云：“夫惟忘世，故能济世”，“嘬箪瓢之所欣回，玩沂雩之所适点，以曲肱会之，则绍陶之录，姑存可也”②。可见其晚年心态及此书旨趣。四库馆臣说：“盖质以耿直忤时，厄于权幸，晚岁欲绝人逃世，故以鸟兽草木为友，盖亦发愤之作。”（《绍陶录》提要）可谓得其深心。钱钟书云：“至于他的《绍陶录》，那是表示他羡慕陶潜那样的隐逸生活，并非效法陶潜的诗歌，而且‘陶’字指陶潜、陶弘景两个人，所谓‘渊乎栗里，谧哉华阳。’”③丁丙云：“以陶潜、陶弘景皆弃官遗世，其同时唐汝舟、鹿何远可绍栗里、华阳之风，故录二谱，各摘遗事为题词以咏之，又纪唐、鹿事迹，而附以林居咏物之诗，实则借以自寓也。”④都指出了《绍陶录》为“发愤之作”的创作

① 冯尔康著《生活在清朝的人们》之《清代名人写年谱》，第230页。
② 沈德寿撰《抱经楼藏书志》卷二一，第229页。
③ 钱钟书选注《宋诗选注》，第235页。
④ 丁丙撰《善本书室藏书志》卷九史部，第502页。

意图。王质《和陶渊明归去来辞》自序云:“元祐诸公,多追和柴桑之辞。自苏子瞻发端,子由继之,张文潜、秦少游、晁无咎、李端叔又继之,崇宁崔德符、建炎韩子苍又继之。居闲,无以自娱,随意属辞,姑陶写而已,非自附诸公也。”“陶写”二字,说明创作意图在于抒写自我情怀。苏轼《跋文与可墨竹》说文同“意有所不适而无所遣之,故一发于墨竹”①,王质也是如此,《绍陶录》卷上各辞咏歌陶渊明、陶弘景二人遗事,可能寓有自己的情怀,所谓“山林自有豪杰兮,白银水精之飞龙”②、“政使处山林之下,何尝隔造化之中”③,可视为其内心独白。

《绍陶录》中偶尔也有英雄屈蟠及家国之思的作品。如卷下《水莼》:“我取友兮得水莼,黄黄白白花深深。美髯得非龙子孙,秋风不退香涎痕。东鲁思,东吴思,所思兮宜相诒,草木溪山今是非。”卷上《去彭泽辞》:“西田下潩兮将荒,胡不归。彭泽洵美兮,唯柴桑其是思。米五斗兮何薄,带一束兮何卑。乾坤莽苍兮,怀有道之无期。山隩兮江冲,鱼龙波涛兮,芦人渔子犹怔忡。朝上英兮暮下雄,山林自有豪杰兮,白银水精之飞龙。”再如卷上《壶觞》:“天下有道则庶人不议兮,夫何波浪之弥漫。”可见其未能真正“绝人逃世”,对现实还是未能忘怀。

《绍陶录》卷下各诗的题材意象是各种动植物。虽是“林居咏物之诗”,但仍能看到所受陶渊明、陶弘景的影响。其中分称“山友辞”、“水友辞”、“山友续辞”、“水友续辞”、“山水友余辞”、“山水友别辞”六类,每首诗中也多称“吾友”。程杰先生在《宋代咏梅文学研究》一书中说:“在宋代的花卉物色欣赏中,我们看到两种情况,一是花品‘十友’、‘十二客’、‘三十客’一类说法逐步形成,如曾伯端所说兰为‘芳友’,莲为‘净友’,岩

① 文同多借竹表归隐之心,如《忽忆故园修竹因作此诗》:“故园修竹绕东溪,占水侵沙一万枝。我走宦途休未得,此君应是怪归迟。”

②《绍陶录》卷上《去彭泽辞》,《全宋诗》,第 28863 页。

③《雪山集》卷九《贺晁侍郎敷文阁直学士启》,《四库全书》本。

桂‘仙友’，海棠‘韵友’等等。”[1]王质这种以动植物为友的说法，正是受时代风气影响的结果。王质曾说：“某又有狂病，平生耽江山，悦林泉，有意无传，则寄夫山水之乡。常绕湖百匝，自卷雪至灵仙，一夕而成百咏。尝榜江千里，自兴国至池阳，顺流而不知。”（《与周枢密益公书》）可见隐逸生活与大自然对他的创作具有十分重要的意义。

白描的同时，多出现“吾友”的字样，故而即便是咏物即景之作，也多有主观情感的外射。叶梦得说：“缘情体物，自有天然。”[2]“缘情体物”，即带着感情对客观事物进行观照与描绘。梅尧臣曾说：“因事有所激，因物兴以通。”又说：“愤世嫉邪意，寄在草木虫。”（《答韩三子华韩五持国韩六玉汝见赠述诗》）强调文学创作的兴寄。《绍陶录》是“会情于耳目”之作，虽自称“无补于世”，其实是“寓意于彼，适意于此”（《雪山集》卷五《〈云韬堂楚辞〉后序》）。欧阳修《梅圣俞诗集序》云：“凡士之蕴其所有而不得施于世者，多喜自放于山巅水涯，外见虫鱼草木、风云鸟兽之状类，往往探其奇怪；内有忧思感愤之郁积，其兴于怨刺，以道羁臣寡妇之所叹，而写人情之难言。盖愈穷则愈工。然则非诗之能穷人，殆穷者而后工也。”王质同时的曾协在《直节堂记》中也说：“凡人之寓兴，多得其近似之者，因是可以观其人。”[3]据此可以解释《绍陶录》的情感指归。唐代元结《丐论》云：“古人乡无君子，则与云山为友，里无君子，则以松柏为友，坐无君子，则以琴酒为友。”以此观之，王质称花鸟草木为友，其愤世情绪与弃世倾向可见。

王质对农村生活的描述，主要集中在《绍陶录》卷下，不少作品反映了农民的艰辛与不易。如《水涝子》：“獭最黠，鼠更黠，知水情，识水脉。荷花不禁掐，稻花不禁掐。水涝子，水涝子，鹈滥堆随江风起，自伏秋莎嚼秋水。”对荷花、稻花的爱惜，对獭、鼠的憎恶，

① 安徽文艺出版社 2002 年版，第 55 页。

② 叶梦得撰《石林诗话》卷下，《历代诗话》，第 431 页。

③ 曾协撰《云庄集》卷四，《四库全书》本。

一正一反的感情对比中，体恤农民劳作的不易。农民所要对付的不仅是自然界动物的危害，更担心的是劳动成果输与官府。如《婆看蚕》："一百箔，二百箔，千百箔，遍村落。官绢不厌厚，私绢不厌薄。婆看蚕，婆看蚕，蒲桶荷包共作田，晚饟秋风摇稻髯。"再如《榆酱》："榆叶瀹可菹，榆皮舂可脯。代豆酿为酱，代面胶为糊。酱他酱，总莫尚，榆郎榆姑舂舂旺，林下山间慰所望。"从描述中可知农民生活的艰苦。

宋荦跋《林泉结契》云："有玩物适情之趣。"[①]"玩物适情"道出了《绍陶录》诗作某种程度上流露的隐士情怀。四库馆臣云："盖质以耿直忤时，厄于权幸，晚岁欲绝人逃世，故以鸟兽草木为友，盖亦发愤之作。"又云："商邱宋荦尝摘录其山友诸词，分为五卷，改题曰《林泉结契》，亦取其有寄怀尘外之致也。今观录中诸作，虽惟意所云，往往不甚入格，然人品既高，神思自别，诵其词者，赏之于酸咸之外可矣。"(《绍陶录》提要)看出这些诗作"有寄怀尘外之致"、"神思自别"，主要是从整体来把握《绍陶录》。考量其中每一首诗，几乎都是纯粹的写物之作，并无兴寄。

总之，《绍陶录》的题材比较单纯而成系统，是作者隐居山林后有计划写成的大型组诗。上卷是人文意象，下卷是自然意象；上卷偏于再现，下卷偏于创造。创作成系统的咏物组诗，在宋代是早有渊源，如宋初"卢多逊以诗百二十首记录历代典章制度、山川地理，吴淑有事类赋百首分记百种事物，至有文人应'百篇科'者"[②]，《绍陶录》的创作，也是这种时代风气影响的结果。《绍陶录》中诗作，就题材而言，是咏物诗；就情感指向而言，又是表现隐士生活的诗作。

---

① 《林泉结契》卷末，《丛书集成初编》本。

② 程杰先生《宋初三朝的崇文风气与文风的演进》，《江海学刊》1996 年第 1 期。

二、艺术特点

许总对宋诗有一段论述："宋代诗人仕途通达时，表现出强烈的政治意识，在诗中寻求新的价值观念；坎壈失意时，则表现出精密的艺术思维，也同样在诗中寻求新的审美愉悦。因此，无论是指向社会现实的慷慨激情，还是指向自身的封闭内省，从艺术创造的角度看，都表现了宋诗创造精神的多向发展。"①如果借以观照王质的诗歌创作，则其咏物诗集《绍陶录》算是失意时"寻求新的审美愉悦"的创作。

《绍陶录》是自成系统的组诗。卷上《栗里华阳窝辞》32首，分别咏赞陶渊明、陶弘景的生活用具及环境等；卷下各辞85首，则是基于自己隐逸生活见闻的咏物诗。《绍陶录》诗作的艺术特点如下：

（一）细密化与系统化

宋代诗歌题材的细密化与宋代学术的细密化密切相关。如朱熹以语类形式对四书五经所作的研究，就是学术细密化的产物。王质著《诗总闻》，"取《诗》三百篇，每章说其大义，复有闻音、闻训、闻章、闻句、闻字、闻物、闻用、闻迹、闻事、闻人之别，又间为总闻，而闻南、闻风、闻雅、闻颂冠于四始之首"②，特点是对《诗经》每首诗从闻音等十方面进行细致深入的解读研究。《绍陶录》的体例表明它与《诗总闻》有一定联系，并曾受前代类书一定影响③。

宋人对绘形摹声、求其形似地刻意描摹事物的写法多有反对。苏轼《书鄢陵王主簿所画折枝二首》其一："论画以形似，见与儿童邻。赋诗必此诗，定非知诗人。"《王直方诗话》："欧阳文忠守颍日，因小雪会饮聚星堂赋诗，约不得用玉、月、梨、梅、练、絮、白、舞、鹅、鹤等事，欧公一篇云：'脱遗前言笑尘杂，搜索万家窥冥漠。'自后四

---

① 许总著《宋诗史》，第16页。

② 《诗总闻》卷首《提要》语，第433—434页。

③ 请参看第二章第三节之《〈绍陶录〉的版本及其他》。

十余年，莫有继者。元祐六年，东坡在颍，因祷雪于张龙公，获应，遂复举前篇令末云：‘汝南先贤有故事，醉翁诗话谁能说。’当时号令君，听取白战，不许持寸铁。”[①]“白战体”由此得名[②]。“白战体”是宋人诗歌创作求新求变的产物。

《绍陶录》虽是咏物之作，又无寄托，未免形似之讥。但作者咏物写景，多能抓住典型特点，又是自成系统的组诗，许多动植物都是前人没有写过的或很少写到的，故而题材新颖，个性独特。有学者指出：“作者根据自己在山中居住所见，分别以‘山友’、‘水友’为名记述了73种动植物。书中记述了竹鸡、啄木鸟、杜鹃、画眉、白头翁、鹧鸪、鸳鸯、野鸭、红鹤（朱鹮）、池鹭等43种鸟类；枸杞、合蕈（香菇）、蕈菜等20多种可供食用的植物；还有少量的兽类、两栖爬行类和昆虫。书中记述动植物的颜色、大小和生长环境，鸟类还包括鸣叫的特征。书中每一种生物都配有一首诗歌。”[③]这么多的动植物，作者都根据其生活习性，写出各自不同的面貌，不能以为刻镂雕琢的形似之作而轻视它。

（二）学习楚辞体形式，对民歌也有意学习

屈原作《离骚》，后世多有仿作，谓之骚体，又称楚辞体。骚体的特点是句中多用兮字。北宋晁补之曾仿作骚体多篇，集中有《望涡流辞》、《冰玉堂辞》、《浪漫阁辞》、《遐观楼辞》、《山陂陀辞》等。《绍陶录》卷上采用楚辞体形式，《离骚》中词语意象多次出现。如《移南村辞》：“多柴多桑兮繁阴，栗熟兮山前山后而多闻。有人兮素心，林密林疏兮溪山自为秋春。不见兮相思，相思兮起下床而揽衣。南畴兮嘉穟，北牖兮新葵。转南村兮西庐，夫岂众芳兮要之。

① 周本淳校点《诗话总龟》前集卷二〇引，第226页。

② 其实，早在唐代，白居易就曾提出过相似观点，只不过并非关于咏物诗的创作。白居易《金针诗格·诗有义例七》：“一曰说见不得言见；二曰说闻不得言闻；三曰说远不得言远；四曰说静不得言静；五曰说苦不得言苦；六曰说乐不得言乐；七曰说恨不得言恨。”见张伯伟编撰《全唐五代诗格校考》，第333页。

③ 罗桂环《宋代的“鸟兽草木之学”》，《自然科学史研究》2001年第2期。

何所独无芳草兮，惟吾宇其增菲。纷有此内美兮，奚适而非良期。勿知太元兮，又焉知义熙。”再如《居句曲山辞》：“林屋兮峨嵋，岱宗罗浮兮缭之。幅员既长兮无极，杳烟壑兮云陂。谷高云深兮矧昭阳穹庐之翻覆，万春千秋兮句曲。东麓兮南冈，桂椒萧艾兮同香。湛汧溪兮永碧，岌茵山兮长苍。”

《绍陶录》卷上对邵雍的作品也有所借鉴吸收。如称“栗里华阳窝”，可能模拟采用邵雍“安乐窝”的说法。邵雍（1011—1077），字尧夫，河南（今河南洛阳）人。嘉祐中，诏求遗逸，授将作监簿，复举逸士，补颍州团练推官，称疾不赴，隐居洛阳几三十年，名其居曰“安乐窝”，自号安乐先生，并创作多篇有关“安乐窝”的诗歌，其中充满乐天安命的人生思想。王质晚年好道，诗文中又多次提到邵雍及其《皇极经世》①，并曾著《周易》研究著作，“以邵意、邵辞、邵数、邵理、邵诀、邵验而为六部，稍见康节之绪余”（《与周枢密益公书》）。故无论是思想上，还是诗歌形式上，都可能受其影响。

《绍陶录》卷下各诗有民歌风格。《雪山集》卷一五《效竹枝体有感四首》即受民歌影响。《雪山集》七古有不少杂言成章的诗篇，也吸取了民歌杂言的特点。王锡九在《宋代的七言古诗》书中认为：“至于《林泉结契》，出于‘玩物适情’的需要，采用民歌的各种表现手段，其中又有楚歌和一般民歌两类。后者主要见于‘山友辞’、‘水友辞’，前者则主要见于‘山友续辞’、‘水友续辞’。……此类诗篇幅短小，形式自由，用语浅明，风调流畅，也是王质七古创作颇有特色、引人注目的部分。”②《绍陶录》卷下各诗模仿民歌的语言，但“其语多得于容易”③，“其意伤于太尽”④，未能得民歌之神髓。

---

① 《雪山集》卷一二《留别陈阜卿》云：“三湔三衅我冠裳，只轮小车两仆将。”小车处士，指邵雍，他居洛阳，乘小车往来，并作《小车吟》。《雪山集》卷五《〈于湖集〉序》提到邵雍的《皇极经世》。《〈正法世谱〉自序》说要“以《史记》、《通鉴》及《皇极经世》相参”，来创作该书。

② 王锡九著《宋代的七言古诗》（南宋卷），第 140 页。

③ 欧阳修《六一诗话》，《历代诗话》上册第 264 页。

④ 张戒《岁寒堂诗话》卷上评元白张籍诗，《历代诗话续编》上册，第 459 页。

（三）平淡自然的风格

“陶渊明是中国士大夫精神上的一个归宿，许多士大夫在仕途上失意以后，或厌倦了官场的时候，往往回归到陶渊明，从他身上寻找新的人生价值，并借以安慰自己。白居易、苏轼、陆游、辛弃疾等莫不如此。于是，不为五斗米折腰也就成了中国士大夫精神世界的一座堡垒，用以保护自己出处选择的自由。而平淡自然也就成了他们心目中高尚的艺术境地。”[①]《绍陶录》并非效法陶潜诗歌，但其中诗作也是以平淡自然为追求目标的。

《绍陶录》以自然界生物为审美对象。以生物为友，生物既是生活的环境，又是审美的对象。因此有学者指出：

> 理学家以物为友的思想方式被宋代诗人普遍接受，他们每每以“友”称呼自然界的飞潜动植。如李纲《梁溪四友赞》序称：“山居有松竹兰菊，目为‘四友’，且字松曰‘岁寒’，竹曰‘虚心’，兰曰‘幽芳’，菊曰‘粲华’，各为之序。”辛弃疾《鹧鸪天·博山寺作》曰：“一松一竹真朋友，山鸟山花好弟兄。”南宋诗人王质《山友辞》、《水友辞》、《山友续辞》、《水友续辞》等诗每首一题，分别描写了山上、水中七十多种动植物，在诗题中即明确以“友”称谓之。“物，吾与也”的思维方式使宋代诗人的审美心理结构发生了微妙变化，他们不仅把自然界的生物作为纯粹的审美对象，或作为人物活动的场景，而是更多了一种兄弟朋友般的深情。[②]

宋代理学家不乏因强调“理”而忽视或否定“情”者，但也有更多对自然充满审美之情者，如张栻《立春日禊亭偶成》诗：“律回岁晚冰霜少，春到人间草木知。便觉眼前生意满，东风吹水绿参差。”郭绍

① 袁行霈主编《中国文学史》第二卷，第 84 页。

② 刘蔚《理学观物方式与宋代田园诗的写物艺术》，《社会科学研究》2005 年第 5 期。

虞评杨万里："江西诗人重在学，强调工夫，即悟亦须从工夫中来；而杨氏则强调不学，强调自得，由师古一变而为师心，遂开后世性灵一派，故能别成一体。然又不能如陆游之接触社会现实，于是取材于山水风月之间，欲待创一种比较特殊之风格。"①《绍陶录》其实是取材于动植物的大型组诗，显示出闲适心态和清逸风致，而无理学家的头巾气。

"中国文化中固有的乐感精神至宋代才由于广泛的个体力量和丰富的社会生活的激扬而得到充分的发挥"。"与唐以前相比，诗人面对外物再也不是'情以物迁'的受动、感应，而是'古今百家景物万象，皆不能役我而役于我'的主动、审视"②。随着理学的深入，诗人获得感知外物的新的姿态与方式，"以物观物，而不牵于物；吟咏情性，而不累于情"③。王质也曾说过"参差万象罗双目，奔走文场供约束"(《登张安国右司官舍后阁》)，表达了驱遣万物入诗篇的豪迈情怀。

路成文《宋代咏物词史论》云：

> 四库馆臣认为，咏物之作主要包括两类，其一是秉承孔门之训而作："夫鸟兽草木，学诗者资其多识，孔门之训也。郭璞作《山海经赞》，戴凯之作《竹谱》，宋祁作《益部方物略记》，并以韵语叙物产，岂非以谐诸声律，易于记诵欤。学者坐讽一编，而周知万品，是以摛文而兼博物之功也。"其二则是有所寓托："至于借题以托比，触目以起兴，美刺法戒，继轨风人，又不止《尔雅》之注虫鱼矣。"④

这已成学界共识。钱鸿瑛《梦窗词研究》亦云："咏物词大致可分两

① 郭绍虞撰《宋诗话考》，第 88 页。
② 程杰先生著《宋诗学导论》，第 342、第 343 页。
③ 魏了翁撰《鹤山集》卷五二《费元甫注陶靖节诗序》，《四库全书》本。
④ 路成文著《宋代咏物词史论》，第 7 页。

类：一是以摹写物态为主，稍涉人事；一是咏物寓有寄托，或个人身世之感、或国家之忧等。传统观点倾向于后者为佳，如上引蒋敦复所云的‘贵得风人比兴之旨’，并夸大说南渡诸公，‘皆有寄托’。其实，艺术作品孕育着不同的审美情趣，这两类各有所长，不宜强分轩轾。”[①]他们说的是词，其实也适用于诗。《绍陶录》中诗作多数属于第一类，以至有人将《绍陶录》看成“一部很具有当时文化特色的动植物专著”[②]。

《绍陶录》中诗作主要是描摹物态，图形写貌。我们可将其与同时作家的同类作品相比较。如朱熹《五禽言和王仲衡尚书》：

> 脱袴脱袴，桑叶阴阴墙下路。回头忽忆舍中妻，去年已逐他人去。旧袴脱了却不辞，新袴知教阿谁做！
>
> 麦熟吟，去年种麦有德音。只今种熟谁快活？种者已卧官墙阴。仁公有政惠存没，肯使催租更瀼突！

“两诗以通俗的民谣风调，揭露了封建赋敛的苛酷，读之令人鼻酸”[③]。再看王质《脱却布袴》：

> 身褐。立即无声，飞乃鸣。雌雄相应，先曰“脱却”，后随曰“破袴”，声无间断。又如云“烧香”、“拨火”，稍急，“破”类“布”。
>
> 脱却破袴，脱却破袴，空润冥蒙湿交股。层层山草杂山花，刈获衣裳总无数。烧杉香，烧枫香，菌桂蔓椒纷众芳。呜呼此友兮毋作疏，寒巢幽梦频相呼。[④]

---

① 钱鸿瑛著《梦窗词研究》，第 99 页。

② 罗桂环《宋代的“鸟兽草木之学”》，《自然科学史研究》2001 年第 2 期。

③ 孙望、常国武主编《宋代文学史》下册，第 180 页。

④《全宋诗》第 46 册，第 28877 页。“脱却破袴”之“破”字下校记：“翁本作布，下同。”“润”字下：“疑当作阔。”

此诗没有反映农村的社会生活。但细读之下，又不同于单纯的咏物诗，原因就在于作者加进了一种高洁的士大夫情趣。“菌桂蔓椒纷众芳”，意象源自《楚辞》“杂申椒与菌桂兮”、“矫菌桂以纫蕙兮”（皆《离骚》）、“奠桂酒兮椒浆”（《东皇太一》）、“梼木兰以矫蕙兮，凿申椒以为粮”（《惜诵》），从中可见王质赋予此鸟不同一般的品格。所以，《绍陶录》中诗作虽反映社会生活很少，在后代还是能引起很多人的共鸣。宋荦跋《林泉结契》云：“余以其有玩物适情之趣，特手录之，名之曰《林泉结契》，他日归老西陂，庶一一有所印证云。”[①]可见其赏爱的程度。潘景郑亦云：“王质以淳熙中山居，慕栗里、华阳之遗风，踵为斯编，摘遗事为二谱，别为词以讽咏之，其高风谅节，有足企仰！”[②]也深有同感。

王质早年胸怀大志，后来报国无门，还笼罩在流言蜚语之中。经历了仕途的挫折，感受到家国的艰危，其人生虚幻和痛苦的体验，比一般人要深沉凝重。晚年潜心学术著作，逍遥林泉，与草木禽鸟为友，因此创作中能深入细致地写出事物情态。《绍陶录》卷下洗去繁文缛彩，从大自然中发现诗情，在山水草木的细微观察中发现诗趣，表现了清澈坦荡的胸襟和自由洒脱的个性。所以《绍陶录》卷下各诗大多平淡自然，少有雕饰。程杰先生云：“历来的田园诗虽也描绘田园风光，却总是远距离地观赏，主要服从隐逸的情趣，取材多远绝人寰，取境则常是心存目想，虽然意境因此显得静穆幽远，但缺少生活的真切气息。”[③]《绍陶录》卷下各诗也是如此，较少生活气息，而多隐逸之趣。

---

① 《林泉结契》卷末，《丛书集成初编》本。
② 潘景郑著《著砚楼读书记》，第 129 页。
③ 程杰先生著《宋诗学导论》，第 269 页。

第五章　王质词研究

《雪山词》今存 75 首，题材较为广泛，举凡交游应酬、感怀纪行、咏物写景、咏史怀古等，词中都有反映。《雪山词》艺术上也有一定特色，骏发豪迈的爱国词，闲适淡雅的隐居词，充满爱国情怀的咏史怀古词，都有成功之作。

第一节　《雪山词》版本

王阮《〈雪山集〉序》云："其家勒以遗稿见属，乃为搜罗删次，厘为四十卷，名曰雪山，本其旧也。"末署"庆元四年冬十月二十日"①。《雪山集》当时未刊刻，从宋至明，流传不广，至明末已散佚②。四库馆臣从《永乐大典》中搜罗辑为《雪山集》，已经不是原貌，"残缺之余，十存四五"，因此"谈艺家亦罕能称道"③。自《四库全书》编成，各种选本和论著对《雪山词》多有关注。

《雪山集》收词一卷，版本有：《四库全书》本（《四库全书·集部·别集类》第 1149 册）、《武英殿聚珍版丛书》（武英殿木活字本、福建本、广雅书局本）集部、《湖北先正遗书》集部、《丛书集成初编》文学类。朱祖谋《彊村丛书》收有《雪山词》一卷。这几个版本皆收词 75

① 《雪山集》卷首，《四库全书》本。

② 参见祝尚书著《宋人别集叙录》，第 1042—1045 页。

③ 《雪山集》卷首《提要》，《四库全书》本。

首，其中《水调歌头·中秋饮南楼呈范宣抚》为范成大作，其《吴船录》虽未录此词，但所叙内容与词合[①]。唐圭璋编《全宋词》，从《永乐大典》辑入《笛家弄·水际闲行》一首，故《雪山词》今存75首。

《雪山词》中《红窗怨·送邵倅》："欲寄意，都无有。且须折赠、市桥官柳。看君著上征衣，也寻思、榜舟楚江口。此会未知何时又。恨男儿、不长相守。苟富贵、无相忘，若相忘、有如此酒。"《齐东野语》卷一一作蜀妓词，文字稍有不同[②]，应是同一首词的不同版本。《听秋声馆词话》云："《红窗怨》调，宋人无有填者，词谱、词律亦均未收。其词与《市桥柳》虽字句稍有不同，而语意则一。雪山曾为蜀中幕僚，岂好事者点窜数字，伪为蜀妓作耶。抑竟不谋而同耶。"[③]尽管猜测不尽准确，已表示怀疑。唐圭璋在《全宋词》中也曾怀疑："此首《齐东野语》原不注调名，《词综》卷二五作《市桥柳》，疑出杜撰。又此首别见王质《雪山集》卷一六，调作《红窗怨》。"[④]笔者不揣浅陋，辨析如下：

一、《雪山集》辑自《永乐大典》，其中《红窗怨》有词题，可见是原创，经歌妓传唱，遂致失题。歌妓是传播词作的重要途径，王质曾与歌妓来往，如《一斛珠·有寄》所云"芙蓉桥上曾相识"；也曾为官妓或家妓作词，如《江城子·席上赋》"时见推帘，笼袖玉轻轻"。《齐东野语》所录与馆臣辑自大典者，最初应是同一首词，今本字句稍有差异，当是传唱所致。

二、词中情感、经历与王质相合。"也寻思，榜舟楚江口"，是

---

① 《全宋词》第三册第1645页云："案此首范成大作，见石湖词及《吴船录》。"《御选历代诗余》卷五九作范成大作。不知四库馆臣编《雪山集》时何以羼入。

② 张茂鹏点校《齐东野语》卷一一"蜀娼词"条引此词作："欲寄意，浑无所有，折尽市桥官柳，看君著上征衫，又相将，放船楚江口。后会不知何日又，是男儿，休要镇长相守，苟富贵，无相忘，若相忘，有如此酒。"

③ 丁绍仪《听秋声馆词话》卷二〇"王质红窗怨"条，《词话丛编》第三册，第2835页。

④ 《全宋词》第五册，第3263页。

思家情绪，其时王质应在四川。王质家在兴国军永兴县，正在“楚江口”。据《〈西征丛纪〉序》，乾道三年(1167)七月至五年正月间，以及五年十月至六年六月间，王质皆在四川。其中乾道五年正月王质离开虞允文幕府，四月至兴国，直到十月才离开，这期间王质身在兴国，不可能作此词。

词中情感也符合王质当时心态。王质向汤思退求官，当时曾招致攻击而罢国子正，后来也不断遭到非议。《与虞相书》(其一)云：“使某皮焦肉枯，穷天下辛苦之情；心碎胆裂，受人生危辱之极。”《与虞相书》(其二)云：“某之作蜀，视景偷生，杜门避死之不给，矧敢通宰执之讯，以重危疑之嫌哉?”此两信作于乾道六年七、八月，所述境况是致书汤思退引起的。李流谦《送王景文入制幕二首》其二亦云：“成都万事好，只合近清樽。”[①]此诗作于乾道五年正月送王质入晁公武幕时，因其在虞允文幕府已经因流言而难以容身。可见王质后来虽远离京城，仍笼罩在流言蜚语之中。词中“也寻思、榜舟楚江口”可能表明处境不利；“苟富贵、无相忘，若相忘、有如此酒”，则表达重视友情的心愿[②]。

第二节 内容题材

《雪山词》内容丰富，为叙述方便，按题材分为交游应酬、咏物写景、感怀纪行及咏史怀古等类。下面试分析《雪山词》各类题材。

一、交游应酬

此类词作较多，超过词作总数的三分之一。王质曾任德安府教授、国子正、敕令所删定官、枢密院编修，又曾通判荆南府，又五

---

①《澹斋集》卷五，《四库全书》本。

②《雪山集》卷八《与虞宣机书》：“人情远则疏，疏则忘。今某远矣，疏矣，愿毋相忘而已。”意思与此词相似。

入幕府①，故交游人物较多。其交游应酬词，或祝寿，或送别，或宴席上作，或表现故人之情，还有唱和之作。因为一生未能尽展抱负，不少词作表达了爱国情怀，写得很有特色。代表作有《红窗怨·送邵倅》、《西江月·借江梅蜡梅为意寿董守》二首、《满江红·庆寿》、《江城子·席上赋》二首、《定风波·赠将》二首、《满江红·庆寿》、《别素质·请浙江僧嗣宗住庵》、《水调歌头·游银山寺和壁间张安国作》二首、《八声甘州·怀张安国》等。

宋代寿词创作成为时尚，多是无关痛痒的应酬之作。朱彝尊说："宣政而后，士大夫争为献寿之词，连篇累牍，殊无意味。至魏华父（了翁），则非此不作矣。是集于千百之中，止存一二，虽华父亦置不录也。"（《词综·发凡》）王质今存寿词多首。如《定风波·赠将》其一：

问讯山东窦长卿。苍苍云外且垂纶。流水落花都莫问，等取，榆林沙月静边尘。　　江面不如杯面阔，卷起，五湖烟浪入清樽。醉倒投床君且睡，却怕，挑灯看剑忽伤神。

据词意，"窦长卿"是投闲置散的将军②。此词写这位窦将军空有满腔爱国热情，却只能云外垂纶、对酒伤神。"'江面'、'五湖'等句有藏须弥于芥子之气魄，雄奇健爽，逸响生悲。煞尾三句是南宋英雄豪杰共同感受，于稼轩壮词中不断重现。"③因为无路请缨，只好感叹"整顿乾坤，恨舞袖、回旋不足。须付与、腰金迭赤，面槐参绿"（《满江红·庆寿》），所以王质此类词作中爱国情怀的表达，不全是应酬文字。

---

① 王质曾入汪澈宣谕荆襄幕、张孝祥知抚州幕、张祁知江州幕、张浚都督江淮幕、虞允文宣抚四川幕、晁公武四川制置幕。

②《雪山集》卷一五有《题窦伯山小隐》诗六首，其三云："烟尘齐鲁今何在，下雉阳新有两生。"王质祖籍郓州（今山东东平县），南渡定居阳新（今湖北阳新县）。窦伯山当是南渡后定居下雉（阳新县东）的山东人。"窦长卿"或即此人。

③ 陶尔夫、刘敬圻著《南宋词史》，第124页。

王质应酬词中多将功业愿望与隐逸思想相结合。如《水调歌头·游银山寺和璧间张安国作》二首写得豪迈隽发，表现了作者渴望建功立业的愿望。其二云：

> 草蔓已多露，松竹总含风。群山左顾右盼，如虎更如龙。时见鱼灯三两，知在谁家浦溆，星斗烂垂空。万有付一扫，人世等天宫。　　秋萧瑟，林脱叶，水归洪。江湖飘泊鸿雁，洲渚肯相容。要使群生安堵，不听三更吠犬，此则是奇功。一任画麟阁，吾自老墙东。

两首皆深得和词之体。此首上阕写景，下阕云“要使群生安堵”，皆是对张词原作“润及无边焦槁”（《水调歌头·隐静山观雨》）的呼应。“一任画麟阁，吾自老墙东”，表达了功成身退的思想。与“到得关河公事了，早去白云堆里养精神”（《定风波·赠将》）都是同样的思想。

二、咏物写景

写景咏物以及表现闲居隐逸生活的词作，在《雪山词》中超过三分之一。写闲居生活的词作，主要写景咏物，所表现的既有自己高洁的人格，也有英雄末路的悲叹。他一腔爱国之情无处挥洒，便倾泻于鸟兽花草，所咏有梅花、海棠、杜鹃、木樨、茶、雪等。代表作有《鹧鸪天·山行》、《蓦山溪·咏茶》等。

王质写到闲居无事、种花种竹的日常生活。词人有时学竹林七贤和陶渊明的神仙生活：“竹林贤，总神仙。滴露飞霜，云甃注冰泉。伴了芙蓉城里客，无一事，北窗眠。”（《江城子》）有时闲看池亭打发时间：“细数鱼来去，静倚溪阴深觅句”、“凫雏深傍蘋根住，浴罢红衣褪残缕。”（《青玉案·池亭》）更多的时候是寻花赏草的闲适风雅的生活：“屈曲成幽，萧条生净，野草闲花都妙哉”（《沁园春·闲居》），是赏“野草闲花”；“夜月明前，夕阳敧后，清妙世间标格”（《无月不登楼·种花》），是赏水仙花；“翠虬夭矫拿苍玉”、“每遇飞雪萧萧，更惊风撼撼，清标可掬”（《真珠帘·栽竹》），是赏竹；

“更与月同来，无半点尘俗。冬有寒梅闲相伴，春亦有、幽兰相逐。香足。才露下霜飞，又有秋菊”(《真珠帘·栽竹》)，则是四季赏花。“须次第、春兰秋菊开。在竹篱虚处，密栽甘橘，荆桥斜畔，疏种香梅。山芋芼羹，地黄酿粥，冬后春前皆可栽”(《沁园春·闲居》)，这些词句让我们看到王质种花种草与参加农耕生活的一面。

词中咏物而不单纯咏物，一些赋写山水、吟咏花月的词作，多借物托意，饱蘸词人的身世之感和爱国之情来写，如“惯得娇云赶不开，去还来”(《杨柳枝》)，与宋金之间战而复和、岁贡钱物的养虎为患的关系何其相似！“看你飘零，不似江南客”(《一斛珠·桃园赏雪》)，兴起飘零之感，却云“不似”，沉痛中有无穷凄怆感。“无数闲花，尽染啼痕湿”、“吸尽东风，化作垂红滴”①，这无穷尽的愁是家国之恨交织而成，大有王令诗中“不信东风唤不回”(《春怨》其二)的悲慨与坚毅。

特别是不少咏梅词，更见词人个性。“梅花元是群花首”(《一斛珠·十一月十日知郡宴吴府判坐中赋海棠》)，《雪山词》中咏梅之作多达六七首。王质评梅以瘦为美，他说“从来清瘦。更被春僝僽。瘦得花身无可有”(《清平乐·梅影》)。对梅的赏爱甚至成了他的一种精神寄托，如“梅花不遇我心悲，一枝得见，便是一年足”(《青门引·寻梅》)、“肯将情移在，粗红俗翠”(《凤时春·见残梅》)。家里种了梅花，“冬有寒梅闲相伴”(《真珠帘·栽竹》)，仍不能让他满足，因此他常常寻梅，如“寻遍江南麓，只有斑斑野菊，梅花不遇我心悲”(《青门引·寻梅》)、“微香来自横冈竹。飞度寒溪曲。落路寻人借问，谢他指向深深谷”(《青门引·寻梅》)、“见汝小溪湾，修竹连疏影。林杪动风声，惊下毵毵粉。见汝大江郊，高浪摇枯本。飞雪密封枝，直到斜阳醒”(《生查子·见梅花》)等。疏疏瘦影，标格风流，对梅的不懈寻找，可看作是词人对崇高情趣与迥异俗流的雅正人格的追求。

再如《蓦山溪·咏茶》：

---

①《□□□·闻鹃啼》，《全宋词》第三册，第1641页。按，词题原阙。

枯林荒陌，矮树敷鲜叶。不见雅风标，十二分、山容野色。因何嫩茁，舞动小旗枪，梅花后，杏花前，色味香三绝。　含光隐耀，尘土埋豪杰。试看大粗疏，争知变、寒云飞雪。休说休说，世只两名花，芍药相，牡丹王，未尽人间舌。

在世人眼里“山容野色”的茶，在作者眼里却是“色味香三绝”；世人只欣赏“芍药相，牡丹王”，作者却为茶鸣不平：“含光隐耀，尘土埋豪杰。”此词句句写茶，却又句句写人。作者一生蹭蹬坎坷，正如“茶”遭埋没的命运。

三、咏史怀古词

这类词有《八声甘州·读周公瑾传》、《八声甘州·读诸葛武侯传》、《八声甘州·读谢安石传》、《水调歌头·京口》、《笛家弄·水际闲行》等。

咏史词如《八声甘州·读诸葛武侯传》：

过隆中、桑柘倚斜阳，禾黍战悲风。世若无徐庶，更无庞统，沈了英雄。本计东荆西益，观变取奇功。转尽青天粟，无路能通。　他日杂耕渭上，忽一星飞堕，万事成空。使一曹三马，云雨动蛟龙。看璀璨、出师一表，照乾坤、牛斗气常冲。千年后，锦城相吊，遇草堂翁。

此词受王安石《浪淘沙令》一定影响①。词中突出刘备与诸葛亮的风云际会，歌颂诸葛亮的丰功伟绩，借以鞭挞因循苟且、忘记“靖康

① 王安石《浪淘沙令》：“伊吕两衰翁，历遍穷通。一为钓叟一耕佣。若使当时身不遇，老了英雄。汤武偶相逢，风虎云龙。兴王秖在笑谈中。直至如今千载后，谁与争功？”袁行霈主编《中国文学史》第三卷第 39 页云：“表层为咏叹伊尹、吕尚因君臣际遇而建立奇功，深层则是慨叹自我的怀才不遇，寄寓着风云际会以建立功勋的人生理想。”

耻”的南宋朝廷。《南宋词史》评云:“全词以叙事为主,结合议论抒情。组织得当,井然有序,首尾互应,一脉相通。已开启陈亮以论为词之先声。”①

此前李纲曾作七首咏史词,“一方面激励当时皇帝效法过去那些雄才大略的君主,大敌当前要不惧不避;同时,也隐然以谢安、裴度、寇准自比,期望获得重用,能够使国家转危为安”②。王质同一词牌的咏史之作还有《八声甘州·读周公瑾传》、《八声甘州·读谢安石传》,应是有意识创作的组词,也可看到李纲词作的影响。与李纲词作相同者,是共同的爱国主旨与自我期许;所不同者,是王质词中浸润了自己的经历与感受。如“想苍烟金虎,碧云铜爵,恨满乾坤”(《八声甘州·读周公瑾传》),用“金虎”的典故来表达小人谗言所造成“遗恨”的可恶;“疑是彼、八公草木,得神明、相亮不相猜。西州泪,千年犹湿,回望兴哀”(《八声甘州·读谢安石传》),作者深有感于“相亮不相猜”的“八公草木”以及代表真挚友情的“西州泪”,其中应有迭遭打击的人生感受。

怀古词虽仅两首,却都精炼可读。如《笛家弄·水际闲行》:

> 凌乱败荷,既似沙莞,又如淝水。颠倒旌旗都靡。馀花皲谢,又似乌江,骓兮不逝。虞兮奈尔。凋柳萧骚,又如轵道,故老何颜对。因缘断。时节转。自然如彼。自然如此。　水边沙际。芦花摇曳。唤住行人,蓼花妩媚。引翻游子。又似江都酣夜延秋,建业望仙结绮。月下心飞,风前骨醉。共蘋花得意。今看昔、后看今未。一回头,已百弹指。③

“败荷”、“馀花”、“凋柳”皆作者“水际闲行”时所见,因爱国之情积蓄于中,故而一见之下都幻化为历史场景,仿佛在引人思古伤今。

① 陶尔夫、刘敬圻著《南宋词史》,第124页。

② 唐圭璋著《词学论丛》,第950—951页。

③《全宋词》第三册,第1649页。

结句怀古与鉴今联系起来，寓意比较明显。

四、感怀纪行及其他题材

感怀之作主要是抒写去国怀乡及遭受流言的心情。有的写爱国情怀无处施展，有的写遭谗畏讥的心态，都真切感人。家国事业之忧时时萦绕心头，甚至梦中也未忘怀，如“杳杳兴亡成败，满乾坤、未见知音。抚阑干、欲唤英魂，沉沉又没人应”、“无聊欹枕搔首，梦庐中坛上，一似平生。共挽长江为酒，相对同倾。不觉霜风敲竹，睡觉来、海与愁深”（《万年欢·有感》）。系念国事的如“叹千古兴亡成败，满乾坤遗恨有谁知”（《八声甘州·怀张安国》）、“欲为横吹出塞，无处可寻羌管”（《水调歌头·饶风岭上见梅》），都是报国无门之叹。再如《西江月·感怀》：

> 壁水桥边此客，金銮坡上何人。沙场老马事无成。泪湿青莹夹镜。　　袖手烟霏小景，回头石岭空城。乾坤遗恨渺难平。目断塞鸿孤影。

“沙场老马”却报国无战场，心情之沉痛，接近陆游、辛弃疾同类词作①。“乾坤遗恨”在《雪山词》中多次出现，如“清平犹有遗恨，久矣在江边”（《水调歌头·京口》）。

王质对隐逸生活的向往，发于诗是曾作《绍陶录》，羡慕陶渊明、陶弘景，“摘其遗文遗事为题，别为词以咏之”（《绍陶录》提要）；发于词主要是借渔父词以寄情。王质虽然同陶渊明一样为了寻找一个精神的栖居地，但不像陶渊明那样对农村觉得亲切，王质的兴趣不在农村，隐居主要是为了排遣功名事业不得实现的苦闷，是无奈的选择。渔父词一般表达隐逸之情，如南北宋之交的朱敦儒曾因不附秦桧而罢官，于是逍遥林泉，作《好事近·渔父词》十首。王

---

① 如陆游《诉衷情》：“此生谁料，心在天山，身老沧洲。”辛弃疾《鹧鸪天》：“却将万字平戎策，换得东家种树书。”

质也有好几首描写渔夫生活的词作，写到了渔父令人羡慕的生活，如“一只船儿任意飞。眼前不管是和非”、“遮些快活有谁知。华堂只见灯花好，不见波平月上时”（《鹧鸪天·咏渔父》）、“到高歌、风静月明时，谁如你”（《满江红·渔舟》），并表达自己的向往，如“他时如见忆，江汉一渔舟”（《临江仙·宴向守簇》）、“眼共云山昏惨惨，心随烟水去悠悠。一蓑一笠任孤舟”（《浣溪沙·有感》）。渔父的生活环境也极清幽，如“两岸潇潇芦荻林，水深村又深”（《长相思·渔父》）。但并不总是风平浪静，如“风刚浪猛早收拾，天外莫云黑”（《滴滴金·晚眺》）、“渔网吹翻无把捉，钓竿冻断成抛弃”（《满江红·渔舟》），除了眼前的风刚浪猛和寒冷外，还有晚烟、暮云这些荒凉阴暗的背景，让人心寒，也许有着政治上的象征，寓含作者避患就闲、远祸近福的心理。再如“一寸江湖无可付”（《青玉案·池亭》），分明是牢骚语。

纪行之作，如《鹧鸪天·山行》：

空响萧萧似见呼。溪昏树暗觉神孤。微茫山路才通足，行到山深路亦无。　　寻草浅，拣林疏。虽疏无奈野藤粗。春衫不管藤挡碎，可惜教花著地铺。

描写了一次山行经历。在作者笔下，山林似乎在招呼他去，等到深入山中，才发现不仅“路亦无”，而且“野藤粗”。作者可惜的不是“春衫”碎，而是“教花著地铺”，表达了热爱山林的情怀，意境鲜明，笔调轻快，风格独特。

还有一首表现牧童生活的词作《满江红·牧童》：

落尽斜阳，尚有些、断霞残影。甚弯环、东溪西巷，南岩北岭。行熟更教羊引着，睡浓却被鸦惊醒。渐孤村、树暗颤山攲，霜风冷。　　人世里，嫌他蠢。牛背上，输他稳。但芒鞋一緉，蓑衣一领。五脏荒坡蔬荐口，双鬓幽崦花漫顶。虽云乌、月黑路蒙笼，何曾窘。

写牧童的情态非常传神,但作者的着眼点实在是羡慕那种自在闲适的生活。胡云翼说:“(苏轼)写农民、渔父的时候,也往往把他们打扮成为半隐士的风貌,用来寄托自己对政治现实不满的心情。”①此词也许有某种隐喻,即使作为单纯的咏牧童词来看,也已经是上乘之作。此词在题材的开拓方面值得重视。

词为艳科,王质词中也难免言情之作,但多从侧面烘染,艺术上有可取之处。如《红窗怨·即事》:“帘不卷。人难见。缥缈歌声,暗随香转。记与三五少年,在杭州、曾听得几遍。唱到生绡白团扇。晚凉初、桐阴满院。待要图入丹青,奈无缘识如花面。”词中写到“歌妓隐身帘内歌唱,若隐若现,可以吊起听众的胃口,具有一种让人极欲一见而不得见的朦胧美”②,全从侧面着笔,增加了美感。再如《江城子·席上赋》:“细风微揭碧鳞鳞。绣帷深。不闻声。时见推帘,笼袖玉轻轻。不似绮楼高卷幔,相指点,总分明。

斜湾丛柳暗阴阴。且消停。莫催行。只恨夕阳,虽好近黄昏。得到钗梁容略住,无分做,小蜻蜓。”从“绣帷深”、“时见推帘”之玉指等处着笔,结尾的特写镜头落在夕阳中颤动的钗梁上,更添妩媚,一位小家碧玉的形象呼之欲出。王质这一类词并不浮艳,而是寓有深沉之思、隐约之态,启人联想。再如《一斛珠·有寄》、《清平乐·感怀》,都语淡情深,情景交融,通过寻常景物,表现离别的依依之情。

经过以上分析,可见《雪山词》题材较为开阔,虽然宋金和战、政坛风云、民生疾苦等重大题材在词作中较少反映。这与王质文学思想也有关,他曾说:“第一君门通表,书囊谏草。第二文章扬事业,第三编简摅怀抱。”(《倦寻芳·试墨》)词是宋人普遍用来抒情的文体形式,“摅怀抱”排在第三位,可见词在他心目中的位置。除了友朋交往的情感,王质在词中所抒发的主要是爱国情怀及隐逸之情。因为都源自内心,故而写得真切。

---

① 胡云翼编《宋词选》,第 58 页。

② 王兆鹏著《唐宋词史的还原与建构》,第 125 页。

第三节　艺术成就与不足

王质现存 75 首词，用词牌 35 个（含词牌《□□□·闻鹃啼》），创新或最先使用的词牌四个：《红窗怨》、《怨春郎》、《凤时春》、《无月不登楼》。《雪山词》绝大多数都有词题①，这些词题一般不能提供时间线索，只是提示词作的主题或创作缘起等，因此很少具有为词作系年的用途，但是对理解词作的主题或背景很有帮助。《雪山词》词题大都简短，如“送别”、“山行”、“赠将”、“感怀”、“渔父”、“见梅花”②等。稍长一点的，如“和王通一韵简虞祖予”、“借江梅蜡梅为意寿董守”、“幕府诸公郊外同集以病不去”③等，也是匆匆结束，既无史料价值，也不具有文学欣赏性。王质词作绝大多数不可系年，能大致确定作于某一时期的只有不到十五首，还不到全部词作的五分之一。

王质词前人注意较少，直至清代才有寥寥几条评论。近现代的词选多选入其词作，如俞平伯《唐宋词选释》选《鹧鸪天·山行》④，周笃文《宋百家词选》选《定风波·赠将》⑤，唐圭璋等编《唐宋词鉴赏辞典》选《八声甘州·读诸葛武侯传》⑥。

《雪山词》的艺术特点主要有以下几点：

---

① 有一些无词题的词作实际上是组词，共有同一题序，如《定风波》（白璧黄金爵上卿）与《定风波》（问讯山东窦长卿）共有同一词题《赠将》。除去这一类词作，无词题的实际只有三首：《清平乐》（断桥流水）、《江城子》（细风吹起翠田田）、《满江红》（生縠平铺）。《雪山词》基本无序，仅《苏幕遮·守倅移厨》有 52 字的词序。

② 分别见《全宋词》第三册，第 1638、1639、1641、1637、1636、1636 页。

③ 分别见《全宋词》第三册，第 1637、1638、1643 页。

④ 俞平伯《唐宋词选释》，第 187 页。

⑤ 周笃文《宋百家词选》，第 173 页。

⑥ 唐圭璋、缪钺等撰《唐宋词鉴赏辞典》，第 1417—1419 页。

一、语言精炼

王质注意锤炼语言。《浣溪沙》下片头两句大都要求对偶，故而往往是作者着力的地方。王质常能写得情景交融，如“泪下猿声巴峡里，眼荒鸥碛楚江涯”、“眼共云山昏惨惨，心随烟水去悠悠”、“花柳伤心经岁月，江湖无梦失津涯”。再如《鹧鸪天·山行》：“春衫不管藤挡碎，可惜教花著地铺。”俞平伯云：“空山之中，花开自落，无人理会；今既去寻花，且有护惜之意，落红满地，却似乎有人使他如此，‘教’字在这里用法很新。”①其实，正是词中主人公使花满地铺，山行时春衫牵拽野藤而致花落满地，此处是爱花甚于爱春衫的意思。

《雪山词》中叠词的运用很普遍。据笔者统计，有46首运用了叠词，可见王质有意以叠词锤炼字句，增强语言的表现力。如“叠叠重重听好信”（《苏幕遮·送张删定赴召》），传达出对友人的殷殷祝福。再如“茁茁抽长荷柄绿，毵毵吐净杨花白”（《满江红》），将叠词放在句首，加强了“茁茁”所传达的动感及“毵毵”所传达的色彩感。写人的动作与心理感受的，如“频频驻骑回看”（《清平乐·感怀》）写不忍分别；“眼共云山昏惨惨，心随烟水去悠悠”（《浣溪沙·有感》），写离朝去国的感受；“休说休说，世只两名花，芍药相，牡丹王，未尽人间舌”（《蓦山溪·咏茶》），写出对茶的特别钟爱以及对世俗埋没人才的不满。再如写视觉的“红疏疏，紫疏疏，可惜飘零著地铺”（《长相思·暮春》）、“斑斑野菊”（《青门引·寻梅》）、“蹙蹙红中烟润，梢梢翠尾风斜”（《西江月·和王道一韵促画屏》）、“柳梢无雪受风吹，绿垂垂”（《江城子·宴守倅》），都能增加面积感和体积感。王质尤其善于写出眼中景物的动态，如“寒水溶溶漾漾，软琉璃”（《相见欢·薄霜》）、“浪花拂拂侵沙嘴”（《虞美人·即事》）、“薄罗飞起层层碧”（《一斛珠·有寄》），叠词的运用使寒水、浪花、罗衣都具有动感，更有情味。写听觉的有“细看横斜影下，如闻溪

① 俞平伯《唐宋词选释》，第187页。

水泠泠”(《清平乐·梅影》)、“空响萧萧似见呼”(《鹧鸪天·山行》)、“漏将阑，情转极，月明绕树声声急”(《□□□·闻鹃啼》)，溪水的清音、山林树叶之声以及杜鹃那一声紧似一声的鸣叫，都较好地传达出来。

《雪山词》运用口语也很多。王质善于运用民间语言，如“遮些快活有谁知”(《鹧鸪天·咏渔父》)、“卖花未上担儿抬”(《杨柳枝·淡月》)、“记与三五少年，在杭州、曾听得几遍”(《红窗怨·即事》)，都是活泼泼的口语。这与王质的交游也有关，如“便缺少亦堪借借”、“好年岁、更无兵无火，快活杀也”(《别素质·请浙江僧嗣宗住庵》)，写给僧人，运用口语，风趣幽默。再如《红窗怨·送邵倅》：“欲寄意，都无有。且须折赠、市桥官柳。看君著上征衣，也寻思、榜舟楚江口。此会未知何时又。恨男儿、不长相守。苟富贵、无相忘，若相忘、有如此酒。”此词基本是口语，无怪歌妓传唱甚广，以致有人误为蜀妓作。

王质善于化用前人诗词，也善于自铸新词。王质诗学老杜，词中也时有沉郁顿挫之句，如“泪下猿声巴峡里，眼荒鸥碛楚江涯”(《浣溪沙·和王通一韵简虞祖予》其一)，实是“猿声下泪巴峡里，鸥碛荒眼楚江涯”之倒装。泪落纷纷，与猿声相应和；眼前茫茫，惟鸥鸟能为伴。心情沉痛，不言家国之事，而自然动人。王质受苏轼影响较深，曾谓“一百年前，蜀山之下，有苏子瞻……一百年后，楚江之滨，有王景文”(《自赞》)。词中多化用苏轼词句，如“花到黄昏思欲睡。休睡。眼前多是好相知”(《定风波·夜赏海棠》)，采自苏轼《海棠》诗“只恐夜深花睡去，高烧银烛照红妆”。苏轼采用拟人手法，王质更与花对话，劝其休睡。王质对同时人词作也有化用，如“共挽长江为酒，相对同倾”(《万年欢·有感》)，即是化用张孝祥“尽吸西江，细斟北斗，万象为宾客”(《念奴娇·过洞庭》)。

王质词中用典使事不是很多，如同其诗，明白爽快。但王质博通经史，下笔时自然流出，往往借古事以抒今怀，而无掉书袋之弊。如《笛家弄·水际闲行》：

凌乱败荷，既似沙莞，又如淝水。颠倒旌旗都靡。馀花皷谢，又似乌江，骓兮不逝。虞兮奈尔。凋柳萧骚，又如轵道，故老何颜对。因缘断。时节转。自然如彼。自然如此。　水边沙际。芦花摇曳，唤住行人。蓼花妩媚，引翻游子。又似江都酣夜延秋，建业望仙结绮。月下心飞，风前骨醉。共蘋花得意。今看昔、后看今未。一回头，已百弹指。

在作者眼里，“凌乱败荷”如高欢的败军，又如苻坚的败军，相似点在于“颠倒旌旗都靡”；“馀花皷谢”如乌江项羽之败，虞姬如花凋谢；“凋柳萧骚”又如秦王子婴向刘邦所竖起的降旗。下阕的“芦花摇曳”、“蓼花妩媚”，在作者看来，也不过“又似江都酣夜延秋，建业望仙结绮”。历史人物联翩而至，组成了一幅纵横时空、场景变化多端的特殊画面，抒写了对时局的感慨。虽用典较多，但能抓住形象的相似性，信手拈来，自然贴切。以人喻花，前人多有。像这样全篇组织成词的还不多见。后来辛弃疾《沁园春·灵山齐庵赋时筑偃湖未成》中接连用谢家子弟、相如车骑、司马迁《史记》比喻众山，与此同一机杼。再后来刘克庄又有“似湘娥凝望，敛君山黛；明妃远嫁，作汉宫妆。冷艳谁知，素标难亵，又似夷齐饿首阳”（《沁园春·梦中作梅词》），以湘娥、明妃、夷齐等比拟梅花。

二、想象丰富，比喻精彩

王质词中有丰富的想象和精彩的比喻，如“雨润梨花雪未干”（《眼儿媚·送别》），将带雨的梨花比作未干的雪，颜色与性状相似，拟喻新颖。再如《西江月·借江梅蜡梅为意寿董守》词，“月斧修成腻玉，风斤琢碎轻冰”句，用“腻玉”、“轻冰”比喻江梅；“轻蜡细凝蜂蜜，薄罗深压鹅黄”句，用“轻蜡”、“薄罗”比喻蜡梅，又用“蜂蜜”、“鹅黄”进一步渲染其色泽与质感。再如“是谁剪作梨花出”（《一斛珠·桃园赏雪》），与岑参名句“千树万树梨花开”同用“梨花”为喻，而此句有动态感。再如《青玉案·木樨》，上阕“舜裳赭色，尧眉黄彩，化作花无数”数句，由桂花的颜色联想到是“舜裳”、

“尧眉”的色彩变化而成；下阕又由桂花的层层花蕊想到“层层翠葆鸾旗舞”，都新颖可喜。其他词作中的比喻，如“只恨夕阳，虽好近黄昏。得到钗梁容略住，无分做、小蜻蜓”（《江城子 · 席上赋》），想象新颖，融化前人词句而自成意境[①]，故《蕙风词话》评为“未经人道”[②]。《水调歌头 · 游银山寺和壁间张安国作》其二“群山左顾右盼，如虎更如龙”，形象如生，可与稼轩名句“叠嶂西驰，万马回旋，众山欲东”相媲美[③]。况周颐说：“寿词难得佳句，尤易入俗。”[④]王质寿词的比喻，如“试将花蕊数层层，犹比长年不尽”（《西江月 · 借江梅蜡梅为意寿董守》），联想新奇，况周颐评为“巧语不涉纤”[⑤]。

三、善于借景抒情，托物寓意

王质词中多能借景抒情，写景不单纯是写景，而有韵外之致。如《鹧鸪天 · 山行》：

> 空响萧萧似见呼。溪昏树暗觉神孤。微茫山路才通足，行到山深路亦无。　寻草浅，拣林疏。虽疏无奈野藤粗。春衫不管藤挡碎，可惜教花著地铺。

词人被“空响萧萧”所诱惑，走进山林，才发现“溪昏树暗”及“微茫山路”，甚至山深处连路也没有。结果是手忙脚乱，春衫“挡碎”。相似的意境在《绍陶录》诗作中也有表现，如“斜日西西鸣竹丝，暗

① 这几句系化用李商隐与周邦彦相关语句而成。李商隐《乐游原》：“夕阳无限好，只是近黄昏。”周邦彦《六丑 · 蔷薇谢后作》：“残英小，强簪巾帻；终不似、一朵钗头颤袅，向人欹侧。”

② 况周颐撰《蕙风词话》卷二“王质江城子”条，《词话丛编》第五册，第4433页。

③ 参看喻朝刚、周航主编《分类新编两宋绝妙好词》，吉林文史出版社1992年版，第643页。

④《蕙风词话》卷三“张埜夫太常引”条，《词话丛编》第五册，第4484页。

⑤《蕙风词话》卷二“王质西江月”条，《词话丛编》第五册，第4433页。

树钩冠休夜归”(《栗里巾及冠》)、“山谷转深声转孤。沙易行,泥难行,蚕呼春暗回春明。呜呼此友兮同所归,石藤屡罥道人衣”(《山鹧鸪》)。全词格调轻快,意境明晰,其间跳荡着作者的幽默感。这样的词,如果要从中寻找什么寄托,也许能捕捉到蛛丝马迹,但作为纪行词来看,同样不失为优秀之作。

王质多次表达遭受诽谤、世无知音之叹,如“花柳伤心经岁月,江湖无梦失津涯”(《浣溪沙·和王通一韵简虞祖予》)、“无言有泪洒西楼”(《浣溪沙·有感》)、“望眼不知天阔,归心常恨山遮”(《西江月·和王道一韵促画屏》)、“满乾坤,未见知音。抚阑干,欲唤英魂,沉沉又没人应”(《万年欢·有感》),都写得情景交融,动人心魄,那是因为作者有着“当鹦鹉之愤”(《与虞相书》其一)的切身体会。再如“而今一似花流水,踪迹任东西”(《燕归梁·送别》)、“看你飘零,不似江南客”(《一斛珠·桃园赏雪》),都借景写身世飘零之感。

《雪山词》中托物寓意之作也不少。王质咏梅词多达六首,若将词中语句涉及梅花的也算入内,当更多。其特点之一,是融入自己的经历与个性,常常不是庭园赏梅,更多的是岭上、深谷、小溪湾、大江边等处寻梅。有构思精巧、想象奇特的,如“试将花蕊数层层,犹比长年不尽”(《西江月·借江梅蜡梅为意寿董守》),比喻新巧。再如“舜裳赭色,尧眉黄彩,化作花无数”(《青玉案·木樨》),仿佛从柳宗元的“若为化得身千亿,散上峰头望故乡”(《与浩初上人同看山寄京华亲故》)化出,后来陆游有“何方可化身千亿,一树梅花一放翁”(《梅花绝句》),可谓同一构思而取径有别。再如《蓦山溪·咏茶》,借茶的“山容野色”遭世人冷遇,表达了“含光隐隐耀,尘土埋豪杰”的不平。几首咏杜鹃词,皆写得极其沉痛,其中可能包含作者壮志难伸的愁情。几首咏渔父词,皆能写出渔父的独特生活,既有闲适的一面,也有为生计与“狂风”、“颠雨”作斗争的艰苦,可能是作者隐居生活的折射。

四、章法多能变化，意境多能创新

王质词章法多能变化，尽量在短小的篇幅中包容更多的内容。如《长相思·暮春》：

> 红疏疏，紫疏疏。可惜飘零著地铺，春残心转孤。　莺相呼，燕相呼。楼下斜杨遮得乌。倚栏人已无。

虽短短36字，却极尽曲折含蓄之能事。“红疏疏，紫疏疏”，极写花之华美。“可惜”句转入春残之景，花落满地。“春残”句又一转，由花到人，花之飘零正衬心之飘零而无所依归。下阕首三句莺燕相呼，垂杨遮乌，乃春深之乐景，至末句一转，全成了“依栏”人眼前可悲之景。

王质词常能打破时空界限，顺叙、倒叙错综运用。如《红窗怨·即事》：“帘不卷。人难见。缥缈歌声，暗随香转。记与三五少年，在杭州、曾听得几遍。唱到生绡白团扇。晚凉初、桐阴满院。待要图入丹青，奈无缘识如花面。”场景叠现交映，过去与现在、杭州与此地，在词中已经难以区分。再如《八声甘州·怀张安国》：

> 海茫茫、天北与天南，吾友定安归。闻濡须江上，皖公山下，驾白云飞。莽苍空郊虚野，古路立斜晖。颜跖皆尘土，苦泪休挥。　一代锦肠绣肺，想英魂皎皎，健口霏霏。望寒空明月，无路寄相思。叹千古、兴亡成败，满乾坤、遗恨有谁知。今何在，一川烟惨，万壑风悲。

饶宗颐《词集考》云：“（王质词）骏发豪迈，为张安国作者，犹骖与靳也。”①所指即此词。王质曾得张孝祥父子赏识器重，故此词表达深情的怀念。上阕塑造了一个“濡须江上”、“皖公山下”“驾白云

---

① 中华书局1992年版，第144页。

飞”的形象。“莽苍空郊虚野”句可能受《离骚》结尾“陟升皇之赫戏兮，忽临睨夫旧乡”影响，俯视人寰，既有个人之悲，也多家国之恨。下阕怀人，并不局限于个人知遇之恩，叹“乾坤遗恨有谁知”，是对当时朝廷上下文恬武嬉、因循苟且的不满。对友人的深深怀念与国事紧紧结合，感人至深。

王质的咏史词其实都是借以咏怀。如《笛家弄·水际闲行》，表面是怀古，实际是伤今，构思和写法夺胎于杜甫《哀江头》和《秋兴》其六。再如“浥浥小桥红浪湿，抚虚弦、何处得郎闻”（《八声甘州·读周公瑾传》）、“世若无徐庶，更无庞统，沉了英雄”（《八声甘州·读诸葛武侯传》），都借历史人物抒写世无知音之叹。王质咏史词叙议结合，内涵丰富，上承王以宁、李纲，下开辛弃疾、陈亮等人。

五、风格上豪放与婉约并存

王质的咏史怀古词及一些交游应酬词多写得骏发健爽，已见前述。清丽中见意趣，也是王质词艺术特征的重要组成部分，主要体现在抒情小词中。善于用通俗语言写景抒情，勾勒淡逸清新的画面，刻画富有意趣的形象，使人感到清新自然。在描写景物时，使客观景物具有一种主观色彩，主要追求以“清”为主的情趣，如“清妙世间标格”（《无月不登楼·种花》）、“清标可掬”（《真珠帘·栽竹》）、“清婉堪咀嚼”[①]等。闲居隐逸词中别开生面之作不少，可圈可点的有：《鹧鸪天·山行》以轻快诙谐的语调来写山行经历；《满江红·牧童》描写牧童生活，意境清新，形象逼真；《鹧鸪天·山行》和《别素质·请浙江僧嗣宗住庵》充满幽默谐趣。《蓦山溪·咏茶》、《满江红·渔舟》、《沁园春·闲居》、《无月不登楼·种花》等，或立意求新，或写法求变。

《雪山词》既有豪放雄健之作，又有清丽婉约之作，因此评论家对于其词风颇有相左的意见。有人将王质归入婉约派，如有人认

① 《永乐大典》卷二八一二引《雪山集》，第二册，第 1497 页。

为："淳雅派的首倡者乃江西鄱阳人姜夔。姜夔词导源于周邦彦，张炎《词源》称其词风，'不惟清空，又且骚雅'，精深淳正，吸引了大量词人学习继承，词坛风气遂为之一变。他们倡'雅'崇'雅'，追求音节谐婉、寄托幽深之意趣，且反俚俗浅薄、反软媚浮艳、反狂怪豪放、反陈词因袭，于柳周苏辛外自成一体。南宋江西词人除姜夔外尚有张辑、王质、杨泽民、赵崇嶓、利登等10多人归属该派。"①也有人认为王质词"清壮雄浑"②，将其归入豪放派，如刘扬忠《论唐宋词中的咏史词》一文认为："南宋一代，受政治形势和时代风气的影响，词人怀古咏史的兴趣一直十分浓厚。继南渡诸家之后，不但走苏轼、辛弃疾一路的所谓'豪放'词人陆游、陈亮、刘过、戴复古、刘克庄、王质、程珌、陈人杰等人颇多此类作品，而且就连宗尚绮丽婉约词风的一些名家如康与之、姜夔、吴文英等，也各自有少许咏史抒怀之篇。"③

王质词多不能确定写作时间，但词中思想有迹可寻，大致是前期奋发有为，入世思想强烈，多豪壮的爱国之作，词风"骏发豪迈"④为主；后期好佛习道，出世归隐思想渐浓，多婉约的隐逸之作，词风清逸闲淡为主。后期词以咏物隐逸为主，但词人并未忘记国难和身世遭遇，也偶有忧时之作。前后期没有明显界限。

总的说来，王质词的成就不如诗文高，也不能与同时代的著名词人相比，但艺术上仍有可取之处。题材有所开拓，情感丰满，想象力丰富，艺术手法灵活多变，是其长处。其不足是题材不够深广，艺术上也未能形成个性鲜明的风格。王质多次往来于兴国军与都城临安之间，也曾两次入蜀，见闻不可谓不广，但沿途所见所

① 邱昌员《两宋江西词发展及其贡献的定量分析》，《南昌大学学报》2003年第3期。

② 贺新辉主编《宋词鉴赏辞典》，第721页。

③ 刘扬忠《论唐宋词中的咏史词》，《词学》第十二辑，华东师范大学出版社2000年，第15页。

④ 饶宗颐著《词集考》，第144页。

闻的战争风云、士人心态、农村生活等在词中少有反映。真正深刻而全面地反映当时社会现实和抒发家国之恨的作品数量不多，不仅不能与同时的张孝祥、辛弃疾、陆游等相比，而且逊于陈亮、刘过等辛派词人。

结　语

王质生平既不彰显，人格又屡遭诬陷，故而考证王质生平，还其本来面目，对研究其学术及创作都很有必要。笔者广泛参考地方志、宋人别集、笔记等，钩稽相关史料，考其家世、交游、幕府及为官经历，并对其诗文尝试系年。为了尽可能还原王质的人生经历，查找资料时力求全面，考证有时甚至不避繁琐。历时一年有余，编成《王质年谱》。在此基础上，开始研究王质诗文。

王质曾著《朴论》、《西征丛纪》、《退文》、《夷坚别志》、《正法世谱》、《云韬堂楚辞》以及研究《周易》的著作，皆已亡佚。对这几部著作进行考论，有助于深入了解王质的创作及思想。对现存著作，则尽量考其版本源流。

王质论说文主要有政论和史论，他的政治见解都包含其中，抗战方面主张浮言勿摇，小利勿动，重淮，重蜀，民心可用；用人方面主张用贤臣，远小人，宽大臣，制私情，勿穷恩，勿开隙；治民方面主张镇盗，聚财等。特点是现实针对性强，议论精辟，说理透彻，结构能随文生变，不拘故常。抒情文主要是应用文，不全是套话空话，能打破常规写法，运用多种艺术手法，融合社会性与个人情感。记叙文多能表达对文学及学术的见解，记述自己及他人经历，表达对社会时事的看法，痛快淋漓的议论、变化层出的结构、精致清丽的语言，能给人留下深刻印象。小说传奇也是有意为文，多采用史传写法。

《雪山集》诗，体裁以七古、七绝、五律、七律为主。题材包括忧国忧时、酬唱赠答、怀亲别友、题画论文、游宦纪闻、闲居幽情、咏物托兴等。艺术上，七古写得奔放，律绝写得深沉。形象精炼的语言、丰富奇妙的想象、逸发迈往的议论、隽快含蓄的风格都能显示个性。《绍陶录》则为杂言诗，卷上题材来源于陶渊明和陶弘景，以想象之词叙写“二陶”生活，抒写他们的怀抱兼自我抒情；卷下题材主要是自然界各种动植物。卷上以人文意象为主，卷下以自然意象为主；卷上偏于再现，卷下偏于创造。特点是细密化与系统化，学习楚辞及民歌体形式，形成平淡自然的风格。

《雪山词》题材较为广泛，有交游应酬、感怀纪行、咏物写景、咏史怀古等。艺术上也有一定特色，骏发豪迈的爱国词，闲适淡雅的隐居词，充满爱国情怀的咏史怀古词，都有成功之作。

对《雪山集》、《绍陶录》中作品进行细读，结合王质生平，并参考前人评价，进行较为恰当的分析，把握其个性与特点，揭示他在南宋文学史上的地位与意义，这是本论文努力的目标。我力图从王质的人生遭际及其诗文在题材、艺术的承传等方面进行论述，如“文章之根本皆在六经”的观点、《绍陶录》卷上“咏陶”诗及卷下“山友辞”中禽言诗在同类诗作中的承传等，因工作量太大，并未深入展开。

今后的文学史要不要将王质写入？对于几千年文学史长河来说，王质连一朵浪花都难以算得上，也许仅能比拟为大海中的一小滴水。但是，随着文学史、学术史研究的深入，王质将会受到学界更多注意，这是毋庸置疑的，如《诗经》学界已经改变以往的研究局面，多部《诗总闻》研究著作的出现就是明证。分体文学史如《中国游记文学史》①、《宋代的七言古诗》（南宋卷），断代文学史如陶尔夫、刘敬圻著《南宋词史》，地方文学史如《山东文学通史》②等，所花笔墨有多有少，却都已经对王质有所关注。王质毕竟是一个成就不太高的文学家，对他的研究，主要不能着眼于其文学成就及文学史地位，而更应关注其文学史意义，研究其个人与时代的关系，

① 梅新林、俞樟华主编《中国游记文学史》，学林出版社 2004 年版。
② 乔力、李少群主编《山东文学通史》，山东教育出版社 2003 年版。

个人创作与文坛主流的关系，以及文学与学术等其他门类的互动关系，剖析其在南宋中兴文坛的典型意义。如果南宋中兴文坛更多的中小文学家得到这样的研究，文学群体的意义也就更为明显，文学创作的发展流变也将更为清楚。

附　录

一、王质年谱

王质（1135—1189），字景文，号雪山。祖籍郓州，占籍兴国军。

字景文。"景"有祥瑞义。《论语·颜渊》："棘子成曰：'君子质而已矣，何以文为？'子贡曰：'惜乎，夫子之说君子也，驷不及舌。文犹质也，质犹文也。虎豹之鞟犹犬羊之鞟。'"王质字景文，或源于此。

号雪山。雪山原指印度北部喜马拉雅诸山，传说释迦牟尼成道前曾在此苦行，后借指佛教圣地或僧侣住地。《艺文类聚》卷七六引南朝梁简文帝《相宫寺碑》："雪山忍辱之草，天宫陁树之花，四照芬吐，五衢异色。"王质以雪山为号，可能与此有关，一方面切合其坎坷遭遇，一方面关乎其与佛教的因缘。古人名与字常常有意义联系，号则不必与名、字有意义联系。王质号雪山，可能在其接受佛教思想以后。王质曾自称"雪山"。《雪山集》卷一二《赠黄君》："君见雪山谭晦庵。"此诗作于淳熙六年（1179）。故"雪山"可能是王质晚年所取之号。宋人多称其"雪山"。方回《瀛奎律髓》："雪山王质。"[1]《东南纪闻》卷二、卷三皆云"雪山王景文"[2]。黄震

---

① 《瀛奎律髓》卷一四，第525页。

② 不著撰人《东南纪闻》，《四库全书》本。

《黄氏日抄》中多称“王雪山”。《两宋名贤小集》卷一九六亦云：“王质字景文，号雪山。”

自称“王子”、“子王子”。《雪山集》中诗文多有此自称。仅卷一二就有多处：“记取江南子王子，溪边共立春风蒲”(《赠沈文伯》其二)、“王子景文，萧散人也”(《荷柳松竹赠答》序)、“相思江西子王子，寻盟来与白鸥同”(《送赵希鄘》)、“相烦健笔凌风扫，梅子王子成二老”(《墨梅》)、“王子有琴谁复传，无徽无轸亦无弦”(《听谭师弹琴》)。其他尚有多处，如“老杜见松被松吓，王子见梅遭梅欺”(《题龚嘉谋墨梅》)等。《赠沈文伯》为早年诗作，可见自称“子王子”是早年之事，此号似乎透露其自负心态。

名所居“云韬堂”。《雪山集》卷五有《〈云韬堂楚辞〉后序》，沈德寿《抱经楼藏书志》卷二一收《〈云韬堂绍陶录〉自序》。《辍耕录》云：“宋泰山王质所著《云韬堂绍陶录》。”[①]余寅《同姓名录》云：“宋王质泰山处士，著《云韬堂绍陶录》。”[②]“云韬者，雪山王氏堂名。”[③]含意与《雪山集》卷五《〈退文〉序》所云“既悔则务退”，在大方向上都表示隐退。

祖籍郓州(今山东东平县)。《宋史·王质传》：“王质字景文，其先郓州人。”《雪山集》提要云：“集中每自称东平，或称汶阳，不忘本也。”《雪山集》卷五《枢密宣抚相公乐府序》自称“汶阳王质”，卷六《汪参政生祠堂记》、卷七《三圣坛龙祠记》、卷一〇《映带亭铭》及《文石赞》皆称“汶阳”。王阮《〈雪山集〉序》亦云“东平王君景文”。

占籍兴国军。王质籍贯向有两说：一说兴国军；一说江西兴国县。笼统言“兴国”亦不少，始于《宋史》本传：“王质字景文，其先郓

---

① 《辍耕录》卷一六，《四库全书》本。

② 《同姓名录》卷四，《四库全书》本。按，《同姓名录》卷四又云：“又，密院编修，遭中贵谗沮，奉祠绝禄仕，是尝著《朴论》。”作为两个王质著录，误。

③ 丁丙撰《善本书室藏书志》卷九史部，第502页。

州人，后徙兴国。”张端义《贵耳集》：“王景文质，兴国人。”[①]方回《瀛奎律髓》：“雪山王质，字景文，东鲁人，过江寓居兴国。”[②]凌迪知《万姓统谱》亦云“兴国”人[③]。谭正璧编《中国文学家大辞典》[④]、昌彼得等主编《宋人传记资料索引》[⑤]皆与《宋史》同，都笼统称“兴国”。

“兴国军”说：兴国军，北宋太平兴国三年改永兴军置，治所在永兴县（今湖北阳新县）。《两宋名贤小集》卷一九六云：“王质字景文，号雪山，郓州人，寓居兴国军。”明谢诏在《赣州府志·凡例》中亦主此说[⑥]。厉鹗《宋诗纪事》：“（王质）郓州人，寓居兴国军。”[⑦]唐圭璋《宋词四考》也以为湖北“兴国州”人[⑧]。又陈振孙《直斋书录解题》：“《雪山集》三卷，富川王质景文撰。”[⑨]曹学佺《蜀中广记》云：“景文名质，号雪山，富川人。”[⑩]“富川”为阳新县的隋代名称。

“兴国县”说：《明一统志》：“王质，兴国人。”[⑪]郭子章《兴国县四贤传序》列王质入兴国县四贤[⑫]。张东继《王质籍贯考辨》[⑬]也主此说。

《建炎以来系年要录》卷一九一：“（绍兴三十一年七月癸酉）诏左迪功郎、新德安府府学教授王质，已降召试馆职指挥，更不施行。

---

① 《贵耳集》卷中，《宋元笔记小说大观》第四册，第 4260 页。

② 《瀛奎律髓》卷一四，第 525 页。

③ 《万姓统谱》卷四四，《四库全书》本。

④ 谭正璧编《中国文学家大辞典》，第 2553 页。

⑤ 昌彼得等编《宋人传记资料索引》第一册，第 215 页。

⑥ [明]余文龙修、[明]谢诏纂《赣州府志》之《凡例》，清顺治十七年汤斌重刻本。

⑦ 厉鹗撰《宋诗纪事》卷五一，第 1295 页。

⑧ 唐圭璋著《宋词四考》，第 14 页。

⑨ 徐小蛮、顾美华点校《直斋书录解题》卷二〇，第 605 页。

⑩ 曹学佺撰《蜀中广记》卷九九“王景文名臣奏议”条，《四库全书》本。

⑪ 《明一统志》卷五八“赣州府”下，《四库全书》本。

⑫ [清]蒋叙伦修、萧朗峰纂《兴国县志》卷二四，清道光四年刻本。

⑬ 载《赣南师范学院学报》1994 年第 4 期。

质宣城人。”[①]查南宋只有一个王质。曾协《送王景文教授归江西序》云:“今年从范无禄早世,而粹伯、景文始同擢第以归。”[②]知王质中第后授官教授,与《建炎以来系年要录》所言相合。说王质是宣城人,既非籍贯,亦非居地,当属误记。

王质籍贯两地互见,最早可上溯到明代方志。谢诏云:“《广舆记》亦收质入武昌人物,查宏治辛亥郡志,无质名,嘉靖庚寅志始有之,岂因《一统志》、《江西通志》乃增入之欤?”又云:“旧志乡贤中兴国有王编修质。”[③]认为宏治辛亥《赣州府志》还没有王质,至《明一统志》、《江西通志》列王质入兴国县籍[④],嘉靖庚寅(1530)《赣州府志》、蔡九霞《广舆记》又沿袭其说。这是目前所知王质籍贯属兴国县的最早论述。清乾隆孔兴哲修《兴国县志》云:“王质,字景文,北隅人。……(原注:《通志》)”[⑤]既云据《通志》,即《江西通志》,与谢诏所言相合[⑥]。

王质籍贯两地互见的原因,可能是《宋史》本传所言模糊,而其对后代又影响很大,明、清两代地方志及其他史学著作几乎都以之为依据。查兴国军,北宋太平兴国三年改永兴军置,元代至元中升为兴国路,明洪武初改为兴国府,九年降为州,治所皆在今湖北阳新县。查兴国县,宋太平兴国七年析置兴国县,因当时年号得名,沿用至今。宋代及以后,一州一县两个“兴国”并存,且地理位置又较近,易生混淆,这也是王质籍贯两地互见的又一重要原因。

王质籍贯问题久未解决,还因前辈们对王质文集利用不多,致使疑点不能彻底消除。谢诏最早以王质诗文为证据,对“兴国县”

---

① 中华书局1956年版,第四册,第3193页。

② 曾协撰《云庄集》卷四,《四库全书》本。

③ [明]余文龙修、[明]谢诏纂《赣州府志》之《凡例》,清顺治十七年汤斌重刻本。

④《明一统志》成书于1461年,早于《江西通志》嘉靖四年(1525年)刻本。

⑤ [清]孔兴淅修、孔衍倬纂《兴国县志》卷一〇,清乾隆十五年刻本。

⑥《大清一统志·江西通志》卷首云:“于雍正八年三月开局至十年四月告成。”孔兴哲《兴国县志》清乾隆十五年(1750)刻本,早于《江西通志》。

说进行辩驳：

> 旧志乡贤中兴国有王编修质。按《宋史》，质先为郓人，徙兴国，不明言军与县也。偶阅《文献通考》，载《雪山集》三卷，富川王质景文撰。考富川系湖广兴国军旧名，于是检《武昌府志》而核之，则传质入兴国州侨寓，其注履历与史同。绍兴三十年与州人周震来同举进士。而州之政和堂、恩波亭、银山寺、福星寺、大浩院，皆有质诗，富池口吴将军甘宁庙有质记，始讶质之非赣人也，而《一统志》、《江西通志》俱误矣。即据质《论赣盗严盗疏》（引者按，四库本《雪山集》卷三题作《论镇盗疏》）中一则曰“臣尝闻之二郡者”，一则曰“臣往在江西，见所谓食菜事魔者”，又曰“臣往在江西，见其所盗贩茶者”，其非赣产，不较然著明乎？当其时，张孝祥知荆南，与质游，汪澈以殿中丞宣谕荆襄，张浚以枢密都督江淮，俱辟质为属，以质居楚故也。①

谢诏能同时参考地方志、前人记载及王质诗文，并结合王质经历，所得结论也正确，因此在《赣州府志》中不收王质。后来清代《兴国县志》编者皆不能超越谢诏而增加新证据，但又都列王质入兴国县籍；同时在湖北地方志中，一直以王质为兴国军籍，以致王质籍贯两地互见，延续几百年而未解决。

张东继《王质籍贯考辨》（以下简称“张文”）以王质籍贯为兴国县，提供七条理由，前四条是清人所编方志与明代郭子章《兴国县四贤传序》一文，第五条是王氏家谱，第六条是徐州师范学院中文系编《简明中国古典文学辞典》，第七条是从地理位置看很近，侨寓有可能。下面对其所论提出疑问：

一、郭子章《兴国县四贤传序》对王质籍贯无论述，其列王质

---

① [明]余文龙修、[明]谢诏纂《赣州府志》之《凡例》，清顺治十七年汤斌重刻本。

入兴国县四贤，可能受《明一统志》、《江西通志》影响。臧励龢等编《中国人名大辞典》："郭子章……隆庆进士。"[1]既是隆庆（1567—1573）进士，《兴国县四贤传序》写成应晚于《明一统志》（1461 年）、《江西通志》（1525 年）成书年代。

二、张文所据清代地方志有：乾隆孔兴哲修《兴国县志》、道光蒋叙伦修《兴国县志》、同治崔国榜修《兴国县志》、雍正魏钿修《兴国州志》、《大清一统志·湖北通志》。这些地方志都是清人所编，且编者列王质入兴国县籍，常没有把握。乾隆《兴国县志·凡例》云："前明郭青螺作《四贤传》，已极力表章。今不必置辨，不妨两存，勿如张志[2]独为富川树帜可也。亦仍旧志载入。"[3]于《兴国县志》中载入王质，其理由有二：一是郭子章曾"极力表章"，二是"亦仍旧志载入"。卷一〇《附王编修质考》云："王编修质，其先世自郓来徙于虔，至质而始侨寓武昌，求之楚乘，稽其家牒，隐相符契。《通志》、《一统志》俱以质属兴国县，惟蔡九霞《广舆记》两地互见，一载于虔之兴国，一载于楚之兴国。桑梓故墟，羁人辙迹，正不妨两存之耳。郭青螺先生著《四贤传》，质与焉，且服其文章有贾长沙风味。窃叹前贤之用心深且厚，其不忍因彼而失此也如此。《志林》[4]必割之为楚人，毋亦执成见而尽没群书也夫！"[5]他认为王家迁徙于兴国县较早，到王质才寓居兴国军，但没有提供详细证据。

道光《兴国县志》列举谢、孔两家之说后，云："《通志》及乾隆壬寅郡志，于科目表仍存王质名，故今从孔志所引，以质为兴国县人。然损持太史，本谢郡志而不敢遽增者，诚以欲改谢志则必有说，求其说而不得，故姑踵旧志，殆未可厚非也。孔志以执成见而尽没群

---

① 臧励龢编《中国人名大辞典》，第 1043 页。

② 指清张尚瑗纂修《潋水志林》。

③ [清]孔兴浙修、孔衍倬纂《兴国县志》凡例，清乾隆十五年刻本。

④ 指《潋水志林》，潋水系兴国县别名。

⑤ [清]孔兴浙修、孔衍倬纂《兴国县志》卷一〇，清乾隆十五年刻本。

书为不可，然则凤渚之论，固不可没矣。爰并列之，以俟后人之论定。”[①]蒋氏虽“从孔志所引以质为兴国县人”，然颇有所疑，只因“求其说而不得”，才“姑踵旧志”。同治《兴国县志》与道光志同。

张先生据以为证的三种清代地方志，其编者对王质属兴国县都有所怀疑，只不过发现疑点后仍列王质入兴国县籍，原因有二：一是“不妨两存，勿如张志独为富川树帜可也”，带有地方感情色彩；二是“亦仍旧志载入”、“姑踵旧志”，“以俟后人之论定”，沿袭旧说，求正解于后人。

雍正《兴国州志》及《大清一统志·湖北通志》皆据《宋史》，只云“兴国”，张文因此据以推论“根本就不能肯定是湖北兴国”[②]。其实，这不能作为王质是兴国县人的证据，正如《兴国县志》提到王质时说“一云兴国州人”一样，只能表明其籍贯两地互见的事实，很难以此为据证明谁是谁非。

三、至于家谱和墓碑，张文云：“江西兴国县王氏家谱中，认定王质为他们的祖宗，王质被载入了他们的谱牒。而阳新县县志办公室的同志则说，他们那里‘尚无王质家谱的记载’。”又云：“王质墓在方太上合富村（原注：即今兴国县方太乡粮管所南面围墙外）。笔者曾专程实地考察，在该地果有其墓，而且是王质夫妇的合葬墓。”[③]查嘉靖、天启《赣州府志》及《明一统志》，兴国县均无王质墓的记载，直到乾隆《兴国县志》才有记载：“宋编修王质墓在方太上合村寺背象形。”[④]但明代似已有王质家谱与墓碑的说法，谢诏曾予反驳：“州有诗有记足证矣，而县无一可证，凿空以墓实之，且指某为某弟、某为某孙、某为某几世孙，将不令楚人抵掌乎？”[⑤]家谱、

① [清]蒋叙伦修、萧朗峰纂《兴国县志》卷二四，清道光四年刻本。按，谢诏号凤渚。

② 张东继《王质籍贯考辨》，《赣南师范学院学报》1994年第4期。

③ 张东继《王质籍贯考辨》，《赣南师范学院学报》1994年第4期。

④ [清]孔兴浙修、孔衍倬纂《兴国县志》卷六，清乾隆十五年刻本。

⑤ [明]余文龙修、[明]谢诏纂《赣州府志》之《凡例》，清顺治十七年汤斌重刻本。

墓碑作为证据，一般是非常可信的，但张文没有引用家谱和墓碑碑文，其可靠性难以保证。

关于王质墓，历代兴国军地方志也未见著录。蹊跷的是，民国《湖北通志》亦有关于王质墓的记载："宋王质墓在州阳新市对河牛头山。"[①]2009年6月，阳新县文物普查队在第三次全国文物普查中于阳新县阳辛村发现王质墓[②]。也有人进一步指出王质"葬于阳辛牛头山（原注：今富水大坝附近的水库畔，墓尚存）"[③]。据《东楚晚报》记者吴建新实地考察，王质墓在富水水库中间的牛头山上，碑文云"宋礼部左侍郎乡贤王质之墓"，可见是王质与夫人李氏的合墓，墓碑制作粗糙，也没有年代记录[④]。现在，王质墓与附近钟繇墨池、凤栖洞等景点一起，使得阳辛村入选湖北省首批旅游名村[⑤]。但是，墓碑上"礼部左侍郎"官职与王质仕历不符，看来很可能如同兴国县王质墓一样，是后人附会所造，笔者尚未能实地考察，姑志此疑。

由于以上疑问，张文所述"王质籍贯为江西兴国县"的观点难以成立。今证王质籍贯为兴国军，论述如下：

王质《东平王君锡墓志铭》云："王氏去山东来江南，自甲叔君玉发科，始更为儒家。君玉资豪爽，妙言语，不屑措意生理。惟丙叔君锡事乙兄惟谨，陈力庀事于有无赢缩之间，君玉推心倚之。某是时甚稚年，旁观丙叔于乙兄，盖精确非矫饰也。……汶乎生，潞乎死，惟汶懑懑，惟潞泚泚，魂兮魄兮毋痛归，父兮母兮皆在此。"知王家来江南时，王质叔父王君玉尚未中进士，王质祖父母尚健在，可见移家江南较早。《雪山集》卷一四有《老人尝馔北食，儿女辈不

① 吕调元、刘承恩修，张仲炘、杨承禧等纂《湖北通志》卷一五，第612页。

② 阳文《阳辛村发现王质墓》，《黄石日报》2009年6月8日。

③ 徐为节《咳唾皆成珠玑——阳新南宋著名文学家王质小传》，《黄石日报》2009年11月5日。

④ 吴建新《阳辛：黄石文化底蕴最深厚的村庄》，《东楚晚报》2009年3月6日。

⑤ 彭书桃、周平坤《阳辛村成为我省首批旅游名村》，《黄石日报》2010年7月5日第4版。

能，过芜湖，多鱼且美，仆生长泽国，不可一日无此》诗。所谓"生长"，出生、成长也；"泽国"，当指多湖的兴国军。据诗题知王质出生、成长于兴国军。可知王家迁来江南的大致时间，当在建炎（1127—1130）前后，正是金人南侵，北方人民大批南迁的时代。庄绰说："建炎元年秋，余自穰下由许昌以趋宋城。几千里无复鸡犬，井皆积尸，莫可饮……菽粟梨枣，亦无人采刈。"他还说："自靖康丙午岁，金狄乱华，六七年间，山东、京西、淮南等路，荆榛千里，米斗至数十千，且不可得。盗贼、官兵以至居民，更互相食。"[①]王质祖居地，各说无异议，皆本《宋史》"郓州"说。故王质籍贯可确定为祖籍郓州，占籍兴国军。

关于王质居住地，兴国县说及兴国军说外，莫伯骥、陆心源又提出王质晚年住湖州东林山说。莫伯骥云："后奉祠，居湖州东林山，见《宋史》本传、《雪山集》。"[②]陆心源云："奉祠居湖州之东林山，见《宋史》本传及《雪山集》。"[③]莫、陆都云出处见《宋史》本传及《雪山集》，然查无记载，当是误记。王质《沈氏胜栖堂记》："余以岁戊寅来东林……后四年过之……又三年过之。"此记作于隆兴二年，知王质早年三次去东林。王质也曾表达过出家归育王山的愿望："他年拄杖叩泉石，莫认此翁作生客。"（《送空上人归育王》）但今存诗文无晚年去东林的记载。莫、陆可能将《宋史·王质传》"奉祠山居"的说法，与王质多次去东林的经历强行揉合一处，遂有此说。

下面试进一步申述"兴国军"说。由前所论知王质出生、成长于兴国军。王质云："少年试武昌……是时方十六岁。"[④]宋代各州举行乡试，既是"试武昌"，应居住在兴国军。王十朋《题怀坡阁赠

---

① 庄绰撰《鸡肋编》卷上、卷中，转引自吴松弟《宋代靖康之乱以后北方人民的南迁》，载《中华文史论丛》第五十一辑，第 35 页。

② 莫伯骥撰《五十万卷楼群书跋文》经部二，《国家图书馆藏古籍题跋丛刊》第 27 册，第 311 页。

③ 陆心源撰《仪顾堂题跋》，第 219 页。

④《诗总闻》卷九《小雅·鹿鸣》，第 566 页。

王景文国正》："穷途喜见富川波，已觉兹行所得多。"[1]乾道元年王十朋自饶州移知夔州，经兴国军，作此两诗。诗中明言于"富川"见王质。王质《〈于湖集〉序》亦云："岁癸巳，公（引者按，指张孝祥）之弟王臣官大冶，道永兴，某谓王臣曰……。"知王质乾道九年居住在兴国军永兴县。黄畲《山谷年谱》："畲淳熙初客富川，与王景文质论诗。"[2]知王质淳熙初在兴国军。《雪山集》卷一五有《送徐圣可十首》。徐行简字圣可，知兴国军。此诗作于淳熙六年（参考该年谱文），知王质时在兴国军。《宋会要辑稿》职官七二之四二："（淳熙十二年）七月八日，主管成都府玉局观王质特降一官，质寄居兴国军。"知王质晚年"寄居兴国军"。

以上材料时间可考，时间不可考的，《雪山集》中尚有多处。姑举两例：《赠日者》诗序云："（何巨源）自富川过蕲春，将之武陵。"当是拜访王质，王质才有此赠诗，可见王质住在富川。《与周枢密益公书》云："某又有狂病……常绕湖百匝，自卷雪至灵仙，一夕而成百咏。尝榜江千里，自兴国至池阳，顺流而不知。"《方舆胜览》："卷雪楼，在富池忠勇庙，临大江。"[3]李泳有《题甘将军庙卷雪楼》诗，据诗题知卷雪楼属甘将军庙建筑之一。富池即今湖北阳新县富池镇。"灵仙"已不可考。既云"绕湖百匝"，此湖应是今湖北阳新县富水水库。"灵仙"应在富水水库附近。又云"尝榜江千里，自兴国至池阳，顺流而不知"，如在兴国县，如何能"顺流""榜江千里"？王质《送徐圣可十首》其一云："他日低头看屈肘，亦思王老住胡湾。"自注："某所庐在胡家湾。"《赠刘遂良》云："胡湾此际谈三命。"都提到"胡湾"。可知王质的居住地，具体位置靠近富水水库，在今阳新县富池镇，其地名为胡家湾。

《雪山集》卷一六词作也有多处提及居住地周围的环境。《沁园春·闲居》云："门通水，荷汀蓼渚，足可徘徊。"《真珠帘·栽竹》

---

①《王十朋全集》，第 336 页。

②《山谷年谱》卷一九，《四库全书》本。

③ 祝穆编、祝洙补订《方舆胜览》卷二二"兴国军"下，第 232 页。

云："吾庐溪湾山麓。"《水调歌头·饶风岭上见梅》："似我竹溪茅屋，欲晓未明天气，扶杖绕篱看。"《虞美人·李敷文席上》："嫩沙拂拂涨痕添。想见故溪、绿到草堂前。"所述皆是溪湾山麓、门前通水，符合兴国军永兴县的地理环境。

王质一生各时期皆在兴国军居住，死后其家人也居住在兴国军。《诗总闻》原序："临川贰车国正韩公摄守是邦，慨念前辈著述不可湮没，乃从其孙宗旦求此书锓梓，以广其传，命工经始，而日强分符来此……淳祐癸卯季冬，上澣吴兴陈日强书于富川郡斋。"[①] 知王质之孙居住在兴国军。

张文主兴国县说："根据现有资料分析，个人认为，王质祖籍属山东郓州，后迁江西兴国，王质本人曾侨居过湖北兴国，而且在湖北兴国一带活动的时间可能比较长，到晚年又回到江西兴国。因此其本人籍贯应属江西兴国。"[②] 推测王质可能于青少年及晚年居住在兴国县。可知是不能成立的。关于兴国军的记载如此之多，而王质现存作品无一提及兴国县。若居住地在兴国县，王质不可能不言及，若理解为作品散佚，也不应如此特别。现在新出的不少著作仍然沿袭王质籍贯为兴国县的观点，如有人认为王质"南渡后徙居兴国（今属江西）"[③]，故对王质籍贯进行考证仍有必要。

父，名不详。《雪山集》卷八《与赵丞相书》："老父生于庚寅。"知王质之父生于大观四年（1110）。其父曾官夷陵法掾、江南帅属。同卷《与虞相书》（其一）云："伏念家君好学守道，廉介勤畏，两任六年，粗为统莅者所知。今夷陵法掾垂满。"此书作于乾道六年，知王质父自乾道元年始任是职。同卷《与虞相书》（其二）云："伏念家君好古专经，老犹不倦，居家临官，介然自守，其勤畏廉纯异常，虽当世独行立节之士未易及也。惟是屈于不遇之命，少困场屋，老沈下僚。"知其父科场早挫，仕宦未显。然"好古专经"、"好学守道"，应

---

① 《诗总闻》卷首，第 434 页。

② 张东继《王质籍贯考辨》，《赣南师范学院学报》1994 年第 4 期。

③ 陶文鹏、韦凤娟主编《灵境诗心——中国古代山水诗史》，第 521 页。

有相当文化修养，对王质影响尤大。疑“清坚老人”即其父，证据有二：一、《雪山集》卷一三《送清坚老人宰辰阳四首》，对“清坚老人”关怀备至，体贴程度远超《雪山集》中其他交游者。其中云：“逢村宜早住，趁路莫宵行。且止青春酒，频添碧涧羹。槐根并马骨，切勿厌官清。”又云：“功名归晚节，夔铄上清班。”又卷八《与赵相书》云：“昔丞相仙井虞公，盖尝造化老父以湖北之帅属，又尝造化老父以江南之帅属。”诗云其父“宰辰阳”，查辰阳县在今湖南，可能即指“江南之帅属”。二、《雪山集》卷一四《送酒与胡倅》云：“青坚堂下出香泉，历历春声到耳边。卷起白波滋舌本，养成黄气舞胎仙。帝觞他日分涓滴，家酿今朝赏圣贤。饮罢铃绦应已制，汝阳乘此去朝天。”[①]云“青坚堂”，云“家酿”，再结合诗题，“青坚堂”应即王质家堂号，王质曾自号“云韬堂”，故此处“青坚堂”似应是其父堂号。一称“清坚老人”，一作“青坚堂”，似乎了不相涉。细加揣摩，应有联系。两相比较，似以作“清”字更好。作“青坚”，可能是抄写时漏抄偏旁。王质《又和李粹伯》：“归眠梦绕潇湘野，红叶黄花满望斑。”查李处全未在湖南为官，“红叶黄花”是重阳节的象征，这两句可能意指重阳思亲，所思当指宰辰阳的父亲。

甲叔王君玉。《雪山集》卷一一《东平王君锡墓志铭》云：“王氏去山东来江南，自甲叔君玉发科，始更为儒家。”知王质叔父王君玉中举在南渡后。他与扬无咎等交往。《永乐大典》引《雪山集》：“右俞舜俞所作，其意绪多步武杨无咎，以此自名。壬戌(1142)免秋书入春闱，至不能落笔。余叔父君玉戏曰：‘若扫一枝，当作省元矣。’无咎长叹曰：‘天地大德曰：生赋全无一语。秪有《八阵图》诗两句以遗公，曰：遗法千年在，斯人百代无。’语讫拂袖而出。”[②]扬无咎

① 《全宋诗》第46册，第28845页。《四库全书》本《雪山集》作“养圣贤”。孔本、秦本、初编本皆作“赏圣贤”，今从之。

② 《永乐大典》卷二八一二引《雪山集》，第二册，第1497页。关于扬无咎落第事，刘克庄《李光子诗卷》也有记载：“扬补之妙辞翰，礼闱作赋，至第七韵，思不属，求助于同人。”

(1097—1171)，字补之，号逃禅老人，又号清夷长者，清江(今属江西)人。

乙叔，名不详。《东平王君锡墓志铭》云："方秦氏奉金人，凡索无少违，乙叔秀叔与安阳郭氏为倩夫妇皆当行。"乙叔与秀叔也许是同一人。

丙叔王梦符，字君锡。王君锡卒年六十三，葬于江南父母墓旁。王质为作《东平王君锡墓志铭》："少孤，长以李观之字为名，而君锡表之。"既云"以李观之字为名"，查昌彼德等编《宋人传记资料索引》："李观，字梦符，自号玉溪叟，袁州人。"[①]知王君锡名梦符。《东平王君锡墓志铭》称"丙叔"是与"甲叔"、"乙叔"并列，并非其字。《宋人传记资料索引》误为："王君锡，字丙叔。"[②]

弟，名不详。《与虞相书》(其一)云："父母既老，兄弟未立，全家所望，惟某而已。"作于乾道六年，其时王质三十六岁。云"兄弟未立"，如指弟弟们年龄较小尚未成人，则不至于与王质相差太大；如指未成家立业，无固定经济来源，似庶几近之。《东平王君锡墓志铭》："志者甲侄某也。"知王质在同辈中年最长，故"兄弟未立"偏指其弟。

子，不详。曾嘱王阮为其父编定文集。王阮《〈雪山集〉序》云："其家勒以遗稿见属，乃为搜罗删次，厘为四十卷，名曰雪山，本其旧也。"末署"庆元四年冬十月二十日"[③]。庆元四年是公元1198年，其时王质去世已经十年。

孙，名宗旦。陈日强《诗总闻原序》云："宋雪山王先生《诗说》二十卷，其家椟藏且五十年，未有发挥之者。临川贰车国正韩公摄守是邦，慨念前辈著述不可湮没，乃从其孙宗旦求此书锓梓，以广其传。……淳祐癸卯季冬，上澣吴兴陈日强书于富川郡斋。"[④]知

---

① 昌彼德等编《宋人传记资料索引》，第二册，第935页。

② 昌彼德等编《宋人传记资料索引》，第一册，第292页。

③《雪山集》卷首，《四库全书》本。

④《诗总闻》卷首，《四库全书》本。

王质之孙居住在兴国军。此后王质家世，皆无可考。

一一三五，绍兴五年，乙卯，一岁。

是年，王质生。《雪山集》卷八《与赵丞相书》："某生于乙卯。"知王质生于本年。《〈退文〉序》云乙未岁(1175)年四十一，亦可推知生于本年①。《送徐圣可十首》其九注："子寿于某长一月。"由沈瀛《满庭芳·立春生日》词题知沈瀛生日在立春②，既云沈瀛"长一月"，王质生日当在仲春。

一一四二，绍兴十二年，壬戌，八岁。

南宋与金和议，乙叔奉命当行。《东平王君锡墓志铭》："方秦氏奉金人，凡索无少违，乙叔秀叔与安阳郭氏为倩夫妇皆当行。君玉闻之，亟命君锡自巴陵趣豫章，趣钱塘，祈哀当位者。虽弗谐，殊可壮也。某尚记其从都返命，形枯足裂，固已太息。"秦桧自去年罢韩世忠、张俊、岳飞三大将兵权，进一步推行和议。此事姑系本年。

所谓乙叔奉命"当行"，有三种可能：一、充当南宋奉金的壮丁。宋金和议后，金人索取财物，上自壮丁，下至鸡狗猪牛。二、充当护送岁币的民夫。南宋向金交纳"岁币"时，由枢密院与户部差使臣管押，于前一年十二月下旬送至盱眙军的岁币库，再差将官一员部押军兵三百人，护送过淮河。三、属于被南宋朝廷遣返的北方归顺民众。绍兴和议达成之后，金国女真统治者"以书来索北人之在南者"(《建炎以来系年要录》卷一四三)，南宋朝廷不敢不如命。后来，秦桧又写信给金国统治者，"许以所索陕西、河南人次第而遣"(《建炎以来系年要录》卷一四五)。绍兴十四年，又命州县将"前后归朝人发还金国"(《三朝北盟会编》卷二一三)。但金人还不满意，于是秦桧又"命尽发前后所得大金、契丹及归朝人五万，还于大金"，为了"阴谋内弱军势，绝后来归降之心"(《三朝北盟会编》卷二二〇)。

---

① 李剑国著《宋代志怪传奇叙录》第320页注释①已指出，王可喜《南宋词人王质、沈瀛、李洪生卒年小考》(《文学遗产》2005年第5期)也有考证。

②《全宋词》第三册，第1652页。

一一五〇，绍兴二十年，庚午，十六岁。

参加乡试。《〈退文〉序》："年十有六而贡于里。"按，所谓"贡于里"当指参加乡试，并非"在兴国军贡学读书"①。《诗总闻》卷九解说《诗·小雅·鹿鸣》自述本年一段经历："少年试武昌，遇乡人窦姓，忘名，曰：'勉旃，俟中选，当歌《鹿鸣》送女。'趣使先歌。即取箫吹之，其声舒缓，全无高急音，呦呦作两声甚久，下或一字、或两字、或三字一转，未有四字者。其人少知书，喜音律，遭乱从军，后莫知所在。惜是时方十六岁，未知好古，不究所以。今并载于此。"②

一一五七，绍兴二十七年，丁丑，二十三岁。

入太学，与王阮齐名。本年由兴国军至京城临安入太学。《〈退文〉序》："二十有三而升于太学。"

与张祁、张孝祥父子游。《〈于湖集〉序》："岁丁丑，某始从公（引者按，指张孝祥）于临安。"张祁，字晋彦，号总德翁，和州人，邵弟，孝祥父。

与谢士夔交游。《〈诗总闻〉自序》云："丁丑入吴见谢君士夔。"③谢士夔，待考。

治《诗经》有名。《直斋书录解题》："质游太学，治《诗》有声。"④《〈诗总闻〉自序》："予研精覃思于此，几三十年。"王质研治《诗经》，当始于太学时。

与户部侍郎荣薿交往。《西斋落成呈荣茂世》："主人乞我短窗明，推挽清风堕两楹。千里坐安双脚稳，万金难买一轩清。扫除旧念无遗恨，收拾新工上短檠。幸有诸郎共料理，紧催灯火赴功名。"由"千里"句及末句，知此诗作于王质刚到京城临安入太学时。"西斋"应为王质在临安的住处。王明清《挥麈后录》："荣茂世薿为湖

---

① 王兆鹏等著《两宋词人丛考》，第 179 页。

②《诗总闻》卷九《小雅·鹿鸣》之"总闻"条，《四库全书》本。

③ 徐小蛮、顾美华点校《直斋书录解题》卷二，第 52 页。

④ 徐小蛮、顾美华点校《直斋书录解题》卷二〇，第 605 页。

北漕。"[①]知荣薿字茂世。荣薿本年权知户部侍郎。《建炎以来系年要录》卷一七七:"(绍兴二十七年七月)甲戌,直秘阁知临安府荣薿权尚书户部侍郎直秘阁。"王质与荣薿谈诗论文甚为投机,多年后还记得。黄㽦《山谷年谱》卷一九:"㽦淳熙初客富川,与王景文质论诗。景文云:'尝闻荣茂世云,得之前辈言,山谷尝与后山相遇于颍昌,因及杜诗暮归诗中"客子入门月皎皎,谁家捣练风凄凄"之句,故此诗有云"霜月入户寒皎皎"及"万人丛中一人晓"。'"[②]

与大慧禅师交往,援儒反佛。《雪山集》卷五《大慧禅师〈正法眼藏〉序》:"绍兴二十七年,余在杭,遇大慧禅师于户部侍郎荣公茂世之家。余方年少气壮,持先儒故事抵佛甚力,遇其徒辄憎之,于是引却,弗与语。"此是王质与大慧禅师第一次见面,以躲避告终,其时王质援儒反佛,他绝想不到几年后思想竟然发生大转变。

一一五八,绍兴二十八年,戊寅,二十四岁。

升太学外舍。

本年升太学外舍。《雪山集》卷八《与汤相书》:"某入太学,一年而校外舍。"

至东林,又遇大慧禅师。

《雪山集》卷六《沈氏胜栖堂记》:"余以岁戊寅来东林。"《大慧禅师〈正法眼藏〉序》:"明年又遇于湖之东林。"东林,又名贝锦山,在今浙江湖州市东南。

在东林,与姚贵聪及沈虞卿、沈周辅交游。

《游东林山水记》:"绍兴二十八年八月三日,欲夕,步自阛阓中出,并溪南行百步,背溪而西又百步,复并溪南行……同行姚贵聪、沈虞卿、周辅及余四人。"

《东南纪闻》卷三:"雪山王景文尝游东林,有导以访古冢于西山之阿者,入而观之。"[③]王质访古冢时间已不可考,此文当是王质

---

① 《挥麈后录》卷一一,《四库全书》本。

② 《山谷年谱》卷一九,《四库全书》本。

③ 不著撰人《东南纪闻》卷三,《四库全书》本。

小说佚书《夷坚别志》中一篇，因提到“东林”，姑系于此。

与郭从范、曾协交游。

曾协《送王景文教授归江西序》：“前年客郭城……过族子家，而景文适至。”①知本年王质与曾协交游（参见绍兴三十年谱文）。

《和郭从范二首》其二：“萱草摇清风，榴英焰方午。新燕披紫茸，低昂子随母。暄寒换时节，浓疏变庭树。杜老痴不归，空怜小儿女。”当作于本年或次年暮春。郭世模（1127？—1160）字从范，晋人。深受张孝祥器重，《于湖集》卷一五《广招后序》、卷三五《姜叔永》及《明守姜秘监》均有赞词。高宗绍兴二十九年，郭世模曾与张孝祥同时被劾。《全宋诗》录诗四首。《全宋词》录词六首，皆为描写女子绮思丽情之作。

一一五九，绍兴二十九年，己卯，二十五岁。

升太学内舍。与王阮齐名。

《与汤相书》：“某入太学……二年而升内舍。”《宋史·王质传》：“质博通经史，善属文。游太学，与九江王阮齐名。”《〈退文〉序》：“其在太学也，得声为多。”王阮《〈雪山集〉序》：“绍兴中，阮游成均，与东平王君景文同隶时中斋。听其论古，如读郦道元《水经》，名川支川，贯穿周匝，无有间断。间语世务，计后成否，又如孟子言，历千载日，至无毫厘差。咳唾随风，皆成珠玑，使读之者如嚼蜜雪，齿颊有味。其施之场屋，如拾芥，如破竹，而为世所贵重者，特其余事耳，未足以论景文也。”②《贵耳集》卷中亦有类似记述：“王景文质，兴国人，在上庠，公私试必魁，一日试文帝道德为丽论，终日阁笔，欲袖卷出，方拟议间，忽有人曰：‘天下之至美，吾心之至乐，景文得之，一笔而就，果为魁首！’”③《雪山集》卷八《与汤相书》云：“某入太学，一年而校外舍，二年而升内舍，三年而中上舍，季考月书，苟以事而不至，盖未有至而弗获者。”宋代诸州置教授者，依

① 曾协撰《云庄集》卷四，《四库全书》本。

②《雪山集》卷首，《四库全书》本。

③《贵耳集》卷中，《宋元笔记小说大观》第四册，第4296页。

太学三舍法考选生徒。进入太学后分外舍生、内舍生和上舍生三个等级，只有成为上舍中的上等，朝廷才可以直接委任其官职。

成均，古之大学。《周礼·春官·大司乐》："大司乐掌成均之法，以治建国之学政，而合国之子弟焉。"注："（郑）玄谓董仲舒云：'成均，五帝之学。'"①后为官设学校的泛称。时中斋，太学斋名。《齐东野语》卷一三《张乂林叔弓》云："张乂，延平人。少负才，入太学，有声，为节性斋长，既又为时中斋长。其人眇小，而好作为，动以苛礼律诸生，同舍多不平之。"②《靖康要录》卷五："有时中斋生姓叶者党王氏之学，止善斋生姓沈者党苏氏之学，至相殴击。"③据上约略可知，宋代太学有节性斋、时中斋、止善斋等斋，各有斋长、斋生。绍兴二十七年谱文所涉王质"西斋"可能也属太学斋舍。

王阮（？—1208），字南卿，德安（今属江西）人，韶曾孙。隆兴元年木待问榜进士，调南康军都昌（今江西都昌）主簿。乾道八年前后移永州教授（范成大《骖鸾录》）。淳熙六年，知新昌县（今江西宜丰，《义丰集》中《和渊明归去来辞》序）。淳熙十五年知明州昌国县（今浙江舟山，见罗浚《宝庆四明志》卷二〇）。绍熙三年（1192）仍在任（冯福京等编《昌国州图志》卷四）。宁宗庆元四年（1198）在知濠州任（《义丰集》中《瑞麦谣》序）。改知抚州，庆元五年（1199）尚在任（朱熹《晦庵续集》卷四《与王抚州》）。宁宗庆元初韩侂胄当政，闻其名，特命入奏，遣客诱以美官，王对毕即出关，侂胄怒，批旨予奉祠，于是归隐庐山。嘉定元年（1208）卒。有《义丰文集》一卷。《宋史》卷三九五有传④。

将应制举，作《朴论》五十篇。

王质《登张安国右司官舍后阁》诗云："东风吹尘暗城郭。"当作于本年春。张孝祥绍兴二十八年八月试起居舍人，二十九年八月

---

①《周礼注疏》，第 335 页。

② 张茂鹏点校《齐东野语》，第 244 页。

③ 不著撰人《靖康要录》卷五，《四库全书》本。

④ 参考王可喜《南宋诗人王阮生平事迹考》，《长江学术》2009 年第 2 期。

罢，诗称“右司”，当是“右史”之误。王明清《玉照新志》卷五：“绍兴乙（引者按，应为己）卯，张安国为右史。”[①]《与张安国围棋，胜者命题，负者赋诗，作藤枕歌》：“西斋一榻净如水，何如与我同卧起。”称“西斋”，亦应太学时作。《宋史·王质传》：“孝祥为中书舍人，将荐质举制科，会去国，不果。著论五十篇，言历代君臣治乱，谓之《朴论》。”《雪山集》提要云：“史称其尝著论五十篇，言历代君臣治乱，谓之《朴论》，今止存汉高帝、文帝、五代梁末帝、周世宗四篇。”馆臣所言不确。除《雪山集》卷四《汉高帝论》、《汉文帝论》、《梁末帝论》、《周世宗论》四篇外，《尧仁如天论》、《论使材二疏》也可能收入《朴论》。

王质未能应制举。王阮《〈雪山集〉序》云：“中书舍人张公孝祥使备制举策略，并论历代君臣治乱，盖将举焉。会去国，不果上。”[②]因张孝祥本年八月以汪澈论其“奸不在卢杞之下”，罢为提举江州太平兴国宫[③]。辛更儒《张孝祥于湖先生年谱》认为：“宋制，制举无常科，待天下之杰，每由天子亲试。神宗以后所开制举为贤良方正能言极谏科，于廷试前一年秋试，侍从以上各举一人，先具所著策论五十篇缴进，两省侍从参考之，次优等以上召赴秘阁试，分五等赐出身授官。南渡后虽连下诏求贤，而四方无人应举，绍兴二十九年三月又下诏郡国之士造廷，见《宋会要辑稿·选举》一一之二六。于湖欲荐王质应制举，以开风气，惜因去国无成。今《大典》本《雪山集》卷二、卷三尚存论七篇，其首篇《论庙谋》有‘闻北朝欲迁汴京之都’诸语，显指今年金主亮营造汴京宫殿事，则此七篇必皆本年应制举所作，四库所辑本列为奏议，已误。”[④]

按，辛先生所云基本可从，但有二误：一、云“南渡后虽连下诏

① 王明清撰《玉照新志》卷五，《四库全书》本。唐显庆中，复于中书省置起居舍人，遂与起居郎分掌左右。龙朔二年，改为左、右史，舍人为右史。故起居舍人别称右史。

②《雪山集》卷首，第 346 页。

③ 参见韩西山《张孝祥年谱》，第 67 页。

④ 辛更儒著《张孝祥于湖先生年谱》，第 84 页。

求贤，而四方无人应举"，误。洪迈兄弟就是南渡后应制举的，吕祖谦也于隆兴元年"先中'博学宏词科'，后中进士"①。二、《雪山集》卷二、卷三的七篇论，有的显然是后来奏议，如卷三《论州郡财赋殿最赏罚札子》云："臣所管州，最为鄙陋穷薄之处，又适当倒废败坏之期，陛下溥博高明，固所具知。而臣二年之间，补发旧欠十万有余，纲运上供州郡支遣五十万有奇，而终任见在又二万有奇。"提到"臣所管州"，明显是地方官任满所作奏议②。

《宋史·王质传》："质与张孝祥父子游，深见器重。"陆游《老学庵笔记》云："张晋彦才气过人，然急于进取，子孝祥在西掖时，晋彦未老，每见汤岐公自荐，岐公戏之曰：'太师尚书令兼中书令，是公合作底官职，余何足道？'所称之官盖辅臣赠父官也，意谓安国且大用耳，晋彦终身以为憾。"③西掖为中书或中书省的别称。张孝祥绍兴二十八年八月试起居舍人，九月兼权中书舍人，二十九年闰六月试中书舍人，八月被汪澈论罢。如这则记载属实，可佐证张祁任淮南运判前曾至京城④。

与沈长卿交游唱和。

《雪山集》卷一二《赠沈文伯》、《复和前韵》、《又次韵》三诗皆作于本年或以前。《复和前韵》云："幸今未挂衣冠籍。"当在作于中进士前。《又次韵》："秋叶满江烟满湖。"知在秋天。沈长卿（？—

① 潘富恩、徐余庆著《吕祖谦评传》，第22页。该书引《宋会要辑稿·选举》一二之一五："五月一日……右迪功郎、新严州桐庐县尉、主管学事吕祖谦考入下等（博学宏词科）。……诏减二年磨勘，堂除差遣。"并注文："祖谦既中选，赐同进士出身，相继放进士榜，又登上第，故有是命。"

② 王兆鹏等著《两宋词人丛考·王质考》采纳辛更儒之说而不辨其非，以为七篇外加馆臣所言《汉高帝论》等四篇，计十一篇。

③ 李剑雄、刘德权点校《老学庵笔记》卷一，第8页。

④《建炎以来系年要录》卷一八八："（绍兴三十一年正月，甲戌朔）戊戌，直秘阁淮南路转运判官张祁落职放罢。言者论祁宿负罪恶，又言祁媚事汤思退。"也可证张祁与汤思退有交往。其交往时间可能在绍兴二十八年下半年至二十九年上半年。

1160)字文伯，号审斋居士，归安人。《建炎以来系年要录》卷一六八："(绍兴二十五年二月)壬寅，左奉议郎沈长卿追两官勒停除名送化州，左从政郎芮晔勒停除名送武冈军，并编管。"绍兴二十五年(1155)十一月，秦桧卒。《建炎以来系年要录》卷一八四："(绍兴三十年二月)叶义问等发行在，左朝奉郎主管台州崇道观沈长卿，与义问善，至是，辟为书状官，长卿至燕而病，比还，卒于保州。"王质所云"两星荧煌耀南海，化州老沈儋州苏"(《赠沈文伯》)，指沈长卿编管化州经历。王质又云："记取江南子王子，溪边共立春风蒲。及今未趋紫宸列，尚容时挽张公须。奚奴剩背古锦囊，与公痛咀溪山腴。"(《复和前韵》)"及今未趋紫宸列"当指沈长卿自化州回朝，尚未复官。可知《赠沈文伯》等三首诗皆作于绍兴二十七年至本年前后，姑附于此。

一一六〇，绍兴三十年，庚辰，二十六岁。

春中进士第，同榜有沈瀛、李处全、沈德远、薛元鼎、唐汝舟、鹿何、楼钺等。

本年春王质中进士。《〈退文〉序》："二十有六而选于礼部。"王阮《〈雪山集〉序》："庚辰春，景文中进士第。"[①]都指其本年登进士第。高宗于绍兴十三年(1143)，根据国子司业高闶"取士当先经术"的建议，将诗赋、经义并为一科。至绍兴三十一年，礼部侍郎金安节奏言"请复立两科，永为成宪"，高宗接受建议，又分诗赋、经义为两科，直至南宋末年[②]。

同年进士有沈瀛、李处全、沈德远、薛元鼎、唐汝舟、鹿何、楼钺等。《隆庆仪真县志》卷九："沈瀛，绍兴三十年王(引者按，"王"疑为"梁"字之误)克家榜。"[③]沈瀛(1135—?)，字子寿，号竹斋，吴兴人。绍兴三十年进士。乾道元年前后为太平州教授，八年为国子录。淳熙四年知梧州。绍熙四年知江州。有《竹斋词》、《沈子寿文

---

① 《雪山集》卷首，《四库全书》本。

② 见《宋史·选举志二》，参看钱鸿瑛《梦窗词研究》第19页相关论述。

③ 申嘉瑞重修《隆庆仪真县志》，《天一阁藏明代方志选刊》本。

集》各一卷[①],又有《旁观录》一书[②],皆已佚。

《南宋馆阁录》卷七:"李处全,字粹伯,彭城人。梁克家榜进士出身。"李处全(1131—1189),字粹伯,号晦庵,祖籍徐州丰县(今属江苏),南渡后侨居溧阳(今属江苏)[③]。

王质《送徐圣可十首》注:"沈德远少卿与某同登。"参乾道八年谱文。

《南宗馆阁录》卷七:"薛元鼎字叔云,莆田人。梁克家榜进士出身。"《雪山集》卷八《与周枢密益公书》云:"言语俊而庄,则有薛公叔云。"薛元鼎,绍兴三十年进士,乾道六年太学正,八年十月为秘书丞,九年四月为军器少监,淳熙元年浙西提举,四年户部郎官,进吏部尚书,以母丧归卒。

《绍陶录》云:"两同年为余兴起山林之心至切矣。"[④]"两同年"指唐汝舟、鹿何,与王质皆绍兴三十年进士。唐汝舟(1107—?),字济民,临川人。鹿何(1127—11183),字伯可,临海人。

同年中进士者还有楼钥从兄楼鉝。宋罗浚撰《宝庆四明志》卷一〇记载他中绍兴三十年梁克家榜进士。楼钥《书从兄少虚教授金书〈金刚经〉后》:"(楼鉝)十五应乡书,中其选。又十年,始入太学,声闻诸公。闻公试《圣人肆笔成书赋》,薛叔云元鼎魁文固佳,而兄之赋云'元圣有作斯文在兹',惟得书之体也,故肆笔以成之。兄自少习书,未尝作赋,时方兼经,一出而争诵之。私试《惟圣人可以践形论》冠绝一时,盖他人皆谓圣人能践形,兄独谓可以践形,尤得孟子之旨,而文又胜。蜀名士冯圆仲方、李知几石为学官,相与击叹,且曰:'东南乃有如此人才耶?'必欲置首选。虽以异议小却,而名愈重。绍兴二十有九年,解试为第七

① 参考王可喜《南宋词人王质沈瀛李洪生卒年小考》一文。《文学遗产》2005年第5期。

② 杨万里《诚斋集》卷三〇《题沈子寿〈旁观录〉》:"逢着诗人沈竹斋,丁宁有口不须开。被渠谱入《旁观录》,四马如何挽得回?"

③ 王兆鹏等著《两宋词人丛考》,第163页。

④《绍陶录》卷下,《四库全书》本。

名。明年省试为第六名。三场俱高，而《尧仁如天论》、《光武总揽权纲》二论，尤为世所称述。”[①]楼钛与王质同年入太学，同年中进士，故公、私试可能相同，王质有《尧仁如天论》存世，可能同在太学时所作。

与洪迈交往，最早可能在本年。

《雪山集》卷八《与周枢密益公书》云：“言语粹而明，则有洪公景卢。”洪迈字景卢。王质聆听洪迈之语，最早可能在本年。洪迈说：“顷绍兴三十年，省闱举子兼经出《易简天下之理得赋》。予为参详官，有点检试卷官蜀士杜莘云：‘简字韵甚窄，若撰字必在所用，然唯撰述之撰乃可尔，如“杂物撰德”，“体天地之撰”，“异夫三子者之撰”，“欠伸，撰杖屦”之类，皆不可用。’予以白知举，请揭榜示众。何通远谏议，初亦难之，予曰：‘倘举场皆落韵，如何出手？’乃自书一榜。榜才出，八厢逻卒，以为逐举未尝有此例，即录以报主者。士人满帘前上请，予为逐一剖析，然后退。”[②]可参。

授德安府学教授，夏天赴任，与李处全过江访曾协。

王质中进士后授官德安府教授，夏天过江赴任。曾协《送王景文教授归江西序》：“某族子熹颇有大志，喜交天下奇伟士，尝为余道郭从范、王景文、李粹伯之为人，虽未识面，常往来余怀也。前年(1158)客郭城，始得从范稠人中往来，日相亲。一日过族子家，而景文适至。是年冬官京口，则粹伯又光(引者按，“光”疑为“先”字之误)在，盖向所慕爱者，一旦尽得之为交游。今年(1160)从范无禄早世，而粹伯、景文始同擢第以归，徘徊于大江之滨。二公骤相过，某也幸辄介处其间。”[③]曾协《代从兄作伯母事述》云：“(曾)熹，

---

① 《攻媿集》卷七三，《四库全书》本。楼钥此文云：“淳熙改元，考试婺女，得疾卒于贡院，寿止四十有二。”又云：“钥少兄四岁。”楼钥生于绍兴七年(1137)，故楼钛生于绍兴三年，入太学在绍兴二十七年。按，冯方字圆仲(又作圜仲)。

② 洪迈著《容斋五笔》卷八《礼部韵略非理》，下册，第900—901页。

③ 曾协撰《云庄集》卷四，《四库全书》本。

右迪功郎监建康府都税院。”[①]有关曾熹的材料仅此而已。

曾协有《夜饮枕流，次日以诗记陈迹》、《再饮枕流和王景文韵》二诗。《夜饮枕流次日以诗记陈迹》云：“水轩幽会六人同(原注：李粹伯、汪汝冯、蔡清宇、王景文、柴鹏举与余六人)，夜色苍茫蜡炬红。淅淅好风天似水，纷纷高论气如虹。罚筹猬起觞无筭，醉骨山颓榼屡空。却坐胡床看月上，对人楼殿有无中。”《再饮枕流和王景文韵》：“乞得微官本为闲，生憎簿领积如山。鼎来佳客无陶谢，向后微言到孔颜(自注：饮将散，诸丈谈道)。安得朱弦起秋丝，预愁清泪落阳关。壮怀醉里依然在，不信萧萧两鬓斑。”[②]曾协(1119—1173)，字同季，号云庄，南丰(今属江西)人。曾协本年监镇江府诸军司粮料院(《云庄集》卷五《右中散大夫提举台州崇道观强公行状》)。

《雪山集》卷一四《和李粹伯》诗：“不多风雨已秋容，惨淡斜阳湿晚红。长忆蘋风过归雁，更思烟浪拍垂虹。未应堂上烛能灭，所愿樽中酒不空。卷雪楼前卸帆日，却从天际望吴中。”同卷《又和李粹伯》：“云似诸公簿领闲，不名阿堵但江山。秋风未白平生发，尊酒聊赪壮士颜。醉后参虚无咫尺，悲来天地总间关。归眠梦绕潇湘野，红叶黄花满望斑。”此两诗所押韵分别同于曾协《夜饮枕流次日以诗记陈迹》、《再饮枕流和王景文韵》诗，当是同年相会时所作。

李处全《水调歌头·送王景文》：“上马趣携酒，送客古朱方。秋风斜日山际，低草见牛羊。”春秋吴置朱方县于今江苏镇江市丹徒县境，后人因以朱方为镇江市及丹徒县的别称[③]。知王质与李处全秋天在镇江分别。考王质与李处全行踪，本年夏两人一同过江，明年七月王质入汪澈幕府，绍兴三十二年秋在家乡兴国军，隆

---

①《云庄集》卷五，《四库全书》本。

②《云庄集》卷二，《四库全书》本。

③《增订注释全宋词》第二册第710页注为：“朱方：古称南方的朱雀方，为南方之神。《礼记·曲礼上》：‘行，前朱鸟而后玄武，左青龙而右白虎。’即指南、北、西、东四方星宿位置。”误。

兴元年秋入张浚幕，二年秋在京城，乾道元年秋在家乡，三年秋入虞允文幕。而李处全绍兴三十年中进士后授宗正寺簿，迁太常丞，乾道元年五月罢太常丞。《宋会要辑稿》职官七一之一一："诏太常丞李处全放罢。"李处全《吴江县敕书楼记》云："乾道元年赞皇李处全记。"[①]又为吴江主簿高炳儒撰《曾程堂记》云："乾道三年四月朔日，赞皇李处全记。"[②]知李处全乾道元年至二年在吴江。则王质与李处全同至镇江只可能在绍兴三十年。李处全此词云"秋风斜日山际"，已入秋，则王质逗留镇江月余。

王质《和李粹伯》诗云："长忆蘋风过归雁，更思烟浪拍垂虹。"垂虹亭，在吴江县。《复和前韵》："东游会稽略沧海，西跨震泽窥姑苏。"[③]前一句是想象之词，后一句属实。《寄题陆务观渔隐》序云："仆未尝渡浙江，安得识渔隐。"沈长卿卒于绍兴三十年，故王质于绍兴二十七年至三十年间曾游览太湖、垂虹亭。李处全《水调歌头》亦云："明月浸瑶碧，河汉水交流。偏来照我，知我白发不胜愁。客里山中三载，枕上人间一梦，曾忆到瀛洲。矫首蓬壶路，两腋已飕飕。记扁舟，浮震泽，趁中秋。垂虹亭上，与客千里快凝眸。看剑引杯狂醉，饮水曲肱高卧，鹏鷃本同游。起舞三人耳，横笛唤沙鸥。"王质可能曾与李处全同游垂虹亭。

王质《与李处全殿院书》："某与殿院陈义定交，非苟然者，平时无所可为，或放怀写意于诗酒之间，今殿院立于国家命脉、生民咽喉之上，当以道相与，以义相律，非泛舟焦山、凭栏需亭无与于世者之时也。"焦山在镇江市东北江中。需亭，在今镇江丹徒县，传说孙权在此为刘备饯行。《嘉定镇江志》载："需亭，在府治西九里江津之上。汉末刘备自诣京口见孙权，求荆州。权遥表汉以备为荆州牧，权自饯备于江上，观望久之。谓备曰：'孤与公扫清逋秽，迎帝定都，事宁之日，愿与公乘舟沧海耳。'备对曰：'此亦备之志也。'以

---

① 钱谷编《吴都文粹续集》卷九，《四库全书》本。

② 郑虎臣编《吴都文粹》卷九，《四库全书》本。

③《全宋诗》第46册，第28848页、第28818页。

泝江发棹处考之，正当此地。旧亭绝小，乾道己丑守臣陈天麟重建。”①据其记载，需亭在现今西津渡一带。既云“旧亭绝小”，并非无亭，王质、李处全游览需亭可能在乾道五年(1169)之前。

一一六一，绍兴三十一年，辛巳，二十七岁。

叶义问荐王质试馆职，为言者论罢。

王阮《〈雪山集〉序》：“枢密叶公义问荐试馆职。”《宋史·王质传》：“用大臣言，召试馆职，不就。”似乎王质不愿赴任，其实不然。《建炎以来系年要录》卷一九一：“绍兴三十有一年秋七月(按，是月壬申朔)癸酉，御史中丞充湖北、京西宣谕使汪澈入辞，上命凡吏之能否、民之利病悉以上闻，澈受诏而去。诏左迪功郎新德安府府学教授王质已降召试馆职指挥，更不施行。质宣城人，入太学为诸生，始登第即召试，而言者论其学术肤浅，日游权门，乃罢之。”②知王质为言者论罢，时间在七月初二，其任德安府教授将近一年。《与汤相书》：“某之负衅也，则以某人密授之某人，而阴嗾以某人。某人之怒某，则以某为主坐而不往见。某人之怒某，则以某辟属官而不肯行，而某人则奉之行之者也。”主坐即主使的人，既云“不往见”、“辟属官”，应已受任，知王质七月前曾至京城，因不愿往见权幸而招致论罢。《〈退文〉序》云：“岁辛巳一触祸。”即指罢馆职事。

关于馆职，《宋会要辑稿》崇儒一之三七云：“(绍兴)三十二年十一月二日诏：馆职学官，祖宗设此储养人材，亦欲待方来之秀，不可定员，以殿中侍御史张震言：‘臣前日尝奏陈，复置正录，以待宰执所荐之人，是将复开冗官之源，且立法不信，无以示天下。蒙陛下开纳，以谓其源不可不塞，圣意固已定矣，今已数日而未施行，所除高遁亦不复改命，则是必有以为不然者。官之减不减，不过一正录而已，未为大费，而臣之所惜者，朝廷命令朝行夕改，无以取信于天下。且当时国子监所减者正录二员、太学博士一员、书库官一

①《嘉定镇江志》卷一二，第281页。

②《建炎以来系年要录》，第四册，第3193页。

员、武学谕一员，今日正录复置，则持是说以求进者，源源而来，上之人既无以制之，则将尽为之复此员阙而后已，出令如此，其何以示天下乎？臣愿陛下无轻为一士而变已行之法，使人皆知上有所必守，则亦不敢徼求于法之外矣。'故有是命，余依奏。"知绍兴三十二年曾复置国子正，而为殿中侍御史张震论罢。

七月，入汪澈荆襄幕府。

《宋史·孝宗纪》："（绍兴三十一年六月）己酉，以御史中丞汪澈为湖北京西宣谕使。"[①]此言六月，当是准备行装月余，与上文所引《建炎以来系年要录》载王质七月"入辞"相合。《雪山集》卷六《汪参政生祠堂记》云："绍兴三十一年秋七月，诏以御史中丞鄱阳汪公宣谕荆襄，自行都及襄阳。"与《建炎以来系年要录》时间相符，当是王质罢馆职后即入汪澈幕，随其"自行都及襄阳"，故可能在七月入幕府。王阮《〈雪山集〉序》亦云："明年，金人南侵，御史中丞汪公澈宣谕荆襄。……致景文于幕下。"《雪山集》卷六《汪参政生祠堂记》云："明年春正月，公归，拜参知政事。"知汪澈明年正月回京城，其时王质应已离开幕府，在汪澈幕约半年。王质曾代汪澈作《代通王总领启》。"王总领"当是王之望，绍兴三十年八月总领四川财赋，三十二年十月以户部侍郎为川陕宣谕使[②]。

至京城，过东林。

王质本年至京城，曾游东林。《沈氏胜栖堂记》："余以岁戊寅来东林……后四年过之。"

十一月虞允文破金兵于采石，作《和张安国闻捷》。

《和张安国闻捷》作于本年底。诗云："宣德楼前清御道，明年元会纳群工。"十一月虞允文破金兵于采石，诗当作于此后。

---

①《宋史》卷三四，第2册，第601页。

②《建炎以来系年要录》卷一八五："（绍兴三十年八月丙午朔庚戌）直显谟阁成都府路转运副使王之望守太府少卿总领四川财赋军马钱粮。"《建炎以来系年要录》卷二百："（绍兴三十二年十月）以王之望为川陕宣谕使。"《宋史》卷三七二："孝宗即位，除户部侍郎，充川陕宣谕使。"

一一六二，绍兴三十二年，壬午，二十八岁。

三月，与王阮游庐山栖贤寺、玉渊亭，访智通，作《玉渊龙记》。

《雪山集》卷六《玉渊龙记》："绍兴三十二年三月十七日，予与友人王阮南卿俱来栖贤，访智通不遇，则徘徊玉渊亭上。有若蛇者，骤见于崩涛骇浪之中，或与水曲折相抵，冒如钩；或引吭，树起如笔；平行见其背如黛，倒侧见其腹如金，蜿蜒上下，如戏如怒，如有所喜。"玉渊潭在栖贤寺往东南200米处。王阮《游三峡一首》："玉渊真水府，三峡跨长虹。万斛镕银泻，千挝战鼓雄。倚天危石立，透地密泉通。四海思霖雨，龙奚久在中？"[①]未知是否此时所作。王阮（？—1208），字南卿，号义丰，江州德安（今属江西）人。王阮《〈雪山集〉序》："庚辰（1160）春，景文中进士第。阮以服丧，乃相契阔。"知王阮别后居家，至此二人重又相会。张孝祥《玉渊》诗："灵源直上与天通，借路来从五老峰。试向栏干敲拄杖，为君唤起玉渊龙。"可证玉渊有龙的传说。其地至今仍存张孝祥"玉渊"二字石刻。

应张孝祥请，为抚州考官，为陆九渊乡试考官。

《象山先生年谱》云："绍兴三十二年壬午，先生二十四岁。秋试以《周礼》乡举。……蒲节后，始精考《周礼》，求程文观之。及期，三日之试，写其所学无凝滞。考官王景文质批曰：'毫发无遗恨，波澜独老成。'"[②]陆九渊《得解见提举》亦云："是岁，实今天子新即位，颁科诏，而某独殊无应书之意，李公以为不可。乃以向为举子业示李公，亦谓为能，其秋竟就试中选。"[③]陆九渊生于绍兴九年（1139），二十四岁正是绍兴三十二年（1162）。陆九渊是抚州金溪人（今江西临川县），参加乡试应在抚州。张立文、默明哲编《中

---

① 朱瑞熙、孙家骅校注《义丰文集校注》，第123页。

②《象山先生年谱》卷上，《宋人年谱丛刊》第十册，第6510页，又见钟哲点校《陆九渊集》，第484—485页。王质批语为杜甫《敬赠郑谏议十韵》诗中两句。

③ 钟哲点校《陆九渊集》，第47页。

国古代著名哲学家评传·陆九渊》已采用其说："绍兴三十二年陆九渊参加乡试，以《周礼》中举。考官为王景文。"[1]但学者们尚未注意到王质为考官是张孝祥所招。

陆九渊《得解见提举》云："习俗之礼，凡官于是者，无问其与举选之事与否，中选者均往谢焉，退又为启以授之，曰大谢。某窃以为举送公也，从而谢焉私也。谢之号固不可，求其所谓谢之文读之，于心甚不安，故独不敢谢。见太守，以其举送也；见贰车，以其莅试也。是时王公为使于此，某亦慕其贤而欲见焉，而王公适以召去不及见。"[2]"王公"可能即指考官王质，但未言离开的具体时间。

考绍兴三十二年朝廷并未授予王质官职。《建炎以来系年要录》卷一九一："（绍兴三十一年七月癸酉）诏左迪功郎新德安府学教授王质已降召试馆职指挥，更不施行。"知王质绍兴三十一年七月罢试馆职。王质《与汤相书》云："四年而漠无他授者，某也。"该书作于隆兴二年六月。知王质罢试馆职后至此未再得官。朝廷既未授予官职，王质又是如何为考官的？《宋史·王质传》云："（王）质与张孝祥父子游，深见器重。"王质与张孝祥父子友善，其为考官当是受知抚州张孝祥之招，其后来又离开抚州当是应知江州张祁之请。

张孝祥招王质应在本年三月后。《建炎以来系年要录》卷一九八："绍兴三十有二年闰二月己巳，集英殿修撰张孝祥知抚州。"据韩西山考证，张孝祥去抚州在本年三月以后[3]。三月王质还与王阮同游庐山，见前文。

在兴国军，有词寿兴国太守董昌裔。

《雪山集》有《西江月·借江梅腊梅为意寿董守》二首。"董守"

---

① 张立文撰《陆九渊评传》，辛冠洁等主编《中国古代著名哲学家评传》第三卷，上册，第365页。

② 钟哲点校《陆九渊集》，第47页。

③ 韩西山著《张孝祥年谱》，第88页。

可能是知兴国军董昌裔①,姑系于此。

本年底,入张祁江州幕府。

王质离抚州当是应知江州张祁所请。张祁,字晋彦,和州乌江(今属安徽)人,孝祥父。张祁知江州,宛敏灏定于隆兴元年初夏后②,韩西山云“似在本年(引者按,指隆兴元年)二、三月间”③。韩西山作为证据的王质《与张都督书》实作于隆兴二年(详下文),故其定张祁知江州在隆兴元年二、三月,亦难成立。

辛更儒有考证:

> 张祁知江州年月,史籍未载。《要录》卷一九九谓今年四月癸未,“诏右承务郎知江州林晌特令终任。引年得祠,而代之者曾惜被劾,故复留焉”。《宋会要辑稿·选举》三四之一一又载今年十一月二十三日,权知江州林晌除直秘阁。张祁知江州当在林晌进职之后。《于湖集》卷八有《次家君韵》二首,第一首“四海英名满,悬知袖手难”,殆即指张祁起废守江州而言。第二首“江湖岁将晚,未觉报君难”既寓起复之意,又当指张祁知江州时已至岁末。此必因林晌以年高奉祠,代之者被劾,不得已任至年底,既有张祁知江州之命,则林氏进职改任矣。《于湖集》卷六另有《和曾裘父韵送老人赴镇九江》诗,首句为“边箭收声江不波”,亦可知其赴任必今年事。④

---

① 李之亮著《宋两江郡守易替考》,第553页,兴国太守隆兴元年为许登、陈岩肖,隆兴二年为陈岩肖、董昌裔、王伯庠,乾道元年乾道元年为王伯庠、张采。按,张采隆兴二年夏已赴任。《雪山集》卷六《去思楼记》:“公(引者按,指张采)来以甲申之夏,其去以丙戌之秋。”故董昌裔任兴国军太守可能时间要早些。

② 宛敏灏《张孝祥年谱(上)》,《词学》第二辑,第39—40页。

③ 韩西山著《张孝祥年谱》,第92页。

④ 辛更儒著《张孝祥于湖先生年谱》,第120页。

辛先生云张祁“知江州当在林晌进职之后”，正确。《雪山集》卷九《代张守谢张都督启》：“惟九江据水陆之冲，当一面受襟喉之任。时维东晋，视荆豫以分权；岁纪绍兴，兼舒蕲而授节。”可证张祁应在绍兴三十二年接知江州之诏。张浚都督江淮军马在隆兴元年正月，张祁到任应在此前，因王质《代张守谢张都督启》已题曰“张都督”。《宋会要辑稿》职官六一之五二：“（隆兴元年）八月四日，殿中侍御史周操言：……张祁在江州已久，方且谙知人情。”既云“在江州已久”，如初夏后到任，很难说“已久”，如本年底到任，则较为可信①。

《雪山集》卷四有《代张江州谢到任表》，应是代张祁作。王质在张祁到任前应已随侍左右。《雪山集》卷九《代通邓安抚启》提到“滕王阁”、“翼轸之区”，该邓安抚当是知隆兴府。查吴廷燮《南宋制抚年表》，邓祚于绍兴三十二年至隆兴二年知隆兴府。启云“曾未遑于守屏”，知所代之某人尚未赴任，应是代张祁作，故张祁到任前王质已随侍左右。故王质离抚州可能在绍兴三十二年十一月或稍早。王质《和张晋彦》：“相逢酒一杯，意气感知识。”当作于入张祁江州幕后。

《雪山集》卷九《代回钟知府启》亦当在张祁赴江州任后作。启云：“已受二毛，难胜五马之寄。”又云：“某从游惟旧，托契最深。联伯氏以策名，因感在原之急；代淮壖而丞郡，更嗟会面之难。中更多故之百罹，行对故人而一笑。”与张祁年龄、遭遇皆相符合，“多故之百罹”指受诬坐狱等事②，“代淮壖而丞郡”指淮南转运判官落职后知江州③，而“劳佚相均，暂憩庐阜烟云之下”似指钟知府暂时

① 李裕民云：“此表应为其（引者按，指张祁）江州到任时由王质代作，时间当在绍兴三十二年底。”又说：“此表当为隆兴元年张祁在江州日，王质所代作。”可信。见李裕民著《四库提要订误》（增订本）第397页、398页。

②《建炎以来系年要录》卷一六九记载：绍兴二十五年十月，右正言张扶弹劾张祁，诏下大理寺根治。

③《宋会要辑稿》职官七〇之五一：“三十一年正月二十四日，直秘阁淮南西路转运判官张祁落职，依前官，以臣僚言祁在官无称故也。”

落职①。

《雪山集》卷九《代通王制置启》，当是本年在张祁幕府代作②。王制置即王刚中（1103—1165 年），字时亨，乐平（今江西乐平市）人。启云“奠坤轴于西维”，指四川制置使而言。《易》坤卦为西南之卦，《淮南子》亦云“坤维在西南”。启云：“总蜀部，才几于再闰。”农历五年二闰，谓之再闰，也借指五年。当时四川制抚姓王者，只有王刚中任期五年。绍兴二十八年（1158）九月，王刚中为四川安抚制置使，至孝宗即位（1162）召赴阙，前后为任五年。启云“奉云章于北阙，遄归玉笋之班”、“双鲤惊传于尺素，五云喜近于三台”、“适际介圭之入觐”，当是王刚中赴京途经江州时投书祝贺张祁。启云：“某久沦潮海，绝望盛明。偶叨半竹之分符。”与张祁沉沦不遇的仕宦经历相合。启又云“停鹢首于江干”，与张祁知江州的身份相符。

《雪山集》卷九有《代回晁知郡启》，可能是代张祁作，晁知郡是晁公武。启云：“某衰谢穷途，欹危小器。”与张祁久遭挫折的人生经历相合。又云：“虽重私心之愧，亦增老眼之明。”符合张祁年老的身份。启云：“地开井络，肆畴镇抚之庸。”井络，井宿区域，后泛指蜀地。如陆游《晚登子城》诗：“老吴将军独护蜀，坐使井络无欃抢。”故知此启与晁公武知泸州的身份相合。本年晁公武知泸州，隆兴初入朝为吏部郎中③。晁公武（1101—？），字子止，号昭德先生，钜野（今山东钜野）人，冲之之子。著《郡斋读书志》。卒于淳熙初年④。

---

①《宋会要辑稿》职官七五之五一：“（绍兴三十一年三月）二十一日，新知兴国军钟镗放罢。”

② 王兆鹏等著《两宋词人丛考·王质考》以为王质代虞允文作，王参政是王炎，误。

③《永乐大典》卷二二一八“模”字韵“泸州府”引《江阳谱》，其中一则云：“南定楼，在泸州芙蓉桥后罗城上，旧为水云亭，绍兴三十二年晁公公武改建此楼。”参考郝润华、武秀成撰《晁公武陈振孙评传》，第 35 页。

④ 参考郝润华、武秀成撰《晁公武陈振孙评传》，第 25 页。

一一六三，隆兴元年，癸未，二十九岁。

三至五月在临安，与陆游交游。

刘克庄《后村诗话》："史相力荐放翁，赐第。其去国自是台评，然王景文乃云：'直翁自了平生事，不了山阴陆务观。'放翁见诗亦笑云：'我字务观，乃去声，如何把作平声押了？'"[①]史浩(1106—1194)，字直翁，明州鄞县(今浙江宁波)人。隆兴元年正月史浩为右相，五月罢。陆游"去国"，指三月通判镇江府。王质诗批评史浩，当作于陆游通判镇江府后、史浩罢相前。《渭南文集》卷二四《镇江谒诸庙文》："某以隆兴改元夏五月癸巳，自西府掾出佐京口；明年春二月己卯至郡。"[②]可推知陆游隆兴元年三至五月间在临安，王质当在此时与其交游。或以为王质隆兴二年至京口与陆游交游，则不太可能，因王质所云有即时性，隆兴二年史浩已罢相，已不能"自了平生事"，王质之语已失去针对性。故王质隆兴元年三月至五月间已至京城，其在张祁幕府仅月余。

四五月，入张浚江淮幕，与幕府陈俊卿等交游。

王质至京城后很快入张浚幕府。张浚入京在四五月间。《宋史·孝宗纪》载，隆兴元年正月，"张浚进枢密使，都督江淮东西路军马"。一般以为王质"隆兴元年正月，至扬州入张浚江淮幕"[③]。误。原因有二：一、张浚都督江淮军马时，王质尚在知江州张祁处。前文已证王质绍兴三十二年底至知江州张祁处，为其作《代张江州谢到任表》。《雪山集》卷九有《代张守谢张都督启》，可证王质隆兴元年正月仍在江州(今江西境内)。《宋史·张浚传》："隆兴元年，除枢密使，都督建康、镇江府、江州、池州、江阴军军马。"因张浚都督江州军马，故张祁有此谢启。启云："兼收群才，共集大事。自揣不堪于一障，何能有补于万方？某敢不运甓苦形，饮冰厉志。提

---

① 王秀梅点校《后村诗话》，第30页。

②《陆游集》第五册，第2206页。

③ 王可喜《南宋词人王质行年考》，《长江学术》2007年第2期，第57页；又见王兆鹏等著《两宋词人丛考》，第183页。

封千里，当抚摩凋俗以安居；飞棹百艘，更鼓舞壮夫而效命。”所云“效命”即是指受张浚都督军马而言。二、四五月间，张浚入京奏事，王质可能此时被张浚招入幕府。《朱子语类》卷一三一：“魏公既入奏事，淹留一两月。及还，则已六月矣。乘剧暑进兵，以至于败。”①张浚入京的一两个月，正是四、五月。前已证王质三至五月间在京城与陆游交往，其随张浚入幕府可能在此期间。

《雪山集》卷八《与虞相书》(其一)：“恭惟莆田丞相与某有十五年之雅。同悲欢于患难之际，共死生于兵戎之间。一灯青荧，对床而听夜雨；两骑萧条，并辔以行秋风。丞相之书所谓‘江淮幕府之契无如公’者是也。”此书作于乾道六年七月。陈俊卿(1113—1186)，字应求，莆田人。“莆田丞相”指陈俊卿，时在张浚幕府。既云“秋风”，也可证王质隆兴元年秋已在张浚幕。所云“与某有十五年之雅”，是举整数而言，大致从王质绍兴二十七年入太学算起，至乾道六年。

五月二十一日，高宗生日，作《天申节贺表》。

《雪山集》卷四《天申节贺表》。四库馆臣案语：“此表当是孝宗隆兴元年所作。”②未言何据。《宋史·高宗纪》：“(建炎元年五月)乙未，以生辰为天申节。”此后每逢高宗生辰(农历五月二十一日)，朝廷上下皆贺“天申节”。今据贺表内容，可知馆臣判断不误。表云：“恭惟太上皇帝陛下：陶铸帝皇，权舆宇宙。解乾纲而授圣，袭气母以存真。”其中“权舆”一词有“起始”之意，与绍兴三十二年孝宗即位的时间相合。表又云：“臣置身西服，稽首南山。阻陪百执之联，同上亿斯之寿。”王质当时虽身在京城，却无官职，故云“阻陪百执之联”。

在建康，与陈之茂交游。

《留别陈阜卿》诗云：“乃者从之在建康。”诗作于隆兴二年，回忆本年与陈之茂的交游。陈之茂知建康府在隆兴元年五月至二年

---

① 黎靖德编《朱子语类》卷一三一，第八册，第3151页。

②《雪山集》卷四，《四库全书》本。

三月。《景定建康志》卷一："陈之茂，隆兴元年五月以直徽猷阁主管安抚司公事兼行宫留守司公事。"又云："陈之茂，乾道二年八月以徽猷阁直学士安抚使兼行宫留守司公事。"①《景定建康志》卷一："隆兴二年三月，(张孝祥)以敷文阁待制安抚使兼行宫留守司公事。"陈之茂(？—1166)，字阜卿，无锡(今属江苏)人。绍兴三十一年，知吴兴，次年改知平江。隆兴元年(1163)知建康，二年知隆兴。乾道二年再知建康，旋致仕。

八月，代张浚作《代张魏公谢表》。

《雪山集》卷四《代张魏公谢表》："授任无方，功垂成而忽败；至仁不杀，罪当死以更生。既荀逭于大刑，仍弗移于故任。"此表四库馆臣系于隆兴二年，误。当作于隆兴元年八月张浚复都督江淮军马时，由"弗移于故任"一句可知。

一一六四，隆兴二年，甲申，三十岁。

四月张浚罢相，王质离扬州。至当涂，有《与张都督书》。

《雪山集》卷四《代张江州谢到任表》及卷九《代张守谢张都督启》，四库馆臣案前者云："张江州，名孝祥。此表当是高宗绍兴三十年作。"案后者云："此启当是孝宗隆兴二年张孝祥守江州时所作。"②宛敏灏及韩酉山皆曾辨误。宛敏灏《张孝祥年谱》云："注谓系绍兴三十年及隆兴二年代张孝祥作，显误。孝祥未曾守江州。据韩元吉《南涧甲乙稿》卷二二《安人张氏墓志铭》：'父祁，历官淮南转运，知江洲'，并称'江州择其婿甚艰'，因此知'江州'及'守'系张祁无疑。孝宗隆兴元年正月以张浚为枢密使都督江淮东西路军马，开府建康。谢启所谓'兼收群才，共集大事'，当在此时。表、启篇首相似，均谓转运论罢而复起为州，可见系同时所作。"③韩酉山《张孝祥年谱》云："表云：'赋政外台，弗称将明之旨；承流支郡，遽膺师帅之权。仰大君观过之仁，开小臣自新之路。'启云：'伏念某

① 周应合撰《景定建康志》卷一，《四库全书》本。

②《雪山集》，《四库全书》本。

③ 宛敏灏《张孝祥年谱(上)》，载《词学》第二辑，第39—40页。

智非语上，才不逮中，曾大道之弗闻，致危机之数蹈。往堕司刑之密网，实蒙太上之深恩；宽其九死之诛，赐以再生之路。'所言遭际均与张祁相符，显为隆兴元年张祁除守江州时之作。又《文集》卷二三《常州郭知府》，乃孝祥改知平江，与邻郡常州知府郭契敷通问之启，有云：'望庐山之云，既阙晨昏之养；饮吴江之水，敢为旬月之图。'首句当指在江州供职的父亲。"①

《雪山集》卷八《与张都督书》，四库馆臣系于隆兴元年，误。韩西山云："（隆兴元年）王质随张浚在扬州都督府措置军务，四月离开扬州至南陵，有书致张浚。"②受馆臣影响而误。

《与张都督书》云：

> 军旅之权，当使渐入士大夫之手，只陈阜卿、张晋彦之流，使居兵间，戈铤刀槊之下，便有古人之风。今数大卒为之，没世不能有美绩也，败坏五家军政，职是数大卒，而又灯灯相传，源源不绝，态度殊不甚远，尚有加焉。有陈金而置庑者，必无宿城之奔；有素服而殿师者，必无德顺之效。此岂过误哉？相公以此知诸将之才矣。早晚还归庙堂，维新宪度，若不易今日之军政，亦不过今日之武功而已。相公之诚，通天地而开金石，盖有余也。然精神寖改于前时，功业未满于初心，徒使相公深悲浩叹之不足。前日临分之际，相公忽动山林之兴，退与钦夫道而伤之。谚云：指望张三作王大，争奈王大是张三。蹉跎相公至此者，则此曹为之也，岂独诸将之罪哉？张晋彦闻已得祠，必过维扬谒相公，试留与语，观之。

因其中云"张晋彦闻已得祠"，涉及张祁得祠时间，辛更儒有考证。辛先生云："（隆兴元年）八月初，张祁忽有改知太平州之命，其奉祠归平江则在此后不久。张祁虽奉命依旧知江州，然不久即挂冠东

① 韩西山著《张孝祥年谱》，第92页。
② 韩西山著《张孝祥年谱》，第92页。

归。于湖今年《与徐度书》云：‘先生既遂雅志，意况益佳，微恙兹以平复，父子相视喜慰……即日秋气凄厉……某为郡既无善状……吴中亦复缺秋田之望，奈何。亲庭已具书，侍见未期。’知今秋张祁盖已在平江。”①

按，辛先生对《徐给事》一文理解有误。现将原文全引于下，以见其误：

> 某皇恐死罪，因循遂疏问讯，但得之往来之人：先生既遂雅志，意况益佳，微恙滋以平复，父子相视，喜慰抃跃，一再从养正书中获闻动静，尤以释怀。即日秋气凄厉，恭惟宴坐观物，神扶耆寿，台候万福。
>
> 天子倾心以须，大老引疾屡辞。迄遂挂冠之高，枢极久虚，人望弥属。愿臻六气之和，以俟黄麻之告也。
>
> 某为郡，既无善状，而水灾横被数州，一目千里，饥民不沟壑，即为盗，必矣。控请于朝，乞阁官税，既荷恩许，但常平帑廪已竭，仰哺之人无数，去麦秋甚远，其将何以济此也？边报无它，吴中亦复缺秋田之望，奈何？亲庭已自具书，侍见未期。伏乞导迎鸿祉，倚须枋用。②

可知，“父子相视，喜慰抃跃”指徐度而言；“亲庭已自具书，侍见未期”是张孝祥指自己父亲“具书”，而近期不可能“侍见”。

辛先生云：“此书（引者按，指《与张都督书》）有‘宿城之奔’及‘德顺之效’句，宋军败于德顺，事在隆兴元年正月。而符离之败则在是年五月，因知此书即作于隆兴元年下半年。而‘张晋彦得祠’亦必本年秋张祁罢江州归平江事。”③

① 辛更儒著《张孝祥于湖先生年谱》，第128—129页。

② 徐鹏点校《于湖居士文集》卷三八《徐给事》，第388页。《徐给事》，辛更儒引作《与徐度书》。

③ 辛更儒著《张孝祥于湖先生年谱》，第129页。

按，辛先生认为《与张都督书》作于隆兴元年秋，误，应作于隆兴二年五月。理由如下：

一、《与张都督书》所言与张浚隆兴二年处境相合。《与张都督书》云："早晚还归庙堂，维新宪度，若不易今日之军政，亦不过今日之武功而已。相公之诚，通天地而开金石，盖有余也。然精神寖改于前时，功业未满于初心。"所谓"还归庙堂，维新宪度"，是就其丞相身份而言；所谓"精神寖改于前时，功业未满于初心"，是言符离之败（在隆兴元年五月），所言与隆兴二年四月张浚身份心态吻合。隆兴元年四月张浚正积极准备北伐，怎能说"功业未满于初心"？

二、《与张都督书》与张祁隆兴二年得祠时间相合。周必大《黄世永编修》："安国开府金陵，必有可观，以三字易待制，无说否？晋彦又折肱，得无不堪乎？"[1]自注作于隆兴二年。三月初，张孝祥以都督府参赞军事兼知建康，领行宫留守，十一月被劾落职。"晋彦又折肱"，似指张祁得祠。观信中所言"必有可观"，似应作于张孝祥初知建康不久时。《与张都督书》云："张晋彦闻已得祠，必过维扬谒相公。"而隆兴元年四月，张祁尚在江州任。故《与张都督书》应作于隆兴二年。《与张都督书》云："某自四月离扬州，今至南陵，三日而行四百里。"既云"四月离扬州"、"三日"，据其语气，应在五月初至南陵。

故王质离开张浚幕府应在隆兴二年四月底，《与张都督书》作于五月初。《雪山集》卷五《书〈张魏公祠堂记〉后》云："余亦诵从事张魏公幕府乌江、盱眙数诗。"知王质曾随张浚至乌江、盱眙。

陆游《跋张敬夫书后》云："隆兴甲申，某佐郡京口，张忠献公以右丞相督军过焉。先君会稽公尝识忠献于掾南郑时，事载《高皇帝实录》。以故某辱忠献顾遇甚厚。是时敬夫从行，而陈应求参赞军事。冯圜仲、查元章馆于予廨中，盖无日不相从。"[2]陆游赴镇江通

---

①《文忠集》卷一八六《黄世永编修》，《四库全书》本。

②《陆游集》第五册，第2286页。

判任在隆兴二年二月。《宋会要辑稿》职官三七之四十："孝宗隆兴元年正月庚子，张浚以枢密使都督江淮。二月二十九日诏：户部郎官冯方充都督府参议官。从都督江淮军马张浚请也。"陆游不言王质，当是王质其时已离开张浚幕府。张栻为张浚之子，时在幕府。《宋史·张栻传》云："以荫补官，辟宣抚司都督府书写机宜文字，除直秘阁。时孝宗新即位，浚起谪籍，开府治戎，参佐皆极一时之选。栻时以少年内赞密谋，外参庶务，其所综画，幕府诸人皆自以为不及也。"①

王质最迟隆兴元年八月已入张浚幕府，至隆兴二年四月离开，与自言"依魏国者半载"(《谢四川制干到任启》)相符。据《宋史·孝宗纪》，"(隆兴二年四月)戊辰，罢江淮都督府"，"丁丑，张浚罢"②。罢都督府在前，张浚罢相在后。唯《与张都督书》称"都督"颇可疑，姑志于此，以俟再考。

经当涂，作《采石道中》。

《采石道中》："闻说前年事，分明是偶然。""前年事"指绍兴三十一年采石大捷。此诗当作于本年。

有《通宣州许侍郎启》。

《雪山集》卷九《通宣州许侍郎启》："麦秋清淑，棠阴靓深。"当作于绍兴三十二年或本年秋。许尹时知宣州。《宋会要辑稿》选举三四之一一："(绍兴三十二年七月)十三日，诏权尚书工部侍郎许尹除集英殿修撰、知宣州。"《宋会要辑稿》职官七七之七四："(隆兴二年八月)左中奉大夫、充集英殿修撰、知宣州许尹乞致仕。诏除敷文阁待制致仕。"知王质此启不会迟于今本年八月。

后转至东林，访沈氏兄弟。致书汤思退，汤荐为国子正。

《与汤相书》云："独念前日幕府之废，亟欲解归，而未能忘怀于相公……是以匍匐奔走，而来至东林……近年召试而报罢……四年而漠无他授者，某也。"四库馆臣系于隆兴元年，误。当作于本年

① 《宋史》卷四二九，第36册，第12770页。

② 《宋史》卷三四，第3册，第626页。

六月底。《沈氏胜栖堂记》云："余以岁戊寅来东林……后四年过之……又三年过之。"此记可推知作于隆兴二年，《与汤相书》云"至东林"，亦可证应作于隆兴二年。王质罢馆职在绍兴三十一年，至隆兴二年正好四年，《与汤相书》云"四年而漠无他授"，可知应作于隆兴二年。云"幕府之废"，应指张浚幕府。可知隆兴二年四月底王质至南陵后，又转至东林。可能原想投靠知江州的张祁，至南陵后听说张已得祠，于是有东林之行，转而向汤思退求官。

《与汤相书》云"四年而漠无他授"，知王质罢馆职后至作此书时未再得官。《宋会要辑稿》职官七一之一六："（乾道二年七月十一日）诏新授国子正王质放罢，永不得行在差遣，以言者论其为张浚幕属，密疏浚之过，以媚汤思退，思退喜其附己，又畏其倾险，以学官处之，言论反复，行若驵侩，故有是命。"云汤思退提拔，与王阮《〈雪山集〉序》所言"丞相汤公思退擢领学宫"一致。但《宋史·王质传》云："入为太学正。"[①]认为王质官"太学正"，误。

太学正、国子正是不同官职。王质是任太学正还是国子正，抑或二者兼任？《宋史·王质传》所言简略，且多不准确之处。如云："忌者共谗质年少好异论，遂罢去。会虞允文宣抚川陕，辟质偕行。"虞允文宣抚川陕在绍兴三十二年[②]，而此处置于隆兴二年以后。虞允文宣抚四川在乾道三年六月，与王质罢国子正前后相差一年，《宋史》却用一个"会"字。关于太学正编制，龚延明《宋代官制辞典》云："南宋绍兴十二年十二月十二日诏置一人。绍兴三十一年六月罢，乾道二年二月八日复置一员。"[③]隆兴年间无太学正之设，故王质隆兴二年授太学正不可信。

王十朋《题怀坡阁赠王景文国正》："自是玉堂挥翰手，不应此

---

① 徐乾学《资治通鉴后编》卷一二一及毕沅《续通鉴》卷一三八亦据《宋史》云王质时为"太学正"。《全宋诗》第46册第二四九三卷第28808页王质小传采用《宋会要辑稿》，却也误作"太学正"。

②《建炎以来系年要录》卷一九七："绍兴三十有二年二月戊戌朔，中书舍人权直学士院兼侍讲虞允文试兵部尚书，充川陕宣谕使。"

③ 龚延明撰《宋代官制辞典》，第350页。

处久怀坡。"[①]"国正"即"国子正",是"国子监正"简称。王十朋同时作《次韵王景文赠行四绝》,第三首云:"吾道从来自不孤,果蒙好语慰榛芜。孜孜相勉惟名节,官职何须校有无。"[②]王十朋作此诗时是赴夔州任,王质则闲居家乡,故末句云"官职何须校有无",表明王质当时尚未得官。据吴鹭山《王十朋年谱》[③],乾道元年王十朋自饶州移知夔州,此诗作于该年八月,则王质乾道元年八月前曾是国子正,可证王质所为学官,非太学正,而是国子正。

《与汤相书》:"群天下之士而教养之于都,其名曰太学,以博士、正、录五七辈,相与董治乎其事,其名曰学官。其人虽未精选,而间亦颇有所择,故金银伏猎稍不至其间。而某骤出草莱,未尝为朝廷试用,虽以舍选进士发身,又乌知其非金银伏猎之流而遽有所求乎?……今之为学官者,率出于进士之高科、宏辞博学之异选、三舍之闻人,而三舍所居且多于其它。某有其一而又居其多,则亦不可谓全无涉也。"知王质向汤所求为学官。《论和战守疏》:"今思退专任国政,又且数月。"隆兴二年四月张浚罢相,汤思退即"专任国政",至十一月放罢。此疏当作于汤思退罢相之前,应在四月后、十一月前,可知王质十一月前已为国子正。《与汤相书》作于六月底,则汤思退的举荐当在七月至十月间。毕沅《续资治通鉴》卷一三八载,隆兴二年八月二十九日壬午,"太学正兴国王质上疏曰:陛下即位以来,慨然起乘时有为之志……帝心以其言为然,而忌者共排之,以为年少好异,遂罢去"[④]。王质所上之疏,即《雪山集》卷一《论和战守疏》,亦载《宋史》本传,其主要观点是会和、战、守三者为一,明似调和,实是主战。《续资治通鉴》关于王质上疏的时间可从,关于王质的官职则有误。学者多不辨而沿其误[⑤]。

---

①《王十朋全集》,第 336 页。

②《王十朋全集》,第 337 页。

③ 载《温州师范学院学报》1997 年第 2 期。

④ 中华书局 1957 年版,第 3687—3688 页。

⑤ 王可喜《南宋词人王质行年考》,《长江学术》2007 年第 2 期,第 57 页;又见王兆鹏等著《两宋词人丛考》,第 183 页。

在国子正任，上书反对和议。

王质本年多次上书反对和议。朱熹乾道元年所作《戊午谠论序》云："癸未之议，发言盈廷，其曰虏世仇不可和者，尚书张公阐、左史胡公铨而止耳。"朱熹书中未及王质，知其上书影响较小。当时上书反对和议者还有张栻等。《宋史·张栻传》云："浚已没，栻营葬甫毕，即拜疏言：'吾与金人有不共戴天之雠，异时朝廷虽尝兴缟素之师，然旋遣玉帛之使，是以讲和之念未忘于胸中，而至忱恻怛之心无以感格于天人之际，此所以事屡败而功不成也。今虽重为群邪所误，以戚国而召寇，然亦安知非天欲以是开圣心哉？谓宜深察此理，使吾胸中了然，无纤介之惑，然后明诏中外，公行赏罚，以快军民之愤，则人心悦，士气充，而敌不难却矣。继今以往，益坚此志，誓不言和，专务自强，虽折不挠，使此心纯一，贯彻上下，则迟以岁月，亦何功之不济哉？'疏入，不报。"[①]张栻所云"为群邪所误"，当指汤思退为首的议和派。王质虽有求于汤思退，在和战问题的立场上却与张浚等一致。

《雪山集》卷一《上皇帝书》(其一)，四库馆臣系于乾道初，误，应作于隆兴二年十二月前后。理由如下：

一、《上皇帝书》(其一)云："自完颜亮南侵，淮东之师败于瓜洲，淮西之师衅于杨林，去岁又狼狈于宿州。""去岁又狼狈于宿州"指隆兴元年五月金人于灵璧、宿州被李显忠、邵宏渊击败。既云"去岁"，上书应在隆兴二年。

二、《上皇帝书》(其一)云："以彼北摧契丹部族数十万之众，南却宿州七八万之师，不旬月而获海、泗、唐、邓、庐、寿、濠、楚数千里之地。"《宋史·孝宗纪》："(隆兴二年十一月乙酉)知楚州魏胜与金人战，死之，州遂陷，濠州亦陷，王彦弃昭关道，滁州亦陷。"[②]时间地点两相比勘可知，《上皇帝书》(其一)当作于隆兴二年十一月乙酉后。

---

①《宋史》卷四二九，第36册，第12770—12771页。

②《宋史》卷三四，第3册，第628页。

三、《上皇帝书》(其一)云:"又复遣人议和,迢递往来,是特延引日月以待春水生,运河深,江潮应,闸口通。"又云:"朝廷若谓其本无用兵之意,特欲见胁以成和,恐迁延疑误。"知此书在和议成立之前所上。隆兴二年十二月和议成。又本年十一月闰,则此书作于闰十一月可能性较大。

当时人对于汤思退之党似乎不甚了解。如《宋史·孝宗纪》载,隆兴二年十一月甲午,"以黄榜禁太学生伏阙。是日,太学生张观等七十二人上书,请斩汤思退、王之望、尹穑,窜其党洪适、晁公武而用陈康伯、胡铨等,以济大计"。四库馆臣已指出:"岳珂《桯史》记隆兴二年汤思退罢相,洪适草制作平语,侍御史晁公武击之,则亦骨鲠之士。"[①]而《宋会要辑稿》职官七八之四九云:

> (隆兴三年)十一月十日,诏特进尚书左仆射、同中书门下平章事、兼枢密院使汤思退,特授观文殿大学士、提举江州太平兴国宫,寻有旨落职,永州居住,以谏议大夫伊穑、侍御史晁公武论其挟术自营,不为国计,谋谟乖剌,措置颠倒,自坏边备,一意议和。如罢筑寿春城,散方弩营兵,辍修海舡,毁拆水柜,甚至撤海、泗、唐、邓之戍,使虏人乘虚侵轶边境,及除都督,逗留不行。纵敌误国,一至于此,故有是命。

《宋会要辑稿》"隆兴三年"当为"二年"之误,"伊穑"当为"尹穑"之误。可知晁公武是主战派,而被当时舆论所攻击,以为是汤思退党羽。王质的遭遇与其类似。故四库馆臣云:"观其初受张浚之知,又以汤思退荐为太学正,而《论和战守疏》中排击二人,皆无所假借,此岂放利偷合者所能为欤?"[②]

---

① 《钦定四库全书总目》卷八五《郡斋读书志》提要,上册,第1130页。

② 《雪山集》卷首《提要》,《四库全书》本。

十二月前后，回兴国，陆游、王阮有诗送别。与张孝祥唱和。

回乡当在闰十一月前后①。陆游《送王景文》："张公遂如此，海内共悲辛。逆虏犹遗种，皇天夺老臣。深知万言策，不愧九原人（自注：君近尝奏策）。风雨津亭暮，辞君泪满巾。"②颈联上句指王质上疏论抗战事，下句称赞王质无愧张浚。张浚是年八月二十八日卒于江西余干。王阮有《次陆务观韵寄王景文（原注：时张丞相薨）》："朔风摇楚水，国步益艰辛。往事忽成梦，逆胡何日臣？凡今天下士，皆昔座中人。尚被中原发，烦君与正巾。"③王阮时在东吴④，故诗题云"寄"。

《舟中作二首》当作于归乡途经建康时。王质当时尚未罢国子正，只是迫于形势，加以上书反对和议毫无结果，于是归乡。王质所云"今我不乐思还乡"（《留别陈阜卿》）、"自断我当归吊屈"（《和陈阜卿》），都可证他并非被罢官。至于《宋集珍本丛刊》之《雪山集》提要云："乾道二年，召为太学正，被谗而罢。"⑤则不仅时间有误，官职亦有误。

当时凡汤思退举荐之人多被看做其党而罢官，如张孝祥于十月罢知建康府。张孝祥有《和王景文》三首，所和即《舟中作二首》。《和王景文》其二云："大臣谗贾谊，逆旅欠常何。"⑥将王质比作贾谊、马周，既赞其才华，也指其受诋毁和被排挤的处境。《宋史》本

① 张浚隆兴二年八月二十八日卒于余干，故一般将陆游、王阮诗定为九月作（如韩酉山《张孝祥年谱》、于北山《陆游年谱》），从而将王质归乡定为九月。钱仲联《剑南诗稿校注》也云："按：毕沅《续资治通鉴》卷一三八，隆兴二年八月壬午，即张浚逝世之次日，王质因上疏论事，罢太学正。此诗殆质于罢归时道经镇江，游送之而作。壬午为八月晦日，则诗当作于九月矣。"

② 钱仲联《剑南诗稿校注》卷一，第一册，第77页。

③ 朱瑞熙、孙家骅校注《义丰文集校注》，第58页。

④ 王阮《和陶诗六首》序云："隆兴二年，余浮家东吴，僦居日籴。"

⑤《宋集珍本丛刊》第61册，第533页。

⑥ 徐鹏点校《于湖居士文集》卷八，第69页。

传引王质《论和战守疏》后云："天子心知质忠，而忌者共谗质年少好异论，遂罢去。"《汉书·贾谊传》记周勃、灌婴等人攻击贾谊"年少初学，专欲擅权，纷乱诸事"①。《旧唐书·马周传》："（马周）西游长安，宿于新丰逆旅，主人唯供诸商贩而不顾待周，遂命酒一斗八升，悠然独酌，主人深异之。至京师，舍于中郎将常何之家。贞观三年，太宗令百僚上书言得失，何以武吏不涉经学，周乃为何陈便宜二十余事，令奏之，事皆合旨。太宗怪其能，问何，何答曰：'此非臣所能，家客马周具草也。每与臣言，未尝不以忠孝为意。'太宗即日召之。"②张孝祥用此二典，可见对王质的器重，也反映当时主和派势力的强大及对主战派打击的不遗余力。

经镇江金山寺，始接受佛教。

《大慧禅师〈正法眼藏〉序》："时隆兴元年也。又一年，余夜宿金山之方丈。不得寐，信手而抽几案文书，得此阅之。至洪炉点雪，恍然非平时之境，竟夕危坐，如行曲径斜溪，蒙笼缭绕，忽林断川明，旷然平原巨野之陈前也，眉目周张，莫知其何以致此。将从之游，以所省咨之，则已无及，顾遗恨终不可释。"王质接受佛教自本年始。金山在江苏省镇江市西北，山上有金山寺。

经隆兴府，与陈之茂同游翠岩寺，作《从陈阜卿游翠岩》、《留别陈阜卿》。

《留别陈阜卿》云"巍巍堂堂陈豫章"，可知其时陈之茂已知隆兴。王质有《从陈阜卿游翠岩》诗。翠岩即翠岩寺，在今南昌市。故此诗亦今年作。《从陈阜卿游翠岩》云："马轻人健有秋容。"当作于本年秋。

一一六五，乾道元年，乙酉，三十一岁。

在兴国军，陆游有信致王质。

《寄题陆务观渔隐》序云："乙酉，务观贰豫章，书来告曰：'吾登孺子亭，见子以诗道南州高士之神情，奇哉。吾巢会稽，筑卑栖，号

①《汉书》卷四八，第八册，第2222页。
②《旧唐书》第八册，第2612—2613页。

渔隐，子为我诗之。'"陆游本年通判隆兴府。《后汉书·徐稺传》："及林宗有母忧，稺往吊之，置生刍一束于庐前而去。众怪，不知其故。林宗曰：'此必南州高士徐孺子也。'诗不云乎？'生刍一束，其人如玉。'"陆游所云"南州高士"，即徐孺子。孺子亭又名高士亭，在今江西南昌市西湖南岸。周必大《文忠集》卷一六九："（乾道三年十一月乙丑朔）丙子，赴沈帅会于孺子亭，亭在东湖，陈阜卿所创，四围皆荷也。"王阮《陪陈帅登孺子亭》："未上滕王阁，先登孺子亭。朝廷党锢传，湖海少微星。独善非忘世，高风自有灵。东湖山上色，长为此人青。"自注："闰月十一日，月中坐彭蠡门，唤船与诸人共载泛湖，至堤首，回棹入西湾，还，分韵赋诗，约来晚复集。"[①]据《宋史》卷三四，隆兴二年闰十一月。王阮诗中"陈帅"当即陈阜卿。陈阜卿隆兴二年至乾道元年知隆兴府[②]。王质登孺子亭并作诗，当在上一年末或本年初。陆游登孺子亭见王质诗，可见其诗应书或刻于亭上。陆游于乾道元年七月离镇江，取水路赴隆兴府通判任。既云"登孺子亭"，书应作于到任后。陆游所云"巢会稽，筑卑栖，号渔隐"，应是山阴的三山别业。赵翼《陆放翁年谱》云："先生《幽栖》诗自注：'乾道丙戌，始卜居镜湖之三山。'而庆元三年《春尽遣怀》诗自注，则云：'予以乾道乙酉，卜筑湖上。'盖乙酉买宅，丙戌罢官归，始入居之。嘉泰甲子有诗云：'曩得京口俸，始卜湖边居。'乙酉正在京口。以京口俸买宅，正是年也。入居则丙戌耳（原注：《开东园之路》诗云：'忆自南昌返故乡，移家来就镜湖凉。'是自南昌归始居之证）。"[③]陆游早在隆兴元年就自称"渔隐"，其后乾道

① 按，王阮《义丰文集》无自注，此据《江西通志》卷一五二。

② 李之亮著《宋两江郡守易替考》，第 318 页。《宋会要辑稿》职官五一之二三："（乾道元年）十二月九日，诏权吏部侍郎陈之茂假工部尚书知阁门事。"

③ 赵翼《陆放翁年谱》，转引自朱东润《陆游传》第 366 页。《剑南诗稿》卷四二有《三山卜居三十有四年矣老身七十有五儿辈亦颇宦学未为非吉也偶作五字示诸儿》诗，亦可证。

元年及二年皆多次自称“渔隐”①。

八月，王十朋知夔州，经兴国军，有诗赠王质。

王十朋《题怀坡阁赠王景文国正》二首其二：“自是玉堂挥翰手，不应此处久怀坡。”《次韵王景文赠行四绝》其四：“孝子忠臣公论在，送行诗似少陵章。”②乾道元年八月王十朋自饶州移知夔州，经兴国军作此两组组诗。从“不应此处久怀坡”，可知王质当时并未得官③。从“孝子忠臣公论在”，可知王质当时仍笼罩于流言蜚语中。王质《挽李平仲》诗注：“平仲有阁曰怀坡。”李平仲，不详，王质友人。《雪山集》有《和李平仲出郊》、《挽李平仲二首》等诗。

王质父始任夷陵掾。

王质《与虞相书》(其一)曰：“伏念家君好学守道，廉介勤畏，两任六年，粗为统莅者所知。今夷陵法掾垂满。”《与虞相书》(其二)：“今夷陵之掾垂满，异时之计不知所以裁之。”《与虞相书》(其二)又云：“某乃七月二十日以书彻于相公，时则在武昌。今八月一日以书达于相公，时则在兴国。”知前一书作于乾道六年七月二十，后一书作于同年八月。两书既谓其父“夷陵之掾垂满”，又云“两任”，上推六年，知其父任夷陵掾在乾道元年。《与赵丞相书》：“昔丞相仙井虞公，盖尝造化老父以湖北之帅属。”当指任夷陵掾事。本年三月，虞允文迁参知政事兼知枢密院事。

见大慧禅师语录数种。

《大慧禅师〈正法眼藏〉序》：“又一年，见语录数种，则净智居士黄君文昌所纂者也。”所见大慧禅师语录，当即黄文昌所辑《僧宗杲

① 陆游《渭南文集》卷一七《复斋记》：“隆兴元年夏，某自都还里中。”韩元吉《南涧甲乙稿》卷五有《送陆务观得倅镇江还越》诗二首，知陆游隆兴元年即还会稽。《渭南文集》卷二六《跋杲禅师〈蒙泉铭〉》末署“隆兴改元十一月五月笠泽渔隐陆某”。自称“渔隐”者，如《渭南文集》卷二六《跋坐忘论》、《跋查元章书》、《跋天隐子》其一、《跋老子道德古文》等。

②《王十朋全集》，第 337 页。

③ 王兆鹏等著《两宋词人丛考·王质考》以为：“从王十朋诗题又可知，王质是时已有国子正之命。”可能有误。

语录》。《宋史》载:“《僧宗杲语录》五卷,黄文昌撰。”[1]黄文昌(1128—1165),字世永,建昌南丰人。以张浚荐为枢密院编修官。乾道元年卒。

作《汪参政生祠堂记》。

《雪山集》卷六《汪参政生祠堂记》,馆臣系于本年,可从。《汪参政生祠堂记》云:“自辛及乙,宿师用兵五年。”“乙”指“乙酉”,故此记不可能作于本年以前。考汪澈仕历,隆兴元年六月罢参知政事,乾道元年十二月为枢密使,此记称“参政”,不可能作于乾道二年及以后,当作于本年。《汪参政生祠堂记》云:“太守张公采……以告其客汶阳王质,求文以列实,质不敢辞,不独以彰天子之圣,著公之贤,凡志士仁人,皆可以动心焉。”知此文乃应兴国军太守张采所求而作。

作《水调歌头·游银山寺和壁间张安国作》二首。

《雪山集》有《水调歌头·游银山寺和壁间张安国作》二首。张孝祥原词见《于湖集》卷三一《水调歌头·隐静山观雨》。据韩酉山《张孝祥年谱》,乾道元年五月初四,张孝祥在南陵隐静寺阻雨,作《水调歌头·隐静山观雨》。王质所见壁间张孝祥词,是在兴国军银山寺,当是张孝祥经银山寺所书。张孝祥应是乾道元年五月以后书其词于银山寺壁。王质何时见张作而和此二首,待考,姑附于此。

一一六六,乾道二年,丙戌,三十二岁。

七月,因言者之论,罢国子正。

《宋会要辑稿》职官七一之一六:“(乾道二年七月十一日)诏新授国子正王质放罢,永不得行在差遣,以言者论其为张浚幕属,密疏浚之过,以媚汤思退,思退喜其附己,又畏其倾险,以学官处之,言论反复,行若驵侩,故有是命。”按,隆兴二年十一月,罢汤思退宰相,他行至信州(今江西上饶)而死。《宋会要辑稿》既云汤思退“以学官处之”,可知王质授国子正当在汤思退生前,故应在隆兴二年。《宋会要辑稿》又云“新授国子正”,可能指乾道元年或本年王质恢复国子正一职。《雪山集》卷五《〈退文〉序》:“岁丙戌再触祸。”当指

---

①《宋史》卷二〇五,第15册,第5187页。

罢国子正。卷八《与虞相书》(其一):"丞相(引者按,指陈俊卿)之书所谓'江淮幕府之契无如公者'是也。又谓'每得公书辄愧见颜面',此其心不可谓不知惭矣。使某皮焦肉枯,穷天下辛苦之情;心碎胆裂,受人生危辱之极。何冤何负而至于此?异时丞相将何颜以见天下之士?"论罢王质的"言者"可能为陈俊卿,他当时官吏部侍郎。

王质向汤思退求官,本年招致非议而罢国子正,此后也不断遭到责难。《雪山集》卷八《与虞相书》(其二)云:"某之作蜀,视景偷生,杜门避死之不给,矧敢通宰执之讯,以重危疑之嫌哉?相公可以默喻矣。"李流谦《送王景文入制幕二首》其二:"成都万事好,只合近清樽。"①当作于乾道五年正月送王质入晁公武幕时。可见王质虽远离京城,仍笼罩在流言蜚语之中。

四库馆臣《雪山集》提要曾有辨析:"观其初受张浚之知,又以汤思退荐为太学正,而《论和战守疏》中排击二人,皆无所假借,此岂放利偷合者所能为欤?"②诚如馆臣所言,王质并未因汤思退荐为学官而改变政治立场。在当时一片和议之声中,王质上书反对,建议既不被采纳,朝中更无容身之地,于是回乡。《和陈阜卿》云:"自断我当归吊屈。"即是当时心情的流露。途经采石,王质禁不住感叹:"山川非不好,风浪抑何多"(《舟中作二首》其一)、"萧条苦斗者,挥泪立江边"(《采石道中》),皆为时事伤心。《留别陈阜卿》云:"一为公歌臣马良,黄尘蔽人声不扬。"为上书不被采纳、对国事无能为力而深表遗憾。

《雪山集》卷四《谢赐御书经解表》云:"凡委质之诸生,举铭恩于方寸。"又云:"怜臣等辛苦之累年,既见君而心则喜。"或作于本年国子正任内。

本年秋,在兴国军,与太守张采、通判王濆交游。

《雪山集》卷六《去思楼记》:"兴国太守张公未去郡之三月,作南

---

①《澹斋集》卷五,《四库全书》本。
②《雪山集》卷首,《四库全书》本。

门冠楼于其上，通守王君濱间语余曰……公来以甲申(1164)之夏，其去以丙戌(1166)之秋。……公名采，字元亮，郑人。”作于本年。知张采隆兴二年夏到任，本年秋离任。同卷《兴国太守题名记》，四库馆臣系于隆兴二年，误。隆兴二年王质在张浚幕府，幕府解散后至京城，此记当作于乾道元年或二年。《张元亮见访留和坐客》诗亦为此期间所作。《起伏龙行呈张元亮》诗云：“使君倚鞚将朝天。”又云：“夕阳扪腹秋风边。”当作于张采离任的秋天。兴国太守名张采，字元亮，荥阳人。王十朋乾道元年经兴国，为作《题谋野堂》诗，序及诗云：“兴国江山似杭之西湖，谋野堂在州宅，富于观览。予赴夔门，张使君开燕，登堂赋诗。张名采。满目江山富一堂，公余身在水云乡。遥岑更作有无色，西子为谁浓淡妆。荷有香能清燕寝，缨无尘可濯沧浪。使君坐此谋何事，境静心清百虑忘。”①

洪迈《夷坚志》：“兴国狱卒”条：“兴国军司理院有囚抵法，当陵迟。……时王濱稚川为通判，亲见之。”②知王濱字稚川。王濱，生卒年不详。其父王铁，字承可③。王质《问王稚川借其父承可诗二首》其二：“百代风流集豫章，娟娟各自作时妆。谁知索虎钩鲸手，传到黄家便到王。”知王濱豫章人。洪迈《南雍州池亭记》亦云：“豫章王稚川”④。《去思楼记》已提到通守王濱，该文作于乾道二年，故知王濱乾道二年前后通判兴国军。王濱绍兴间知福建兴化府同安县⑤。淳熙八年任新利路运判⑥。曾知吉州。杨万里《淳熙荐士录》载：“王濱，治郡有闻，惠而能办，前知吉州，正当强寇之锋，修城治兵，

①《王十朋全集》，第 337 页。

② 何卓点校《夷坚志》，第 552 页。

③ 昌彼德等编《宋人传记资料索引》第一册第 186 页：“王铁(? —1149)，字承可，号亦乐居士，豫章人。秦桧舅氏王本观复之子。桧荐于朝，除枢属，尝提举浙东茶盐，官为户部侍郎。绍兴十七年知广州，十九年卒于官。”

④ 祝穆撰《古今事文类聚》续集卷九，《四库全书》本。

⑤ [清]郝玉麟等监修、谢道承等编纂《福建通志》卷二三，《四库全书》本。

⑥ 周必大《文忠集》卷一四六《奏知王濱》，此文作于淳熙八年(1181)年八月十四日。

寇不敢近，今任宫观。”[①]据洪迈《南雍州池亭记》所云“作郡有治理效，上官贤之，雄民不能淹使留，更数月当去”[②]，王濆又曾知南雍州。《传信适用方》卷下有王稚川所传药方二个，该书为吴彦夔所著，吴是兴国军永兴县人，与王濆当有交往。《雪山集》卷六《去思楼记》、卷一〇《王稚川真赞》、卷一四《问王稚川觅酒》、卷一五《问王稚川借其父承可诗二首》皆系与王濆交游之作。

在兴国，陶去泰知永州，有诗送行。

《送陶茂安知永州》云：“行到潇湘春已深。”当作于本年底或明年春。陶去泰，字茂安，黄州（今湖北黄冈）人，移居兴国（今湖北阳新）。乾道元年知永州。王十朋知夔州，乾道元年八月经兴国，有《赠陶永州》诗云：“云作愁天风怒号，遥瞻白帝梦犹劳。口吟太白路难蜀，心慕渊明人遇陶。富水已厌家食久（原注：陶本黄州人，今居兴国），浯溪行看石崖高。人生五马何曾贵，堪叹相逢各二毛。”[③]诗题下原注：“名去泰。”知去泰为茂安之名。既有诗赠陶去泰，又云“浯溪行看石崖高”，则八月陶去泰尚未赴任。陆游《寄陶茂安监丞》：“永州太守鬓毛残，矍铄犹能起据鞍。征士虽思赋松菊，隐居未可挂衣冠。功名梦境元非实，歌舞山城且自宽。也胜钟陵穷别驾，闭门无客遣忧端。”钱仲联《剑南诗稿校注》：“此诗乾道二年春作于隆兴。”[④]陆游是寄诗，其时陶去泰应已赴任。故陶去泰赴任也可能在本年底。

一一六七，乾道三年，丁亥，三十三岁。

三月，与张孝祥游庐山。

《雪山集》卷五《〈于湖集〉序》：“岁丁亥，追游庐山之间。”三月，张孝祥除秘阁修撰，改知潭州，权荆湖南路提点刑狱公事。韩西山

---

① 《诚斋集》卷一一四，《四库全书》本。

② 祝穆撰《古今事文类聚》续集卷九，《四库全书》本。

③ 《王十朋全集》，第336页。

④ 钱仲联《剑南诗稿校注》第一册，第93页。

《张孝祥年谱》:"三月底或四月初,由芜湖启程赴任。"①则王质与张孝祥游庐山当在四五月。

闰七月入四川宣抚虞允文幕府,自兴国至利州。

《雪山集》卷五《〈西征丛纪〉序》:"丁亥余西征,自兴国至于利,里计二千六百九十有三,陆也,日计自闰七月之十一至十月之二十五。……是役也,宣抚虞公辟而西。"②知王质从兴国军出发在本年闰七月,其入虞允文幕府可能在此时。虞允文本年二月知枢密院事,六月为资政殿大学士四川宣抚使。《宋史·孝宗纪》:"(乾道三年六月)甲戌,以虞允文为资政殿大学士四川宣抚使。"《宋史·虞允文传》云:"(乾道三年)过郢,奏筑黄鹰山城。过襄阳,奏修府城。八月至汉中,又往沔阳。九月,至益昌。"③可推知虞允文是赴任途中招王质入幕,故王质不太可能本年六月入幕府,或十月到达利州后入幕府。

《〈诗总闻〉自序》云:"丙戌入蜀见陈君彦深。"④丙戌即乾道二年,与《〈西征丛纪〉序》相差一年,《诗总闻》成书于晚年,可能误记。《中国诗学大辞典》云:"绍兴三十二年张浚都督江淮,孝宗乾道六年虞允文宣抚川陕,皆致质于幕下。"⑤虞允文乾道五年已入京为相,该书因失考而系于乾道六年,可知为误。

王质有《八声甘州·读诸葛武侯传》。钟振振先生解读此词云:"词人家在兴国(今湖北阳新一带),可能实曾有过过隆中而造

---

① 韩西山著《张孝祥年谱》,第129页。

②《雪山集》卷五,《四库全书》本。关于虞允文入蜀的时间,王承略、杨锦先《李焘学行生平辑考》(上海古籍出版社2006年版)第11页:"吴璘于四川宣抚使任上,卒于五月十七日,时汪应辰为四川制置使,孝宗恐汪不习军事,乃于六月八日以虞允文为四川宣抚使。虞归蜀一月,召至阙,不数月复使蜀。是年闰七月。虞八月至汉中,九月至益昌。洎至蜀,已入冬。"可参考。

③《宋史》卷三八三,第11797页。

④ 徐小蛮、顾美华点校《直斋书录解题》卷二,第52页。

⑤ 傅璇琮等撰《中国诗学大辞典》,第436页。

访诸葛亮故里的经历。"[1]《全宋诗·王质卷》收《过隆中村》一诗，可证王质去过隆中。王质确曾去过隆中，不过不是因为离得近。《〈西征丛纪〉序》既云"陆也"，应是走陆路。时间上也与虞允文的行踪吻合，应是随侍同行，故可能经过襄阳时造访隆中。王质另一次入蜀在乾道五年十月至六年二月，自兴国至成都，虽然也是走陆路，时间却为冬季。王质出蜀都走水路，不可能经过隆中。词云"过隆中、桑柘倚斜阳，禾黍战悲风"(《八声甘州·读诸葛武侯传》)，似在秋天，故系本年。

王质绍兴三十一年七月入汪澈荆襄幕府，在幕府约半年，也可能到过襄阳。王兆鹏等系《过隆中村》与《八声甘州·读诸葛武侯传》于绍兴三十一年[2]。今试辨其误。《八声甘州·读诸葛武侯传》末句云"千年后，锦城相吊，遇草堂翁"。既云"千年后"，显系王质自指。又云"锦城相吊，遇草堂翁"，当是在成都作。成都旧有大城、少城。少城古为掌织锦官员之官署，因称"锦官城"，也省称"锦城"，后用作成都的别称。《过隆中村》也不可能绍兴三十一年作，因诗云"姓庞名蕴者，应笑卧龙儿"。庞蕴(生卒不详)，字道玄，又称庞居士，唐衡阳郡(今属湖南)人。与梁代傅大士并称"东土维摩"。王质早年援儒反佛，隆兴二年始接受佛教。《过隆中村》提到"庞蕴"，与早年思想不合，而与本年前后诗文有相合处，如《满江红·幕府诸公郊外同集以病不去》云"方丈维摩，蒙衲被、都齐不省"，而《满江红》词即作于虞允文幕府。

《代虞相挽杨参政二首》，四库馆臣系于乾道三、四年间作[3]。乾道三、四年，虞允文尚未为相，虞允文为相在乾道五年八月，而王质六年八月尚在兴国，无法代虞允文作。虞允文罢相在八年九月，

---

① 唐圭璋、缪钺等撰《唐宋词鉴赏辞典》，第1417页。

②《两宋词人丛考·王质考》，第182页。

③《全宋诗》第46册第28829页《次虞枢密九日登高韵》诗题下原案："此诗及挽杨参政诗当是乾道三四年间所作。"

十二月到达兴元[1]。《挽虞丞相》诗注："别公二年而公薨。"知王质与虞允文相别于乾道八年，后未再相见。据诗题代"虞相"，当是王质与虞允文同在京城时，应在六年九月至八年九月间。但《代虞相挽杨参政二首》是挽诗，有即时性[2]。故诗题"虞相"二字可能为后来编辑诗稿时所改。杨参政，即杨椿(1094—1167)，字符老，眉山人。宣和六年(1124)省试第一，第进士，累任宪节，甚有风绩。后以不附秦桧，罢政家居。绍兴三十一年三月始自兵部尚书兼权翰林学士，除参知政事。乾道三年卒，谥文安。

在虞允文幕府曾作檄契丹文。《宋史·王质传》："会虞允文宣抚川陕，辟质偕行。一日，令草檄契丹文，援毫立就，辞气激壮，允文起执其手曰：'景文天才也！'"[3]

《雪山集》卷四《代慰安恭皇后祔庙表》作于本年。《宋史·孝宗纪》："(六月)辛卯，皇后夏氏崩。闰七月癸酉，权攒安恭皇后于临安修吉寺。"[4]

《枢相宣抚虞公寿雅并序》："乾道三年丁亥十一月壬子二日丙寅，仁寿虞公生之日，《寿雅》所谓作也。"知虞允文生日在十一月二日。虞允文生于1110年，是年五十八岁。乾道三年二月，虞允文知枢密院事。四月，四川宣抚使吴璘卒。六月，虞允文以资政殿大学士宣抚四川。虞允文拜相(右仆射)是乾道五年(1169)八月，此

---

①《建炎以来朝野杂记乙集》卷一六"绍兴至淳熙四川宣抚司钱帛数"条云："(八年)十二月晦，虞丞相至兴元。"

② 王兆鹏等著《两宋词人丛考·王质考》云："《代虞相挽杨参政二首》当为乾道四年到眉州祭奠杨椿'代虞相'所作，《代李叔介挽杨参政》当为同时作。"(见该书188页)云"乾道四年到眉州"，不知何据。《〈西征丛纪〉序》交代入蜀经历非常清楚，可知王质所到最远者为成都，笔者尚未见王质曾至眉州的相关材料。

③ 参考《宋史》卷四八六外国二夏国下："乾道三年五月，夏国相任得敬遣间使至四川宣抚司，约共攻西蕃。虞允文报以蜡书。七月得敬间使再至，宣抚司夏人获其帛书，传至金人。四年夏，改元乾佑，得敬以谋篡伏诛。"

④《宋史》卷三四，第3册，第640页。

处称“枢相”，并非当时已任丞相，当是后来编辑文集时所改。古人有称最高官职以表敬意的习惯。

《雪山集》卷四《代虞丞相冬雷待罪表》当作于本年十一月后。《宋史·孝宗纪》：“（十一月）戊辰，雷。己巳，诏戒饬武臣及百官。”①

与李珪交游。

《雪山集》卷一三有《代李叔介挽杨参政》诗，本年作。李珪，字叔玠，一作叔介，丹棱人。《建炎以来朝野杂记》乙集卷一六“绍兴至淳熙四川宣抚司钱帛数”条云：“（淳熙元年）七月丁亥，（郑）仲一复为参知政事，应本司见在银钱物帛总领官赵和仲公说，尽数拘收，令顶桩管仍令湖广总所遣属官一员，同本官纽计除措。八月庚午，又命宗正丞李叔玠珪兼权户部郎官，往兴元拘催宣抚司钱物赴行在。”②《建炎以来朝野杂记》乙集卷一六“四川桩管物钱”条：“初，遣户部郎官丹棱李珪叔玠奉使起发（原注：淳熙元年庚午指挥），叔玠持不可，上颇难之，会复置宣抚司事，得暂止（原注：十二月辛巳）。”③知其淳熙元年前在京城任宗正丞。杨万里《诚斋诗话》记载：“东坡谈笑善谑。过润州，太守高会以飨之。饮散，诸妓歌鲁直茶词云：‘惟有一杯春草，解留连佳客。’坡正色曰：‘却留我吃草。’诸妓立东坡后，凭东坡胡床者，大笑绝倒，胡床遂折，东坡堕地。宾主一笑而散。见蜀人李珪说。”④又范成大《次韵谢李叔玠追路送笋》诗：“堕地锦绷茁，解衣温玉姿。来偿食竹债，大胜伏雌炊。少日羹藜子，老来煨芋师。盘餐登异味，指动已先知。”

与卧龙山咸平寺僧释慧琏交游。

《雪山集》卷一二《用和游次公韵赠慧琏》、《再和示琏》二诗，当是入蜀后作。陆游《跋关著作行记》：“公免归之明年，某以事至卧

---

①《宋史》卷三四，第3册，第641页。

②《建炎以来朝野杂记》下册，第800—801页。

③《建炎以来朝野杂记》下册，第802页。

④《历代诗话续编》上册，第149页。

龙山咸平寺，长老惠琏言，公往有行记，今将刻之石，因属某书其末。”末署“乾道七年七月七日”①。魏了翁《夔州卧龙山记》：“张舍人震谓，始命寺僧惠琏为侯创祠，未知何时存帝庙而废侯祠也。”②所云见张震《忠武侯祠堂记》：“予始命卧龙寺僧慧琏为侯创祠，且绘其像，以慰国人之思，而纪其大略，使复有文中子者观之，当以予言为然。隆兴甲申日南至，右承议郎充敷文阁待制知夔州军州提举学事，兼管内劝农事充夔州路兵马都钤辖，兼本路安抚司事赐紫金鱼袋张震记。”③惠琏一作慧琏。慧琏既是卧龙山咸平寺僧，王质与其相见当在入蜀后。故此两诗应作于乾道三年至六年间。

《全宋诗》据《宋诗纪事》卷九三收释琏，小传云：“释琏，字不器。”④并据《后村千家诗》卷七录其《红梅》诗：“娇朱浅浅透烟光，瘦倚疏檐半出墙。雅有风情胜桃李，巧含春思避冰霜。融明醉脸笼轻晕，敛掩仙姿蹙嫩黄。旦暮风英堕行袂，依微如著袖中香。”⑤《梅花字字香》后集第二十三首“雅有风情胜桃李”句下署“琏，不器”⑥，亦可证。《御定佩文斋广群芳谱》卷二三引此诗署“连，石器”⑦，误。琏，古代宗庙盛黍稷的礼器。《论语·公冶长》：“（孔子）曰：‘瑚琏也。’”何晏集解引包咸曰：“瑚琏，黍稷之器。夏曰瑚，殷曰琏。”古人名与字意义相关，如作“连，石器”，则名与字毫无关联。陈起编《江湖小集》卷八释绍嵩江浙纪行集句诗《咏梅五十首

---

① 《陆游集》第五册，第 2228 页。

② 魏了翁撰《鹤山集》卷四四，《四库全书》本。

③ 周复俊编《全蜀艺文志》卷三七，《四库全书》本。

④ 《全宋诗》第 72 册，第 45207 页。按，《全宋诗》第 72 册第 45191—45192 页有释惠琏，无小传。且第 45192 页录“瘦倚疏篁半出墙”残句，注出处为“宋绍嵩《亚愚江浙纪行集句诗》卷六”，知《全宋诗》误将释惠琏当作两人。

⑤ 《全宋诗》第 72 册，第 45208 页。按，此诗又见《全宋诗》第 22 册第 14600 页饶节《红梅》诗，原注出处为“宋《锦绣万花谷》前集卷三”，字句稍有不同。

⑥ 郭豫亨撰《梅花字字香》，第 17 页。

⑦ 汪灏、张逸少等《御定佩文斋广群芳谱》，《四库全书》本。

呈史尚书》引“瘦倚踈篁半出墙”句，署“惠琏”[1]。《江湖小集》卷二〇李龏《梅花衲》引“瘦倚踈篁半出墙”署“释惠琏”。《后村千家诗》作“踈檐”，一字之别[2]，当是同一首诗。故释琏应是释慧（一作惠）琏。

王质有《用和游次公韵赠慧琏》诗，云：“行到山深山愈青，山青水青青照人。水光易昼而难夜，山态虽秋而亦春。鱼窠在水不知湿，鸟翮凭空能自直。霞绮横飞总是红，浪花才起浑无碧。”诗题所云“和游次公韵”，指《和游子明效李长吉体二首》，其二云：“树顶参差山髻青，漫漫秋浦无人行。征衫尘土老岁月，梧桐秋风桃李春。水寒露冷蒹葭湿，属玉横江孤影直。波纹摇尽九秋香，菱叶团圆水花碧。”秋浦即秋浦河，源出今安徽石台县西南，东北流至贵池市西北入长江。唐李白有《秋浦歌》。《和游子明效李长吉体二首》当作于入蜀前。游次公，字子明，号西池，建安（今福建建瓯）人。操子。孝宗乾道九年（1173）入范成大广西帅幕。淳熙十四年（1187），通判汀州[3]。

与李石书信往还。

李石《答王景文》：“九年之别，一再寓书，应不免浮沉。顷闻从军入蜀，初亦未审，往来者亦不之及，不即奉讯，乃蒙教札先辱。愧悚愧悚！比日具承台况佳胜，慰喜久之。贤东道相处，远客可忘索寞，跬步梯级，更当勉力，有如修名，郁郁非久此者。石杜门奉母，贫甚，有可营甘旨，执饱而止。”[4]云“九年之别”，知他们分别在绍兴二十九年。该年李石自太学博士出为成都府学官[5]。又云“杜

---

① 陈起编《江湖小集》，《四库全书》本。

② 按，“踈”与“踈”同为“疏”的异体字。

③《全宋诗》第49册，第30956页。

④ 李石《方舟集》卷一三，《四库全书》本。

⑤《建炎以来系年要录》卷一八三：“（绍兴二十九年十一月按是月辛巳朔）丁未殿中侍御史汪澈言……太学博士李石，好立邪说，败坏文体，傲视流辈，不安分义；大学正田兴宗操心强狠，使气忽下，今春公试尝取落韵赋入选士人，至今传笑。诏并罢。”

门奉母”，知李石当时赋闲在家。李石本年为成都倅[①]。

一一六八，乾道四年，戊子，三十四岁。

十一月至十二月，随虞允文自利州至成都。

《代虞枢密宴晁制置口号二首》当是本年秋天作。晁制置即晁公武。《建炎以来朝野杂记》甲集卷一六：“虞丞相允文代吴璘为宣抚使，乃与利路安抚使晁侍郎公武、总领财赋查少卿籥共议……时四年秋也。”[②]其地点当在利州。《宋史·孝宗纪》：“（乾道三年六月）辛未，复分利州东西路为二。”《雪山集》卷九《上晁制置启》云：“心醉汉中之数面。”当指此而言。《〈西征丛纪〉序》：“戊子自利至于成都，里计七百十有五，其还如之，日计自十一月之四至十二月之十九，得四十有五，往来皆在焉。”可见王质一直跟随虞允文往成都返利州。《建炎以来朝野杂记》既云“四年秋”虞允文与晁公武、查籥共议财赋，很可能在十一月去成都之前。

《雪山集》卷五《枢密宣抚相公乐府序》：“乾道四年戊子是日己未，门人汶阳王质依仿古乐府歌词，以为公之生日之献。”又云：“维大观四年十一月戊子二日丙寅，实生仁寿虞公于蜀。”知此文作于本年十一月。据《〈西征丛纪〉序》，知作此文时王质随虞允文尚在利州。当时虞允文知枢密院事，以资政殿大学士宣抚四川，故文题称“枢密宣抚相公”。

《雪山集》卷一六《水调歌头·九日》：“云巘在空碧，天宇共高明。重阳易得风雨，今日不胜晴。天为两朝元老，付与四时佳节，不动一丝尘。香霭洗金戟，飞雾洒霓旌。　　山鸣叶，江动石，总欢声。剑关玉垒千载，谁见此升平？细看樽前万蕊，相映眉间一点，黄气郁骎骎。江汉下淮海，都赖一长城。”云“剑关玉垒千载，谁见此升平”，又云“江汉下淮海，都赖一长城”，当是为虞允文作。因时间是重阳，故可能在乾道三年或四年，姑系于此。

《和御制诗五首》，四库馆臣按：“此诗当是孝宗乾道三四年间

---

① 参见孔凡礼《陆游交游录》，载《文史》第二十一辑，第227页。

②《建炎以来朝野杂记》上册，第350页。

所作。"在虞允文幕府期间还作有《代虞枢密谢赐腊药表》、《次虞枢密九日登高韵》等诗文。《诗总闻》卷六《唐风·椒聊》之"总闻"云："尝行关陕道路，深秋初冬之间，椒香不可胜言。"所述应是入蜀期间经历，姑系于此。

在虞允文幕，与李流谦、查籥交游。

虞允文幕府有李流谦。李流谦(1123—1176)，字无变，号澹斋，绵竹(今属四川)人。虞允文宣抚蜀中，招置幕下。《雪山集》卷一五《和李无变与诸公出郊访王彦博》、《和李无变求诗》及卷一六《满江红·幕府诸公郊外同集以病不去》，皆作于乾道三、四年间虞允文幕府。据《满江红》词"十月小春逢此日"句，词当作于乾道三年或四年十月。《和李无变与诸公出郊访王彦博》云"病来无力胜鞍马"，与《满江红》词"幕府诸公郊外同集以病不去"所指为同一事，当为同时作。

虞允文幕府还有查籥。王质《问查元章觅龙团茶诗》云："戏龙顿断天门锁，来蛰公家片段箱。"言查籥家乡在天门山的下游。又《用前韵谢元章惠茶二首》其一："五夜轻行过故乡，不知篇栝与车箱。清风一点吹灵府，梦断江南白鹭行。"既云"梦断江南"，应是身在四川才合理。故此三首诗也可能在虞允文幕府作。查籥，字元章，海陵(今江苏泰州)人，侨寓荆南[①]。《景定建康志》卷二五："隆兴元年六月十四日，诏张浚特降授特进，依前枢密使江淮东西路宣抚使，节制建康镇江府江阴军，江池州屯驻军马，试尚书礼部侍郎陈俊卿降授左朝散大夫，充敷文阁待制，参赞军事唐文若降授左承议郎，尚书户部员外郎冯方降授左承事郎，直秘阁查籥差充江淮宣抚使司参议官，都督府官属并改充江淮东西路宣抚使司。"[②]知隆

---

① 《建炎以来系年要录》卷一八〇："(绍兴二十八年十二月丁亥朔，壬辰)左从事郎籥主管户部架阁文字。籥，江陵人也。"《南宋馆阁录》卷八亦云："查籥字元章，江陵人。"《万姓统谱》卷三六："查籥字元华(引者按，华当是章之误)，休宁人，待制道之后，累官太府少卿，与李浩等为五贤，以材谓闻。"

② 《景定建康志》卷二五"宣抚使"条，《四库全书》本。

兴元年王质即已与查籥相识于张浚幕府。《宋史·孝宗纪》:“(乾道四年二月甲午朔)诏四川宣抚使虞允文集四路漕臣会计财赋所入,对立兵额。”[1]王质此时在虞允文幕府,与查籥当是再次相见。王质《水调歌头·寿查郎中》:“淮海一星出,分野到梁州。玉京群帝朝斗,公在列仙流。尽扫搀抢格泽,高拱紫微太乙,霞佩拂红稠。非雾非烟里,永侍绀云裘。　日南至,月既望,寿君侯。梅花满眼,一朵聊当一千秋。半夜玉堂承诏,翼旦路朝宣册,归去作班头。风净瞿唐峡,安稳放行舟。”王十朋《查漕元章生日》题下注云:“十一月望日。”[2]与王质词中“日南至,月既望,寿君侯”相合。《四川通志》卷七上:“查籥字元章,隆兴间为御史,与王十朋、冯方、李浩、胡宪相继言事,时号五贤,乾道中出为夔州路运判,时十朋为府帅,相得甚欢,多有倡酬,后转成都运使。”[3]查籥乾道元年为夔漕,陆游有《送查元章赴夔漕》。二年夏,改漕成都[4],王十朋有《送元章改漕成都》诗[5]。王质此词具体创作年份已不可确考,据查籥生日、为官地及王质行踪,以作于本年可能性较大。

有诗题薛公肃画。

王质有《题薛公肃〈西湖问梅图〉二首》,其一云:“茅屋荒寒篝影昏,口心相应共花论。山桥野渡香凌乱,君在江南我剑门。”据孔凡礼考证,“(薛)公肃乾道四年间,为简州判”,“(李石)有‘诗魂别后谁与招,独立西湖树边月’之句,似其人为蜀人,尝宦游临安”[6]。王质诗云“君在江南我剑门”,当作于蜀中,其时薛公肃在江南,姑系于此。

一一六九,乾道五年,己丑,三十五岁。

正月,自利州出发,四月至兴国军,入晁公武幕。

《〈西征丛纪〉序》:“己丑余东下,自利至兴国,里计六千十有

---

① 《宋史》卷三四,第3册,第642页。
② 《王十朋全集》,第365页。
③ 《四川通志》卷七上,《四库全书》本。
④ 参考孔凡礼《陆游交游录》,《文史》第21辑,第230页。
⑤ 《王十朋全集》,第378页。
⑥ 孔凡礼《陆游交游录》,《文史》第21辑,第240页。

五，水也，日计自正月之二十至四月之十，得八十日始达。是役也，宣抚虞公辟而西，制置晁公檄而东。事既，是岁又西，自兴国至于成都，里计如丁、戊西征之数，日计自十月之十九至庚寅二月之五，得百有六日始达。司废，是岁又东，自成都至于兴国，里计五千十有九，促于利来者，其江异也，日计自六月之一至八月之七，得六十有六日始达。是役也，晁公檄而西，晁公去，解而东。”知王质正月离开虞允文，四月至晁公武幕府。《〈西征丛纪〉序》云“促于利来者，其江异也”，指乾道五年自利州至兴国所走水路，与乾道六年自成都至兴国所走水路不同。

虞允文本年受诏离任，八月为相。《宋史·陈俊卿传》：“五年正月，上召允文为枢密使，至则以为右相，俊卿为左相。”《宋史》卷三四《孝宗二》：“（五年三月）乙亥，以王炎为四川宣抚使，仍参知政事，召虞允文赴行在。”又：“（六月）己酉，以虞允文为枢密使。”又：“（八月）己丑，以陈俊卿为尚书左仆射，虞允文为尚书右仆射，并同中书门下平章事，兼枢密使，兼制国用使。”关于召见虞允文的时间有正月、三月两说，互相抵牾。李流谦《醉蓬莱·同幕中诸公劝虞宣威酒》：“正红疏绿密，浪软波肥，放舟时节。载地擎天，识堂堂人杰。万里长江，百年骄敌，只笑谈烟灭。葭苇霜秋，楼船月晓，渔樵能说。　　分陕功成，沙堤归去，衮绣光浮，两眉黄彻。了却中兴，看这回勋业。应有命圭相印，都用赏、元功重迭。点检樽前，太平气象，今朝浑别。”“虞宣威”指虞允文。此词云“正红疏绿密，浪软波肥，放舟时节”，应是春夏之交。词又云“分陕功成，沙堤归去”、“今朝浑别”，当是留别虞允文。关于虞允文出蜀时间，《宋史》前后所言不一致，未知孰是。今据此词可断定在乾道五年三月。《宋会要辑稿》食货三之一八载，（乾道五年）三月二十七日，知枢密院事、四川宣抚使虞允文言事。知三月虞允文已至京城[1]。

王质之所以离开虞允文而接受晁公武邀请，似与虞允文离任

---

① 王兆鹏等著《两宋词人丛考·王质考》以为：“乾道五年己丑（1169）正月，随虞允文还，取水路出川。”（见该书第186页）误。

入京有关。王质未随虞允文入朝，而入晁公武幕，有其苦衷，在以下两封信中对入蜀后的处境略有透露。《与虞相书》(其一)："使某皮焦肉枯，穷天下辛苦之情；心碎胆裂，受人生危辱之极。"《与虞相书》(其二)："今某乃独以龃龉而不能有所开拓，取人主之轻，受天下之责。"此两信作于乾道六年七、八月，可见王质虽远在四川，也未能逃离流言蜚语的牢笼。再如"无言有泪洒西楼"(《浣溪沙·有感》)，亦是形容成都幕府期间的境况。《西征丛纪序》云："楼无敞于成都之西楼。"知西楼在成都。

李流谦《送王景文入制幕二首》当作于本年正月：

著眼分明见，论心委曲知。负排阊阖气，有泣鬼神诗。世故从料理，人材属盛衰。浮云多变化，宁忆路傍时。

缱绻联名第，飘零共塞垣。自知此事胜，更觉斯文尊。欲别言尤苦，相期意略存。成都万事好，只合近清樽。①

从第二首末两句可见王质在幕府中处境不利。王质也云："成都万事之好，未免吾庐之少归。"(《雪山集》卷九《谢四川制干到任启》)可能指此而言。李流谦《投晁子止制置三首》其二云："衮衣人惬意，重为雪山愁。"②表达了对王质处境的担忧，也带有介绍王质的意味。

《雪山集》卷一一《祭梓潼神文》，自称有"沈冤"、"窃愤"、"愚忠"、"朴学"，又云"某言孔悲"、"某身良苦"，又称"若此有罪，亟下严诛。若其无辜，盍亦鉴诸"。梓潼神是四川梓潼县的一个普济型的地方神灵。梓潼县在去成都的路上，王质可能是入蜀期间作此文。结合他的处境考虑，以作于本年前后较为合理。

《雪山集》卷九《上晁制置启》，本年四月前后作。启云："十年而受坎壈，殊无宦情。"所谓"十年"，指中进士至此时。又云："一旦

①《澹斋集》卷五，《四库全书》本。

②《澹斋集》卷五，《四库全书》本。

而得依归，顿有生意。”当作于刚入晁公武幕府时。《谢四川制干到任启》云：“暂违幕府，往访庭帏。乐莫乐于新相知，虽于义颇伤于去速。”应晁公武之请任四川制干，当作于四月后。王兆鹏等著《两宋词人丛考·王质考》以为《上晁制置启》作于乾道四年六月，误[①]。

与虞公亮别，有词相寄。

《眼儿媚·送别》：“雨润梨花雪未干。犹自有春寒。不如且住，清明寒食，数日之间。　想君行尽嘉陵水，我已下江南。相看万里，时须片纸，各报平安。”既云“清明寒食，数日之间”，当是二三月间所作。《浣溪沙·和王通一韵简虞祖予》三首亦作于本年。词云“却簪征帽解戎衣”、“泪下猿声巴峡里”、“下到瞿唐春欲杪”、“到家无树不红飞”，当作于春末夏初。《雪山集》卷八《与虞宣机书》：“某乍去恩门，忽忽若有所失。……伏想贤父子之间，所以钟意不肖者，若合符节。”所言情感与词中所写相符，当是离开虞允文幕府后作。既云“贤父子”，此“虞宣机”当为允文之子。《宋史·虞允文传》：“子三人：公亮、公著、杭孙。”[②]杨万里《宋故左丞相节度使雍国公赠太师谥忠肃虞公神道碑》：“三子：公亮，奉议郎直秘阁前四川制置司参议官；公著，朝散郎知开州；公逊，奉议郎余杭县丞。”[③]《建炎以来朝野杂记》乙集卷九“孝宗趣虞丞相出师恢复”条：“虞丞相再为宣威，上用李伯纪故事，御正衙，亲酌卮酒赐之，俾即殿门乘马持节而出，都人以为宠。始期以某日会于河南，既而，上密诏趣师。其虞公言军需未备，上浸不乐。又明年，上遣二介持御礼赐之，戒以面付，介至，而虞公薨数日矣。其属官汤朝美告虞公之子公亮，欲启之，其子不敢，遂已莫知何所言也。公亮字祖予，以父任为奉议郎直秘阁，终身不出仕。”[④]知虞祖予即虞允文长子

①《两宋词人丛考》，第186页。
②《宋史》卷三八三，第34册，第111800页。
③《诚斋集》卷一二〇，《四库全书》本。
④《建炎以来朝野杂记》下册，第631页。

虞公亮。杨万里《淳熙荐士录》曾予荐举："虞公亮，力学有文，子弟之秀，雍公之子，尚淹下僚。"[1]《诚斋集》卷六七有《答虞祖禹兄弟书》，作"祖禹"，未知是否一人。四库馆臣于《送虞丞相孙运干诗三首》题下案："祖予，盖允文孙之字。"[2]以为虞祖予是虞允文之孙，可知为误。

有和王万全词。

有《浣溪沙·和王通一韵简虞祖予》三首。王万全（1131—1213），字必胜，一字通一，曾祖韶，祖宷，父彦融。居金坛。为王阮堂兄[3]。监户部余杭酒库，以忧去，服除辟真州杨子簿，调临安府录事参军，改秩知绍兴府会稽县，代还为湖广总领所分差襄阳干办公事，通判舒州，擢知辰州。事迹具《京口耆旧传》卷七。章甫《自鸣集》多与其唱和之作。《雪山集》卷一六有《西江月·和王道一韵促画屏》，疑"王道一"为"王通一"形近之误。

王质与王万全交游，在本年的可能性较大，当是回兴国后又至襄阳办事。《〈西征丛纪〉序》云："己丑余东下，自利至兴国，里计六千十有五，水也，日计自正月之二十至四月之十，得八十日始达。是役也，宣抚虞公辟而西，制置晁公檄而东。事既，是岁又西，自兴国至于成都，里计如丁、戊西征之数，日计自十月之十九至庚寅二月之五，得百有六日始达。"知王质此行回兴国是应晁公武所请，所谓"晁公檄而东"、"事既"云云，故王质可能回家后曾至襄阳办事。王质之所以先回家，可能是考虑携带全家同行。《雪山集》卷九《谢四川制干到任启》云："尽家室以相携，托门阑而终老。"可证。同卷《上晁制置启》云："以半生之齿发，与百指之妻孥，置在并包之中，托为生死之所。"又云："凡今日全家而求托，盖平时慕义以来归。"

---

① 《诚斋集》卷一一四，《四库全书》本。

② 《全宋诗》第46册，第28833页。《增订注释全宋词·王质卷》于《浣溪沙·和王通一韵简虞祖予》第一首下注云："虞运干，字祖予，隆州仁寿人。虞允文之孙。"受馆臣影响而误。

③ 王阮为王韶曾孙、王厚之孙。王厚为王韶次子，王宷为王韶幼子。

知王质曾欲以全家相随。

三月底或四月初，过荆州，与张孝祥游。

三月过荆州，与张孝祥交游。《〈于湖集〉序》："岁己丑，某下峡过荆州，公出其文章数十篇……是岁，公殁于当涂之芜湖……往会于荆州之杞梓堂……后四月而公亡。"古人称"后几月"、"后几年"，包括起止月(年)在内，故王质与张孝祥相遇于荆州似在三月。《舆地纪胜》卷六四："杞梓堂，在府治。"①

辛更儒云："二月，王质过荆州相会，论文于杞梓堂。"又云："据同书同卷《〈西征丛纪〉序》，今年王质自利州东下至兴国，凡自正月二十日至四月十日始达，盖以四川宣抚使之命而行。会于湖于荆州即其途中事。序文自纪其论为文应主六经言词几达五百余言，今均不录。序又称后四月于湖病没，则其事当在今年二月。"辛更儒又云："王质再过荆州，访于湖不遇。"引《雪山集》卷一四《余过荆州张安国已请祠先行》为据，并加按语："王质因受四川制置司之檄东下至于荆州，事在今年二月，前文已载。然诗题谓王质过荆州，于湖已请祠先行，知与二月之过荆州必非同一事。盖王质前此抵荆后，又或以他事别往，至三月复过荆州时，于湖已东归，遂赋此诗。可知王质四月始达兴国，即因途中有此稽留也。"②

按，辛先生也仅是推测，其结论恐难成立。《余过荆州张安国已请祠先行》诗云："心事何曾吐一分，鼓严早已报三声。元戎十乘公先启，野渡孤舟我自横。细看好山须少驻，缓摇柔橹莫多鸣。倘能黄鹤楼前见，安得春江尾柁行。"张孝祥请祠只乾道五年一次，故此诗应作于本年。诗云"心事何曾吐一分"，表明未曾相见，如二月相会，"有此稽留"，即使三月未能再会，相隔短暂，似不应有此语。再者，王质云"事既，是岁又西"，则其因"制置晁公檄而东"，办事时间似在四月十日到兴国军以后至十月十九日之间。《〈西征丛纪〉

① 王象之撰《舆地纪胜》，《续修四库全书》第 584 册，第 551 页。

② 辛更儒著《张孝祥于湖先生年谱》，第 232 页、第 233 页、第 237 页。

序》云："己丑余东下，自利至兴国，里计六千十有五，水也，日计自正月之二十至四月之十。"知王质由水路出蜀，四月十日至兴国。据"倘能黄鹤楼前见，安得春江尾柁行"，知王质沿江东下，则此诗作于三月底或四月初。张孝祥《黄州开澳记》末署"乾道五年四月八日"[①]，四月八日在黄州，从荆州启程当在四月初一、二，顺水而下五六日可到。王质可能听说张孝祥已请祠先行，因作此诗，后又得知张尚未离开，而有荆州杞梓堂之相会。张孝祥《荆南重建万盈仓记》云："既成而余以亲疾丐祠去。"末署"乾道五年三月旦"[②]。张孝祥《朱编修》云："近制不必俟代者，已治舟楫，载衣囊，五七日即可离此。"[③]知张孝祥早已准备离任。故王质得到误传"已请祠先行"的信息也有可能。

张孝祥本年夏卒，王质有挽词。

王质《八声甘州·怀张安国》："海茫茫、天北与天南，吾友定安归。闻濡须江上，皖公山下，驾白云飞。莽苍空郊虚野，古路立斜晖。颜跖皆尘土，苦泪休挥。　　一代锦肠绣肺，想英魂皎皎，健口霏霏。望寒空明月，无路寄相思。叹千古、兴亡成败，满乾坤、遗恨有谁知。今何在，一川烟惨，万壑风悲（原注：安国死后，在淮南屡降，凭箕作诗词偈颂及结字，比生前愈奇伟。淮宁宰陆同得遗墨尤多）。"[④]《钦定大清一统志》卷九一："陆同，字彦和，历阳人。建炎间，父有常知临淄县，抗敌死节。同以恩补官，调建康户曹，不畏强御。知望江县。先是，朝廷行营田，民未复业者藉之，募民耕种，为官庄，后民既复业，犹俾于赋外并输，名曰附种营田，同悉请罢之。改秩知庐江县。中外交荐，孝宗喜其能记中原事，书名御屏。除知房州，迁京西转运判官，首罢襄阳新蒸之禁，请

① 徐鹏点校《于湖居士文集》卷一四，第143页。

② 徐鹏点校《于湖居士文集》卷一四，第142—143页。

③ 徐鹏点校《于湖居士文集》卷四〇，第401页。

④《全宋词》第三册，第1646页。张栻《南轩集》卷五《有怀安国》："若人别去已经秋，却见山间翰墨留。"可与王质词互参。

祠卒。"[①]项安世有《挽陆运使诗(原注:同,和州人)》二首,其二云:"八秩公何憾,淋浪我自悲。向来淮士里,最得阜陵知。故国人谁识,长身帝所思。竟随龙驭去,应赴白云期(自注:阜陵六月上仙,公九月卒)。"[②]阜陵,宋孝宗赵眘陵墓永阜陵的省称,代指宋孝宗。孝宗卒于绍熙五年(1194)六月,故陆同卒于该年九月。洪迈《容斋五笔》记载:"乾道二年历阳陆同为望江令。"[③]陆同何时为淮宁宰,待考。

经洞庭湖,有《过洞庭》诗。

王质有《过洞庭》诗:"云可有无水,风能奔走沙。蟠深鸣老蚰,飞倦落长鸦。地有湘头尾,山无楚正斜。人间与天上,何处碍浮槎。"[④]当作于出蜀途经洞庭湖时。姑系此处。

在兴国军,有诗赠陶去泰。

《雪山集》卷一三《送陶茂安赴湖南二首》应作于本年,当在四月十日以后,十月十九日以前。据《〈西征丛纪〉序》,王质四月十日自利至兴国,十月十九自兴国往成都。陶去泰于乾道五年知衡州[⑤]。《送陶茂安赴湖南二首》其一云:"峻岳车帷外,清湘簜节前。"所云"峻岳"、"清湘",皆为陶去泰知衡州路上所经之山水。乾道元年陶知永州,王质有《送陶茂安知永州》诗送行。

十月,自兴国出发往成都,经竹山县,观梅。

十月离兴国去成都。《〈西征丛纪〉序》:"事既,是岁又西,自兴国至于成都,里计如丁、戊西征之数,日计自十月之十九至庚寅二月之五,得百有六日始达。"所谓"里计如丁、戊西征之数",指沿丁亥、戊子年自兴国至成都的路线,才会路程相等,故此次为陆路[⑥]。

---

① 和珅等《大清一统志》卷九一,《四库全书》本。

②《全宋诗》第44册,第27388页。

③《容斋随笔》之《容斋五笔》卷七,下册,第887页。

④《全宋诗》第46册,第28895页。

⑤《全宋诗》陶去泰小传,第45册,第28271页。

⑥ 王质此次去成都走陆路,笔者误读王质《〈西征丛纪〉序》中"里计如丁、戊西征之数"一句,未能考出,蒙导师程杰教授指正,特此致谢。

《题俞顺俞墨梅》诗云:“菁村江梅,竹山蜡梅,余虽不遍历天下,东南未见也。”又云:“吾尝竹山道上烂看蜡凌乱,三程两程行不断。所恨俞子不同征,至今梦绕襄山畔。”知王质曾去竹山观腊梅。《明一统志》卷六〇襄阳府:“襄山在府城西五里。”王质出蜀、入蜀几次,时间与路程符合的,仅本年底至明年初这一次。王质隐居后曾去深山野林寻梅。《青门引 · 寻梅》云:“寻遍江南麓。只有斑斑野菊。梅花不遇我心悲,一枝得见,便是一年足。”又《鹧鸪天 · 山行》:“空响萧萧似见呼。溪昏树暗觉神孤。微茫山路才通足,行到山深路亦无。”可见他寻梅不计路程远近与路况险恶,所谓“寻遍江南麓”、“谢他指向深深谷”、“行到山深路亦无”。不过,隐居后去竹山寻梅的可能性很小,而更可能在入蜀时经过。

贺晁公武除敷文阁直学士。

《雪山集》卷九《贺晁侍郎敷文阁直学士启》,四库馆臣系于乾道六年,王兆鹏等著《两宋词人丛考 · 王质考》系于乾道七年,皆误。《宋会要辑稿》选举三四之二三:“(乾道五年十一月)二十一日,诏敷文阁待制成都潼川府夔州利州路安抚使兼知成都府晁公武、敷文阁待制知泉州王十朋,并除敷文阁直学士。”汪应辰《新除敷文阁直学士依前成都潼川府夔州利州路安抚制置使兼知成都府晁公武辞免恩命不允诏》:“任四路兵民之寄,积二年镇抚之劳,乃今进职,盖云晚矣,又何辞焉?”[①]既云“积二年镇抚之劳”,指晁公武乾道四年春为四川安抚制置使至此时,将近二年。启云“过周公居东之年而不归”,用《尚书 · 金縢》“周公居东二年”典,与汪应辰所制诏文相合,故此启作于本年底。

一一七〇,乾道六年,庚寅,三十六岁。

二月,至成都,与王炎、晁公武、陈伯强、史大猷、章德茂等交游。

王质二月到成都。三月,以晁公武、王炎不协,罢四川制置司归宣抚司。王质六月离开。《〈西征丛纪〉序》:“是岁又西,自兴国

① 汪应辰撰《文定集》卷八,《四库全书》本。

至于成都……日计自十月之十九至庚寅二月之五……司废，是岁又东，自成都至于兴国……日计自六月之一至八月之七……是役也，晁公檄而西，晁公去，解而东。”在成都曾为晁公武题诗。《永乐大典》卷二八一二引《雪山集》：“余在成都西楼下……（晁公武）出小横轴江路野梅数枝，曰：‘为我题此，当以扇乞君。’余沉吟良久，曰：‘西楼何自有江声，安得梅花的皪明。斗转参横无定舍，侍郎行处亦随行。’子止即举扇与余。”①晁公武离开成都可能在四、五月。王质有《送晁侍郎二首》送行：

元衮催韩觐，锵鸾迟甫归。无功生静福，有道正危机。弃智轻观世，忘言妙格非。五车书满腹，字字莫相违。

昔欲全家托，今惟只影依。任从龟左顾，独自鹊南飞。灾浅谋三至，心危泣百挥。英豪天下少，不敢废依归。

王质既有诗送行，知晁公武离开成都早于王质。故王质入晁公武幕前后约一年。

《上王参政启》，应作于乾道六年二月到成都以后。《上王参政启》云：“于皇太上，既及今王，亦遵令猷，以待元老。忠献张公之至，即次赵公而秉钧；仁寿虞公之还，行与陈公而并位。公居此地，前有成规。”既云“仁寿虞公之还”，应作于虞允文回朝后。启又云“才睹行台之建”，当是至成都有所见而言。王兆鹏等著《两宋词人丛考·王质考》以为“当于出川途中所作”②，误。启云：“二人同心，洽金兰之契；一日不见，觉岁月之深。”当是指曾经相识于汪澈幕府而言。绍兴三十一年六月，汪澈过九江，王炎“见澈论边事”，汪澈“辟为属，偕至襄阳抚诸军”（《宋史·汪澈传》）。王质当在那时与王炎相识。《上王公明寿四首》，四库馆臣系于七年，误，亦应作于本年。

---

①《永乐大典》卷二八一二，第二册，第 1497 页。
②《两宋词人丛考》，第 187 页。

《游杨氏园》:“是日成都极炎热。”《题观政池桥》:“菱叶荷花净晼晚。”皆本年在成都作。王质两至成都,乾道四年在成都为冬季,六年在成都为春夏。《雪山集》卷五《书〈张魏公祠堂记〉后》:“乾道六年五月二十三日,陈伯强、王质共啖荔子于史大猷之舍。”据《〈西征丛纪〉序》,其时当在成都。陈伯强、史大猷,皆不详。王质《〈诗总闻〉自序》云:“庚寅再入蜀至梁,见杨君左车,商州游子也,因询商山之事,偶及四老之迹。”[1]杨君左车,不详。

《雪山集》卷一〇《章德茂破砚铭》:“初,癸酉(1153)……居十有六年,昏翳污塞,无砚矣。”此铭当作于乾道四年后。铭云:“以示今紫薇张公直父,公为之铭,又以要余。”“张直父”,疑为“张真父”形近之误。张震字真父,乾道六年四月以敷文阁直学士知成都府,充本路安抚使。称“紫薇”是因其曾任中书舍人。章森,字德茂,其时亦在蜀。据《〈西征丛纪〉序》,王质二月至六月在成都。张震四月除官,当在六月前到任,此铭可能六月离成都前作。

自成都经泸州,过涪陵,与程颐之孙程公交游。

王质两次入蜀都走陆路,不可能经过涪陵,出蜀都走水路,第一次出蜀自利州至兴国,第二次出蜀自成都至兴国。《〈西征丛纪〉序》云:“自成都至于兴国,里计五千十有九,促于利来者,其江异也,日计自六月之一至八月之七,得六十有六日始达。”所谓“促于利来者,其江异也”,实际是指本年自成都经泸州沿长江东下,不同于上一年自利州经重庆入江,陆路要短,长江水路也不同。作此判断,主要依据是王质到过泸州南定楼。

《永乐大典》卷二二一八“模”字韵“泸州府”引《江阳谱》:

> 南定楼,在泸州芙蓉桥后罗城上,旧为水云亭,绍兴三十二年晁公公武改建此楼,取诸葛孔明建安五年《出师表》语为名,自为之记。壁左右有李赞皇诸葛忠武像及南蛮、西夷地图。其雄壮尤为一郡胜,广袤八丈有奇,面临资江,檐庑高明,

① 陆心源撰《皕宋楼藏书志》卷五“诗类”,第52页。

> 庭宇爽垲，凡帅守会僚属将佐商略军务多在是。右司范公仲艺书额。晁公诗云："水接荆门陆控秦，卧龙陈迹久尤新。剑关驿外青山旧，锦里祠边碧草春。更筑飞楼瞰泸水，拟将遗恨问洪钧。南方已定虽饶富，北望中原正惨神。"[①]

《〈西征丛纪〉序》云："楼无敞于成都之西楼，南定岳阳次之。"所叙皆西行亲至之地，考王质行踪，只有本年东下经过泸州。据《江阳谱》还可知芙蓉桥在泸州，王质词中回忆与歌妓"芙蓉桥上曾相识"(《一斛珠·有寄》)，也应在此时。

《诗总闻》卷七《陈风·东门之池》"总闻"云："过涪陵，见古寺题'谯可翁'三字，必谯定也，其详见祠堂记。"所云"祠堂记"即《雪山集》卷七《涪陵谯先生祠记》。《涪陵谯先生祠记》："后数年，过涪陵，见伊川之孙太守程公，示余以武夷胡公宪、河南郭公雍诸文且道所未尽者。"涪陵在今重庆市。《涪陵谯先生祠记》似为第二次出蜀所作，姑系本年。《雪山集》卷七《涪陵谯先生祠记》、《白帝庙记》、《张翼德庙记》三篇，四库馆臣案："当是孝宗四年、六年质两入蜀时所作。"[②]误。三文皆本次出蜀途中作。

过江陵，与刘珙交游。

《永乐大典》引《雪山集》："子止即举扇与余。至江陵，刘共父枢密觅去。"[③]刘珙(1122—1178)，字共父，崇安(今福建崇安)人。子羽长子。朱熹《刘枢密墓记》云："(乾道)五年四月，除资政殿学士、知荆南府。六年九月，丁庆国夫人忧。"[④]刘珙补张孝祥缺，时知江陵府。江陵府治所在今湖北江陵县。《〈西征丛纪〉序》云："司废，是岁又东，自成都至于兴国，里计五千十有九，促于利来者，其江异也，日计自六月之一至八月之七，得六十有六日始达。"知王质

① 转引自孙猛《晁公武传略》，载《郡斋读书志校证》附录。
②《雪山集》卷七，《四库全书》本。
③《永乐大典》卷二八一二引《雪山集》，第二册，第1497页。
④《晦庵集》卷九四，《四库全书》本。

走水路沿江而下，至江陵当在七月中旬。《与虞相书》(其二)云："某乃七月二十日以书彻于相公，时则在武昌。今八月一日以书达于相公，时则在兴国。"故王质在江陵与刘珙交往当在七月中旬。

七、八月各作《与虞相书》一封，打算将自己该得之官移之与父。

本年七八月间作《与虞相书》两封。《与虞相书》(其一)云："伏念家君好学守道，廉介勤畏，两任六年，粗为统莅者所知，今夷陵法掾垂满，若至行在谒铨部，不惟数千里之役，非老者所宜，而三五年之次，亦非穷者所易守也。某省罢，固法之所优，而同列已各有处，又以例之所当得者，愿以此移之于亲，惟相公哀之，祖宗之朝有乞以己官予父者，有司以法而格，祖宗以情而从，著在昭陵之录，可覆视也。"《与虞相书》(其二)："伏念家君好古专经，老犹不倦，居家临官，介然自守，其勤畏廉纯异常，虽当世独行立节之士未易及也。惟是屈于不遇之命，少困场屋，老沈下僚，虽家君处之夷然，而为子之职，当无所不用其至。今夷陵之掾垂满，异时之计不知所以裁之，涉数千里而调官，固非老者所宜；待三五年而得禄，又非贫者所能守。"打算将自己所该得之官移之与父。《与赵丞相书》："昔丞相仙井虞公，盖尝造化老父，以湖北之帅属；又尝造化老父，以江南之帅属。"其父当于本年或明年官"江南之帅属"。

《〈西征丛纪〉序》，本年作。据《序》，《雪山集》可考知作于西征期间作品，还有：卷一二《题观政池桥》、《游杨氏园》；卷一三《送韩总二首》、《魏城道中》；卷一五《月下看古碑唐正元间物也》；卷一六《水调歌头·饶风岭上见梅》、《水调歌头·寿查郎中》等。

代人作《代贺皇帝加上太上尊号表》、《代贺太上皇后加尊号表》。

《雪山集》卷四《代贺皇帝加上太上尊号表》、《代贺太上皇后加尊号表》作于本年。加太上皇帝及太上皇后尊号，在王质一生中计有两次：一次在绍兴三十二年。《宋史》云："(绍兴)三十二年六月，诏上太上皇帝、太上皇后尊号，集议以闻。左仆射陈康伯等言：'五帝之寿，惟尧最高，百王之典，惟尧独冠。今兹高世之举，视尧有光，恭请上太上皇帝尊号曰光尧寿圣太上皇帝，太上皇后尊号曰寿圣太上皇后。'诏恭依，仍令礼部太常讨论礼仪以闻。"①《建炎以来系年要录》卷二〇〇载，（绍兴三十二年）八月戊寅"上诣德寿宫，奉上光尧寿圣太上皇帝、寿圣太上皇后尊号册宝行礼。追册皇后郭氏"。另一次在乾道六年。《宋史·孝宗纪》："（乾道六年）十一月丁酉（丁丑朔），加上光尧寿圣太上皇帝尊号曰'光尧寿圣宪天体道太上皇帝'、寿圣太上皇后尊号曰'寿圣明慈太上皇后'。"②四库馆臣以为《代贺皇帝加上太上尊号表》"当是孝宗乾道六年十一月所作"，可从。《宋史·虞允文传》云："（乾道）七年正月，上两宫尊号，议始定。"③知两宫尊号乾道七年正月始定，大臣上表祝贺可能在此前。《代贺皇帝加上太上尊号表》称皇帝"大安虚称者八载"，据孝宗皇帝登基年份推算，此表当作于乾道六年。《代贺皇帝加上太上尊号表》云："臣受二仪之生育，托两曜之光辉。自阻宣承，莫预嵩呼之列；惟知明察，永增川至之休。"由"莫预嵩呼之列"，知王质不是代朝臣作，所代者是谁已难考证。

本年至京城，为敕令所删定官。

王阮《〈雪山集〉序》："丞相梁公克家处以敕局。"知王质任敕令所删定官是梁克家所荐。《宋史·孝宗纪》："（乾道六年八月）癸丑，复置详定一司敕令所。……是月，虞允文上乾道敕令格式。"④乾道六年八月，复置详定一司敕令所，王质为删定官当在此后。王质乾道六年八月初尚在兴国，其入朝为删定官，应在本年八月后。

《留别虞丞相二首》对考证王质为删定官时间很重要。诗题云"虞丞相"，可能作于虞允文为相期间或以后。虞允文乾道五年八

---

①《宋史》卷一一〇，第 8 册，第 2649—2650 页。《建炎以来系年要录》卷二〇〇：（绍兴三十二年）八月戊寅"上诣德寿宫，奉上光尧寿圣太上皇帝、寿圣太上皇后尊号册宝行礼。追册皇后郭氏。"

②《宋史》卷三四，第 3 册，第 650 页。《宋史·虞允文传》云："七年正月，上两宫尊号，议始定。"第 11798 页。

③《宋史》卷三八三，第 11798 页。

④《宋史》卷三四，第 3 册，第 649 页。

月为相，八年九月罢相。王质乾道六年八月尚在兴国军，八年九月与虞允文别后未再相见[①]。故此诗应作于乾道六年八月后至八年九月前。兹定为乾道七年，理由有三：

一、王质乾道八年正月、九月在京城。《宋会要辑稿》选举二〇之二二："（乾道）八年正月九日，敕令所删定官杨恂、王质、王公衮……点检试卷。"知王质正月在京城。《与周枢密益公书》云："盖十有三年之前，相府宾次，骤见而骤语，五字才出，一语才已，而雍公已降阶，相公已升堂矣。""雍公"即虞允文，乾道八年九月封雍国公，为四川宣抚使，"降阶"即指此。既云"骤见而骤语"，知王质乾道八年九月前后在京城。

二、《与李处全殿院书》云："今殿院立于国家命脉、生民咽喉之上，当以道相与，以义相律，非泛舟焦山、凭栏需亭无与于世者之时也。某抱影荒寒，绝意休显，好不必己出，殿院能不负所学，以济斯民，在晋犹在楚也。"其勉励李处全"不负所学，以济斯民"，盖因张说而发。据"某抱影荒寒，绝意休显"，王质此时似已去官。《〈退文〉序》云："岁辛卯三触祸。"应指去官。史载，张说乾道七年三月除签书枢密院事，朝中多人因反对而贬谪或落职，如张栻出知袁州、范成大出帅静江府等，王质也可能于三四月因此落职。故《留别虞丞相二首》当作于乾道七年三四月落官后、回家前。

三、《留别虞丞相二首》内容表明作于乾道七年。其一云："修造风楼须有手，住持乌寺可无人？"似指因张说而致多人离朝。其二云："朝家有意寻幽侧，人在风烟惨淡中。"心情甚为低落，似亦因忤张说离京而发。其一云："太仓宇宙久陈陈，合与英豪共作新。"对安于和议、因循已久的国家现状不满。意思与同一年《上皇帝书》（其二）相近，故《留别虞丞相二首》很可能作于乾道七年。

作《上皇帝书》（其二），陈述抗金策略。

《上皇帝书》（其二）云："自辛巳（1161）至甲申（1164），何其欲和之坚、谋和之艰也！"又云："葛褒明见此理，坚守此说，故十年而

---

① 《雪山集》卷一五《挽虞丞相》自注："别公二年而公薨。"

中原无变。”由绍兴三十一年下推十年，当作于本年。《上皇帝书》(其二)提出进幸建康、复请园陵、求减岁币等主张，都是针对“久陈陈”形势的计策。王质的这些政治主张实与虞允文同。刘时举《续宋编年资治通鉴》卷九：“(乾道六年五月)仆射陈俊卿罢。时虞允文始相，建议使金，以陵寝为请，俊卿面奏，以为未可。又上疏曰：‘陵寝诚臣子之痛愤，然在今日，彼方以本朝意在用葬，多方为备，若更为此以速之，彼或先动，则吾之事力不办，不知何以待之？况使者既行，中外疑惑，果得所请，犹为有名，苟或不从，殊失国体。’上意为释，而允文复申前议。俊卿即杜门，上疏以必去为请，出知福州，陛辞，犹劝上远佞亲贤，修政事，以攘外侮，泛使未可轻遣。允文遂遣使，竟不获其要领。”《宋史·张栻传》：“明年，召为吏部侍郎兼权起居郎侍立官。时宰方谓敌势衰弱可图，建议遣泛使，往责陵寝之故。士大夫有忧其无备而召兵者，辄斥去之。”本年张栻也上疏反对，主张“修德立政”，“通内修外攘、进战退守以为一事”，孝宗为之击节称赏①，但最终也是被排挤离朝而去。

事实证明虞允文的主张并非上策。《宋史·孝宗纪》：“(乾道六年闰五月)戊子，遣范成大等使金求陵寝地，且请更定受书礼。”②《上皇帝书》(其二)提出“复请园陵”，应在范成大出使以后。乾道六年十月，起居舍人赵雄请置局议恢复，诏以雄为中书舍人。十一月，遣赵雄等贺金主生辰，别函书请更受书之礼，有“盖今叔侄之情亲，与昔尊卑之体异”③等语。乾道七年五月，金以一品礼葬宋钦宗于巩洛之原。赵雄至金，所请皆不许。《上皇帝书》(其二)应是作于乾道六年十一月赵雄出使前。

一一七一，乾道七年，辛卯，三十七岁。

三四月间，因忤张说而离京，回兴国军。

本年三月，张说以明州观察使知阁门事兼枢密都承旨签书枢

---

① 朱熹撰《晦庵集》卷八九《张公神道碑》，《四库全书》本。

②《宋史》卷三四，第3册，第649页。

③ 周必大撰《文忠集》卷一四《孝宗皇帝撰国书御笔跋》，《四库全书》本。

密院事。朝中因反对而离朝者多达数十人。《〈退文〉序》:“岁辛卯三触祸。”王质于本年“触祸”离朝,时间当后于张说签书枢密院事。《与李处全殿院书》云:“前此,天下未尽知殿院也。数月以来,深山穷谷无不以手加额,何其速且广也!”《宋史》卷三四载,(乾道七年三月乙亥朔)已卯,以明州观察使知阁门事兼枢密都承旨张说签书枢密院事,“丙戌,复置将作监。殿中侍御史李处全乞遣张说按行边戍,以息众论”。《与李处全殿院书》既云前数月以来天下无不知晓李处全,时间当在其弹劾张说以后。《宋史》卷三四又载,乾道七年三月戊子,张说罢为安庆军节度使,提举万寿观。《与李处全殿院书》云“今殿院立于国家命脉、生民咽喉之上,当以道相与,以义相律”,又云“某抱影荒寒,绝意休显,好不必己出,殿院能不负所学,以济斯民,在晋犹在楚也”,时间当在张说罢为安庆军节度使以前。

《齐东野语》记载:“张说之为承旨也,朝士多趋之。王质景文、沈瀛子寿始俱在学校有声,既而俱立朝,物誉亦归之,相与言:‘吾侪当以诣说为戒。’众皆闻其说而壮之。已而质潜往说所,甫入客位,而瀛已先在焉,相视愕然,明日喧传,清议鄙之,久皆不安而去。”[①]潘永因编《宋稗类钞》录《齐东野语》后云:“然则士何贵于文藻宦声也。”[②]周密所记为传闻,潘永因不察而照录,已失于细察;又因而发论,岂非冤枉古人,且无助于事理之明、持论之公。《雪山集》提要予以辨析:“与史殊相乖剌。考史称虞允文以质鲠亮不回,荐为右正言,时中贵人用事,多畏惮质,阴沮之,云云。则质非附势求进者,殆张说等惧其弹劾反造蜚语,史所谓阴沮之者,正指此事,密不察而误载也。观其初受张浚之知,又以汤思退荐为太学正,而《论和战守疏》中排击二人,皆无所假借,此岂放利偷合者所能为欤?”[③]允称确当。

故王质任敕令所删定官可能自乾道六年八月至八年,其间因

① 张茂鹏点校《齐东野语》,第 205 页。
② 潘永因编《宋稗类钞》卷五,《四库全书》本。
③《雪山集》卷首,《四库全书》本。

忤张说曾一度离官回家，后又至京城复官。《敕局同年相饯，是日谢遣婢子春饶者还其家，同年大不然之，共怅然也》，四库馆臣系于本年。

《留别虞丞相二首》："太仓宇宙久陈陈，合与英豪共作新。修造凤楼须有手，住持乌寺可无人？千官礼绝三司贵，一士心归万国春。藉与八风吹六翮，飞腾意度不无神。""禹迹茫茫海会同，有谁管领自西东。侧身江汉归无所，开眼乾坤见有公。隐几三思筹去住，历阶再拜叩穷通。朝家有意寻幽侧，人在风烟惨淡中。"①当作于本年。"修造凤楼须有手，住持乌寺可无人"，似指因张说而致朝士外放。"历阶再拜叩穷通"，当指前一年出任敕令所删定官，因隆兴二年曾为国子正，故云"历阶再拜"。"朝家有意寻幽侧"，指自己不容于朝，期于"幽侧"之地安身。

论及发运司。

《与李处全殿院书》云："近者发运之事，似闻正衙露章甚切，既朝廷讲解乃已，其事微损，而其章卒不出。"《建炎以来朝野杂记》甲集卷一一"发运使"条："乾道六年，虞丞相当国。三月，奏复发运司，以户部侍郎史正志为淮浙京湖淮广福建等路都大发运使。朝论不以为宜，汪圣锡、黄通老二尚书言之尤力，执政皆不之听。然正志实无能为，但峻督诸司州郡多取美财而已。"②《宋史·孝宗纪》："（乾道六年四月）辛巳朔，罢铸钱司归发运司……乙未，赐发运使史正志缗钱二百万，为均输和籴之用。吏部尚书汪应辰三上疏论发运司。戊戌，以应辰知平江府。""（十

---

① 此据《四库全书》本《雪山集》。《瀛奎律髓》卷四二题作《留别虞枢密》，第一首第二句作"合与英豪共挽新"。刘克庄《后村诗话》卷三题作《与虞丞相》，第二首第三句作"寄身江海归无所"，第 57 页。《四库全书》本《后村诗话》作"寄身江汉归无所"。《瀛奎律髓》题作《留别虞枢密》，与诗中所言"历阶再拜"不合，应是误抄。

②《建炎以来朝野杂记》上册，第 223—224 页。

月)丙辰,诏发运使置司行在。""(乾道六年十二月)癸酉,罢发运司。"[①]《宋史·张栻传》云:"会史正志为发运使,名为均输,实尽夺州县财赋,远近骚然,士大夫争言其害,栻亦以为言。上曰:'正志谓但取之诸郡,非取之于民也。'栻曰:'今日州郡财赋大抵无余,若取之不已,而经用有阙,不过巧为名色以取之于民耳。'上矍然曰:'如卿之言,是朕假手于发运使以病吾民也。'旋阅其实,果如栻言,即诏罢之。"[②]但朝廷执行不力是很明显的,因为乾道七年又复置铸钱司[③]。王质既云"近者",《与李处全殿院书》似作于乾道七年。

作《棠阴阁铭》。

《雪山集》卷一〇《棠阴阁铭》当作于本年或以前。棠阴阁主人是张维。张维原任广南西路提点刑狱公事,乾道二年四月十九日除直秘阁知静江府,接替孝祥的职务。张孝祥《棠阴阁记》:"乾道丙戌五月朔日,历阳张某记。"[④]乾道二年四月,王伯庠论罢张孝祥,六月上旬,张离任东归,《棠阴阁记》作于乾道二年五月。《棠阴阁铭》云:"芾以秋繁,莲以炎滋。公则去矣,维公之思。"可知此铭写作时间应在张维任满后,具体应在夏秋间。乾道七年六月,张维为江南东路计度转运副使(《景定建康志》卷二六)。

与李平仲游。

《和李平仲出郊》:"忽忆去年今日处,楚山欲尽见秦山。"王质乾道四年至成都,时间在十一月至十二月;又于六年春至成都。诗云"去年"、"见秦山",故可能作于乾道七年。

---

① 《宋史》卷三四,第 648 页、649 页、650 页。参考韩桂华《论宋代发运使的兴废与职掌》,载张其凡、范立舟主编《宋代历史文化研究(续篇)》,第 172 页。

② 《宋史》卷四二九,第 36 册,第 12772—12773 页。

③ 见于《宋史》卷一八〇《食货下二》、《渭南文集》卷四五《入蜀记》、《记纂渊海》卷三四《都大提点坑冶》。参考黄纯艳《宋代发运使制度考述》,载《中华文史论丛》第 73 辑,第 178 页。

④ 徐鹏点校《于湖居士文集》卷一四,第 136 页。《临桂县志》卷二五:"棠阴阁在府城上,张孝祥记。"参见辛更儒《张孝祥于湖先生年谱》,第 180 页。

与兴国太守叶模交游。

《雪山集》卷六《兴国四营记》："其兴自乾道六年始也。六年，则太守缙云叶公为政之再期也。"又提到"秋八月"、"冬十一月"，应作于乾道六年十一月后。同卷《兴国军学记》："今自乾道六年秋八月以兴，冬十二月以成。"既云"冬十二月"，应作于乾道六年十二月或稍后。《雪山集》卷一〇《石林赞并序》，云"惟我石林，暨叔范父"，当亦同时为叶模作。叶模字叔范，缙云人，梦得子。乾道四年知兴国军，六年再任[①]。今根据王质本年前后行踪，初步定为本年回兴国军后与叶模交游。

冬，至京城，作《和虞相喜雪二首》。

《和虞相喜雪二首》。虞允文于乾道五年八月为相，八年九月罢相，诗云"未春"，可能作于本年冬。

一一七二，乾道八年，壬辰，三十八岁。

正月，点检试卷。

《宋会要辑稿》选举二〇之二二："（乾道）八年正月九日，敕令所删定官杨恂、王质、王公衮点检试卷。"则王质至迟去年底已还朝。《上虞相行春口号十首》其五："暖雾昏云养麦天，春风引绿去绵绵。"当是本年仲春作。

迁枢密院编修。

王质确曾任编修官。周必大《奏知王溍》云："臣早来，恭闻圣旨：新利路运判王溍，是经屡曾言章者否？继宣谕所问乃曾为编修官不？连点水，臣窃恐是王质，未敢进言。"[②]此奏章作于淳熙八年八月十四日。因孝宗问到"曾为编修官不"，周必大怀疑是否王质，可知王质确曾任编修，且时间在此前。

李之亮《宋代京朝官通考》将王质任枢密院编修系于乾道三年

① 王质《兴国四营记》："（乾道）六年，则太守缙云叶公为政之再期也。"参看李之亮《宋两江郡守易替考》，第554页。

②《文忠集》卷一四六，《四库全书》本。

至五年[①]，所引证据为《宋史·王质传》。我以为李先生对《宋史》文字解读不够准确，所系时间也欠妥。王质为枢密院编修当在乾道八年九月前至淳熙二年二月之间。理由如下：

一、王质不可能于乾道八年前任编修。王质乾道三年至六年八月间不可能为编修。据《〈西征丛纪〉序》，王质自乾道三年七月离开兴国，五年四月至十月在兴国，后又入蜀，至乾道六年八月复回兴国，此期间不可能为编修。《与虞相书》（其一）云："某省罢，固法之所优，而同列已各有处……某宦情既销，归志已决。"《与虞相书》（其二）云："某省罢，在法所优而一等差遣，在朝廷所当予而难却者也。今同官王亢子苍自干办而升治中，省罢不一月而被命，到官未十日而获迁，此虽非某孤寒懒退者所当援以为例，而议者不能无羡亢而嗟某也。"此两信作于乾道六年七、八月，知王质罢国子正后未再得官。乾道六年八月后至八年正月为敕令所删定官，这期间不可能任编修。

二、任枢密院编修时间在敕令所删定官以后。《宋史·王质传》："入为敕令所删定官，迁枢密院编修官。允文当国，孝宗命拟进谏官，允文以质鲠亮不回，且文学推重于时，可右正言。时中贵人用事，多畏惮质，阴沮之，出通判荆南府。"《宋史·虞允文传》云："上命选谏官，允文以李彦颖、林光朝、王质对，三人皆鲠亮，又以文学推重于时，故荐之，久不报。曾觌荐一人，赐第，擢谏议大夫。允文、克家争之，不从。允文力求去，授少保、武安军节度使、四川宣抚使，进封雍国公。"[②]"当国"指为相。据《宋史》语意，王质迁编修在任敕令所删定官后、虞允文罢相前，也在通判荆南府以前，其间还有虞允文荐举为右正言之事。几件事在顺序上似稍有误，应是先为敕令所删定官，继而右正言遭沮，迁枢密院编修，编修任满以后通判荆南府。

三、王质枢密院编修任满后才通判荆南府。《雪山集》卷九

① 李之亮著《宋代京朝官通考》，第357页。
②《宋史》卷三八三，第11799页。

《通司马守启》云:“天度隆宽,尚畀芹宫之旧物。”“芹宫”指曾任国子正,王质罢国子正在乾道二年,此启应作于乾道二年以后。启云:“园蔬未鞠,幸叨倚席之闲。”“倚席”指任枢密院编修。启云“亟辞芸馆之清班”,又云“适瓜期之已及”,应是编修任满。

四、《雪山集》卷五《〈退文〉序》云:“岁乙未(1175)得罪……淳熙二年二月自序。”《〈退文〉序》所言皆是为官之重要经历,“岁乙未得罪”当亦指为官遭黜之大事,考王质仕宦经历,应指罢枢密院编修、出通判荆南府,时间应在正月或二月。

五、林光朝《缴奏沈瀛除知梧州词头》:“三月二十一日,三省同奉圣旨,沈瀛差知梧州替张积躬。臣窃见沈瀛昨为枢密院编修官,懦而无立,惟知干进,为王质所摇动,王质唱之,沈瀛从而和之,此亦公论之所不容。前日沈瀛无故复来,见者切齿,谓如此等人,幸而得祠禄,闭门自讼,岂应更求进?今若与之州郡,何以示劝惩?沈瀛得郡,则王质之轻儇狡险,且将攀缘而至矣。臣恐公论自此不立,为害甚大。欲乞睿断将沈瀛差知梧州指挥特赐寝罢,以为浮躁不知耻者之戒。所有录黄,臣未敢书行。”①此文未注明写作年代,但相关事件也载于《宋会要辑稿》。《宋会要辑稿》职官七二之一七:“(淳熙四年)三月二十三日,新知梧州沈瀛罢新任,以臣僚言瀛昨为枢密院编修朋附干进故也。”知林光朝此文作于淳熙四年。林光朝云“幸而得祠禄”,知淳熙四年前沈瀛曾得祠禄。故沈瀛为编修可能在淳熙三年以前。而王质也应同时在京城为官,所为官也可能是编修。林光朝(1114—1178),字谦之,号艾轩,兴化军莆田(今属福建)人。隆兴元年进士。乾道五年为秘书省正字兼国史院编修官、实录院检讨官。历著作佐郎、著作郎、国子司业兼太子侍读。九年,出为广南西路提点刑狱。淳熙元年,改广南东路。二年,召拜国子祭酒兼太子左谕德。四年,除中书舍人。因封还谢廓然迁殿中侍御史词头,出知婺州,引疾奉祠。

王阮《〈雪山集〉序》云:“丞相陈公俊卿更以编摩宥密府。”宥密

① 林光朝撰《艾轩集》卷二,《四库全书》本。

府指枢密院。陈俊卿乾道二年十二月同知枢密院事，至六年五月罢为观文殿大学士出判福州，其间一直在朝，此后未再入朝为官。王阮为王质好友，又曾编定王质文集，所言应可信。陈俊卿何时荐举王质，待考。

在京城，初交周必大。

《雪山集》卷八《与周枢密益公书》："盖十有三年之前，相府宾次，骤见而骤语，五字才出，一语才已，而雍公已降阶，相公已升堂矣。"周必大亦云："间者仅一面，今遂十五年矣。"[1]王质和周必大的书信都作于淳熙十二年，上推十三年，当在今年，也与史载虞允文罢相、周必大权中书舍人的经历相合。

在京城，与范仲芑交游。

王质有《谢范西叔惠诗》："世间无可似君诗，兔杵声寒露脚飞。颔下骊珠能夺取，袖中沧海更携归。久荒此事成疏懒，赖有斯人为发挥。佳处不随车马得，但扶古堞看斜晖。"又有《夜坐起赠范西叔何子方》："浓淡云中月吐吞，寒枝惊叶动乌蹲。青荧一点无人对，赖有西风为掩门。"范仲芑，字西叔，华阳人，祖禹孙。淳熙元年以起居舍人兼侍读，除起居郎，改侍御史。二年除谏议大夫兼侍讲。三年卒。考王质与范仲芑交往，可能乾道六年于蜀中，或乾道八年十月后于京城临安。诗中云"西风"，当在秋天。王质乾道六年二月至六月在蜀中，故不合。陆游《送范西叔序》："乾道壬辰二月，予道益昌，始识范东叔，后月余，遂与东叔兄西叔为僚于宣威幕府，又三月西叔以枢密使荐，趣召诣行在所。……九月丁丑，西叔始东下，同舍相与临漾水，置酒赋诗，而属予为序。"[2]知范仲芑乾道八年九月始离蜀东下，到京城至早在十月以后。故王质与范仲芑交往可能在本年秋。

与吕祖谦交游。

《与周枢密益公书》云："言语淡而雅，则有吕公伯恭。"王质与

---

①《文忠集》卷一八七《王景文》，《四库全书》本。

②《陆游集》第五册，第 2097 页。

吕祖谦交往，当在本年以前。朱熹《祭吕伯恭著作文》云："有河汉之辩而守之若讷。"[1]吕祖谦乾道六年任太学博士，并兼任国史院编修官、实录院检讨官，七年改左宣教郎召试馆职，八年正月任秘书省正字，点检试卷。八年二月四日，礼部考试尚未完全结束，吕祖谦接到其父病危的家报，仓皇奔归。乾道七年至八年正月，王质与吕祖谦同在京城，其中八年正月王、吕同为点检试卷官，当有交游。

经常州，与沈德远交游。

《送徐圣可十首》其八自注："沈德远少卿与某同登，不见今八年，时领毗陵也。"毗陵，常州别称。沈德远，字里不可考。与程大昌、袁说友、虞俦、张孝祥、王质交游。曾知常州、衢州。《江南通志》记载知常州军事的时间顺序是："汤鹏举、晁子健、沈德远、钱建。"[2]晁子健乾道七年八月已在知常州任（张栻《南轩集》卷一三《多稼亭记》），次年三月尚在任（周必大《文忠集》卷一七一《乾道壬辰南归录》）。则沈德远知常州最早应在乾道八年三月后。《送徐圣可十首》作于淳熙六年，既云不见已"八年"，可知王质经常州见沈德远应在本年。

应释德洪之请，作《大慧禅师〈正法眼藏〉序》。

应大慧禅师释宗杲的弟子德洪请，作《大慧禅师〈正法眼藏〉序》，序云："绍兴二十七年……明年……又五年……又一年……又七八年而后，稍见死生涂穷势竭之地。……大慧之徒德洪来请序于余，略摅所怀语之。"该序当作于乾道八年以后。

一一七三，乾道九年，癸巳，三十九岁。

名为枢密院编修，实在兴国，与张孝忠、虞易简交游。

《〈于湖集〉序》："岁癸巳，公之弟王臣官大冶，道永兴。"张孝忠字王臣，历阳（今安徽和县）人，张孝祥弟。

《送虞丞相孙运干诗三首》其三："想子归家急，如吾舍世忙。何时见丞相，几日上瞿塘。"诗称"丞相"，因虞允文于乾道五年至九年间

---

①《晦庵集》卷八七，《四库全书》本。
②《江南通志》卷一〇二，《四库全书》本。

任丞相。虞允文八年九月宣抚四川，淳熙元年卒，故此诗当作于乾道八年底至淳熙元年间。其一云："祖予尚闭户，景文当入山。未能黄绮外，姑在尚彭间。眼到风尘暗，头依树石斑。曹溪有正路，飞倦要知还。"所谓"当入山"、"要知还"，应是未"入山"、未还。"黄绮"指汉末隐士"商山四皓"：园公、绮里季、夏黄公、角里先生。王质此处意谓自己当学其隐居，尚未能实现，姑且处隐、显之间。虞运干，当是虞允文长孙、虞公亮长子虞易简，因王质诗中提到"祖予"（即虞公亮）。虞易简字知能，杨万里《诚斋集》多有与其往还书信。

一一七四，淳熙元年，甲午，四十岁。

在兴国军，有挽虞允文诗。

虞允文本年二月卒[①]。《挽虞丞相》诗自注："别公二年而公薨。得公书，前未薨十日手泽也。"《雪山集》卷一一有《祭虞丞相文》。同卷《柴君益深哀辞》："玉山汪先生，其言为世所师，柴君渊之志之铭之出也，其孰敢不信？""玉山汪先生"即汪应辰，其《柴君墓志铭》今存，云："以九年十二月庚申，葬君于永丰之宅山。"[②]王质此文当晚于汪作，姑系于此。

在兴国军，与张孝忠、黄畬交游。

《雪山集》卷五《〈于湖集〉序》："岁癸巳（1173），公之弟王臣官大冶，道永兴，某谓王臣曰……王臣既去，一年，以公之文若干篇若干册示某。"

黄畬《山谷年谱》卷一九："畬淳熙初客富川，与王景文质论诗。"[③]黄畬（1150—1212），字子耕，号复斋，隆兴府分宁（今江西修水）人。其淳熙初可能是因官瑞昌主簿而客寓兴国军。

一一七五，淳熙二年，乙未，四十一岁。

二月，罢枢密院编修，通判荆南府，作《〈退文〉序》。

《雪山集》卷五《〈退文〉序》："岁乙未得罪……淳熙二年二月自

---

①《宋史》卷三四孝宗二："（淳熙元年）二月癸酉，虞允文薨。"

② 汪应辰撰《文定集》卷二三，《四库全书》本。

③《山谷年谱》卷一九，《四库全书》本。

序。"当指罢编修。卷九《通司马守启》:"天度隆宽,尚畀芹宫之旧物。"又云:"园蔬未鞠,幸叨倚席之闲。""芹宫"、"倚席"指曾任国子正,知此启作于乾道二年后。启云"亟辞芸馆之清班",又云"适瓜期之已及",应是编修任满。启又云"云梦泽南,姑借长城之重",可见该"司马守"应是知荆南府。

《宋史·王质传》云:"出通判荆南府,改吉州,皆不行。"误。王质《发家书》诗云:"别乘非为辱,江陵稍近家。牙绯虽滞色,头白亦增华。见说堂前竹,胜如屋角花。脱身归到得,余事总尘沙。""别乘"指"通判",可证王质确曾赴通判任,非如《宋史》所言"不行"。王质通判荆南府,时间应在淳熙二年罢枢密院编修后。《宋史·孝宗纪》:"(淳熙元年六月癸酉)改江陵府为荆南府。"①《宋史·王质传》云"通判荆南府",不言"江陵府",可佐证王质通判荆南府在淳熙元年六月后。《发家书》又云"脱身归到得,余事总尘沙",知王质已有隐居之志。《赵景山程德绍视早有诗成编》诗云:"相随骑尾紫游缰,各佩牛腰古锦囊。"可能是荆南府通判任内所作。

在兴国军,与程元鼎交游。

《雪山集》卷五《跋〈苏给事放白鹇帖〉》:"淳熙二年十一月二十七日早作,颍昌程君元鼎来谒。"程元鼎,字和甫,连江人。绍熙四年武举,终知高州。

王质叔父王君锡最早当卒于本年。

《雪山集》卷一一《东平王君锡墓志铭》:"劳生六十有三而死。"《东平王君锡墓志铭》中称王君锡"丙叔",与"甲叔"、"乙叔"并列。王质父亲生于大观四年(1110),则王君锡最早可能生于政和三年(1113),其卒年当在本年或以后。

一一七六,淳熙三年,丙申,四十二岁。

闲居兴国军,程元鼎来别。

《赠程元鼎二首》其二:"杜宇正呼急,程君来告辞。"又云:"山林深自引。"知此诗作于春天,王质此时隐居家乡。其一云:

---

①《宋史》卷三四,第657页。

"邂逅识程子，牵连怀老坡。"事见《雪山集》卷五《跋〈苏给事放白鹇帖〉》。

《送张监税归去来歌》作于本年或以前。

张监税，不详。《江南通志》卷一六九："宋张汉卿，桐城人，监兴国军管库，与太守论事不合，即和陶潜《归去来词》归隐，三十年后，宰相赵汝愚特荐，不起。"①赵汝愚为右丞相在绍熙五年（1194）七月，上推三十年，则张汉卿"监兴国军管库"在隆兴二年（1164）。《舆地纪胜》卷三三载："《夷坚志》云：张汉卿者，失其名，淳熙三年秋为兴国军酒官，视事才三月，若有所不乐，取吏部所给印纸历大书《和陶靖节归去来词》，束装归乡里。"②《舆地纪胜》作"淳熙三年秋"，与《江南通志》所载时间相差太多，未知孰是。王质诗中"张监税"很可能是张汉卿，姑系本年。

一一七七，淳熙四年，丁酉，四十三岁。

沈瀛知梧州，被林光朝劾罢，语及王质。

林光朝《缴奏沈瀛除知梧州词头》："沈瀛得郡，则王质之轻儇狡险，且将攀缘而至矣。"③参见乾道八年（1172）谱文。

在兴国军，与太守黄茂材交游。

与知兴国军黄茂材交游，作《观政堂成上黄少誉二首》、《和黄少誉绿萼梅》。《淳熙三山志》卷二八："（绍兴）二十四年张孝祥榜：黄茂材字少誉，连江人。"④黄茂材知兴国军自淳熙四年至五年二月⑤。《宋会要辑稿》职官七二之二〇："（淳熙五年二月）二十五日，知兴国军黄茂材特降两官。"《观政堂成上黄少誉二首》其一："新荷此际敷青叶。"是初夏景象，当作于四年夏。《和黄少誉绿萼梅》当作于四年冬。

---

①《江南通志》卷一六九，《四库全书》本。

② 王象之撰《舆地纪胜》卷三三，转引自赵章超《〈夷坚志〉佚文小辑》，《文献》2004年第4期。

③ 林光朝撰《艾轩集》卷二，《四库全书》本。

④ 梁克家撰《淳熙三山志》卷二八，《四库全书》本。

⑤ 参考李之亮《宋两江郡守易替考》，第555页。

作《兴国军大冶县学记》、《周德昭墓志铭》。

《雪山集》卷七《兴国军大冶县学记》："丙申冬十一月二十八日绪功也，丁酉春二月十五日讫事也。"此文当作于本年。

《雪山集》卷一一《周德昭墓志铭》云周德昭卒年："岁以丁酉。"又云："是岁仲秋，吉日辛巳。"当作于本年秋。据铭文，周珩(1090—1177)，字德昭，江西临川人。

一一七八，淳熙五年，戊戌，四十四岁。

为张栻作《张氏和政堂记》。

《雪山集》卷七《张氏和政堂记》云"广汉张公"，又云"其为荆也，慈温熏恻"，当为张栻作。张栻本年除秘阁修撰、荆湖北路转运副使，改知江陵府。知江陵府刘珙卒于本年七月，张栻继任应在七月后。《雪山集》卷一四《次通守韵题和政堂》当是同期所作。

《雪山集》卷一六有《临江仙·南楼席上寿张守》。庾公楼，又名南楼，故址在武昌，相传东晋时庾亮所建，故称。《舆地纪胜》荆湖北路鄂州景物上："南楼，在郡治正南黄鹄山顶中间，尝改为白云阁。元祐间知州方泽重建，复旧名。"[①]此词可能是寿张栻而作。

在荆南府通判任，作《祈晴文》。

《雪山集》卷一一《祈晴文》云："伏念臣将明失指，感召无方。自知蚊虻之微，盍下雷霆之谴？委一身而蒙责，冀百姓之蠲灾。"据语气，应是任地方官时所作。王质任地方官，只有通判荆南府，姑系于此。

一一七九，淳熙六年，己亥，四十五岁。

通判任满至京城，《论州郡财赋殿最赏罚札子》。

《雪山集》卷三《论州郡财赋殿最赏罚札子》："臣所管州，最为鄙陋穷薄之处，又适当倒废败坏之期，陛下溥博高明，固所具知。而臣二年之间，补发旧欠十万有余，纲运上供州郡支遣五十万有

---

① 王象之撰《舆地纪胜》卷六六荆湖北路鄂州景物上，《续修四库全书》第584册，第564页。

奇，而终任见在又二万有奇。”云“二年”、“终任”，则王质曾赴荆南府通判任并至终期。

为知濠州张士元作《濠州双穗堂记》。

《雪山集》卷七《濠州双穗堂记》当作于淳熙五年前后。《濠州双穗堂记》：“淳熙元年夏四月，得麦于濠梁之郊，一本而二歧。太守张公曰……”又云：“来告曰：‘苟宜书，公其为我书之。’”不言张公名字，应是张士元。张士元，安丰人。

记为淳熙元年，误，应为淳熙六年。周必大《乾道壬辰南归录》：“（乾道壬辰二月）庚申，雨止。早行过崇德县。又十八里，至石门，登新创东岳庙，颇雄壮，傍有接待院。道遇安丰守张士元直阁入觐来谒，辞以疾，晚宿永乐铺。”[①]周必大《文忠集》卷一〇〇有《直秘阁知安丰军张士元职事修举特转一官令再任（原注：十二月三日）》。知乾道八年张士元由安丰守任满至京城，到十二月因职事修举特转一官再任。

淳熙元年张士元在淮南运判任。周必大《淮西帅高君夔神道碑》：“淳熙元年二月……会幕官章驷诉本路漕张士元夺其爱妾，下君究实，当路右士元，君直之，坐易施州，地邻黔播，君欣然奉母以行。”[②]则张士元淳熙元年二月已在淮南运判任。马端临《文献通考》卷一五六：“淳熙二年，淮南运判张士元言，庐、舒、和、蕲州、无为军五州民兵万弩手，教阅两月，合用钱十六万一千余贯，乞行科降，从之。”[③]知淳熙二年张士元仍任淮南运判。淳熙元年四月张士元当在安丰军任，故不可能又知濠州。

王阮《瑞麦谣》诗序云：“淮海宜麦旧矣，瑞我圣世，叠出濠梁。淳熙戊戌(1178)得两岐者一，守臣张士元记其异。”[④]由诗序知，张士元知濠州在淳熙五年，故《濠州双穗堂记》所云“淳熙元年”应是

① 《文忠集》卷一七一，《四库全书》本。
② 《文忠集》卷六五，《四库全书》本。
③ 《文献通考》卷一五六“万弩手”条，第1365页。
④ 朱瑞熙、孙家骅校注《义丰文集校注》，第12页。

"五年"或"六年"之误。《濠州双穗堂记》云："期年，濠梁又成乐国。"知张士元在任至少一整年，与王阮所言相合。

致书丞相赵雄干进。

《雪山集》卷八《与赵丞相书》："某伏以季春正时……某伏读十一月八日制书。"赵雄于淳熙五年十一月为右相，此书当作于本年春。《与赵丞相书》云："迫世垂年，仕于遐邑，欲挽而留之，少安温清之养，而老父之宦情未衰；欲胜而上之，稍进优清之位，而某之力不足。将若之何？将若之何？"为其父求官。据"迫世垂年，仕于遐邑"，似乎其父仍在为官，且在边远地区。

何巨源来访。

《赠日者》诗序云："何君巨源，婺女人，与范右史元卿有连。"范端臣字元卿，淳熙五年擢起居舍人，既称"范右史"，《赠日者》当作于淳熙五年以后，姑志于此。

有诗赠邓东。

《赠邓东》："四十五年如梦过。"知作于本年。

有诗赠黄君。

《赠黄君》作于本年。诗云："晦庵今年登五十。"朱熹生于建炎庚戌(1130)，本年五十岁。据束景南《朱熹年谱长编》，朱熹本年三月底知南康军，束先生系王质此诗于正月[①]。《赠黄君》自注："黄君来过，谈士大夫甲乙及晦庵为详，所从之游者如此，不凡可卜也。君于通老端明为族孙，故有士子风格云。"黄中(1096—1180)，字通老，邵武人，崇子。绍兴五年廷试第二，除起居郎。使金还朝，辄言边事，又独陈备御方略，寻兼给事中。乾道元年乃以集英殿修撰致仕，至淳熙元年方进职端明殿学士。所赠"黄君"是黄中族孙，已不可考。

有诗送王充老。

《送王充老归盱江》："风遣轻蒲趣去程，满江秋月碧纷纷。相看断雁情何极，同著征衫袂更分。千里固应俱对月，一樽安得再论

---

① 束景南《朱熹年谱长编》，第614页。

文。从今竹枕蓬窗梦，不梦悬刀只梦君。"《晋书·王浚传》："浚夜梦悬三刀于卧室梁上，须臾又益一刀，浚惊觉，意甚恶之。主簿李毅再拜贺曰：'三刀为州字，又益一者，明府其临益州乎？'……果迁浚为益州刺史。"[①]后因以"悬刀梦"作为升州官的梦兆。故此诗可能为王质通判荆南府时所作。王质另有《和王充道夜坐》二首，"王充道"与"王充老"未知是否一人，待考。

与张珖交游。

通判荆南府时，与张珖交游。张珖，字君玉，晋人。乾道三年任夔州抚干[②]。淳熙六年十一月尚在权发遣荆湖北路计度转运副使公事兼本路劝农使任[③]。自湖北副漕擢刺剑州，视郡如家，视民如子，所至皆以治行见称。博学工书，题白盐赤甲等字于夔峡。乾道七年中秋作《白帝庙辩诬记》(载《全蜀艺文志》卷三七)。《雪山集》卷一四有《别张君玉二首》、《和张君玉》二首等诗，当是通判荆南府期间所作。《别张君玉二首》其一云："烟霜江汉雁南飞，鹦鹉洲前再拜辞。"其二云："公到京师相记忆，芦花江上竹竿风。"唯《和张君玉与史乔年》一诗作于金陵，可能为本年经金陵时相遇而作。诗云："吴帝城边逢此日，越王楼上忆他时。"吴帝城即金陵，吴帝指孙权。

鹿何本年辞官归隐。

《赤城志》卷三三："(鹿何)年五十二乞致仕。"[④]周必大《文忠集》卷七《饯送鹿伯可致仕直阁兼简吴明可致政给事》，题下原注：

---

① 《晋书》第4册，第1208页。

② 王十朋撰《梅溪后集》卷一六《寄夔州张君玉抚干(原注：名珖)》："天上张公子，同僚半载余。令人思滟滪，有客泛芙蕖。一自离夔子，频蒙寄鲤鱼。江山元不远，面目在来书。"王十朋乾道三年七月离夔州，云"同僚半载"，故张珖任夔州抚干当始于上一年底或本年初。

③ 王曾瑜校注《鄂国金佗粹编续编校注》卷一四《敕建忠烈庙省牒尚书省牒》："淳熙六年冬十一月既望，降授宣义郎、权发遣荆湖北路计度转运副使公事、兼本路劝农使、专一措置提督修城、借紫晋张珖。"

④ 陈耆卿撰《赤城志》卷三三，《四库全书》本。

“伯可年五十，自郎曹乞休致，特转朝奉郎除前职。”[①]云“年五十”，则在淳熙三年。诗云：“垂车七十古来稀，况是丁年解鞅靰。”“丁年”并非指“丁酉年”（即淳熙四年），故诗题原注所云“年五十”当是举成数。《桯史》记载：“孝宗朝尚书郎鹿何，年四十余，一日，上章乞致其事。上惊谕宰相，使问其繇，何对曰：‘臣无他，顾德不称位，欲稍矫世之不知分者耳。’遂以其语奏，上曰：‘姑遂其欲。’时何秩未员郎，诏特官一子。凡在朝者，皆诗而祖之。何归筑堂，扁曰‘见一’，盖取‘人人尽道休官去，林下何尝见一人’之句而反之也。何去国时，齿发壮，不少衰，居二年，以微疾卒。或较其积阀，谓虽居位，犹未该延赏，天道固有知云。所官之子曰昌运，余在故府时，昌运为左帑，尝因至北关送客，吴胜之为余道其事，今知连州。”[②]岳珂得自他人转述，云鹿何辞官时四十余，不确。王质《绍陶录》卷下《书鹿伯可事》云：“无何，亟引章求谢事，年五十有一也。……姑苏沈继祖述之君联官者言之。”又云辞官时年五十一，也是得自他人所述。楼钥《鹿伯可墓志铭》云：“君生于建炎之元，至是年才五十有三。况以循良之课入为名曹，日向于用，翩然乞身而去。”[③]又云辞官时年五十三。楼钥与鹿何交往颇多，并应其子之属为作墓志铭及《见一堂集序》，所言当最可信。

一一八〇，淳熙七年，庚子，四十六岁。

通判吉州，因言事而罢。

周必大《沈编修瀛》：“某窃以炎炜正炽，共惟崇道编修台候万福。某衰病不才，分无他望，忽叨进擢，不特大骇物论，自亦不知所措也。委诲勤恳，以感以愧。执事家食滋久，士论称屈。近者王景文起倅庐陵，尝为丞相言朝廷无弃才之理，使诚有过，犹当计岁月乘除之，况本无过乎？某自度实无寸长，至于以一己之私，掩天下

① 《文忠集》卷七，《四库全书》本。

② 吴企明点校《桯史》卷五，第 58—59 页。

③ 阮元编、阮福补遗《两浙金石志》卷一〇，《续修四库全书》第 911 册，第 33 页。

之美才，是谓逆天理，误国事，断不敢尔，矧于执事有旧而无怨？第于丞相，自当赞成也。匆匆占报，莫究悃愊，颇加保啬，以需召节。”[①]云“忽叨进擢”，知此书作于七年五月周必大任参知政事后。“庐陵”为吉州别称，丞相指赵雄。云“犹当计岁月乘除之”，当是王质未赴任就因上书而落职。周必大虽任参知政事，但柔弱不任事，曾云“某身在内近，乃不及一狗监，愧当何如”[②]，故自称“于丞相自当赞成”。周必大辩白“于执事有旧而无怨”云云，当是沈瀛等人曾有质问之语，这在当时非仅一例，如吕祖谦也曾致书周必大：“子直庶几善道，而于事物似未尽谙悉。如陆务观疏放，封驳岂为过当！方人才难得之时，其词翰俊发，多识典故，又趣向实不害正。推弃瑕使过之义，阔略亦何妨。公与子直厚如此，胡不素语之乎？”[③]

金性尧选注《宋诗三百首》云：“他（引者按，指王质）的两遭排挤，和当时朝廷用人不公自有关系。”[④]云“两遭排挤”，不确。王质在《〈退文〉序》中曾列举四次，由上文考论，知王质至少有五次丢官经历，分别是绍兴三十一年罢馆职、乾道二年罢国子正、乾道七年罢敕令所删定官、淳熙二年罢枢密院编修、淳熙六年前后罢吉州通判。

在京城，与施丙卿、胡正仲游。

《送施丙卿》：“四十有六垂桑榆，西湖寒雪参清娱。”当在京城。施丙卿，不详。《送胡正仲二首》其一：“荣尹堂前周两纪，甘王楼下跨三年。”王质绍兴二十七年入太学，与荣茂世交游，“荣尹”即指荣茂世。“两纪”为二十四年，此诗当作于本年前后。又有《集秦国文恭公句寿胡正仲四首》。胡正仲，不详。

回兴国，经镇江，作诗吊法空和尚。

王质《吊法空》诗云：“鹤不胜癯汝更癯，平沙独立未为孤。雨

---

① 《文忠集》卷一九三，《四库全书》本。原注作于淳熙七年。

② 《文忠集》卷一八七《陆务观》，《四库全书》本，原注作：淳熙九年。

③ 《东莱别集》卷九《与周必大书》，《四库全书》本。赵汝愚（1140—1196），字子直。

④ 金性尧选注《宋诗三百首》，第308页。

花台上方知有，明月堂中竟省无。此夜吟风凭北固，何时乘月叩西湖。出头已解挑包走，试路西江问老夫。”诗末自注：“空在建康雨花台，方寻诗，忽有省，始弃去，从妙喜参禅。妙喜甚恨其障深也，见空来，即曰：‘拽出死尸着。’盖以尸为诗，提撕剖击力矣。空竟坐诗为魔，参请少倦，即寻溪陟山，不觉又发诸吟哦。妙喜屡叹其形太脆，数不长，此事恐难成。未几，瘦死。今二十年矣。埋丹徒南陂，有母尚存。”诗云“此夜吟风凭北固”，知王质经镇江作，故可能作于本年或前一年。

与兴国太守徐行简游。

《雪山集》卷七《平政堂记》：“上即位之十七年，诏以某人为兴国太守。”又记太守语：“且我方其未来，则固徐氏之主也。今委此身，任此邦，徐氏则传舍路人，而兴国则家也。”知此太守为徐行简。孝宗绍兴三十二年(1162)即位，下推十七年，知徐行简到任在淳熙五年(1178)。徐行简，字圣可，临江人。与楼钥、曾协等交往。淳熙五年至七年知兴国军。《宋会要辑稿》职官七二之二二：“(淳熙五年十月一日)知兴国军张祖顺差通判筠州。”则徐行简知兴国军应在淳熙五年十月后。《平政堂记》应作于本年。

王质又有《送徐圣可十首》送行之作。第六首注释云：“芮国瑞侍郎往棹舟相过于东林。”芮辉(1121—?)字国瑞，乌程(今浙江湖州)人。《宋会要辑稿》职官八之四〇：“(淳熙六年)十二月五日，吏部侍郎芮辉言。”《送徐圣可十首》既然自注“芮国瑞侍郎”，应作于淳熙六年十二月后。第七首自注提到“葛楚辅正言”。葛邲(1135—1200)，字楚辅，江阴青阳人。据《南宋馆阁续录》卷八，葛邲淳熙六年十月除著作郎，七年二月为右正言，则《送徐圣可十首》及《临江仙》应作于淳熙七年二月以后。

《送徐圣可十首》是送徐行简回京，云“东海月轮今又满”，并自注：“东海，徐氏望也。”故此组诗应作于徐氏任满回京之时。王质有《临江仙·和徐守圣可》两首：“缥缈清霄云一握，太清群玉光中。钧天声里拂香风。紫皇低接手，稳步上层空。　雀扇徐开鸾影转，日高舞动蛟龙。双瞻御座立昭容。回班趋复道，环佩响丁东。”“千顷翠围遮绿净，菱花影落波中。看看红锦漾清风。此时催入觐，烟浪拍云空。　伫见觚棱栖宝爵，旌旗全仗飞龙。赭黄一点现真容。御麻宣未毕，云镜上天东。”此两词韵脚相同，当同时作，为徐圣可送行。据“千顷翠围遮绿净，菱花影落波中”，徐行简回朝当在夏季。

《宋会要辑稿》职官七二之二六：“（淳熙六年十二月二日）知兴国军徐行简放罢。”此条记载与王质诗文难合，殊为可怪，可能“淳熙六年”为“淳熙八年”之误。

《送徐圣可十首》涉及多位交游人物，又有自注，文献价值较高。如其九云：“宝溪同社两齐年，一落江湖一上天。试问吾兄应好在，何时再拜玉阶前。”自注：“沈子寿编修与楚辅皆文溪为命，今子寿尚栖迟，子寿于某长一月，某命亦文溪也，故以兄称。”据诗及自注，可确定葛邲生卒年。王德毅《宋人传记资料索引》第3260页云：“葛邲，字楚辅，丹阳人，徙吴兴，立方子。隆兴元年进士，历秘书郎、著作郎、右正言，累官刑部尚书。绍熙中拜左丞相，以少保致仕。卒年六十六。”葛邲中进士在隆兴元年，王质中进士在绍兴三十年，二者时间不同，故“齐年”在此处意为年龄相同，可推知葛邲亦生于1135年，又其卒年六十六，则卒于1200年。

《雪山集》卷一〇《徐行简真赞》。此赞可能是此期所作。其中云“若见妙喜，请礼三拜”，妙喜即大慧禅师释宗杲，可见王质晚年思想。

与陆游诗文往还。

作《寄题陆务观渔隐》诗，序云：“乙酉，务观贰豫章，书来……自是参差契阔，相望动万里，又十六年。务观部江西，治临川，又以书来。惊嗟然诺之爽，乃亟为之。”知王质本年在兴国军。陆游淳熙六年自福建常平茶盐公事改提举江南西路常平茶盐公事，十二月到抚州。七年冬罢官，主管成都府玉局观。其致书王质当在本年。

一一八一，淳熙八年，辛丑，四十七岁。

在兴国军，此后未离开。

王质有《挽吴节夫二首》、《拙庵老人真赞》。吴彦夔（1117—?），字节夫，小名道士，小字吴真，兴国军永兴县崇儒乡双迁里人。绍兴十八年进士及第[①]。曾知韶州。《挽吴节夫二首》其一云："二毛方五马。"李之亮《宋两广大郡守臣易替考》系于淳熙六年至八年[②]，可信。蔡戡曾评述吴彦夔政绩："知韶州朝散大夫吴彦夔，到官年余，郡无废事，财赋不阙，去年郴寇侵扰，彦夔保护一方，安静无虞，但决事多出胸臆，不甚详审。"[③]《施注苏诗》卷一六《月夜与客饮杏花下》诗题下注云："真迹草书在武宁宰吴节夫家。"[④]据《嘉靖武宁县志》卷二，吴彦夔知武宁县在隆兴间。包恢《咏春堂记》："余友吴节父有堂名咏春，昔蒙斋袁公尝为书其名，既久，而欲予发明其实，予辞不获，乃复之。"[⑤]知吴彦夔与蒙斋袁公、包恢等人交往。著《传信适用方》二卷，又著《六朝事迹别集》一四卷[⑥]。陈振孙《直斋书录解题》卷一三："医书类传信适用方二卷，称拙庵吴彦夔，淳熙庚子。"[⑦]则吴彦夔活到淳熙七年后。王质诗当作于本年以后，姑系于此。

作《荷柳松竹赠答》组诗。

《荷柳松竹赠答》序云："权舆起辛巳，推迁至辛丑，逾二十年，营巢寝就绪，全体山僧道人之庐，非火宅也。"辛巳即绍兴三十一年，该年罢召试馆职，辛丑即淳熙八年，前后计二十一年，故云"逾二十年"。此组诗作于本年。

一一八二，淳熙九年，壬寅，四十八岁。

赵希鄘来见。

《送赵希鄘》："相思江西子王子，寻盟来与白鸥同。江莎浓澹

---

① 据《绍兴十八年同年小录》。《小录》云中进士年三十二，则生于 1117 年。

② 李之亮著《宋两广大郡守臣易替考》，第 60 页。

③ 蔡戡《定斋集》卷二，《四库全书》本。

④ 施元之注《施注苏诗》卷一六，《四库全书》本。

⑤ 包恢撰《敝帚稿略》卷四，《四库全书》本。

⑥《宋史》卷二〇三《艺文志》第一五六。《至大金陵新志》卷首《新旧志引用古今书目》则作《六朝事类别集》。

⑦ 徐小蛮、顾美华点校《直斋书录解题》卷二，第 52 页。

俄一再，庾楼却倚庐山峰。吾宗乃有此豚犬，掩鼻急趋风露中。老兄久厌臭来逐，是行不复尘相蒙。”云“吾宗”，可能指王抃。本年正月，枢密都承旨王抃为吏部侍郎赵汝愚所攻，予在外宫观，自是不复召。诗当作于此前。

一一八三，淳熙十年，癸卯，四十九岁。

作《栗里谱》、《华阳谱》。

《绍陶录》卷上《栗里谱》、《华阳谱》二谱末均署：“癸卯二月泰山王质谱。”卷下《书唐济民事》末云：“癸卯正月六日泰山王质书。”卷下《书鹿伯可事》末云：“癸卯正月十五日泰山王质题。”成书应在此后不久。

一一八四，淳熙十一年，甲辰，五十岁。

与兴国太守王溉游，作《三圣坛龙祠记》。

《雪山集》卷七《三圣坛龙祠记》：“淳熙十有一年六月，雨不以时至，太守池阳王公曰……”太守为知兴国军王溉。王溉，字巽泽，江南石埭人。《谢王巽泽新火》当作于本年前后。

一一八五，淳熙十二年，乙巳，五十一岁。

与周必大书信往还。本年得祠禄，主管成都府玉局观，因赵伯彬等奏，特降一官。王阮有信寄王质。

周必大云：“某悚息再拜，读名章俊语，愿结交之日久矣。间者仅一面，今遂十五年矣。会晤既未谐，音问亦复不通，惟有倾企常往来于心也。忽奉缄书辞，源如翻三峡之浪，快读殆不能去手，何感如之！何慰如之！讯后不审履况奚似，留意《诗》、《易》，当益见圣人之用心妙，固执事绪余，而所谓幻者，无乃太谦乎？夫惟病，病是以不病，它日尚容请教。姑此复来况，余惟以时保爱，不宣。”①所云“忽奉缄书辞”即指《雪山集》卷八《与周枢密益公书》，所云“留意《诗》、《易》”，“夫惟病，病是以不病”，在《与周枢密益公书》中都

①《文忠集》卷一八七《王景文》，《四库全书》本。

能找到相应的话，应是王质致书在前，周必大回复在后[①]。《与周枢密益公书》云："姑且正音、正训、正章、正句、正字、正物、正用、正迹、正事、正人，而为十正。"今本《诗总闻》作"闻音"等"十闻"，知《诗总闻》尚未最后定稿。

《宋史·王质传》云："出通判荆南府，改吉州，皆不行，奉祠山居，绝意禄仕。"未言奉祠具体时间。今考王质得祠禄在本年春。《与周枢密益公书》云："某伏以季春之月……钧侯起居万福。"又云："既老且衰，卒有不胜洒扫之职，不得谢一语之恩于数仞之下，生有余辜，死有遗恨，是以言此。"知本年春王质始得宫观，且因周必大之荐举。周必大《沈编修瀛》云："近者王景文起倅庐陵，尝为丞相言朝廷无弃才之理，使诚有过，犹当计岁月乘除之，况本无过乎？某自度实无寸长，至于以一己之私，揜天下之美才，是谓逆天理，误国事，断不敢尔。"[②]此文作于淳熙七年，可见他早已为王质抱屈。周必大本年在枢密使任。

《宋会要辑稿》职官七二之四二："（淳熙十二年）七月八日，主管成都府玉局观王质特降一官，质寄居兴国军，永兴县知县赵伯彬诉质陵铄辱骂，乞寻医回避，至是，帅臣备奏上之，故有是命。"知王质所得祠禄官为主管成都府玉局观，因赵伯彬等之诉，又降一官。王阮《〈雪山集〉序》："亦以是数致言者，而景文退居其里矣。守郡者亦其学校旧怨，中以流言，孝宗皇帝盛明，即疑佳士不应有此，而景文之冤不辩而自直。阮之闻此也，以书戏之曰：'名果累人者哉？'景文答曰：'至人无名，此某学道不至也。'时已病目。"王阮所言"守郡者"应该不是知兴国军太守，而是指永兴县知县赵伯彬，因本年前后兴国军太守王溉、张釜等都与王质交好。

王质奉祠山居应在兴国军，由上引《宋会要辑稿》"质寄居兴国

---

① 周必大《王景文》云："间者仅一面，今遂十五年矣。"王质《与周枢密益公书》："盖十有三年之前，相府宾次，骤见而骤语，五字才出，一语才已，而雍公已降阶，相公已升堂矣。"表达不一，其实都作于淳熙十二年(1185)。

②《文忠集》卷一九三，《四库全书》本。

军”之语可知。因学者有误解，如云“奉祠居湖州之东林山”[1]，故特拈出之。

一一八七，淳熙十四年，丁未，五十三岁。

与知兴国军张釜游。

张釜本年前后知兴国军[2]。《题张君量恩波寺》诗当作于此期间。

一一八八，淳熙十五年，戊申，五十四岁。

《诗总闻》基本定稿。

《〈诗总闻〉自序》作于本年。自序云：“庚寅(1170)再入蜀至梁……又十八年，自度可书，乃书。”[3]知《诗总闻》已基本定稿。

一一八九，淳熙十六年，己酉，五十五岁。

王质本年正月卒。

《宋史·王质传》：“淳熙十五年卒。”王阮《〈雪山集〉序》：“后忽寄诗，有‘我疾不佳’之句，而讣至，盖淳熙十六年正月十九日也。”两者所言时间不一，王阮具体到月日，应可信。王阮时任昌国令。《宝庆四明志》卷二〇“昌国县令”条记载：“王阮，承议郎。淳熙十五年到任，覃恩转朝奉郎，赐绯鱼袋，磨勘转朝散郎。绍熙元年通理筠州新昌县，年满。”[4]

王质死后

庆元四年(1198)，王阮编定《王景文集》四十卷。王阮《〈雪山集〉序》：“其家勒以遗稿见属，乃为搜罗删次，厘为四十卷。”末署“庆元四年冬十月二十日”。

《雪山集》卷一〇有《京丞相真赞》。京镗，庆元二年为右丞相，六年进少傅、左丞相，封冀国公。京镗在王质死后为相，文题称“京

---

① 陆心源《仪顾堂题跋》，第219页。

② 李之亮著《宋两江郡守易替考》将张釜知兴国军系于淳熙十四至十五年。

③ 陆心源撰《皕宋楼藏书志》卷五“诗类”，第52页。

④ 罗浚撰《宝庆四明志》卷二〇，《四库全书》本。

丞相”，疑是王阮编定《雪山集》时改题今名[1]。

开禧元年(1205)，陆游作《忆昔(偶见张安国、周子充、刘韶美、王景文、陈德召、任元受遗集，为之感怆，作长句纾悲，不知涕泗之集也)》诗：“忆昔高皇绌柄臣，招徕贤隽聚朝绅。宁知遗恨忽千载，追数同时无一人。蘊骨九原应已朽，残书数帙尚如新。此身露电那堪说，也复灯前默怆神。”[2]

淳祐癸卯(1243)季冬，陈日强刻《诗总闻》于兴国军，并作序。

二、王质诗文辑佚

除孔本《雪山集》著录的十一篇青词外[3]，《全宋文》第258册还收《论使材二疏》、《夷坚别志序》、《正法世谱序》、《诗总闻序》、《书陶元亮谱》、《书陶通明谱》、《书栗里华阳闲窝辞》、《题李赞可掀篷梅轴》、《再题李赞可掀篷梅轴》、《尧仁如天论》、《圣灯记》等。除此之外，王质佚文尚可得四篇(段)。《全宋文》虽收入《夷坚别志序》，却仅据《文献通考》与《古今图书集成》，而《古今图书集成》实源自《文献通考》。本书再次收录《夷坚别志序》，并提供更多材料，以供考证校勘。其中《东南纪闻》两篇，以转述的方式录入该书。王质诗文遗失过半，吉光片羽，弥足珍贵，故本书在此照录。

1.《夷坚别志》序

宋林希逸撰《竹溪鬳斋十一稿续集》卷三〇：

> 洪野处作夷坚壬志序，记王质景文之作曰：志怪之书甚夥，至鄱阳夷坚之志出，则尽超之矣。予平生所嗜略类

① 清劳格以为《京丞相真赞》“非王质作，京镗丞相在庆元中”，见氏著《读书杂识》“王质《雪山集》条”，《丛书集成续编》第19册，第165页。

② 于北山《陆游年谱》系于此年，第512页。

③《宋集珍本丛刊》第61册，第623—625页。

洪公，始读《左传》、《史记》、《汉书》，稍得其记事之法，而无所施，因志怪发之。又曰：世以徐铉好志怪，而今存者多其客蒯生欺之，岂可以蒯生尽待天下之士？盖有之矣，亦在夫决择之者审也。传闻云者置之，而余所自遇者小孤梦神君、瞿唐峡梦公孙子阳、云安梦张益德，甚白。瘖瘵云者，亦置之，而余所亲睹者王渊亭见龙、彭泽舟中见蛤蜊菩萨像、永兴道中见道人嚼草成蜡，甚著。则致诸人者胡可以弗信也？景文之书谓之《夷坚别志》，笔力如此，信不减洪公，宜乎公得之而喜也。洪公记此时景文已没，臭味之相契，亦如欧公之得廖生矣。

元马端临撰《文献通考》卷二一七：

《夷坚别志》二十四卷，王质景文撰。自序略曰：志怪之书甚夥，至鄱阳《夷坚志》出，则尽超之。余平生所嗜略类洪公[①]，始读《左传》、《史记》、《汉书》，稍得其记事之法，而无所施，因志怪发之。久之，习熟调利，滋耽玩不能释。间自观览，要不为无补于世。而古今文章之关键，亦间有相通者，不以是为无益而中画，愈裒所见闻益之，事五[②]百七十，卷二四，今书之目也。余心尚未艾，书当如之[③]，则将浸及于夷坚矣。凡夷坚所有而洊[④]见者删之，更生佛之类是也；凡夷坚所有而未备者补之，黄元道之类是也。其名仍为夷坚而别志之，辨于鄱阳也。得岁月者纪岁月，得其所者纪其所，得其人者记其人，三者并书之，备矣！阙一二亦书，皆阙则弗书。丑而不欲著姓名者婉见之，如夷坚碓梦之类是也；丑而姓名不可不著者显揭

① “嗜”字，胡应麟《少室山房笔丛》卷一三作“书”字，误。
② “五”字，胡应麟《少室山房笔丛》卷一三作“三”字，未知孰是。
③ “书当如之”，胡应麟《少室山房笔丛》卷一三作“久之”。
④ “洊”字，胡应麟《少室山房笔丛》卷一三作“复”字。

> 之，如夷坚人牛之类是也。其称某人云，又某人得诸某人云，若已所见，各识其所自来，皆循夷坚之规弗易①。所书甲子之一为期，过是弗书，耳目相接也。所书鬼神之事为主，非是弗书，名实相称也。于夷坚之规皆仍之，其异也者，笔力瞠乎其后矣。

按，《古今图书集成》经籍典卷四五八亦载，同于《文献通考》卷二一七。可资参考者还有：

洪迈《夷坚三志》壬卷第七“张翼德庙”条“云安梦张翼德其信（原按：此句疑有脱误，“其信”二字，吕本作“甚白”，亦不可解。）然则王之威神，经千载之后，犹昭揭如此，人那得不加敬乎！”②

明胡应麟撰《少室山房笔丛》卷一三：“洪景卢《夷坚志》四百二十卷，今传止五十卷，他不可考，惟王景文《〈夷坚别志〉序》尚可以知其纂辑之概，因录之。序曰：‘志怪之书甚夥……皆循夷坚之规弗易也。其异也者，笔力瞠乎其后矣。’观此序则洪志义例可推，其叙事当亦可喜，今所传甚猥浅，盖残缺之中又杂以伪矣。”中间省略号处是笔者为节约篇幅所省，文字与他处基本相同，其不同处已于注释作校勘标出。

《山东通志》卷三四经籍志：“王质《夷坚别录》二四卷，自序云：‘《夷坚志》出自鄱阳朱氏，增辑未备，故曰《别志》。’”③

2.《云韬堂绍陶录》自序

清沈德寿著《抱经楼藏书志》卷二一：

> 《云韬堂绍陶录》二卷，抄本。宋泰山王质述。孔子之咏叹鲜矣，一叹颜子：“贤哉！回也。一箪食，一瓢饮，在陋巷，人

---

① 胡应麟撰《少室山房笔丛》卷一三“易”字后有“也”。

② 何卓点校《夷坚志》第四册，第1517页。《少室山房集》卷九九“张飞字益德辩”条引佚句“云安梦张益德甚白”。

③《四库全书》本。

不堪其忧，回也不改其乐。”再叹曾子：“暮春者，春服既成，冠者五六人，童子六七人，浴乎沂，风乎舞雩，咏而归，喟然叹曰：‘吾与点也。’”孔子间微宣其至情：“饭蔬食，饮水曲肱而枕之，乐亦在其中矣。不义而富且贵，于我如浮云。”夫惟忘世，故能济世。行夏之时，乘商之辂，服周之冕，乐则韶舞，在颜子固从容矣。凤鸟不至，河不出图，吾已矣夫！在孔子抑标末哉！好事功者，事功起而本身沉；好名义者，名义著而真心隐。圣贤超然遗之，数内在世，数外在天，世有推移，天无变迁，而死生观圣贤然耶？又况逆顺成亏乎？原始反终，故知死生之说。既知矣，何加焉？昼夜之道，幽明之故，死生之说，一也。朝闻道，夕死可矣，非耶？予欲无言，此之故也。啜箪瓢之所欣回，玩沂雩之所适点，以曲肱会之，则绍陶之录，姑存可也。王质序。①

按，《全宋文》第258册王质文未收此篇。

3.《困学纪闻》卷七引文

宋王应麟撰《困学纪闻》卷七，亦见于明胡爌《拾遗录》“论语八十一条”下：

王景文曰：“孔子见起证而知其末，故曰：‘其或继周者，虽百世可知也。’孟子见进证而知其极，故曰：‘千岁之日，至可坐而致也。’邵氏见困证而知其穷，故曰：‘苟有命世之人，虽民如夷狄，三变而帝道可举，惜时无百年之世，世无百年之人，时难人难，不其然乎？（原注：邵子之言见观物篇）’”

4.《东南纪闻》卷二引文

不著撰人《东南纪闻》卷二：

① 沈德寿撰《抱经楼藏书志》卷二一，第229页。

明月先生成守祖，家鄂州。淳熙间，繇鶡弁任某处巡检，忽解官弃妻子，从庐山李麻鞋为师。至富川居西山道堂之左，遍行通衢为乞士，凡十余年。一日无疾交坐而化。书片纸曰："七十余年一梦间，弃名入道得安闲。随缘明月街头叫，闹市难居却入山。"二日首微低，为顷，复如初。居三日，首复低，为顷，又如常。自古坐化、立化、侧化、倒化有矣，未闻俯而仰、仰而俯自如若此者，亦奇矣。雪山王景文为之传，且谥之曰明月先生云。①

5.《东南纪闻》卷三引文

不著撰人《东南纪闻》卷三：

雪山王景文尝游东林，有导以访古冢于西山之阿者。入而观之，累甓为室，下广而方，上锐而圆，四隅蹲以猛兽，而其傍皆石为壁，石柱承之，柱为龙虎形，而壁则为人状，别以类而饰于首。有功曹、书佐，门下功曹，门下书佐，车亭长，候车亭长，信都长，都亭长，从史，门下史，中史，立符史，重车卒，贼曹，骑小史二人，骑牛三人，皆乘大车。盖或挽以橐驼，以马以牛从者，或执刀斧，或执剑，或悬钟鼓以击之，皆作奔走状。又有反袂障面而哭者，其略可见者如此。又有穴正中斑斑似有人物，而狭不可入，其刻画不甚精密，而皆有文采字，正类汉隶。退而考之，其官属与晋志多合，往往晋宋前郡守县令所藏也。其刻诸壁者，亦记当时送葬之官属云耳。以其与前事相类，故取而并录之。②

① 不著撰人《东南纪闻》卷二，《四库全书》本。
② 不著撰人《东南纪闻》卷三，《四库全书》本。

三、参考文献

说明:(一) 凡本书所引各类著作均在此列(期刊论文与报纸文章见当页脚注);(二) 条目中《四库全书》本即影印文渊阁《四库全书》本;(三) 按书名汉语拼音字母顺序排列。

A

《艾轩集》,[宋]林光朝著,《四库全书》本。

《爱日精庐藏书志》,[清]张金吾著,中华书局 1990 年版。

《爱日斋丛抄》,[宋]不著撰人,《四库全书》本。

B

《宝庆四明志》,[宋]罗浚著,《四库全书》本。

《抱经楼藏书志》,[清]沈德寿著,中华书局 1990 年版。

《敝帚稿略》,[宋]包恢撰,《四库全书》本。

《皕宋楼藏书志》,[清]陆心源撰,中华书局 1990 年版。

《宾退录》,[宋]赵与旹著,《四库全书》本。

C

《沧浪诗话》,[宋]严羽著、郭绍虞校释,人民文学出版社 1983 年版。

《藏园订补郘亭知见传本书目》,[清]莫友芝著、傅增湘订补,中华书局 1993 年版。

《藏园群书题记》,[清]傅增湘著,《国家图书馆藏古籍题跋丛刊》第 25 册,北京图书馆出版社 2002 年版。

《晁公武陈振孙评传》,郝润华、武秀成撰,南京大学出版社 2006 年版。

《诚斋集》,[宋]杨万里撰,《四库全书》本。

《赤城志》,[宋]陈耆卿撰,《四库全书》本。

《楚纪》,[明]廖道南撰,《北京图书馆古籍珍本丛刊》第 7 册,书目文献出版社(出版年份不明)。

《春秋左传注》,杨伯峻注,中华书局 1990 年版。

《淳熙三山志》,[宋]梁克家撰,《四库全书》本。

《辍耕录》,[元]陶宗仪撰,《四库全书》本。

《词话丛编》,唐圭璋编,中华书局 1986 年版。

《词集考》,饶宗颐著,中华书局 1992 年版。

《词学论丛》,唐圭璋著,上海古籍出版社 1986 年版。

D

《大清一统志》,[清]和珅等纂,《四库全书》本。

《澹斋集》,[宋]李流谦撰,《四库全书》本。

《定斋集》,[宋]蔡戡撰,《四库全书》本。

《东莱别集》,[宋]吕祖谦撰,《四库全书》本。

《东南纪闻》,不著撰人,《四库全书》本。

E

《鄂国金佗粹编续编校注》,[宋]岳珂撰、王曾瑜校注,中华书局 1989 年版。

F

《方舆胜览》,[宋]祝穆编、祝洙补订,上海古籍出版社 1991 年版。

《方舟集》,[宋]李石撰,《四库全书》本。

《分类新编两宋绝妙好词》,喻朝刚、周航主编,吉林文史出版社 1992 年版。

《丰顺丁氏持静斋书目》,[清]丁丙撰,贾荣贵、王冠辑《宋元版书目题跋辑刊》第二册,北京图书馆出版社 2003 年版。

《福建通志》,[清]郝玉麟等监修、谢道承等编纂,《四库全书》本。

G

《赣州府志》,[明]余文龙修、[明]谢诏纂,清顺治十七年汤斌重刻本。

《攻媿集》,[宋]楼钥撰,《四库全书》本。

《古今事文类聚》续集、别集,[宋]祝穆撰,《四库全书》本。

《管锥编》,钱钟书著,中华书局1979年版。

《贵耳集》,[宋]张端义撰,上海古籍出版社编《宋元笔记小说大观》第四册,上海古籍出版社2001年版。

H

《汉书》,[汉]班固撰、[唐]颜师古注,中华书局1962年版。

《鹤山集》,[宋]魏了翁撰,《四库全书》本。

《后村诗话》,[宋]刘克庄撰、王秀梅点校,中华书局1983年版。

《湖北通志》,吕调元、刘承恩修,张仲炘、杨承禧等纂,上海古籍出版社1990年版。

《黄氏日抄》,[宋]黄震撰,《四库全书》本。

《挥麈后录》,[宋]王明清撰,《四库全书》本。

《晦庵集》,[宋]朱熹撰,《四库全书》本。

J

《嘉定镇江志》,[宋]史弥坚修、[宋]卢宪纂,江苏古籍出版社1988年版。

《嘉业堂藏书志》,[清]缪荃孙、吴昌绶、董康等撰,复旦大学出版社1997年版。

《建炎以来朝野杂记》,[宋]李心传撰、徐规点校,中华书局2000年版。

《建炎以来系年要录》,[宋]李心传撰,中华书局1956年版。

《江湖诗派研究》,张宏生著,中华书局1995年版。

《江湖小集》,[宋]陈起编,《四库全书》本。

《江南通志》,[清]赵弘恩等监修、黄之隽等编纂,《四库全书》本。

《江西通志》,[清]谢旻等监修,《四库全书》本。

《晋书》,[唐]房玄龄等撰,中华书局1974年版。

《经稗》,[清]郑方坤撰,《四库全书》本。

《经义考》,[清]朱彝尊撰,《四库全书》本。

《景定建康志》,[宋]周应合撰,《四库全书》本。

《靖康要录》,不著撰人,《四库全书》本。

《旧唐书》,[后晋]刘昫等撰,中华书局 1975 年版。

《郡斋读书志校证》,[宋]晁公武撰、孙猛校证,上海古籍出版社 1990 年版。

K

《孔凡礼古典文学论集》,孔凡礼著,学苑出版社 1999 年版。

L

《老学庵笔记》,[宋]陆游撰,李剑雄、刘德权点校,中华书局 1979 年版。

《李清照集笺注》,[宋]李清照著、徐培均笺注,上海古籍出版社 2002 年版。

《历代名臣奏议》,[明]杨士奇等编,《四库全书》本。

《历代诗话续编》,丁福保辑,中华书局 2006 年版。

《两宋词人丛考》,王兆鹏、王可喜、方星移著,凤凰出版社 2007 年版。

《两宋名贤小集》,[宋]陈思、[元]陈世隆编撰,《四库全书》本。

《两浙金石志》,[清]阮元编、阮福补遗,《续修四库全书》第 911 册,上海古籍出版社 2002 年版。

《林泉结契》,[宋]王质撰,《丛书集成初编》第 2255 册,中华书局 1985 年版。

《灵境诗心——中国古代山水诗史》,陶文鹏、韦凤娟主编,凤凰出版社 2004 年版。

《刘咸炘论目录学》,刘咸炘著,上海科学技术文献出版社 2008 年版。

《六一诗话》,[宋]欧阳修著,[清]何文焕编《历代诗话》上册,中华书局 1981 年版。

《隆庆仪真县志》,[明]申嘉瑞重修,《天一阁藏明代方志选刊》第15册,上海古籍书店1981年。

《陆九渊集》,[宋]陆九渊著、钟哲点校,中华书局1980年版。

《陆九渊评传》,张立文撰,辛冠洁、丁健生、蒙登进主编《中国古代著名哲学家评传》第三卷,齐鲁书社1981年版。

《陆游传》,朱东润撰,百花文艺出版社2004年版。

《陆游集》,[宋]陆游撰,中华书局1976年版。

《陆游年谱》,于北山撰,上海古籍出版社2006年版。

《陆游研究》,欧明俊著,上海三联书店2007年版。

《论学绳尺》,[宋]魏天应编,《四库全书》本。

《吕祖谦评传》,潘富恩、徐余庆著,南京大学出版社1992年版。

M

《梅花字字香》,[元]郭豫亨撰,《丛书集成初编》第2275册,中华书局1985年。

《梦窗词研究》,钱鸿瑛著,上海古籍出版社2005年版。

《明一统志》,[明]李贤等撰,《四库全书》本。

N

《南宋词史》,陶尔夫、刘敬圻撰,黑龙江人民出版社1992年版。

《南宋馆阁录》,[宋]陈骙撰,《四库全书》本。

《南宋文范》,[清]庄仲方编,清光绪十四年江苏书局刻本,南京图书馆藏。

《南宋文人与党争》,沈松勤著,人民出版社2005年版。

《南轩集》,[宋]张栻著,《四库全书》本。

《内阁藏书目录》,[明]孙能传、张萱等撰,《丛书集成续编》第67册,上海书店1994年版。

P

《曝书亭集》,[清]朱彝尊撰,《四库全书》本。

Q

《齐东野语》,[宋]周密撰、张茂鹏点校,中华书局 1983 年版。

《千顷堂书目》,[清]黄虞稷撰,《四库全书》本。

《钱遵王读书敏求记校证》,[清]钱曾撰,管庭芬、章钰校证,中华书局 1990 年版。

《钦定四库全书简明目录》,[清]永瑢、纪昀等撰,《四库全书》本。

《钦定四库全书总目》,[清]纪昀、陆锡熊、孙士毅等撰,四库全书研究所整理,中华书局 1997 年版。

《钦定续文献通考》,[清]嵇璜、曹仁虎等撰,《四库全书》本。

《全蜀艺文志》,[明]周复俊编,《四库全书》本。

《全宋词》,唐圭璋编,中华书局 1965 年版。

《全宋诗》1—72 册,北京大学古文献研究所编,北京大学出版社 1991—1998 年版。

《全唐五代诗格校考》,张伯伟编撰,陕西人民教育出版社 1996 年版。

《群书考索续集》,[宋]章如愚撰,《四库全书》本。

R

《容斋随笔》,[宋]洪迈著,上海古籍出版社 1978 年版。

S

《三家诗拾遗》,[清]范家相撰,《四库全书》本。

《山东通志》,[清]岳濬等监修,杜诏等编纂,《四库全书》本。

《山谷年谱》,[宋]黄辔撰,《四库全书》本。

《善本书室藏书志》,[清]丁丙撰,中华书局 1990 年影印本。

《少室山房笔丛》,[明]胡应麟撰,《四库全书》本。

《少室山房集》,[明]胡应麟撰,《四库全书》本。

《绍陶录》,[宋]王质撰,《四库全书》本。

《生活在清朝的人们》,冯尔康著,中华书局 2005 年版。

《诗传旁通》,[元]梁益撰,《四库全书》本。

《诗话总龟》,[宋]阮阅编、周本淳校点,人民文学出版社 1987 年版。

《诗经研究史概要》,夏传才著,中州书画社 1982 年版。

《诗经专题研究》,李家树著,太白文艺出版社 2001 年版。

《诗瀋》,[清]范家相撰,《四库全书》本。

《诗总闻》,[宋]王质撰,《四库全书》本。

《诗总闻》,《丛书集成新编》第 55 辑,新文丰出版公司 1985 年版。

《施注苏诗》,[宋]苏轼撰、[宋]施元之注,《四库全书》本。

《石林诗话》,[宋]叶梦得撰,[清]何文焕编《历代诗话》本,中华书局 1981 年版。

《书目答问补正》,[清]张之洞撰、范希曾补正,上海古籍出版社 2001 年版。

《书影》,[清]周亮工著,《明清笔记丛书》本,上海古籍出版社 1981 年版。

《蜀中广记》,[明]曹学佺撰,《四库全书》本。

《说郛》,[元]陶宗仪撰,《四库全书》本。

《说诗晬语》,[清]沈德潜撰,上海古籍出版社 1978 年《清诗话》本。

《四川通志》,[清]黄廷桂等监修、张晋生等编纂,《四库全书》本。

《四库采进书目》,吴慰祖校订,商务印书馆 1960 年版。

《四库提要订误》(增订本),李裕民著,中华书局 2005 年版。

《宋百家词选》,周笃文编撰,广东人民出版社 1983 年版。

《宋稗类钞》,[清]潘永因编,《四库全书》本。

《宋词鉴赏辞典》,贺新辉主编,燕山出版社 1987 年版。

《宋词四考》,唐圭璋著,江苏古籍出版社 1985 年版。

《宋词选》,胡云翼编撰,上海古籍出版社 1982 年版。

《宋代〈诗经〉文献研究》,郝桂敏著,中国社会科学出版社 2006 年版。

《宋代的七言古诗》(南宋卷),王锡九著,天津人民出版社1996年版。

《宋代官制辞典》,龚延明著,中华书局1997年版。

《宋代京朝官通考》,李之亮著,巴蜀书社2003年版。

《宋代文学史》,孙望、常国武主编,人民文学出版社1996年版。

《宋代文学与宋代文化》,曾枣庄著,上海人民出版社2006年版。

《宋代咏梅文学研究》,程杰著,安徽文艺出版社2002年版。

《宋代志怪传奇叙录》,李剑国著,南开大学出版社1997年版。

《宋会要辑稿》,[清]徐松辑,中华书局1957年影印本。

《宋两江郡守易替考》,李之亮著,巴蜀书社2001年版。

《宋人别集叙录》,祝尚书著,中华书局1999年版。

《宋人传记资料索引》,昌彼得等编,中华书局1988年影印本。

《宋人长江游记》,陈新译注,春风文艺出版社1987年版。

《宋诗钞》,[清]吴之振、吕留良、吴自牧选,[清]管庭芬、蒋光煦补,上海三联书店1988年影印本。

《宋诗话考》,郭绍虞撰,中华书局1979年版。

《宋诗纪事》,[清]厉鹗撰,上海古籍出版社1983年版。

《宋诗名篇赏析》,殷光熹著,北京十月文艺出版社1992年版。

《宋诗三百首》,金性尧选注,上海古籍出版社1986年版。

《宋诗史》,许总著,重庆出版社1997年版。

《宋诗选注》,钱钟书选注,人民文学出版社1958年版。

《宋诗学导论》,程杰著,天津人民出版社1999年版。

《宋史》,[元]脱脱等撰,中华书局1976年版。

《宋史艺文志考证》,陈乐素著,广东人民出版社2002年版。

《宋史翼》,[清]陆心源辑撰,中华书局1991年版。

《宋元小说研究》,程毅中著,江苏古籍出版社1998年版。

《宋元学案补遗》,[清]王梓材、冯云濠辑,《丛书集成续编》史部第33册,上海书店1994年影印本。

《宋宰辅编年录校补》,[宋]徐自明编、王瑞来校补,中华书局1986年版。

T

《唐宋词鉴赏辞典》,唐圭璋、缪钺等撰,上海辞书出版社1988年版。

《唐宋词史的还原与建构》,王兆鹏著,湖北人民出版社2005年版。

《唐宋词选释》,俞平伯撰,人民文学出版社1979年版。

《陶渊明研究》,袁行霈著,北京大学出版社1997年版。

《苕溪渔隐丛话》,[宋]胡仔纂集、廖德明校点,人民文学出版社1962年版。

《同姓名录》,[明]余寅撰,《四库全书》本。

《桐江续集》,[宋]方回著,《四库全书》本。

《桯史》,[宋]岳珂著、吴企明点校,中华书局1981年版。

W

《万卷精华楼藏书记》,耿文光著,黑龙江人民出版社1992年版。

《万姓统谱》,[明]凌迪知撰,《四库全书》本。

《王十朋全集》,[宋]王十朋著,上海古籍出版社1998年版。

《围炉诗话》,[清]吴乔著,上海古籍出版社1978年《清诗话》本。

《文定集》,[宋]汪应辰撰,《四库全书》本。

《文献通考》,[元]马端临撰,浙江古籍出版社1988年影印本。

《文渊阁书目》,[明]杨士奇等撰,《丛书集成初编》第29册,中华书局1985年版。

《文忠集》,[宋]周必大撰,《四库全书》本。

《吴都文粹》,[宋]郑虎臣编,《四库全书》本。

《吴都文粹续集》,[明]钱谷编,《四库全书》本。

《吴文正集》,[元]吴澄撰,《四库全书》本。

《五十万卷楼群书跋文》,[清]莫伯骥撰,《国家图书馆藏古籍题跋丛刊》第27册,北京图书馆出版社2002年版。

X

《西山文集》,真德秀著,《四库全书》本。

《现存宋人著述总录》,刘琳、沈治宏编著,巴蜀书社1995年版。

《象山先生年谱》,[宋]袁燮、傅子云初稿,李子愿汇编,[清]李绂增订,《宋人年谱丛刊》第十册,四川大学出版社2003年版。

《兴国县志》,[清]蒋叙伦修、萧朗峰纂,清道光四年刻本。

《兴国县志》,[清]孔兴浙修、孔衍倬纂,清乾隆十五年刻本。

《绣谷亭薰习录》,[清]吴焯撰,《丛书集成续编》第68册,上海书店1994年版。

《续资治通鉴》,[清]毕沅撰,中华书局1957年版。

《雪坡集》,[宋]姚勉撰,《四库全书》本。

《雪山集》,[宋]王质撰,[清]孔氏微波榭抄本,四川大学古籍整理研究所《宋集珍本丛刊》第61册,线装书局2004年影印本。

《雪山集》,[宋]王质撰,《丛书集成初编》第1990—1992册,中华书局1985年版。

《雪山集》,[宋]王质撰,《四库全书》本。

Y

《俨山外集》,[明]陆深撰,《四库全书》本。

《杨万里评传》,张瑞君著,南京大学出版社2002年版。

《仪顾堂题跋》,[清]陆心源撰,中华书局1990年版。

《夷坚志》,[宋]洪迈撰、何卓点校,中华书局1981年版。

《义丰文集校注》,[宋]王阮著,朱瑞熙、孙家骅校注,华东师范大学出版社2006年版。

《艺风藏书记》,[清]缪荃孙撰,中华书局1993年版。

《瀛奎律髓》,[元]方回选评,上海古籍出版社1986年版。

《永乐大典》,[明]解缙等编纂,中华书局1986年版。

《于湖居士文集》,[宋]张孝祥著、徐鹏点校,上海古籍出版社1980年版。

《渔洋书籍跋尾》,[清]王士禛撰、[清]刘坚编,《国家图书馆藏古籍题跋丛刊》第二册,北京图书馆出版社2002年。

《舆地纪胜》,[宋]王象之撰,《续修四库全书》第584—585册,上海古籍出版社2002年版。

《玉照新志》,[宋]王明清撰,《四库全书》本。

《御定佩文斋广群芳谱》,[清]汪灏、张逸少等撰,《四库全书》本。

《云庄集》,[宋]曾协撰,《四库全书》本。

Z

《增订四库简明目录标注》,邵懿辰撰、邵章续录,上海古籍出版社1979年版。

《增订注释全宋词》,朱德才主编,文化艺术出版社1997年版。

《张孝祥年谱》,韩酉山著,安徽人民出版社1993年版。

《张孝祥于湖先生年谱》,辛更儒著,(台湾)五南图书出版公司2003年版。

《张元济古籍书目序跋汇编》,张元济著、张人凤编,商务印书馆2003年版。

《郑樵评传》,徐有富著,南京大学出版社1998年版。

《郑堂读书记》,[清]周中孚著,商务印书馆1959年版。

《直斋书录解题》,[宋]陈振孙撰,徐小蛮、顾美华点校,上海古籍出版社1987年版。

《中国出版通史·宋辽西夏金元卷》,李致忠著,中国书籍出版社2008年版。

《中国大百科全书·中国文学》,中国大百科全书出版社1988年版。

《中国古代的类书》,胡道静著,中华书局1982年版。

《中国古代小说总目提要》,朱一玄、宁稼雨、陈桂声编著,人民文学出版社2005年版。

《中国古代游记选》,倪其心、费振刚等选注,中国旅游出版社1985年版。

《中国古典文献学》,牟玉亭著,社会科学文献出版社2005年版。

《中国古籍善本总目》,翁连溪编校,线装书局2005年版。

《中国经学史》,吴雁南、秦学颀、李禹阶主编,福建人民出版社2001年版。

《中国历代人物年谱考录》,谢巍著,中华书局1992年版。

《中国人名大辞典》,臧励龢撰,商务印书馆1927年版。

《中国诗学大辞典》,傅璇琮等撰,浙江教育出版社1999年版。

《中国图书综录》,上海图书馆编,上海古籍出版社1983年版。

《中国文学家大辞典》,谭正璧编,上海书店1981年版。

《中国文学史》,袁行霈主编,高等教育出版社1999年版。

《中国小说续书研究》,王旭川著,学林出版社2004年版。

《周礼注疏》,[汉]郑玄注、[唐]贾公彦疏,上海古籍出版社1990年影印本。

《朱熹年谱长编》,束景南著,华东师范大学出版社2001年版。

《朱子语类》,[宋]黎靖德编,中华书局1986年版。

《竹溪鬳斋十一稿续集》,[宋]林希逸撰,《四库全书》本。

《著砚楼读书记》,潘景郑著,辽宁教育出版社2002年版。

后　记

本书是在本人硕士学位论文的基础上修改充实而成。自2005年四、五月份确定选题，我便开始阅读王质作品，同时查找与王质相关的各种资料，并作《王质年谱》。按照导师程杰教授的设想，目标是作全面的王质研究。我的兴趣更多地表现在王质行年与著述版本的考证上。与王质交游者多达几十人，我对其中绝大部分可考者的相关资料作了积累。我还在研究过程中注意到宋末诗人卢梅坡等，并撰文发表相关研究成果。后来兴趣转移到古代文学题材意象研究，这种考证工作遂暂停。但是2007年提交硕士学位论文以后，我仍未停止对于王质的关注，对一些章节补充了不少新资料，如第二章第四节《诗总闻》版本、附录《王质年谱》等处都增加了很多内容，有的地方甚至重新写过。

本书能够顺利完稿并出版，首先要感谢恩师程杰教授，先生不仅在我读硕士、博士期间给予悉心的指导与无私的关爱，更在我工作以后，继续关心我的生活，在治学上不断耳提面命，使我不敢懈怠，是先生不断的督促使我加快了修订的进度，是先生的谆谆告诫使我对书稿的质量精益求精。现在虽然交付出版，心下其实甚为惶恐，因为离先生的要求还甚远，如对于王质的学术著作《诗总闻》，本书就未能单列章节进行论述。

南京大学巩本栋教授，南京师范大学钟振振教授、张采民教授等各位先生在硕士论文答辩会上对我的论文给予充分肯定，同时提出宝贵的修改意见，使我受益匪浅。

湖北民族学院文学与传媒学院各位领导和众多同事，在工作上给我很多帮助和关心，使我能够安心撰写书稿。

凤凰出版社的编辑樊昕先生，为本书出版助我良多。

本书得到湖北民族学院出版基金的资助。

对于以上惠我助我的前辈与师友、领导与同事以及单位与部门深致谢忱！

王三毛　2011年10月于恩施